Cahier du jour

Tout en Un

2de

Toutes les matières pour réussir son année !

Maths
Fabrice Fortain dit Fortin
Professeur agrégé de Mathématiques au lycée

Physique-Chimie
Christian Mariaud
Professeur agrégé de Physique-Chimie au lycée

SVT
Michelle Folco et Émilie Detouillon
Professeurs agrégés de Sciences de la vie et de la Terre au lycée

Français/Histoire des arts
Sylvie Coly
Professeur certifié de Lettres au lycée

Histoire-Géographie
Baptiste Benoit
Professeur agrégé d' Histoire-Géographie au lycée

SES
Céline Charles
Professeur de Sciences économiques et sociales au lycée

Anglais
Louise Eisenstein
Professeur certifié d'Anglais au lycée

Espagnol
Marion Cochet
Professeur certifié d'Espagnol au lycée

Allemand
Élisabeth Guillaume
Professeur certifié d'Allemand au lycée

MAGNARD

Mode d'emploi

Toutes les disciplines en un seul volume avec un repérage pratique.

Des **rappels de cours complets.**

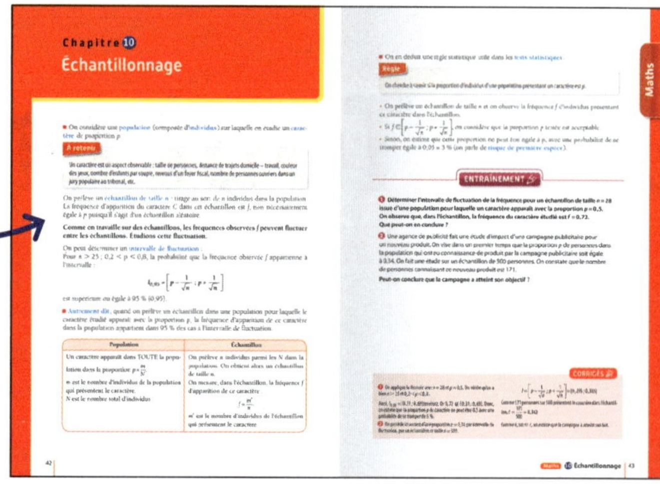

Des **synthèses visuelles** pour tout retenir.

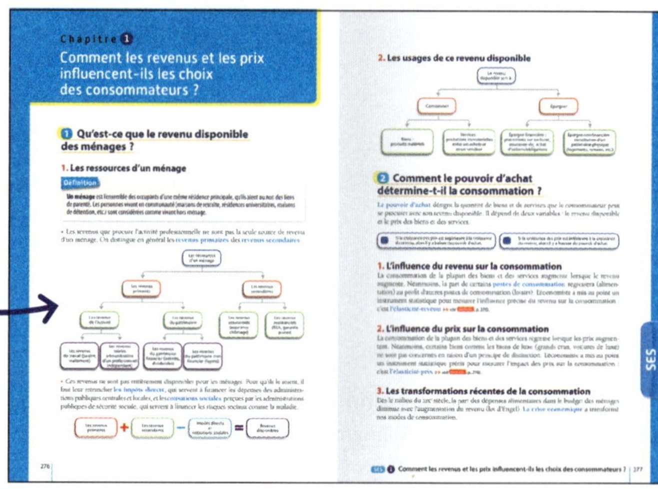

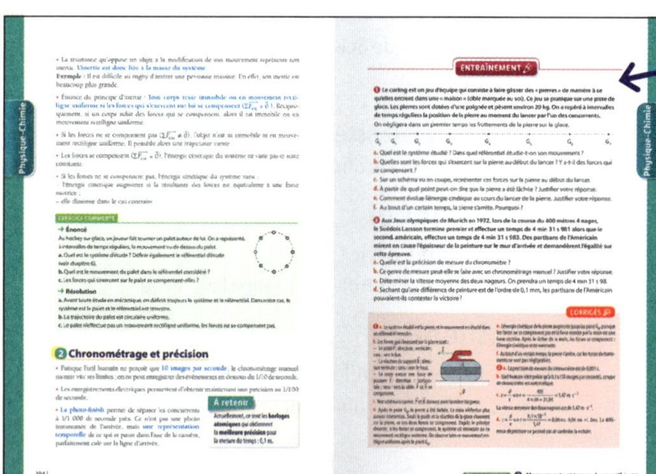

Des **exercices commentés** au fil du cours, des **QCM** et des **exercices d'entraînement corrigés** pour vérifier ses acquis.

Sommaire

• Maths . . . 5
Algèbre et analyse . . . 6
Statistiques et probabilités . . . 34
Géométrie . . . 44
Algorithmique . . . 66

• Physique-Chimie . . . 69
La santé . . . 70
L'Univers . . . 82
Le sport . . . 103

• SVT . . . 119
La Terre dans l'Univers, la vie et l'évolution du vivant . . . 120
Enjeux planétaires contemporains : énergie, sol . . . 131
Corps humain et santé : l'exercice physique . . . 139

• Français . . . 147
Littérature . . . 148
Grammaire . . . 197

• Histoire des arts . . . 211

• Histoire-Géographie . . . 225
Histoire . . . 226
Géographie . . . 252

• SES . . . 275
Ménages et consommation . . . 276
Entreprises et production . . . 283
Marchés et prix . . . 290
Formation et emploi . . . 296
Individus et cultures . . . 303

• Anglais . . . 307
Civilisation . . . 308
Grammaire . . . 319

• Espagnol . . . 331

• Allemand . . . 345

Maths

Algèbre et analyse

Chapitre 1 Calculs numériques et algébriques . . . 6
Chapitre 2 Fonctions numériques . . . 12
Chapitre 3 Variations des fonctions et fonctions de référence . . . 18
Chapitre 4 Fonctions affines . . . 22
Chapitre 5 Fonctions du second degré . . . 27
Chapitre 6 Fonctions homographiques . . . 30
Chapitre 7 Bilan sur les équations et inéquations . . . 31

Statistiques et probabilités

Chapitre 8 Statistiques descriptives . . . 34
Chapitre 9 Probabilités sur un ensemble fini . . . 38
Chapitre 10 Échantillonnage . . . 42

Géométrie

Chapitre 11 Géométrie repérée – équations de droites . . . 44
Chapitre 12 Configurations planes . . . 50
Chapitre 13 Vecteurs du plan . . . 55
Chapitre 14 Trigonométrie . . . 60
Chapitre 15 Géométrie dans l'espace . . . 63

Algorithmique

Chapitre 16 Algorithmique : principes et exemples . . . 66

Chapitre 1

Calculs numériques et algébriques

1 Les nombres réels

Les nombres rencontrés en mathématiques peuvent être classés dans des **ensembles**. On distingue notamment :

- Les **entiers naturels** : ce sont les entiers positifs ou nul. On les range dans l'ensemble $\mathbb{N}$; ainsi, $5 \in \mathbb{N}$;
- Les **entiers relatifs** : ce sont les entiers positifs, négatifs ou nul. On les range dans l'ensemble $\mathbb{Z}$; ainsi, $5 \in \mathbb{Z}$, $-2007 \in \mathbb{Z}$;
- Les **rationnels** : ce sont les nombres qui s'écrivent sous forme de quotient de deux entiers relatifs. On les range dans l'ensemble $\mathbb{Q}$; ainsi, $5 \in \mathbb{Q}$ car $5 = \frac{5}{1}$, $-2 \in \mathbb{Q}$ car $-2 = \frac{-2}{1}$, $0 \in \mathbb{Q}$ car $0 = \frac{0}{1}$, $\frac{15}{53} \in \mathbb{Q}$. A contrario, $\sqrt{2} \notin \mathbb{Q}$;
- Les **réels** : ce sont tous les nombres qu'on rencontre en mathématiques. On les range dans l'ensemble $\mathbb{R}$.

On note $\subset$ la **relation d'inclusion** : on écrit **A $\subset$ B** pour indiquer que tout nombre appartenant à **A** appartient aussi à **B**.
On a :

$$\mathbb{N} \subset \mathbb{Z} \subset \mathbb{Q} \subset \mathbb{R}$$

2 Calculs fractionnaires

Définitions	Propriétés
Un nombre ou une expression en **écriture fractionnaire** est de la forme $\frac{\text{N}}{\text{D}}$. N est qualifié de **numérateur**. D est le **dénominateur**. $\frac{\text{N}}{\text{D}}$ est défini si, et seulement si, **D ≠ 0**.	• $\frac{a}{b}+\frac{c}{b}=\frac{a+c}{b}$ si $b \neq 0$ • $\frac{a}{b}-\frac{c}{b}=\frac{a-c}{b}$ si $b \neq 0$ • $\frac{a}{b}\times\frac{c}{d}=\frac{ac}{bd}$ si $b \neq 0$ et $d \neq 0$ • $\frac{1}{\frac{a}{b}}=\frac{b}{a}$ si $a \neq 0$ et $b \neq 0$ • $\frac{\frac{a}{b}}{\frac{c}{d}}=\frac{a}{b}\times\frac{d}{c}$ si $b \neq 0$, $c \neq 0$, $d \neq 0$

Maths

EXERCICE COMMENTÉ

→ Énoncé

x est un réel non nul. Simplifier l'expression $\dfrac{\frac{1}{x}+1}{1+\left(\frac{1}{x}\right)^2}$.

Méthode

On met au même dénominateur le numérateur $\frac{1}{x}+1$ ainsi que le dénominateur $1+\left(\frac{1}{x}\right)^2$.

Puis on applique la règle $\dfrac{\frac{a}{b}}{\frac{c}{d}}=\frac{a}{b}\times\frac{d}{c}$ si $b\neq 0, c\neq 0, d\neq 0$

→ Résolution

$\frac{1}{x}+1=\frac{x+1}{x}$; $1+\left(\frac{1}{x}\right)^2=1+\frac{1}{x^2}=\frac{x^2+1}{x^2}$

Ainsi $\dfrac{\frac{1}{x}+1}{1+\left(\frac{1}{x}\right)^2}=\dfrac{\frac{x+1}{x}}{\frac{x^2+1}{x^2}}=\frac{x+1}{x}\times\frac{x^2}{x^2+1}=\frac{x(x+1)}{x^2+1}$.

3 Calculs avec radicaux

Définition	Propriétés
Pour tout réel positif a, le nombre $\sqrt{a}$ est l'unique nombre positif tel que son carré est égal à a. Ainsi : $\sqrt{a}^2=a$.	Pour tous réels $a \geqslant 0$, $\sqrt{a^2}=a$ Pour tous réels $a<0$, $\sqrt{a^2}=-a$ Pour tous réels a, b positifs : $\sqrt{ab}=\sqrt{a}\sqrt{b}$ Pour tous réels a, b positifs, $b\neq 0$: $\sqrt{\frac{a}{b}}=\frac{\sqrt{a}}{\sqrt{b}}$

EXERCICE COMMENTÉ

→ Énoncé

Simplifier les expressions numériques :

$A=\dfrac{2\sqrt{21}\sqrt{75}}{\sqrt{35}\sqrt{20}}$; $B=\left(\dfrac{\sqrt{5-2\sqrt{3}}}{3}\right)^2+\left(\dfrac{1+\sqrt{3}}{3}\right)^2$

Méthode

On simplifie par factorisation des nombres sous les radicaux. Grâce aux identités remarquables, on peut simplifier certaines racines carrées.

→ Résolution

$$A=\frac{2\sqrt{21}\sqrt{75}}{\sqrt{35}\sqrt{20}}=\frac{2\sqrt{3}\sqrt{7}\sqrt{25}\sqrt{3}}{\sqrt{5}\sqrt{7}\sqrt{4}\sqrt{5}}=\frac{2.3.5.\sqrt{7}}{2.5.\sqrt{7}}=3$$

$$B=\left(\frac{\sqrt{5-2\sqrt{3}}}{3}\right)^2+\left(\frac{1+\sqrt{3}}{3}\right)^2=\frac{5-2\sqrt{3}}{9}+\frac{1+2\sqrt{3}+3}{9}=\frac{9}{9}=1$$

4 Calculs avec puissances

Définition	Propriétés
• $a^n=\underbrace{a\times a\times\ldots\times a}_{n\text{ facteurs}}$, où a est un réel et n un entier naturel non nul • $a^0=1$ • $a^{-n}=\dfrac{1}{a^n}$ si $a\neq 0$	$a\in\mathbb{R}, n\in\mathbb{Z}, m\in\mathbb{Z}$ • $a^n\times a^m=a^{n+m}$ • $\dfrac{a^n}{a^m}=a^{n-m}$, si $a\neq 0$ • $(a^n)^m=a^{nm}$ • $a^nb^n=(ab)^n$ • $\left(\dfrac{a}{b}\right)^n=\dfrac{a^n}{b^n}$ si $b\neq 0$

EXERCICE COMMENTÉ

→ Énoncé

Simplifier l'expression numérique :

$$C=\frac{2^2\cdot 10^{-10}\cdot 2^7\cdot 10^{-6}}{32\cdot 10^{-15}}$$

→ Résolution

$$C=\frac{2^2\cdot10^{-10}\cdot2^7\cdot10^{-6}}{32\cdot10^{-15}}=\frac{2^2\cdot10^{-10}\cdot2^7\cdot10^{-6}}{2^5\cdot10^{-15}}=\frac{2^2\cdot2^7\cdot10^{-10}\cdot10^{-6}}{2^5\cdot10^{-15}}=\frac{2^{2+7}\cdot10^{-10+(-6)}}{2^5\cdot10^{-15}}=2^{9-5}\cdot10^{-16-(-15)}=2^4\cdot10^{-1}=\frac{16}{10}=\frac{8}{5}$$

5 Développement et factorisations – identités remarquables

1. Développement - Factorisation

Développement

$$k \times (a+b) = k \times a + k \times b$$
$$k \times (a-b) = k \times a - k \times b$$

Factorisation

2. Identités remarquables

Développement

$$(a+b)^2 = a^2 + 2ab + b^2$$
$$(a-b)^2 = a^2 - 2ab + b^2$$
$$(a-b)(a+b) = a^2 - b^2$$

Factorisation

ENTRAÎNEMENT

1 Calculer.

$$D = \left(\frac{4}{5}\right)^2 - 2 \times 3^2 + 6$$

$$E = 1 - \frac{5}{7} \times 14 + \frac{8}{9}$$

$$F = \left(1 + \frac{1}{3}\right)\left(2 - \frac{3}{5}\right) - 8$$

2 Simplifier.

$$G = (5 + 3\sqrt{2})^2 - (3 + \sqrt{2})(\sqrt{2} - 1)$$
$$H = \frac{\sqrt{3} + \sqrt{2}}{\sqrt{3} - \sqrt{2}} + \frac{\sqrt{3} - \sqrt{2}}{\sqrt{3} + \sqrt{2}}$$

3 a. Démontrer, pour tout réel a, tout réel b : $(a-b)^3 = a^3 - 3a^2b + 3ab^2 - b^3$.

b. Soit x un réel. On pose $f(x) = \frac{1}{2}\frac{1}{x-1} - \frac{1}{x} + \frac{1}{2}\frac{1}{x+1}$.

- **Déterminer pour quels réels x l'expression $f(x)$ est définie.**
- **Écrire $f(x)$ sous forme d'un seul quotient.**

4 **a.** On donne un entier naturel n quelconque. On pose $I = \dfrac{3^{n+1}}{5^{n-2}}$ et $J = \dfrac{3^n}{5^{n-3}}$. **Montrer $I = \dfrac{3}{5}J$.**

b. Simplifier $K = \left(\dfrac{a^2b^{-2}}{a^3b^{-3}}\right)^{-2} \cdot \dfrac{(3a^2b^3)^3}{(2^{-1}ab)^2}$

5 On donne les expressions :

$$L = 2x - (3x+1)^3 + x + 1$$
$$M = x^2 - 16 - (2x-8)x + (x-4)^2$$
$$N = (x-11)^2 + (33-3x)(x+5)$$
$$P = (3x-1)x + (1-3x)^2 + \left(x - \frac{1}{3}\right)\left(x - \frac{3}{2}\right)$$

a. Factoriser chacune de ces expressions.

b. Résoudre les équations : $P = 0$; $M = 0$; $M = 4$; $5x^2 = 6x$.

CORRIGÉS

1 $D = \left(\frac{4}{5}\right)^2 - 2\times 3^2 + 6 = \frac{16}{25} - 2\times 9 + 6 = \frac{16}{25} - 18\times\frac{25}{25} + 6\times\frac{25}{25} = \frac{16-450+150}{25} = -\frac{284}{25}$

$E = 1 - \frac{5}{7}\times 14 + \frac{8}{9} = 1 - \frac{5}{7}\times 7\times 2 + \frac{8}{9} = 1 - 10 + \frac{8}{9} = -9 + \frac{8}{9} = \frac{-81+8}{9} = -\frac{73}{9}$

$F = \left(1+\frac{1}{3}\right)\left(2-\frac{3}{5}\right) - 8 = \frac{4}{3}\times\frac{7}{5} - 8 = \frac{28}{15} - 8\times\frac{15}{15} = \frac{28-120}{15} = -\frac{92}{15}$

2 $G = (5+3\sqrt{2})^2 - (3+\sqrt{2})(\sqrt{2}-1)$

$= 25 + 30\sqrt{2} + 18 - 3\sqrt{2} + 3 - 2 + \sqrt{2}$

$= \mathbf{44 + 28\sqrt{2}}$

$H = \dfrac{\sqrt{3}+\sqrt{2}}{\sqrt{3}-\sqrt{2}} + \dfrac{\sqrt{3}-\sqrt{2}}{\sqrt{3}+\sqrt{2}}$

$= \dfrac{(\sqrt{3}+\sqrt{2})^2}{(\sqrt{3}-\sqrt{2})\times(\sqrt{3}+\sqrt{2})} + \dfrac{(\sqrt{3}-\sqrt{2})^2}{(\sqrt{3}+\sqrt{2})(\sqrt{3}-\sqrt{2})}$

$= \dfrac{(\sqrt{3}+\sqrt{2})^2 + (\sqrt{3}-\sqrt{2})^2}{3-2}$

$= 3 + 2\sqrt{6} + 2 + 3 - 2\sqrt{6} + 2 = \mathbf{10}$

3 **a.** $(a-b)^3=(a-b)(a-b)^2$ par définition du cube d'un nombre
$=(a-b)(a^2-2ab+b^2)$ par identité remarquable développée
$=a^3-2a^2b+ab^2-a^2b+2ab^2-b^3$ par double distributivité
$=a^3-3a^2b+3ab^2-b^3$ par simplification

b. $f(x)=\frac{1}{2}\frac{1}{x-1}-\frac{1}{x}+\frac{1}{2}\frac{1}{x+1}$.

1. L'expression $f(x)$ est définie pour tout réel x n'annulant aucun dénominateur. On doit donc avoir $x\neq 0$, $x\neq 1$, $x\neq -1$. Donc $f(x)$ est définie pour tout réel $x\in\mathbb{R}\setminus\{-1;0;1\}$.

2. $f(x)=\frac{1}{2}\frac{1}{x-1}-\frac{1}{x}+\frac{1}{2}\frac{1}{x+1}=\frac{1}{2}\frac{x(x+1)}{(x-1)x(x+1)}-\frac{2(x-1)(x+1)}{2x(x-1)(x+1)}+\frac{1}{2}\frac{x(x-1)}{x(x-1)(x+1)}$

$=\frac{1}{2}\frac{x(x+1)-2(x-1)(x+1)+x(x-1)}{(x-1)x(x+1)}=\frac{1}{2}\frac{x^2+x-2(x^2-1)+x^2-x}{(x-1)x(x+1)}=\frac{1}{2}\frac{2}{(x-1)x(x+1)}=\frac{1}{x(x-1)(x+1)}$.

4 **a.** $I=\frac{3^{n+1}}{5^{n-2}}=\frac{3^n\times 3}{5^{n-3}\times 5}=\frac{3^n}{5^{n-3}}\times\frac{3}{5}=\frac{3}{5}J$

b. $K=\left(\frac{a^2b^{-2}}{a^3b^{-3}}\right)^{-2}\cdot\frac{(3a^2b^3)^3}{(2^{-1}ab)^2}=\left(\frac{b^1}{a^1}\right)^{-2}\cdot\frac{27a^6b^9}{2^{-2}a^2b^2}=\frac{a^2}{b^2}\frac{27a^6b^9}{2^{-2}a^2b^2}=27\times\frac{2^2(a^8b^9)}{a^2b^4}=108a^6b^5$

5 **a.** $L=2x-(3x+1)^3+x+1=(3x+1)-(3x+1)^3=(3x+1)(1-(3x+1)^2)$
$=(3x+1)(1+3x+1)(1-(3x+1))=(3x+1)(3x+2)(-3x)$
$=\mathbf{-3x(3x+1)(3x+2)}$

pour cette factorisation, on a regroupé $2x$ et $x+1$, puis on a factorisé par $(3x+1)$). On reconnaît alors, dans la deuxième parenthèse, a^2-b^2 avec $a=1$ et $b=3x+1$. On achève alors la factorisation.

$M=x^2-16-(2x-8)x+(x-4)^2=(x-4)(x+4)-2(x-4)x+(x-4)^2$
$=(x-4)(x+4-2x+x-4)=(x-4)(0)=\mathbf{0}$. On trouverait le même résultat en développant.

$N=(x-11)^2+(33-3x)(x+5)=(x-11)^2+(33-3x)(x+5)=(x-11)^2+3(11-x)(x+5)$
$=(x-11)^2-3(x-11)(x+5)=(x-11)(x-11-3(x+5))=(x-11)(x-11-3x-15)$
$=(x-11)(-2x-26)=\mathbf{-2(x-11)(x+13)}$

$P=(3x-1)x+(1-3x)^2+\left(x-\frac{1}{3}\right)\left(x-\frac{3}{2}\right)$

Un nombre et son opposé ont le même carré, puisque $(-1)^2=1$. Or, l'opposé de $1-3x$ est $3x-1$. Par conséquent, on a $(3x-1)^2=(1-3x)^2$ et on peut donc poursuivre le calcul.

$P=(3x-1)x+(3x-1)^2+\frac{1}{3}(3x-1)\left(x-\frac{3}{2}\right)$; en effet, $x-\frac{1}{3}=\frac{1}{3}\times 3x-\frac{1}{3}\times 1=\frac{1}{3}(3x-1)$.

$P=(3x-1)\left(x+3x-1+\frac{1}{3}\left(x-\frac{3}{2}\right)\right)=(3x-1)\left(\frac{13}{3}x-1-\frac{1}{2}\right)=(3x-1)\left(\frac{13}{3}x-\frac{3}{2}\right)$.

b. $P=0\Leftrightarrow\Leftrightarrow x=\frac{1}{3}$ ou $x=\frac{\frac{3}{2}}{\frac{13}{3}}=\frac{3}{2}\times\frac{3}{13}=\frac{9}{26}$;

$M=0$ est toujours vrai ; tous les réels sont solutions ;
$M=4$ est toujours faux ; aucun réel n'est solution ;
$5x^2=6x\Leftrightarrow 5x^2-6x=0\Leftrightarrow x(5x-6)=0\Leftrightarrow x=0$ ou $x=\frac{6}{5}$.

Chapitre 2

Fonctions numériques

1 Généralités sur les fonctions

Une **fonction** f est un modèle mathématique qui, à un nombre x, associe un **unique** nombre $f(x)$. Elle peut modéliser un programme de calcul, cas particulier d'algorithme.
On peut considérer x comme le départ, c'est la **variable**, et $f(x)$ comme l'arrivée, le résultat sorti par le programme de calcul, c'est **l'image** du réel x par la fonction.

Notation

$f : x \in \mathscr{D}_f \mapsto f(x)$

À retenir

Ensemble de définition : c'est l'ensemble de tous les nombres réels qui possèdent une image par la fonction.

Ainsi, la fonction $x \mapsto \frac{1}{x}$ est définie sur $\mathbb{R}^*$: tous les réels non nuls ont une image, mais 0 n'en a pas.

EXERCICE COMMENTÉ

→ Énoncé

On donne un programme de calcul :

- choisir un nombre compris entre – 1 et 8 ;
- multiplier le carré de ce nombre par – 4 ;
- ajouter 3 au nombre obtenu.

On nomme f la fonction qui, à tout réel x compatible, associe le nombre $f(x)$ obtenu à la sortie du programme de calcul.

a. Donner l'ensemble de définition de f et l'expression de $f(x)$.

b. Calculer l'image de 2 par f.

c. Déterminer le(s) antécédent(s) éventuels de – 13 par f.

→ Résolution

a. Le nombre de « départ » est x, c'est la **variable**. Il est compris entre – 1 et 8 : l'ensemble de définition de la fonction est $\mathscr{D}_f = [-1\,;8]$. Le nombre d'arrivée est $-4x^2+3$, **expression algébrique** de $f(x)$.

b. $f(2) = -4 \times 2^2 + 3 = -13.$

c. On résout l'équation

$f(x) = -13 \Leftrightarrow -4x^2 + 3 = -13 \Leftrightarrow -4x^2 = -16 \Leftrightarrow x^2 = 4$

$\Leftrightarrow x = -2 \notin \mathscr{D}_f$ ou $x = 2 \in \mathscr{D}_f$. – 13 a 2 pour unique antécédent par f.

Méthode

Remplacer x par la valeur 2.
On trouve AU PLUS UNE image.

Un nombre peut avoir aucun, un, deux, trois, une infinité d'antécédent(s) par une fonction.

2 Tableau de valeurs et courbe représentative

• Une fonction peut être donnée par un **tableau de valeurs**. Par exemple, on note la taille d'un phasme sur plusieurs semaines :

Semaine	1	2	3	4	5	6	7	8	9	10
Taille en mm	9	9	19	19	25	25	36	36	48	48

• Une fonction peut être, graphiquement, donnée par **sa courbe représentative**.

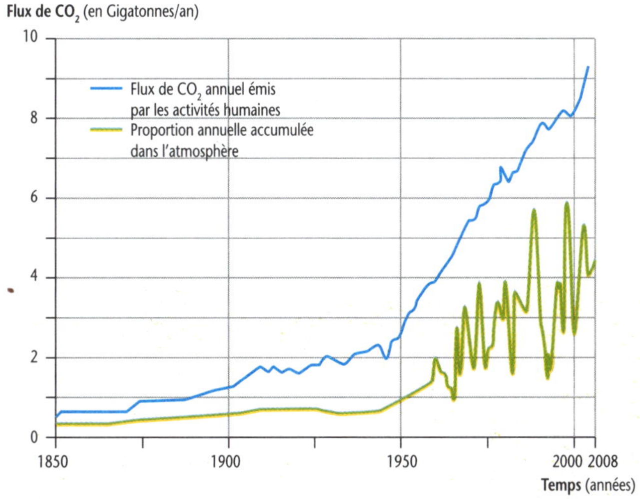

Évolution du flux de CO_2 émis par les activités humaines et de la proportion accumulée chaque année dans l'atmosphère entre 1850 et 2008.

Toutefois, la lecture sur un graphique est entachée d'une incertitude.

Dans un plan muni d'un repère (O, I, J), la **courbe représentative** $\mathscr{C}_f$ de la fonction f est l'ensemble des points de coordonnées (x ; $f(x)$) où x appartient à l'ensemble de définition de f.

3 Équations – inéquations

1. $f(x) = k$

Résoudre l'équation $f(x) = k$ revient à déterminer le(s) antécédent(s) éventuels du réel k par la fonction f.

Méthode

Les solutions de cette équation sont les abscisses des points d'intersection de la courbe $\mathscr{D}_f$ avec la droite d'équation $y = k$ (droite parallèle à l'axe des abscisses passant par le point de coordonnées (0 ; k)).

EXERCICE COMMENTÉ

→ Énoncé

Résoudre graphiquement l'équation $x^3-4x^2+4=3$.

→ Résolution

On considère la courbe de la fonction $f : x \mapsto x^3-4x^2+4$.

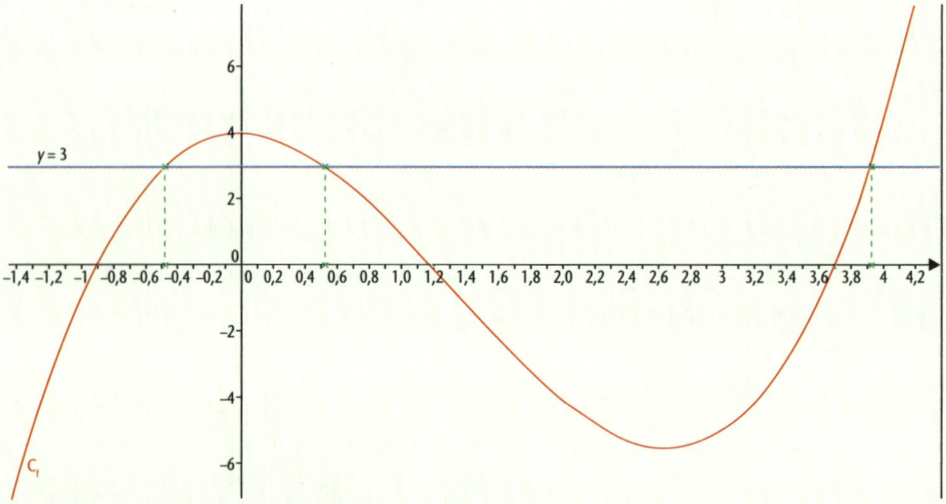

Il y a trois solutions : environ −0,5 ; 0,5 ; 3,9.

2. $f(x) < k$, $f(x) \leqslant k$, $f(x) > k$, $f(x) \geqslant k$

Méthode

On cherche les points de $\mathscr{C}_f$ dont les ordonnées sont inférieures, inférieures ou égales, supérieures, supérieures ou égales à k. Les solutions, souvent regroupées dans des intervalles, sont les abscisses de ces points.

EXERCICE COMMENTÉ

→ Énoncé

Résoudre l'inéquation $x^3+x^2-2x-8<-8$.

→ Résolution

On utilise la courbe de la fonction $f : x \mapsto x^3+x^2-2x-8$.

Les solutions de l'inéquation sont les réels de $]-\infty\,;-2[\cup]0\,;1[$.

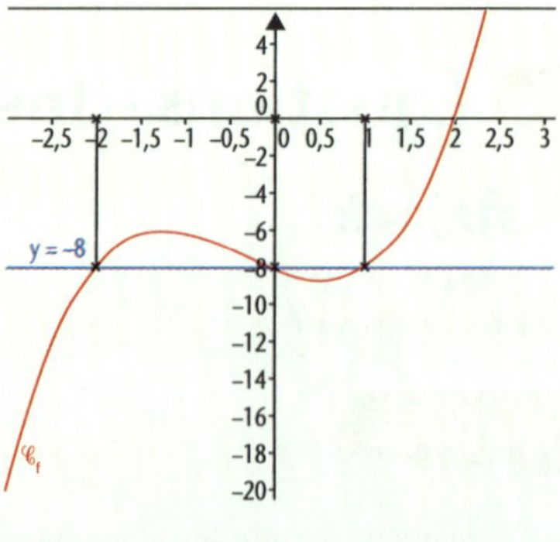

3. $f(x) = g(x)$

Les solutions de cette équation sont les abscisses des points d'intersection des courbes $\mathscr{C}_f$ et $\mathscr{C}_g$.

EXERCICE COMMENTÉ

→ Énoncé

Résoudre graphiquement l'équation $x^3 = -x^2 + 2x$.

→ Résolution

On représente les fonctions $f : x \mapsto x^3$ et $g : x \mapsto -x^2 + 2x$. Les solutions sont $-2, 0, 1$.

On conjecture ces valeurs graphiquement et on vérifie par le calcul :

$$\begin{cases} f(-2) = g(-2) \\ f(0) = g(0) \\ f(1) = g(1) \end{cases}$$

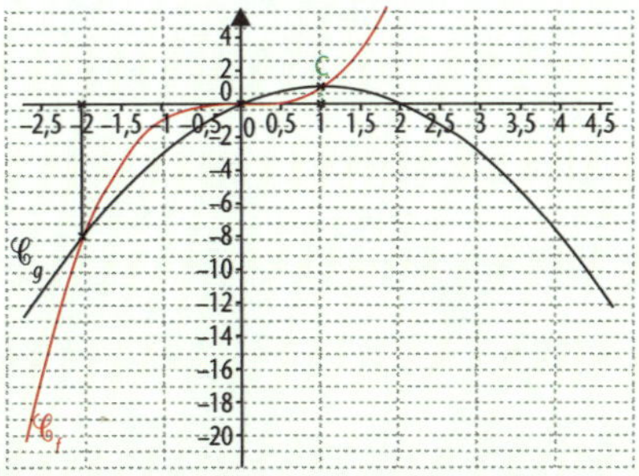

Toutefois, rien ne permet d'affirmer qu'il n'y a pas d'autres solutions.

On pourrait également étudier des inéquations : $f(x) \leqslant g(x)$, …

Une conjecture est une supposition formulée avant d'en obtenir une démonstration.

SCHÉMA-BILAN

identifier la variable → ensemble de définition → expression de $f(x)$ (diverses formes possibles) → tableau de valeurs → courbe → lectures graphiques → résolutions algébriques

ENTRAÎNEMENT

À l'aide des courbes des fonctions f et g, conjecturer les réponses aux questions 1 à 6.

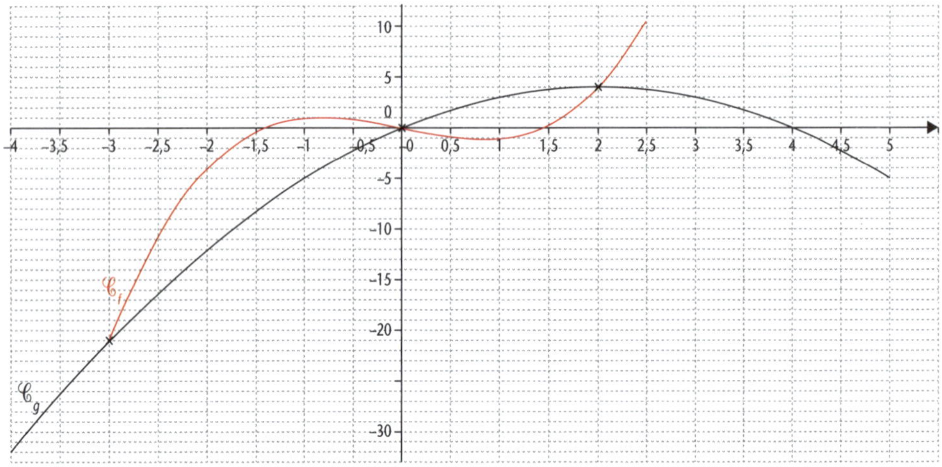

1 L'image de 4 par la fonction g est :
a. ☐ 2 b. ☐ 4 c. ☐ 0

2 Le nombre 0 possède :
a. ☐ trois antécédents par f.
b. ☐ un seul antécédent par f.
c. ☐ un seul antécédent par g.

3 Donner l'ensemble de définition de f et celui de g.

4 Résoudre les (in)équations $f(x) = 0$; $f(x) = g(x)$, $f(x) < 0$, $f(x) \geqslant 0$, $g(x) < 4$, $g(x) > 4$, $g(x) \leqslant 4$, $g(x) \geqslant 4$.

5 Donner le(s) antécédent(s) éventuel(s) de 3 par g.

6 Donner l'image de 2,5 par f et $f(-2)$.

7 On considère la fonction définie sur $\mathbb{R}$ par $h(x) = 9 - 4(2x - 3)^2$. Cette expression algébrique est la forme canonique de $h(x)$.
a. Montrer, pour tout réel , $h(x) = -16x^2 + 48x - 27$. (Cette expression est la forme développée.)
b. Montrer, pour tout réel x, $h(x) = -(4x - 9)(4x - 3)$. (Cette expression est la forme factorisée.)
c. Pour chacune des questions suivantes, choisir la bonne forme et effectuer les calculs : l'image de 0 par h ; $h\left(\dfrac{3}{2}\right)$; $h(\sqrt{2})$.
d. **Résoudre les équations :** $h(x) = 0$; $h(x) = 9$; $h(x) = -27$.

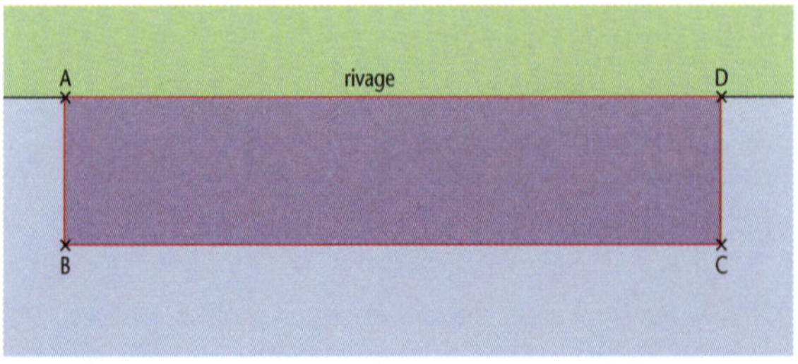

8 Au bord d'une rivière, une aire de baignade ABCD rectangulaire est formée par un cordon attaché en deux points A et D du rivage. Le cordon a

une longueur totale de 400 mètres. On cherche à trouver les positions des points A, B, C, D pour avoir une aire optimale. Modéliser ce problème à l'aide d'une fonction. Que peut-on déduire de cette modélisation ?

CORRIGÉS

1 c. On repère le nombre 4 sur l'axe des abscisses. Le point de coordonnées (4 ; 0) appartient à la courbe de g, donc $g(4) = 0$.

2 a. On repère le nombre 0 sur l'axe des ordonnées. Les points de coordonnées (–1,5 ; 0), (0 ; 0) (1,5 ; 0) appartiennent à la courbe de f. Ainsi, 0 possède trois antécédents par f, les nombres –1,5 ; 0 ; 1,5. On constate également que 0 possède deux antécédents par g : 0 et 4.

3 $\mathscr{D}_f = [-3;\ 2,5]$; $\mathscr{D}_g = [-4;\ 5]$.

4 $f(x) = 0 \Leftrightarrow x \cong -1,4$ ou $x = 0$ ou $x \cong 1,4$; $f(x) = g(x) \Leftrightarrow x = -3$ ou $x = 0$ ou $x = 2$.

Inéquation	$f(x) < 0$	$f(x) \geqslant 0$	$g(x) < 4$	$g(x) > 4$	$g(x) \leqslant 4$	$g(x) \geqslant 4$
Ensemble - solution	$[-3 ; -1,4[\cup]0 ; 1,4[$	$[-1,4 ; 0]\cup[1,4 ; 2,5]$	$[-4 ; 2[\cup]2 ; 5]$	$\varnothing$	$[-4 ; 5]$	$\{2\}$

Observez bien le sens des crochets.

5 1 et 3.

6 $f(2,5) \cong 11$; $f(-2) = -4$.

7 **a.** On développe l'expression initiale, en utilisant une identité remarquable $(a-b)^2$ avec $a = 2x$, $b = 3$:

$(2x-3)^2 = (2x)^2 - 2\times(2x)\times 3 + 3^2 = 4x^2 - 12x + 9$.

$h(x) = 9 - 4(4x^2 - 12x + 9)$ on distribue -4
$= 9 - 16x^2 + 48x - 36$ dans la parenthèse,
$= -16x^2 + 48x - 27$ attention aux signes.

b. On peut développer l'expression proposée et comparer à celle trouvée en 1.

$-(4x-9)(4x-3) = -(16x^2 - 12x - 36x + 27)$
$= -16x^2 + 48x - 27 = f(x)$

Observez le sens de rédaction : on ne doit pas écrire au début $h(x) = -(4x-9)(4x-3)$ car, c'est ce qu'on cherche à prouver.

c.

• $h(0) = -16\times 0^2 + 48\times 0 - 27 = -27$;

• $h\left(\frac{3}{2}\right) = 9 - 4\left(2\times\frac{3}{2} - 3\right)^2 = 9 - 4(3-3)^2 = 9 - 4\times 0$
$= 9 - 0 = 9$ en respectant les priorités ;

• $h(\sqrt{2}) = -16\sqrt{2}^2 + 48\sqrt{2} - 27 = -16\times 2 - 27 + 48\sqrt{2}$
$= -59 + 48\sqrt{2}$;

d. • $h(x) = 0 \Leftrightarrow 4x - 9 = 0$ ou $4x - 3 = 0$. Les solutions sont $\frac{9}{4}$ et $\frac{3}{4}$;

• $h(x) = 9 \Leftrightarrow 9 - 4(2x-3)^2 = 9 \Leftrightarrow (2x-3)^2 = 0 \Leftrightarrow x = \frac{3}{2}$;

• $h(x) = -27 \Leftrightarrow -16x^2 + 48x - 27 = -27 \Leftrightarrow -16x^2 + 48x = 0$
$\Leftrightarrow -16x(x-3) = 0 \Leftrightarrow x = 0$ ou $x = 3$.

8 On considère, en mètres, la distance AB variable. Notons-la x. On a AB + BC + CD = 400. Or x = AB = CD. D'où BC = 400 – 2x. Ainsi, si on note $\mathscr{A}(x)$ l'aire de ABCD en fonction de x, on définit une fonction $\mathscr{A}$ d'expression algébrique $x(400-2x)$. On peut alors remplir un tableau de valeurs pour obtenir une courbe et conjecturer la valeur maximale de l'aire. On remarquera $x \in [0 ; 200]$ pour que le rectangle existe, même aplati, x étant une longueur. L'ensemble de définition de la fonction $\mathscr{A}$ est $\mathscr{D}_{\mathscr{A}} = [0 ; 200]$.

On conjecture que l'aire maximale est obtenue pour $x = 100$, et alors, BC = 200. L'aire maximale serait alors 20 000 m².

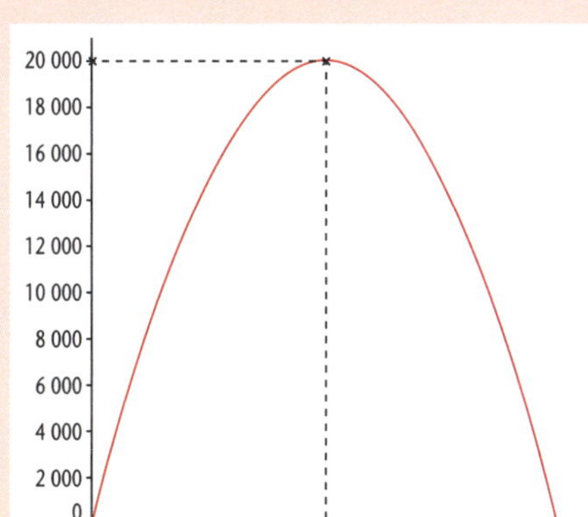

Chapitre 3

Variations des fonctions et fonctions de référence

1 Sens de variation de fonction

1. Aspect graphique

Maximum de *f* sur [– 5 ; 4]

Le point de coordonnées (1 ; 2) est le plus « haut » de la courbe sur [– 5 ; 4].
On dit que 2 est le maximum de *f* sur [– 5 ; 4] et il est atteint en 1.

Sens de variation de *f* sur [– 3 ; 1] :
la courbe « monte de gauche à droite » sur [– 3 ; 1].
On dit que *f* est **croissante** sur [– 3 ; 1].

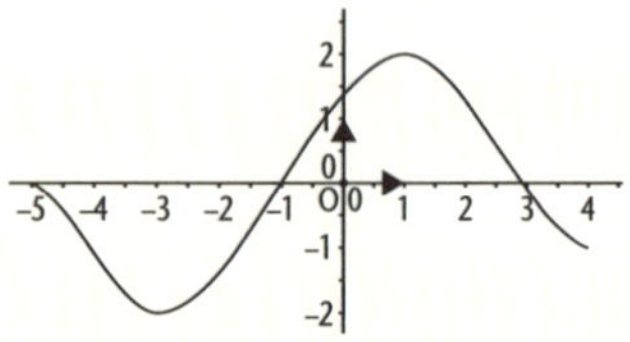

Sens de variation de *f* sur [1 ; 4] :
la courbe « descend de gauche à droite » sur [1 ; 4].
On dit que *f* est **décroissante** sur [1 ; 4].

Minimum de *f* sur [– 5 ; 4]

Le point de coordonnées [– 3 ; – 2] est le plus « bas » de la courbe sur [– 5 ; 4].
On dit que – 2 est le minimum de *f* sur [– 5 ; 4] et il est atteint en – 3.

On peut alors dresser le tableau de variation de f :

x	-5		-3		1		$+4$
$f(x)$	0	↘	-2	↗	2	↘	-1

2. Définitions formelles

- Une fonction f est **croissante sur un intervalle I** si :

$$\text{pour tous } (a, b) \in I^2 \quad a < b \Rightarrow f(a) \leqslant f(b).$$

Autrement dit, les nombres sont rangés dans le même ordre que leurs images.

- Une fonction f est **strictement croissante sur un intervalle I** si :

$$\text{pour tous } (a, b) \in I^2 \quad a < b \Rightarrow f(a) < f(b).$$

- Une fonction f est **décroissante sur un intervalle I** si :

$$\text{pour tous } (a, b) \in I^2 \quad a < b \Rightarrow f(a) \geqslant f(b).$$

Autrement dit, les nombres sont rangés dans le sens contraire de leurs images.

• Une fonction f est **strictement décroissante sur un intervalle I** si :

$$\text{pour tous } (a, b) \in I^2 \quad a < b \Rightarrow f(a) > f(b).$$

• Une fonction est **monotone** sur un intervalle I si elle y est ou croissante uniquement ou décroissante uniquement. On peut également parler de fonction **strictement monotone**.

• Les variations d'une fonction sont consignées dans un tableau, ce qui permet de visualiser aisément les extrema éventuels. Un **extremum** est un minimum ou un maximum.

• Une fonction présente un **maximum** en a si, pour tout réel $x \in \mathcal{D}_f$, $f(x) \leqslant f(a)$.
$f(a)$ est la valeur du maximum.

Le maximum d'une fonction, s'il existe, est la plus **grande** image atteinte par cette fonction.

• Une fonction présente un **minimum** en a si, pour tout réel $x \in \mathcal{D}_f$, $f(x) \geqslant f(a)$.
$f(a)$ est la valeur du minimum.

Le minimum d'une fonction, s'il existe, est la plus **petite** image atteinte par cette fonction.

2 Fonctions de référence

1. La fonction « carré »

• C'est la fonction définie sur $\mathbb{R}$ par $x \mapsto x^2$. Son tableau de variation est :

x	$-\infty$	0	$+\infty$
x^2	↘	0	↗

• Elle est donc strictement décroissante sur l'intervalle $]-\infty\,; 0]$, strictement croissante sur l'intervalle $[0\,; +\infty[$. Elle présente un minimum en 0, qui vaut 0.

• La courbe de cette fonction est une **parabole** symétrique par rapport à l'axe des ordonnées du repère (orthogonal).

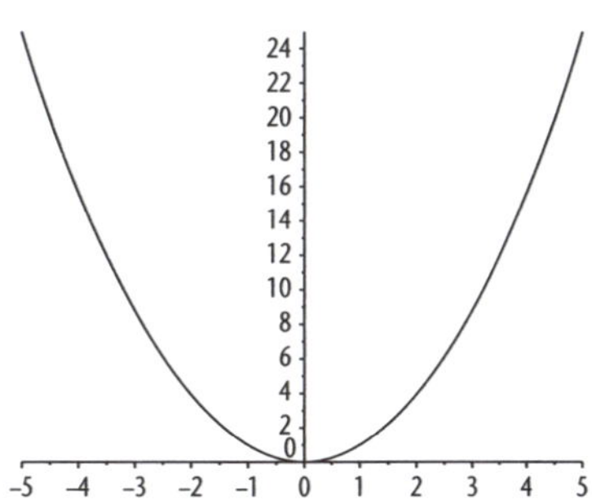

2. La fonction « inverse »

• C'est la fonction définie sur $\mathbb{R}^*$ par $x \mapsto \dfrac{1}{x}$. Elle n'est pas définie en zéro.
Son tableau de variation est :

x	$-\infty$	0	$+\infty$
$\dfrac{1}{x}$	↘	‖	↘

• Elle est donc strictement décroissante sur l'intervalle $]-\infty\,; 0[$, strictement décroissante sur l'intervalle $]0\,; +\infty[$. Elle ne possède ni minimum, ni maximum.

• La courbe de cette fonction est une **hyperbole** symétrique par rapport à l'origine du repère (quelconque).

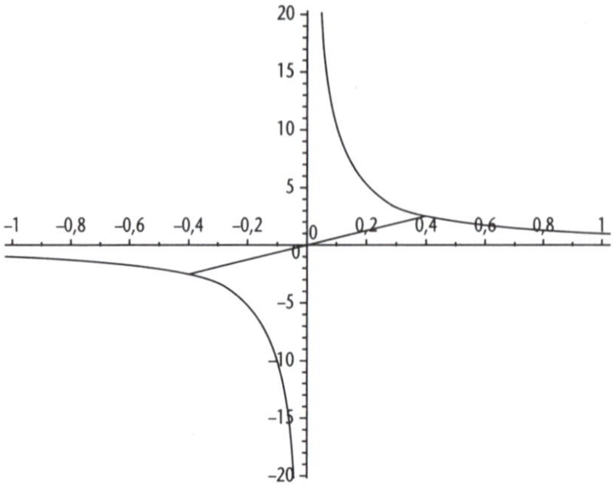

ENTRAÎNEMENT

1 Étudier les variations des fonctions suivantes, à l'aide de la définition du sens de variation sur l'intervalle I proposé :

• $f(x) = -4x^2 + 1$ sur $I = [0\,;+\infty[$

• $g(x) = \dfrac{3}{x} - 2$ sur $I =]-\infty\,;0[$.

2 On considère une fonction f définie sur l'intervalle $I = [-7\,;5]$ et dont le tableau de variation est donné ci-dessous.

x	-7	-1	2	4	5
$f(x)$	5 ↘	-5 ↗	-3 ↘	-8 ↗	2

Comparer (en utilisant $\leqslant$ et $\geqslant$) $f(0)$ et $f(1)$; $f(-5)$ et $f(-2)$; $f(3)$ et 5 ; $f(x)$ et -8, pour tout réel $x \in [-7\,;5]$.

3 Un élève facétieux s'essaie à des tests de vols d'avions en papier. Lors d'un lancer, son avion suit une trajectoire dont l'équation peut être donnée par :

$$y = -\frac{5}{v_0^2}x^2 + 2$$

où v_0 est la vitesse en $\text{m}\cdot\text{s}^{-1}$ donné par l'élève à son avion. Le repère est placé dans un plan vertical contenant la trajectoire de l'avion et la main de l'élève est l'origine du repère. On a choisi les axes orientés, pour les abscisses, dans le sens de la trajectoire, pour les ordonnées, de bas en haut.

a. On sait que l'avion retombe au sol au bout de 5 mètres. Calculer en $\text{m}\cdot\text{s}^{-1}$ la vitesse initiale de l'avion.

b. À quelle hauteur se situe l'avion après avoir parcouru deux mètres par rapport à l'axe des abscisses ?

c. Construire la courbe de la fonction ainsi définie.

d. Conjecturer les variations de la fonction et le maximum. Interpréter.

1 • Soit $0 \leqslant a < b$.
Alors $f(a) - f(b) = -4a^2 + 1 - (-4b^2 + 1) = -4(a^2 - b^2)$; or la fonction « carré » est strictement croissante sur $\mathbb{R}_+$; ainsi, $a^2 < b^2$. Par multiplication par $-4 < 0$, il vient : $-4a^2 > -4b^2$ et donc $f(a) > f(b)$. Par conséquent, f est strictement décroissante sur $\mathbb{R}_+$.

• Soit $a < b < 0$. Alors $g(a) - g(b) = \frac{3}{a} - 2 - \left(\frac{3}{b} - 2\right) = \frac{3}{a} - \frac{3}{b}$; or la fonction « inverse » est strictement décroissante sur $\mathbb{R}_-$; ainsi, $\frac{1}{b} < \frac{1}{a}$. Par multiplication par $3 > 0$, il vient : $\frac{3}{a} > \frac{3}{b}$ et donc $g(a) > g(b)$. Par conséquent, g est strictement décroissante sur $\mathbb{R}_-$.

2

x	-7	-1	2	4	5
$f(x)$	5	↘ -5	↗ -3	↘ -8	↗ 2

Comparer (en utilisant $\leqslant$ et $\geqslant$) :
• f est croissante sur $[-1 ; 2]$ et $0 \in [-1 ; 2]$ et $1 \in [-1 ; 2]$ avec $0 \leqslant 1$ donc $f(0) \leqslant f(1)$;
• $f(-5) \geqslant f(-2)$;
• $f(3) < 5$ car f a pour maximum -3 sur l'intervalle $[2 ; 4]$;
• $f(x) \geqslant -8$, pour tout réel $x \in [-7 ; 5]$, car -8 est le minimum de f sur son ensemble de définition.

3 **a.** Quand l'avion retombe au sol, on a : $y = 0$ et $y = -\frac{5}{v_0^2}x^2 + 2$, avec $x = 5$. On doit donc résoudre l'équation : $0 = -\frac{5}{v_0^2}5^2 + 2$.

Or, $0 = -\frac{5}{v_0^2}5^2 + 2 \Leftrightarrow \frac{5^3}{v_0^2} = \frac{2}{1} \Leftrightarrow v_0^2 = \frac{125}{2} \Leftrightarrow v_0 = \sqrt{\frac{125}{2}}$

$$\Leftrightarrow v_0 = \frac{\sqrt{25}\sqrt{5}}{\sqrt{2}} = 5\sqrt{\frac{5}{2}}$$

b. L'équation de la trajectoire définit une fonction :

$$f : x \mapsto -\frac{5}{v_0^2}x^2 + 2 = -\frac{5}{25 \times \frac{5}{2}}x^2 + 2 = -\frac{2}{25}x^2 + 2$$

Comme $f(2) = -\frac{2}{25}2^2 + 2 = -\frac{8}{25} + 2 = \frac{42}{25} = 1{,}68$.
La hauteur atteinte est 1,68 m.

c. On peut utiliser la calculatrice ou un logiciel de tracé de courbes.

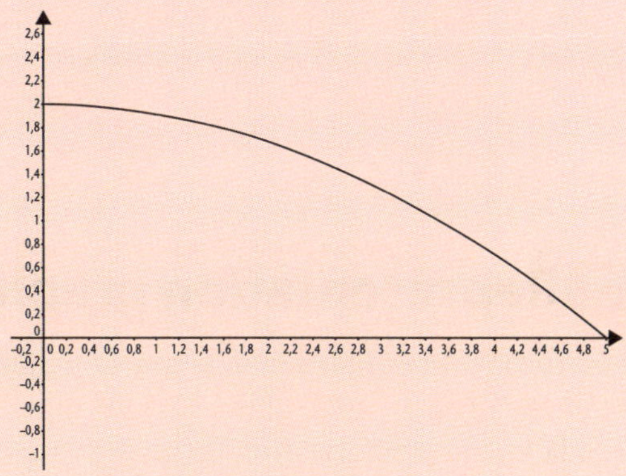

d. La fonction f semble strictement décroissante sur [0 ; 5]. Il a donc lancé son avion à l'horizontale depuis une hauteur $f(0) = 2$, hauteur donc maximale atteinte par l'avion.

Chapitre 4

Fonctions affines

1 Définitions

Une **fonction affine** f est définie sur R par $f(x) = m \times x + p$ où m et p sont deux réels fixés.

- Si $p = 0$, la fonction affine est appelée fonction **linéaire**.
- Si $m = 0$, la fonction affine est appelée fonction **constante**.

  m est appelé le **coefficient directeur**.

  p est appelé l'**ordonnée à l'origine**.

2 Représentation graphique

La courbe représentative d'une fonction affine est **une droite**. On dit que la droite représentative de la fonction affine f a pour **équation** : $y = mx + p$.

- Si la fonction est **linéaire**, la droite passe par l'origine du repère.
- Si la fonction est **constante**, la droite est parallèle à l'axe des abscisses.

Exemple :

Représenter graphiquement les fonctions f, g, h.

$f(x) = 2x + 1$ $\qquad$ $g(x) = -0{,}5x$ $\qquad$ $h(x) = 4$

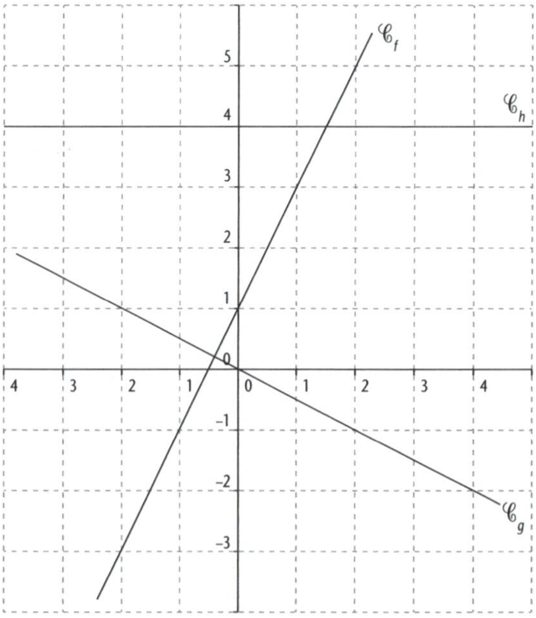

3 Sens de variation

f est une fonction affine définie par $f(x) = mx + p \quad (m \neq 0)$.

- Si $m > 0$ alors la fonction affine f est **croissante** sur $\mathbb{R}$.
- Si $m < 0$ alors la fonction affine f est **décroissante** sur $\mathbb{R}$.

- **Tableau de variation :**

$m > 0$

x	$-\infty$		$+\infty$
$f(x)$		↗	

$m < 0$

x	$-\infty$		$+\infty$
$f(x)$		↘	

4 Signe de $mx + p$

$m > 0$

x	$-\infty$		$-\frac{p}{m}$		$+\infty$
$mx + p$		$-$	0	$+$	

$m < 0$

x	$-\infty$		$-\frac{p}{m}$		$+\infty$
$mx + p$		$+$	0	$-$	

EXERCICE COMMENTÉ

→ Énoncé

Résoudre les inéquations $(3 - x)(x + 2) < 0$, $\dfrac{4+3x}{2-x} \geqslant 0$

→ Résolution

On est face à des inéquations présentant des produits de plusieurs facteurs ou des quotients avec un numérateur et un dénominateur.

On dresse un tableau de signes à plusieurs lignes : celle de x, celle de chaque facteur du produit ou du numérateur et du dénominateur.

La dernière ligne s'obtient par application colonne par colonne de la règle des signes, applicable **uniquement sur les produits et les quotients.** Dans le cas des quotients, on prend garde à bien repérer les éventuelles « valeurs interdites ».

Enfin, on détermine les solutions de l'inéquation à partir de la dernière ligne du tableau.

x	$-\infty$		-2		3		$+\infty$
Signe de $3 - x$ *Fonction affine de coefficient directeur* $-1 < 0$		$+$		$+$	0	$-$	
Signe de $x + 2$ *Fonction affine de coefficient directeur* $1 > 0$		$-$	0	$+$		$+$	
Signe du produit		$-$	0	$+$	0	$-$	

Donc $(3 - x)(x + 2) < 0$ si $x \in]-\infty\,;-2[\cup]3\,;+\infty[$

x	$-\infty$		$-\frac{4}{3}$		2		$+\infty$
Signe de $4 + 3x$ *Fonction affine de coefficient directeur* $3 > 0$		−	0	+		+	
Signe de $2 - x$ *Fonction affine de coefficient directeur* $-1 < 0$		+		+	0	−	
Signe du quotient		−	0	+	‖	−	

Donc $\dfrac{4-3x}{2-x} \geqslant 0$ si $x \in [-\dfrac{4}{3}; 2[$.

ENTRAÎNEMENT

1 Donner les expressions des fonctions affines représentées par les droites suivantes.

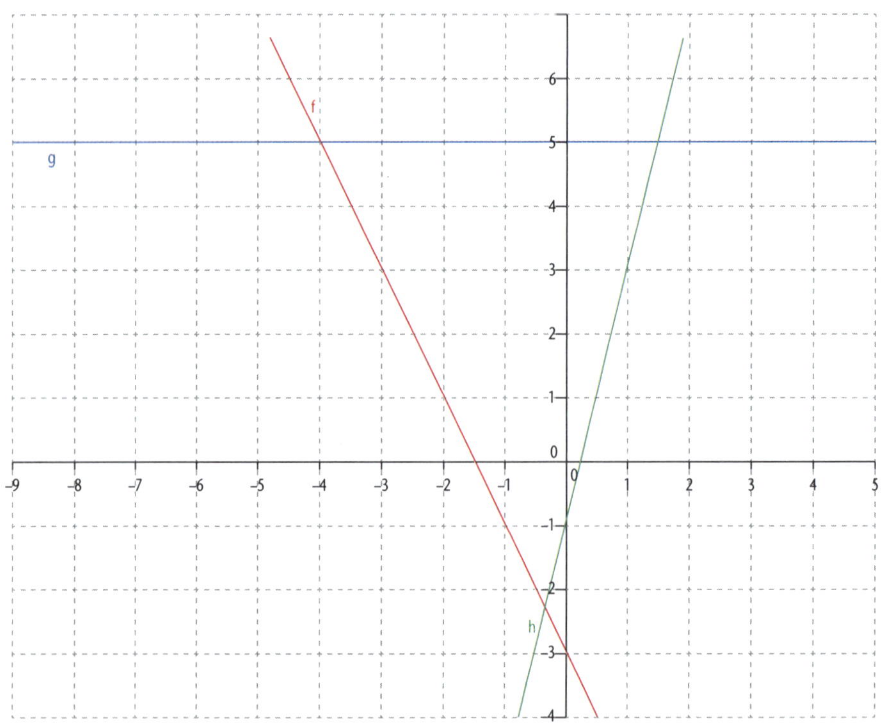

2 Lors d'un voyage en taxi, des frais de prise en charge sont systématiquement appliqués, à hauteur de 2 €. Ensuite, chaque kilomètre parcouru est facturé 1,50 €. Pour simplifier, on considérera que le prix de la course ne varie pas quand le véhicule est à l'arrêt, dans les embouteillages par exemple.

a. Calculer le prix d'une course de 1 km, de 5 km, de 10 km, de x km.

b. Le prix de la course est-il proportionnel à la distance parcourue ?

c. Déterminer la distance parcourue par un client qui a payé 7,81 €.

d. Construire une représentation graphique qui donne le prix d'une course en fonction de la distance parcourue.

3 Résoudre les inéquations.

a. $\dfrac{2-x}{3x+1} \leqslant 0$

b. $x^2 - 1 \leqslant (x-1)(3x+2)$

CORRIGÉS

1

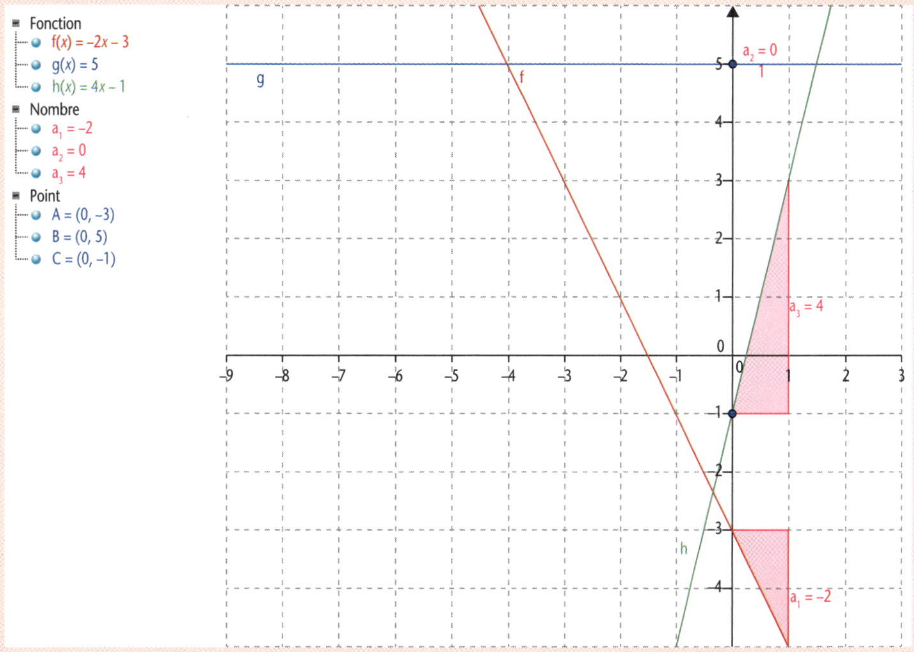

On lit graphiquement le coefficient directeur et l'ordonnée à l'origine.

Maths

2 **a.** Calculer le prix d'une course de 1 km, de 5 km, de 10 km.

Distance parcourue en km	1	5	10	x
Tarif kilométrique	1,50	7,50	15	$1{,}5x$
Prise en charge	2	2	2	2
Prix total	3,5	9,5	17	$1{,}5x+2$

b. Le prix de la course n'est pas proportionnel à la distance parcourue car il y a toujours la prise en charge qui est fixe.

c. On résout l'équation $1{,}5x+2=7{,}81 \Leftrightarrow 1{,}5x=5{,}81 \Leftrightarrow x=\dfrac{5{,}81}{1{,}5} \cong 3{,}87$ km.

d. La fonction est définie pour $x \geqslant 0$, puisque le taxi parcourt une distance qui est un nombre positif.

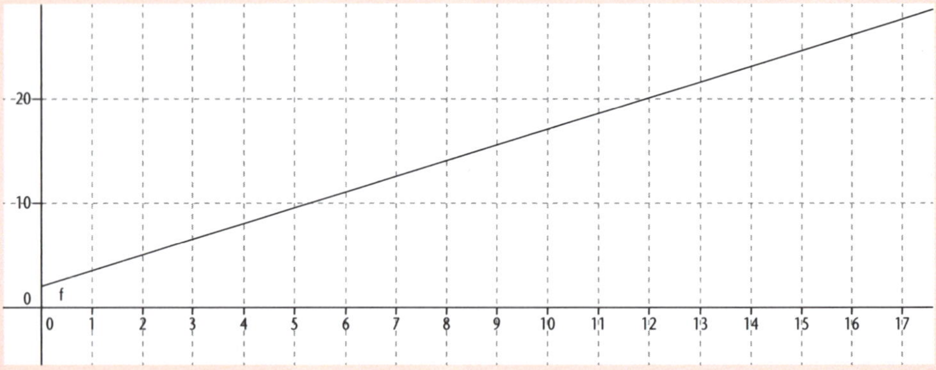

3 Résoudre les inéquations :

a. $\dfrac{2-x}{3x+1} \leqslant 0$

x	$-\infty$		$-\frac{1}{3}$		2		$+\infty$
Signe de $2-x$ *Fonction affine de coefficient directeur* $-1<0$		+		+	0	−	
Signe de $3x+1$ *Fonction affine de coefficient directeur* $3>0$		−	0	+		+	
Signe du quotient		−	‖	+	0	−	

Donc $\dfrac{2-x}{3x+1} \leqslant 0$ si $x \in \left]-\infty\,;-\frac{1}{3}\right[\cup [2\,;+\infty[$.

b. $x^2-1 \leqslant (x-1)(3x+2) \Leftrightarrow (x-1)(x+1)-(x-1)(3x+2) \leqslant 0$

$\Leftrightarrow (x-1)(x+1-(3x+2)) \leqslant 0$

$\Leftrightarrow (x-1)(x+1-3x-2) \leqslant 0$

$\Leftrightarrow (x-1)(-2x-1) \leqslant 0$

x	$-\infty$		$-\frac{1}{2}$		1		$+\infty$
Signe de $-2x-1$ *Fonction affine de coefficient directeur* $-2<0$		+	0	−		−	
Signe de $x-1$ *Fonction affine de coefficient directeur* $1>0$		−		−	0	+	
Signe du produit		−	0	+	0	−	

Donc $(x-1)(-2x-1) \leqslant 0$ si $x \in \left]-\infty\,;-\frac{1}{2}\right] \cup [1\,;+\infty[$

On notera qu'on peut vérifier graphiquement en représentant graphiquement la fonction

$x \mapsto (x-1)(-2x-1)$

Chapitre 5

Fonctions du second degré

1 Formes d'une fonction du second degré

1. Fonction du second degré

Une **fonction du second degré** est une fonction f dont l'expression développée est

$$f(x) = ax^2 + bx + c$$

où a, b, c sont des réels, avec $a \neq 0$. On parle aussi de **trinôme**.

Dans un repère $(O, \vec{i}, \vec{j})$ du plan, la courbe d'une fonction du second degré est une **parabole**.

2. Forme canonique

Il existe deux réels α et β tels que pour tout réel x :

$$f(x) = a(x - \alpha)^2 + \beta$$

Alors $\alpha = -\dfrac{b}{2a}$ et $\beta = f(\alpha)$.

EXERCICE COMMENTÉ

→ Énoncé

Écrire la forme canonique du trinôme du second degré défini pour tout réel x par $f(x) = -3x^2 - 12x - 7$

Méthode

On repère les valeurs de a, b, c et on calcule α et β.

→ Résolution

On a $f(x) = -3x^2 - 12x - 7 = -3x^2 + (-12)x + (-7)$

Or, $f(x) = ax^2 + bx + c$. Donc $a = -3$, $b = -12$, $c = -7$.

Ainsi, $\alpha = -\dfrac{b}{2a} = -\dfrac{-12}{2 \times (-3)} = \dfrac{12}{-6} = -2$

et $\beta = f(\alpha) = f(-2) = -3 \times (-2)^2 - 12 \times (-2) - 7 = 5$.

La forme canonique de f est donc $f(x) = -3(x - (-2))^2 + 5 = -3(x + 2)^2 + 5$.

Le logiciel de **calcul formel** Xcas permet de vérifier ce résultat :

```
forme_canonique (-3*x^2 - 12*x - 7)
                                        -3(x + 2)^2 + 5
```

2 Courbes et variations

- Le point $S(\alpha, \beta)$ est le **sommet** de la parabole représentant la fonction f. La droite d'équation $x = \alpha = -\dfrac{b}{2a}$ est **axe de symétrie** de la parabole.

- Les variations de f sont données par les tableaux ci-dessous.

Si $a > 0$

x	$-\infty$		α		$+\infty$
$f(x)$		↘	β	↗	

Le sommet S est « vers le bas »
La fonction f possède un **minimum** β atteint en $x = \alpha$

Si $a < 0$

x	$-\infty$		α		$+\infty$
$f(x)$		↗	β	↘	

Le sommet S est « vers le haut »
La fonction f possède un **maximum** β atteint en $x = \alpha$

EXERCICE COMMENTÉ

→ Énoncé

Déterminer les variations de la fonction f définie pour tout réel x par $f(x) = -5x^2 + 3x - 1$.

→ Résolution

Ici, $a = -5$. Donc le tableau de variation de f est de la forme :

x	$-\infty$		α		$+\infty$
$f(x)$		↗	β	↘	

Or $\alpha = -\frac{b}{2a} = -\frac{3}{2\times(-5)} = \frac{3}{10}$ et $\beta = f(\alpha) = f\left(\frac{3}{10}\right) = -5\left(\frac{3}{10}\right)^2 + 3\left(\frac{3}{10}\right) - 1 = -\frac{11}{20}$.

Donc, on complète

x	$-\infty$		$\frac{3}{10}$		$+\infty$
$f(x)$		↗	$-\frac{11}{20}$	↘	

Méthode

- On repère la valeur de a, ce qui donne les variations.
- On calcule α et β.
- On complète le tableau.

- Les variations des fonctions du second degré permettent de déterminer des extrema (maximum ou minimum). Ainsi, on peut résoudre des problèmes d'*optimisation*. En outre, selon le signe de β, on peut en déduire le signe de $ax^2 + bx + c$.

Signe de $ax^2 + bx + c$	$a > 0$	$a < 0$
$\beta < 0$	Positif ; négatif ; positif	Toujours strictement négatif
$\beta = 0$	Positif ou nul	Négatif ou nul
$\beta > 0$	Toujours strictement positif	Négatif ; positif ; négatif

- Pour retenir ces résultats, il convient d'illustrer chaque case du tableau par l'allure de la parabole selon le signe de a et de placer son sommet selon le signe de β. On en déduit alors par lecture graphique le signe de $ax^2 + bx + c$. En première, on reviendra sur cette notion de façon plus précise.

ENTRAÎNEMENT

1 Donner les tableaux de variation des fonctions suivantes.

$f : x \mapsto 3x^2 + 2x - 6$

$g : x \mapsto 9 - (x+2)^2$

2 On considère un segment [AB] de longueur 1. M est un point variable sur [AB]. On pose AM = x. On construit un carré AMNP et un triangle équilatéral MBQ.

a. Exprimer l'aire de AMNP en fonction de x.

b. Exprimer l'aire de MBQ en fonction de x.

c. On note $A(x)$ la somme de ces deux aires. Déterminer les valeurs minimale et maximale de $A(x)$ ainsi que les valeurs de x correspondantes.

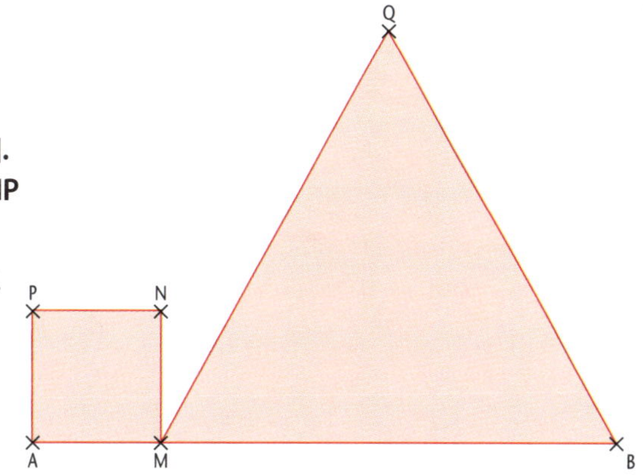

CORRIGÉS

1 Donner les tableaux de variation des fonctions suivantes :

$$f : x \mapsto 3x^2 + 2x - 6,\ g : x \mapsto 9 - (x+2)^2$$

Ici, pour f, $a = 3$. Donc le tableau de variation de f est de la forme :

x	$-\infty$	$-\frac{1}{3}$	$+\infty$
$f(x)$	↘	$-\frac{19}{3}$	↗

car $\alpha = -\frac{b}{2a} = -\frac{2}{2\times 3} = -\frac{1}{3}$ et $\beta = f(\alpha) = f\left(-\frac{1}{3}\right) = -\frac{19}{3}$.

$$g(x) = 9 - (x+2)^2 = 9 - x^2 - 4x - 4 = -x^2 - 4x + 5$$

Ici, pour g, $a = 1$. Donc le tableau de variation de g est de la forme :

x	$-\infty$	-2	$+\infty$
$g(x)$	↗	9	↘

car $\alpha = -\frac{b}{2a} = -\frac{-4}{2\times(-1)} = -2$ et $\beta = g(\alpha) = g(-2) = 9$.

2

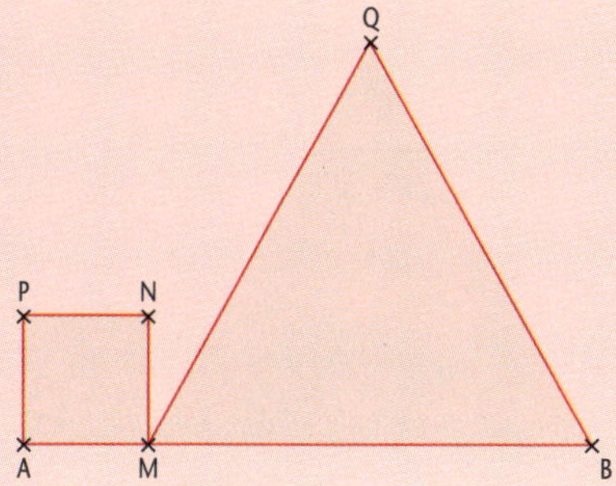

a. L'aire de AMNP est x^2.

b. La base du triangle est MB = 1 − AM = 1 − x. La hauteur d'un triangle équilatéral de côté a est $\frac{a\sqrt{3}}{2}$ (à connaître ou à redémontrer par le théorème de Pythagore). L'aire de MBQ est

$$\frac{\frac{1}{2}(1-x)(1-x)\sqrt{3}}{2} = \frac{\sqrt{3}(1-x)^2}{4}.$$

c. $A(x) = x^2 + \frac{\sqrt{3}(1-x)^2}{4} = x^2 + \frac{\sqrt{3}(1-2x+x^2)}{4}$

$$= \left(1+\frac{\sqrt{3}}{4}\right)x^2 - \frac{\sqrt{3}}{2}x + \frac{\sqrt{3}}{4}.$$

L'expression trouvée est celle d'une fonction du second degré.

$$\alpha = -\frac{\left(-\frac{\sqrt{3}}{2}\right)}{2\times\left(1+\frac{\sqrt{3}}{4}\right)} = \frac{\sqrt{3}}{4\times\left(1+\frac{\sqrt{3}}{4}\right)} = \frac{\sqrt{3}}{4+\sqrt{3}} \cong 0{,}30.$$ Comme $a > 0$, A présente un minimum en α qui vaut $f(\alpha) \cong \frac{4\sqrt{3}-3}{13}$.

Le tableau de variation de $A(x)$ montre que le maximum de $A(x)$ est nécessairement atteint en 0 ou 1. Or, $A(0) = \frac{\sqrt{3}}{4}$ et $A(1) = 1$.

x	0	α	1
$A(x)$	↘	$f(\alpha)$	↗

Donc le maximum de A est 1 atteint pour $x = 1$.

Chapitre 6

Fonctions homographiques

Une fonction homographique est **le quotient de deux fonctions affines**.
Ainsi, f est homographique si, et seulement si, il existe des réels a, b, c, d non tous nuls, avec $c \neq 0$, tels que, pour tout réel $x \neq -\frac{d}{c}$:

$$f(x) = \frac{ax+b}{cx+d}$$

EXERCICE COMMENTÉ

→ Énoncé

a. On considère la fonction $f : x \mapsto \frac{2x-3}{5x+4}$. Déterminer son ensemble de définition $\mathcal{D}_f$.

b. Montrer que pour tout $x \in \mathcal{D}_f$, $f(x) = \frac{2}{5} + \frac{-23}{5(5x+4)}$.

→ Résolution

a. $x \in \mathcal{D}_f \Leftrightarrow 5x+4 \neq 0 \Leftrightarrow x \neq -\frac{4}{5}$ donc $\mathcal{D}_f = \mathbb{R} \setminus \left\{-\frac{4}{5}\right\}$

b. Soit $x \in \mathcal{D}_f$.

$$\frac{2}{5} + \frac{-23}{5(5x+4)} = \frac{1}{5}\left(\frac{2}{1} + \frac{-23}{5x+4}\right) = \frac{1}{5}\left(\frac{2(5x+4)}{5x+4} + \frac{-23}{5x+4}\right) = \frac{1}{5}\,\frac{(2(5x+4)-23)}{5x+4} = \frac{1}{5}\,\frac{(10x+8-23)}{5x+4}$$

$$= \frac{1}{5}\,\frac{(10x-15)}{5x+4} = \frac{1}{5}\,\frac{5(2x-3)}{5x+4} = \frac{2x-3}{5x+4} = f(x)$$

De façon générale, on peut prouver :

$$f(x) = \frac{ax+b}{cx+d} = \frac{\frac{a}{c}\left(cx+\frac{bc}{a}\right)}{cx+d} = \frac{\frac{a}{c}\left(cx+d+\frac{bc}{a}-d\right)}{cx+d} = \frac{a}{c} + \frac{\frac{a}{c}\left(\frac{bc}{a}-d\right)}{cx+d} = \frac{a}{c} + \frac{b-\frac{ad}{c}}{cx+d}.$$

Ainsi, il existe deux réels α et β tels que, pour tout $x \neq -\frac{d}{c}$; $f(x) = \alpha + \frac{\beta}{cx+d}$.

Chapitre 7

Bilan sur les équations et inéquations

Pour résoudre une équation, il convient de raisonner par **équivalences**. Le symbole de l'équivalence est $\Leftrightarrow$. Une équivalence s'écrit entre deux **propositions** : ce sont des assertions dont on peut dire si elles sont **vraies** ou **fausses**.

Exemple :
$x^2 = 1 \Leftrightarrow x = 1$ ou $x = -1$ car de part et d'autre du symbole $\Leftrightarrow$ les propositions sont toutes deux vraies en même temps.
De la même façon $0 = 1 \Leftrightarrow 1 = 2$ car les propositions sont toutes les deux fausses.

Équations produit – nul

Un produit est nul si, et seulement si, un des facteurs est nul.

EXERCICE COMMENTÉ

→ Énoncé

Résoudre l'équation $x^3 - 5x^2 = 0$

→ Résolution

$x^3 - 5x^2 = 0 \Leftrightarrow x^2(x-5) = 0 \Leftrightarrow x^2 = 0$ ou $x - 5 = 0 \Leftrightarrow x = 0$ ou $x = 5$.

Quand il s'agit d'une inéquation, il convient de dresser un tableau de signes.

Méthode

On factorise afin de faire apparaître un produit. On résout alors deux équations plus simples.

Avec la fonction « carré »

On se donne un réel a.

- Si $a < 0$, alors l'équation $x^2 = a$ **n'a aucune solution**.
- Si $a = 0$, alors l'équation $x^2 = a$ a **une unique solution**, $x = 0$.
- Si $a > 0$, alors l'équation $x^2 = a$ a **deux solutions distinctes** $x = \sqrt{a}$ et $x = -\sqrt{a}$.

Le tableau suivant donne les solutions d'inéquations de base. On peut utiliser la courbe de la fonction « carré » pour retrouver ces résultats.

Inéquations	$x^2 < a$	$x^2 \leqslant a$	$x^2 > a$	$x^2 \geqslant a$
$a < 0$	Pas de solution	Pas de solution	$\mathbb{R}$	$\mathbb{R}$
$a = 0$	Pas de solution	$x = 0$	$\mathbb{R}^*$	$\mathbb{R}$
$a > 0$	$x \in]-\sqrt{a}\,;\sqrt{a}[$	$x \in [-\sqrt{a}\,;\sqrt{a}]$	$x \in]-\infty\,;-\sqrt{a}[\cup]\sqrt{a}\,;+\infty[$	$x \in]-\infty\,;-\sqrt{a}]\cup[\sqrt{a}\,;+\infty[$

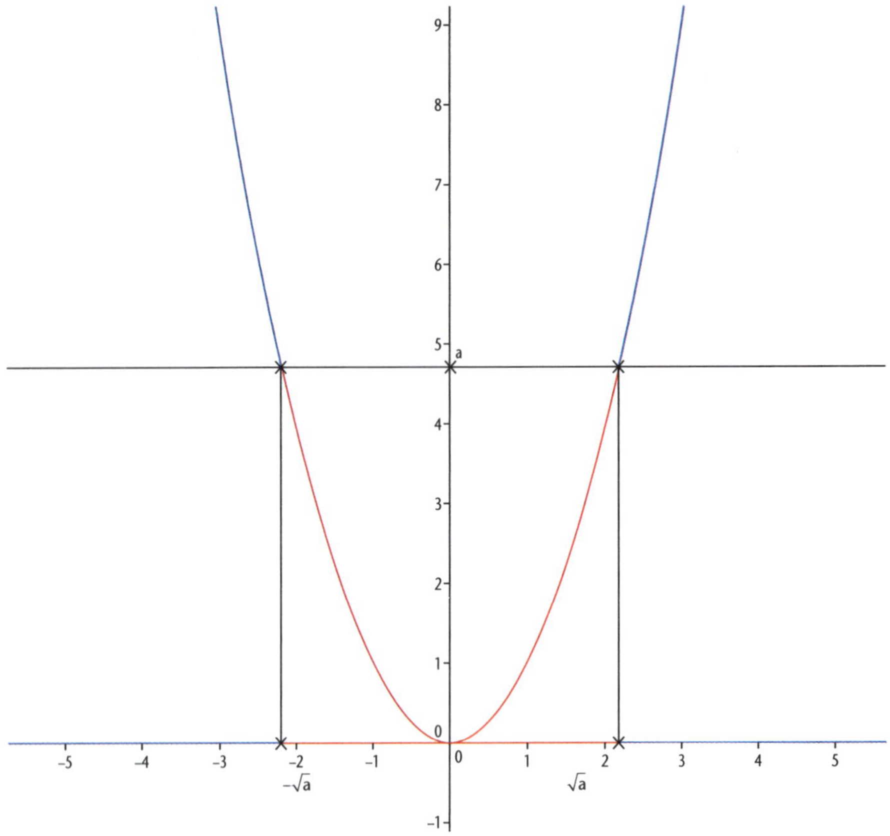

Avec des quotients

Pour tout nombre B ≠ 0, D ≠ 0 :

$$\frac{A}{B}=\frac{C}{D} \Leftrightarrow AD=BC$$

Avec un radical

$$\sqrt{A}=B \Leftrightarrow \begin{cases} A=B^2 \\ A \geqslant 0 \\ B \geqslant 0 \end{cases}$$

EXERCICE COMMENTÉ

→ Énoncé

Résoudre dans ℝ l'équation :

$$\sqrt{\frac{1-x}{x+1}}=4$$

→ **Résolution**

En faisant un tableau de signes pour le quotient $\frac{1-x}{x+1}$ (voir chapitre 4), on montre que $\frac{1-x}{x+1} \geqslant 0$ si, et seulement si, $x \in]-1\,;1]$. Penser à la valeur interdite -1.

Ainsi,

$$\sqrt{\frac{1-x}{x+1}}=4 \Leftrightarrow \begin{cases} \frac{1-x}{x+1}=16 \\ \frac{1-x}{x+1} \geqslant 0 \end{cases} \Leftrightarrow \begin{cases} 1-x=16(x+1) \\ x \in]-1;1] \end{cases} \Leftrightarrow \begin{cases} x=-\frac{15}{17} \\ x \in]-1;1] \end{cases}$$

Comme $-\frac{15}{17} \in]-1;1]$, ce réel est bien l'unique solution de l'équation.

ENTRAÎNEMENT

1 Résoudre l'équation $\frac{1}{x-1}-\frac{2}{x}=1$.

2 Résoudre l'équation $\sqrt{1-x}=x+1$.

3 Résoudre l'équation $x-2\sqrt{x}=0$.

4 Pour $x \in [0\,;1]$, comparer x, x^2, x^3.

CORRIGÉS

1 On doit avoir $x \neq 1$ et $x \neq 0$

$$\frac{1}{x-1}-\frac{2}{x}=1 \Leftrightarrow \frac{x-2(x-1)}{x(x-1)}=1 \Leftrightarrow \frac{-x+2}{x(x-1)}=1 \Leftrightarrow -x+2=x(x-1)$$

$$\Leftrightarrow x^2-x=-x+2 \Leftrightarrow x^2=2 \Leftrightarrow x=\sqrt{2} \text{ ou } x=-\sqrt{2}$$

2

$$\sqrt{1-x}=x+1 \Leftrightarrow \begin{cases} 1-x=(x+1)^2 \\ 1-x \geqslant 0 \\ x+1 \geqslant 0 \end{cases} \Leftrightarrow \begin{cases} 1-x=x^2+2x+1 \\ 1 \geqslant x \\ x \geqslant -1 \end{cases} \Leftrightarrow \begin{cases} 0=x^2+3x \\ 1 \geqslant x \\ x \geqslant -1 \end{cases} \Leftrightarrow \begin{cases} 0=x(x+3) \\ 1 \geqslant x \\ x \geqslant -1 \end{cases} \Leftrightarrow \begin{cases} x=0 \text{ ou } x=-3 \\ 1 \geqslant x \\ x \geqslant -1 \end{cases}$$

Or, seul 0 vérifie l'ensemble des conditions. Donc l'équation a pour unique solution 0.

3 $x-2\sqrt{x}=0 \Leftrightarrow \begin{cases} x \geqslant 0 \\ \sqrt{x}(\sqrt{x}-2)=0 \end{cases} \Leftrightarrow x=0$ ou $x=4$.

4 Pour $x \in [0\,;1]$, $x^3 \leqslant x^2 \leqslant x$.

En effet, $x^3-x^2=x^2(x-1) \leqslant 0$ si $x \in [0\,;1]$. Donc $x^3 \leqslant x^2$

De la même façon : $x^2-x=x(x-1) \leqslant 0$ si $x \in [0;\,1]$. Donc $x^2 \leqslant x$.

Chapitre 8

Statistiques descriptives

La statistique a pour objet l'étude des grandes populations sur lesquelles on observe un **caractère** : couleur des yeux, taille ; distance domicile – travail, masse d'une boîte de petits pois… Un caractère possède des valeurs mesurées sur chaque **individu** de la **population**. La notion de population est à prendre au sens large : c'est un ensemble d'éléments qui ont un caractère mesurable : les boîtes de petits pois par exemple !

1 Vocabulaire

- **L'effectif d'une valeur** d'un caractère est le nombre de fois où cette valeur apparaît.
- **Le nombre d'individus** de la population est l'effectif total.
- **La fréquence d'une valeur** est le quotient de l'effectif de cette valeur par l'effectif total :

$$\textbf{Fréquence de la valeur} = \frac{\textit{effectif de la valeur}}{\textit{effectif total}}$$

C'est un nombre compris entre 0 et 1.

2 Analyse d'une série statistique

Exemple : Tableau donnant le nombre d'enfants âgés de 0 à 16 ans dans un échantillon de 100 familles.

Nombre d'enfants	0	1	2	3	4	5
Effectif	50	23	9	15	2	1
Effectifs cumulés croissants	50	73	82	97	99	100

→ Interprétations :
73 représente le nombre de familles qui ont eu 0 ou 1 enfant.
97 représente le nombre de familles qui ont eu, au plus, 3 enfants.

Exemple : Tableau donnant la répartition des masses des nouveau-nés dans un hôpital.

Masse (en kg)	Fréquence	Fréquences cumulées décroissantes
[2,5 ; 3[	0,15	1
[3 ; 3,5[	0,32	0,85
[3,5 ; 4[	0,4	0,53
[4 ; 4,5[	0,13	0,13

→ **Interprétations :**
85 % de ces nouveau-nés ont une masse supérieure à 3 kg.
53 % de ces nouveau-nés ont une masse supérieure à 3,5 kg.

3 Paramètres : résumé d'une série statistique

1. Paramètres de position

On considère un caractère à p valeurs, appelées **modalités**.

Valeur	x_1	x_2	...	x_p
Effectif	n_1	n_2	...	n_p

Effectif total : $N = n_1 + n_2 + \ldots + n_p$

• **La moyenne** de cette série statistique est le réel noté $\overline{x}$ tel que $\overline{x} = \dfrac{n_1x_1 + n_2x_2 + \ldots + n_px_p}{N}$.

Cette moyenne est dite **pondérée**.

On peut calculer la moyenne $\overline{x}$ à partir des fréquences $\overline{x} = f_1x_1 + f_2 + \ldots + f_px_p$.

• Quand une série comporte un très grand nombre de valeurs différentes, on les regroupe en **intervalles**, appelés **classes**. On parle d'un caractère **continu**.
Dans ce cas, on obtient une valeur approchée de la moyenne de la série en prenant pour x_i les centres des classes.

• **Le centre d'un intervalle** $[a\ ;\ b]$ est le nombre $\dfrac{a+b}{2}$.

• Supposons désormais que la série de données est ordonnée par **ordre croissant**. La **médiane** de la série de données est un nombre qui partage cette série en deux séries de même effectif.

Méthode

Si la série possède N valeurs, la médiane est :

• quand N est **impair**, la $\dfrac{N+1}{2}$ ème valeur de la série ordonnée ;

• quand N est **pair**, la valeur au centre de l'intervalle entre la $\dfrac{N}{2}$ème et la $\dfrac{N}{2}+1$ème valeur de la série ordonnée.

• **Premier quartile** : c'est le plus petit élément Q_1 des valeurs des termes de la série, tel qu'au moins 25 % des données sont inférieures ou égales à Q_1.

• **Troisième quartile** : c'est le plus petit élément Q_3 des valeurs des termes de la série, tel qu'au moins 75 % des données sont inférieures ou égales à Q_3.

Exemple : Le temps en minutes consacré à la lecture du journal quotidien chez seize personnes.

15 13 1 9 17 19 13 10 4 8 6 8 14 12 14 9

Méthode

On commence par ranger les seize valeurs dans l'ordre croissant.

$1 < 4 < 6 < 8 < 8 < 9 < 9 < 10 < 12 < 13 < 13 < 14 < 14 < 15 < 17 < 19$

- **Médiane :** Il y a 16 valeurs, donc la médiane est au milieu de la 8e et de la 9e valeur, c'est-à-dire **11 min.**
- **Premier quartile :** 25 % de 16 personnes est égal à **4**, donc le premier quartile est la **4e** valeur, donc Q_1 = **8 min**.
- **Troisième quartile :** 75 % de 16 personnes est égal à **12**, donc le troisième quartile est la **12e** valeur, donc Q_3 = **14 min**.

2. Paramètres de dispersion

- La différence entre la plus grande et la plus petite donnée d'une série est l'**étendue**.
- La différence entre le troisième quartile et le premier quartile, $Q_3 - Q_1$, est l'**écart interquartile**.

Exemple : Une entreprise emploie sept femmes et douze hommes. Leurs salaires nets mensuels sont (en €) :

- Salaires des femmes : 1 090 ; 1 042 ; 3 670 ; 1 224 ; 1 250 ; 1 438 ; 1 052.
Ordonnons : $1042 < 1052 < 1090 < 1224 < 1250 < 1438 < 3670$.

Pour cette série, Q_1 est la 2e valeur de la série car $\frac{7}{4} = 1,75$. Donc $Q_1 = 1052$.

Pour cette série, Q_3 est la 6e valeur de la série car $3 \cdot \frac{7}{4} = 5,25$. Donc $Q_3 = 1438$.

- Salaires des hommes : 1 405 ; 1 070 ; 1 972 ; 1 525 ; 1 082 ; 1 001 ; 1 525 ; 1 968 ; 1 224 ; 2 196 ; 1 703 ; 1 126.
Ordonnons : $1001 < 1070 < 1082 < 1126 < 1224 < 1405 < 1525 \leqslant 1525 < 1703 < 1968 < 1972 < 2196$.

Pour cette série, Q_1 est la 3e valeur de la série car $\frac{12}{4} = 3$. Donc $Q_1 = 1082$.

Pour cette série, Q_3 est la 9e valeur de la série car $3 \cdot \frac{12}{4} = 9$. Donc $Q_3 = 1703$.

• L'étendue du salaire des femmes : 3 670 – 1 042 = 2 628 € L'écart interquartile des femmes : 1 438 – 1 052 = 386 €	• L'étendue du salaire des hommes : 2 196 € – 1 001 € = 1 195 € L'écart interquartile des hommes : 1 703 – 1 082 = 621 €

On pourrait donc en conclure que les salaires des femmes sont plus **dispersés** que les salaires des hommes. Mais 50 % des salaires des femmes diffèrent de 386 € au lieu de 621 €. Il y a donc des valeurs extrêmes plus éloignées chez les femmes que chez les hommes. Par contre, les salaires des femmes sont finalement plus homogènes.

ENTRAÎNEMENT

On considère les notes obtenues à un contrôle dans une classe de 27 élèves.

Note sur 20	7	8	9	10	11	12	13	14	15
Effectif	2	3	5	2	1	6	3	3	2

Déterminer les paramètres de position et de dispersion de cette série statistique.

CORRIGÉS

- Paramètres de position

Moyenne : $\overline{x} = \dfrac{297}{27} = 11.$

Note sur 20	7	8	9	10	11	12	13	14	15
Effectif	2	3	5	2	1	6	3	3	2
Effectifs cumulés croissants	2	5	10	12	13	19	22	25	27

Médiane : il y a 27 valeurs donc la médiane est la 14e valeur c'est-à-dire **12**.

Premier quartile : 25 % de 27 personnes est égal à **6,75** donc le premier quartile est la **7e** valeur donc $Q_1 = \mathbf{9}$.

Troisième quartile : 75 % de 27 personnes est égal à **20,25** donc le troisième quartile est la **21e** valeur donc $Q_3 = \mathbf{13}$.

Avec la calculatrice :

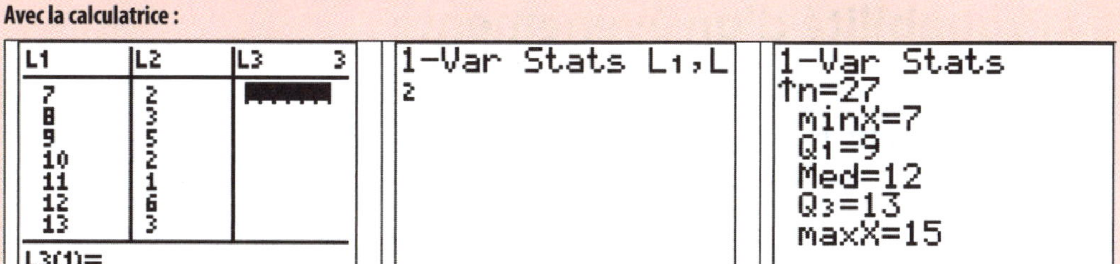

- Paramètres de dispersion

Étendue : Le maximum est 15, le minimum est 7, donc l'étendue est 15 – 7 = 8.

L'écart interquartile est 13 – 9 = 4.

Chapitre 9

Probabilités sur un ensemble fini

1 Modélisation d'une expérience aléatoire

• Chacun des résultats d'une expérience en est une **issue**. Une expérience est dite **aléatoire** lorsque plusieurs issues sont possibles, sans que l'on puisse prévoir celle qui se réalisera *a priori*.

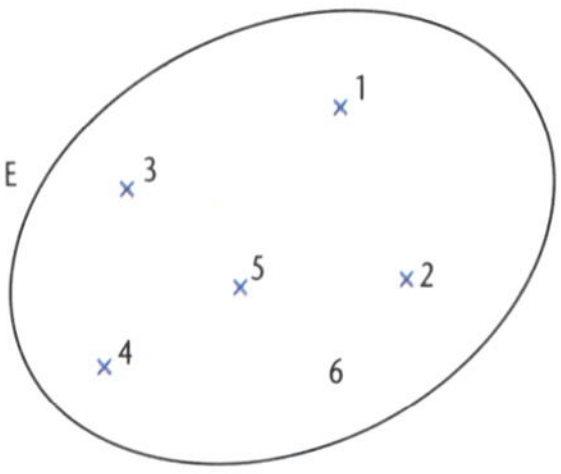

$E = \{x_1 ; x_2 ; \dots ; x_n\}$ est l'ensemble des issues d'une expérience aléatoire, appelé **univers**, noté aussi Ω.
Exemples : lancer d'un dé à six faces $E = \{1 ; 2 ; 3 ; 4 ; 5 ; 6\}$; lancer d'une pièce de monnaie : Ω = {Pile, Face}.

• Définir **une loi de probabilité** sur l'ensemble E des issues, c'est associer à chaque issue x_i un nombre p_i, positif ou nul de telle façon que $p_1 + p_2 + \dots + p_n = 1$. Ce nombre p_i est appelé **probabilité** de l'issue x_i.

Issue	x_1	x_2	…	x_n
probabilité	p_1	p_2	…	p_n

Exemples :
On considère que le dé est équilibré.

$$p_1 = p_2 = \dots = p_6 = \frac{1}{6}$$

On considère que la pièce est équilibrée.

$$p_1 = p_2 = \frac{1}{2}$$

Dans le cas où l'on associe à chacune des n issues x_i d'une expérience aléatoire la même probabilité p, on dit que **la loi est équirépartie** sur E. Dans ce cas, on a pour chaque issue x_i, $\mathbf{p_i = p = \frac{1}{n}}$.

2 Probabilité d'un événement

Un **événement** est une partie de l'univers E. On note : $A \subset E$

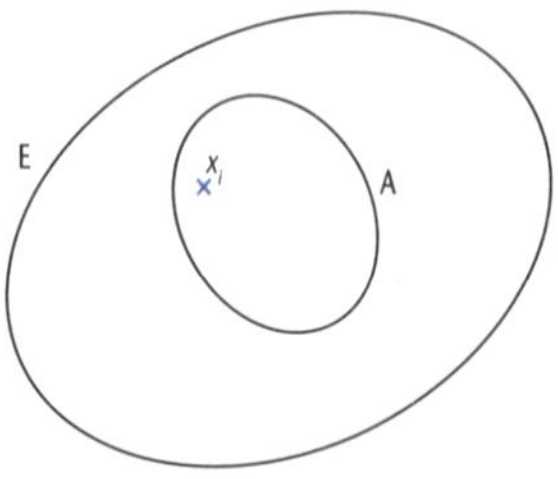

• Un **événement élémentaire** ne comporte qu'une seule issue.

• Lors d'une expérience aléatoire, un événement est **réalisé** si l'issue x_i observée appartient à A. On note $x_i \in A$. Si un événement n'est pas réalisé, on dit l'événement contraire de A est réalisé. On écrit $x_i \notin A$.

• $\varnothing$ est appelé **l'événement impossible**, aucune issue ne le réalise.

• E est appelé **l'événement certain**, toutes les issues le réalisent.

Exemple : On lance un dé à six faces.
« Obtenir 2 » est un événement élémentaire : seule la sortie de la face 2 le réalise. On le note {2}.
« Obtenir 7 » est l'événement impossible, ainsi que « obtenir un nombre négatif ».
« Obtenir plus de 1 » est l'événement certain.
« Obtenir un nombre pair » réalisé par la sortie de 2 OU 4 OU 6. On le note {2 ; 4 ; 6}.

Soit une loi de probabilité définie sur un univers E. La probabilité d'un événement A est la somme de toutes les probabilités des issues qui le réalisent. On la note **$p(A)$**.
– **Aucun événement ne réalise** l'événement impossible donc **$p(\emptyset) = 0$**
– **L'événement certain est réalisé** par chacune des issues de E, donc **$P(E) = 1$**
– Pour tout événement A, **$0 \leqslant p(A) \leqslant 1$**

Exemples
On lance un dé à six faces. On s'intéresse à l'événement A « obtenir un nombre pair » = {2 ; 4 ; 6}.
Ainsi $p(A) = p(2) + p(4) + p(6)$. On poursuit le calcul dans les deux cas suivants :

On considère un **dé équilibré**. Il y a **équiprobabilité**.

Donc

$$p(A) = \frac{1}{6} + \frac{1}{6} + \frac{1}{6} = \frac{3}{6} = 0{,}5$$

La probabilité de A est 0,5

On considère un **dé truqué** de la façon suivante.

Issue : face	1	2	3	4	5	6
probabilité	$\frac{1}{10}$	$\frac{1}{8}$	$\frac{1}{4}$	$\frac{1}{8}$	$\frac{3}{10}$	$\frac{1}{10}$

$$p(A) = \frac{1}{8} + \frac{1}{8} + \frac{1}{10} = \frac{7}{20}.$$

La probabilité que l'événement A soit réalisé est $\frac{7}{20}$.

Dans le cas d'une loi équirépartie sur E, la probabilité d'un événement A est donnée par :

$$p(A) = \frac{\textit{Nombre d'issues dans } A}{\textit{Nombre d'issues dans } E}$$

3 Propriétés des probabilités A et B

• **L'intersection** de A et B est l'événement, noté **$A \cap B$**, formé des issues qui réalisent **à la fois** l'événement A **et** l'événement B.

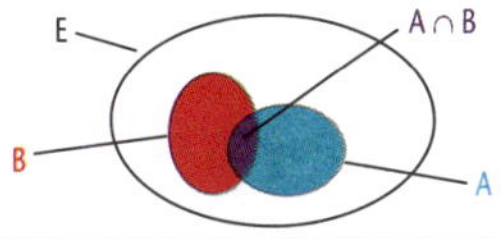

• La **réunion** de A et B est l'événement, noté **$A \cup B$**, formé des issues qui réalisent l'événement A **ou** l'événement B, c'est-à-dire **au moins** l'un de deux.

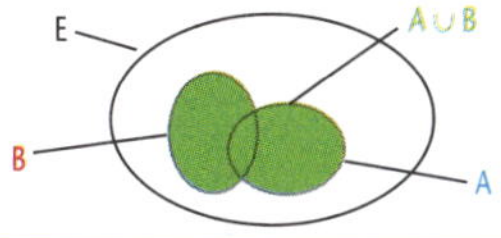

• **L'événement contraire** d'un événement A, noté $\bar{A}$, est formé des issues qui ne réalisent pas l'événement A.	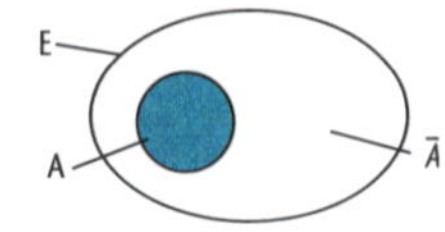
• Deux événements A et B sont **incompatibles** quand $A \cap B = \varnothing$.	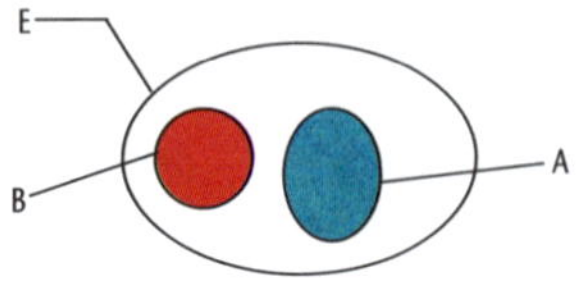

EXERCICE COMMENTÉ

→ Énoncé

On lance un dé équilibré à six faces. A est l'événement : « obtenir un nombre pair ». B est l'événement : « obtenir un multiple de 3 ». C est l'événement : « obtenir un nombre au plus égal à 2 ». Préciser les issues contenues dans **$A, B, C, A \cap B, A \cup B, \bar{A}, B \cap C$**.

→ Résolution

$A = \{2 ; 4 ; 6\}$; $B = \{3 ; 6\}$ et $C = \{1 ; 2\}$.

On a alors : $A \cap B = \{6\}$ $A \cup B = \{2 ; 3 ; 4 ; 6\}$ $\bar{A} = \{1 ; 3 ; 5\}$ $B \cap C = \varnothing$

6 est la seule issue qui réalise à la fois A ET B. $A \cap B$ est dans ce cas un événement élémentaire.

$B \cap C$ est impossible ; B et C sont incompatibles.

Soit A et B deux événements de E.

- $p(A \cup B) = p(A) + p(B) - p(A \cap B)$. Si A et B sont incompatibles, alors $p(A \cup B) = p(A) + p(B)$;
- $p(A) + p(\bar{A}) = 1$.

ENTRAÎNEMENT

1 On a $p(A) = 0,6$, $p(B) = 0,4$, $p(A \cup B) = 0,7$.

a. Calculer $p(A \cap B)$, $p(\bar{A})$.

b. On admet $(A \cap B) \cup (\bar{A} \cap B) = B$ et $(A \cap B) \cap (\bar{A} \cap B) = \varnothing$. En déduire $p(B) = p(A \cap B) + p(\bar{A} \cap B)$.

c. Calculer $p(\bar{A} \cap B)$, puis $p(A \cup \bar{B})$.

2 On lance deux dés à six faces numérotées de 1 à 6. On regarde la somme des numéros obtenus.

a. Déterminer l'univers de l'expérience.

b. On suppose que les dés sont parfaitement équilibrés. Calculer la probabilité des événements suivants :

A = « la somme obtenue est supérieure ou égale à 9 » ;

B = « la somme n'est pas égale à 7 » ;

C = « le premier résultat est inférieur strictement au second moins 2 ».

3 Au self d'une cantine scolaire, un menu est constitué d'une entrée, d'un plat, un dessert. On peut faire son choix parmi quatre entrées (E_1, E_2, E_3, E_4), deux plats (P_1, P_2) et quatre desserts (D_1, D_2, D_3, D_4).

a. En dessinant un arbre, montrer qu'il y a 32 menus différents possibles.

b. Calculer la probabilité de l'événement A = « on prend une entrée de numéro pair, le plat, P_2, un dessert sauf P_4 ».

CORRIGÉS

1 a. Comme $p(A \cup B) = p(A) + p(B) - p(A \cap B)$, on a :
$0{,}7 = 0{,}6 + 0{,}4 - p(A \cap B)$ et donc $p(A \cap B) = 1 - 0{,}7 = 0{,}3$.
$p(\overline{A}) = 1 - p(A) = 1 - 0{,}6 = 0{,}4$

b. Comme $(A \cap B) \cap (\overline{A} \cap B) = \emptyset$, les événements $(A \cap B)$ et $(\overline{A} \cap B)$ sont incompatibles.

Donc $p((A \cap B) \cup (\overline{A} \cap B)) = p(A \cap B) + p(\overline{A} \cap B)$.

Or, $(A \cap B) \cup (\overline{A} \cap B) = B$. Donc $p(B) = p(A \cap B) + p(\overline{A} \cap B)$.

c. $p(\overline{A} \cap B) = p(B) - p(A \cap B) = 0{,}4 - 0{,}3 = 0{,}1$

L'événement $(A \cup \overline{B})$ correspond à A est réalisé ou B ne l'est pas. C'est « le contraire de A n'est pas réalisé et B l'est » ; ainsi : $p(A \cup \overline{B}) = 1 - p(\overline{A} \cap B) = 1 - 0{,}1 = 0{,}9$.

2 a. L'univers peut se déterminer par un tableau à double entrée.

somme	1	2	3	4	5	6
1	2	3	4	5	6	7
2	3	4	5	6	7	8
3	4	5	6	7	8	9
4	5	6	7	8	9	10
5	6	7	8	9	10	11
6	7	8	9	10	11	12

On obtient ainsi l'univers
$E = \{2 ; 3 ; 4 ; 5 ; 6 ; 7 ; 8 ; 9 ; 10 ; 11 ; 12\}$ ainsi que les façons d'obtenir chacune des sommes.

b. Les dés sont équilibrés, donc chacune des cases du tableau précédent s'obtient de façon équiprobable.
D'après le tableau :
A = « la somme obtenue est supérieure ou égale à 9 » : 10 cases du tableau réalisent A ; ainsi $p(A) = \frac{10}{36} = \frac{5}{18}$.

B = « la somme n'est pas égale à 7 » : examinons $\overline{B}$ = « la somme est égale à 7 » : 6 cases du tableau réalisent $\overline{B}$. Ainsi $p(\overline{B}) = \frac{6}{36}$ et $p(B) = 1 - p(\overline{B}) = 1 - \frac{6}{36} = \frac{30}{36}$.

C = « le premier résultat est inférieur strictement au second moins 2 » est réalisé pour (1 ; 4), (1 ; 5), (1 ; 6), (2 ; 5), (2 ; 6), (3 ; 6).
Ainsi, par équiprobabilité, $p(C) = \frac{6}{36} = \frac{1}{6}$.

3 Les choix des desserts sont équiprobables.
A = « on prend une entrée de numéro pair, le plat, P_2, un dessert sauf P_4 » est réalisé par 6 chemins dans l'arbre. Ainsi, $p(A) = \frac{6}{32} = \frac{3}{16}$.

Chapitre 10

Échantillonnage

■ On considère une **population** (composée d'**individus**) sur laquelle on étudie un **caractère** de proportion p.

À retenir

Un caractère est un aspect observable : taille de personnes, distance de trajets domicile – travail, couleur des yeux, nombre d'enfants par couple, revenus d'un foyer fiscal, nombre de personnes ouvriers dans un jury populaire au tribunal, etc.

On prélève un **échantillon de taille n** : tirage au sort de n individus dans la population. La fréquence d'apparition du caractère C dans cet échantillon est f, non nécessairement égale à p puisqu'il s'agit d'un échantillon aléatoire.

Comme on travaille sur des échantillons, les fréquences observées f peuvent fluctuer entre les échantillons. Étudions cette fluctuation.

On peut déterminer un **intervalle de fluctuation :**
Pour $n > 25$; $0,2 < p < 0,8$, la probabilité que la fréquence observée f appartienne à l'intervalle :

$$I_{0,95} = \left[p - \frac{1}{\sqrt{n}} \; ; p + \frac{1}{\sqrt{n}}\right]$$

est supérieure ou égale à 95 % (0,95).

■ **Autrement dit**, quand on prélève un échantillon dans une population pour laquelle le caractère étudié apparaît avec la proportion p, la fréquence d'apparition de ce caractère dans la population appartient dans 95 % des cas à l'intervalle de fluctuation.

Population	Échantillon
Un caractère apparaît dans TOUTE la population dans la proportion $p = \frac{m}{N}$. m est le nombre d'individus de la population qui présentent le caractère. N est le nombre total d'individus	On prélève n individus parmi les N dans la population. On obtient alors un échantillon de taille n. On mesure, dans l'échantillon, la fréquence f d'apparition de ce caractère : $f = \frac{m'}{n}$. m' est le nombre d'individus de l'échantillon qui présentent le caractère.

Maths

- On en déduit une règle statistique utile dans les **tests statistiques**.

Règle

On cherche à savoir si la proportion d'individus d'une population présentant un caractère est p.

- On prélève un échantillon de taille n et on observe la fréquence f d'individus présentant ce caractère dans l'échantillon.
- Si $f \in \left[p - \frac{1}{\sqrt{n}} ; p + \frac{1}{\sqrt{n}}\right]$, on considère que la proportion p testée est acceptable.
- Sinon, on estime que cette proportion ne peut être égale à p, avec une probabilité de se tromper égale à 0,05 = 5 % (on parle de **risque de première espèce**).

ENTRAÎNEMENT

1 Déterminer l'intervalle de fluctuation de la fréquence pour un échantillon de taille $n = 28$ issue d'une population pour laquelle un caractère apparaît avec la proportion $p = 0,5$. On observe que, dans l'échantillon, la fréquence du caractère étudié est $f = 0,72$. Que peut-on en conclure ?

2 Une agence de publicité fait une étude d'impact d'une campagne publicitaire pour un nouveau produit. On vise dans un premier temps que la proportion p de personnes dans la population qui ont eu connaissance de produit par la campagne publicitaire soit égale à 0,34. On fait une étude sur un échantillon de 500 personnes. On constate que le nombre de personnes connaissant ce nouveau produit est 171.

Peut-on conclure que la campagne a atteint son objectif ?

CORRIGÉS

1 On applique la formule avec $n = 28$ et $p = 0,5$. On vérifie qu'on a bien $n > 25$ et $0,2 < p < 0,8$.

Ainsi, $I_{0,95} = [0,31 ; 0,69]$(environ). Or $0,72 \notin [0,31 ; 0,69]$. Donc, on estime que la proportion p du caractère ne peut être 0,5 avec une probabilité de se tromper de 5 %.

2 On procède ici au test d'une proportion $p = 0,34$ par intervalle de fluctuation, par un échantillon de taille $n = 500$.

$$I = \left[p - \frac{1}{\sqrt{n}} ; p + \frac{1}{\sqrt{n}}\right] = [0,295 ; 0,385]$$

Comme 171 personnes sur 500 présentent le caractère dans l'échantillon, $f = \frac{171}{500} = 0,342$

Comme $0,342 \in I$, on estime que la campagne a atteint son but.

Chapitre 11

Géométrie repérée – équations de droites

1 Coordonnées d'un point dans un repère

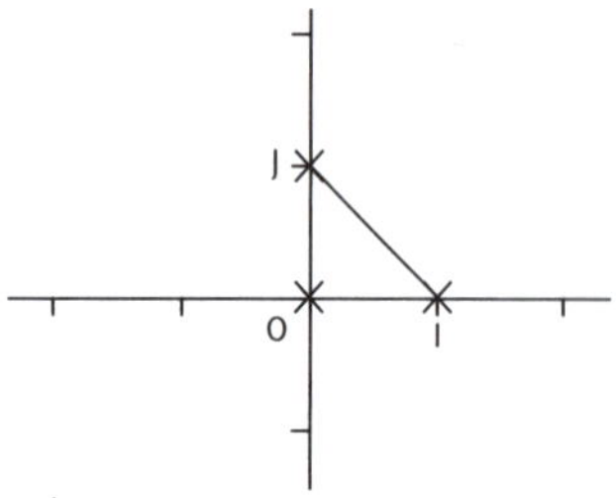

• Un **repère orthonormé** du plan est défini par trois points (O ; I, J) formant un **triangle isocèle rectangle** en O. Il s'agit donc de points non alignés. L'unité de longueur dans le plan est alors la distance OI (égale à la distance OJ). On peut également définir un repère **orthogonal** : le triangle OIJ est rectangle en O mais pas nécessairement isocèle. Si le triangle OIJ est quelconque, le repère est **quelconque**.

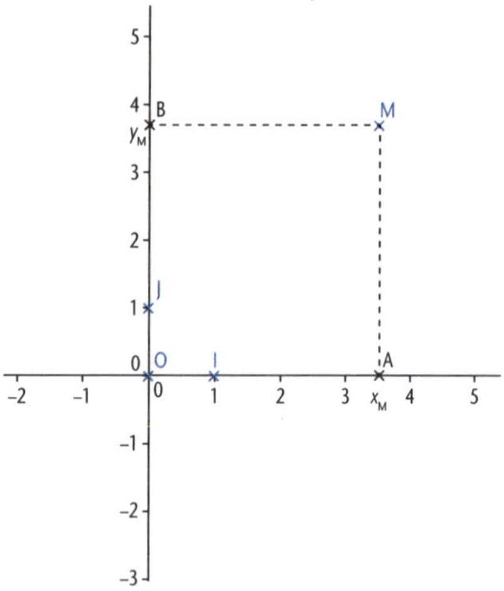

• La droite (OI) est l'**axe des abscisses** du repère et la droite (OJ) est appelé l'**axe des ordonnées** du repère. Le point O est appelé l'**origine** du repère.

• À tout point *M* du plan on peut associer un unique point A sur l'axe (OI) tel que (MA)//(OJ) et un point B sur l'axe (OJ) tel que (MB)//(OI).

• Ces deux points définissent l'abscisse x_M et l'ordonnée y_M du point M.

• Le couple (x_M ; y_M) forme les **coordonnées** du point M dans le repère (O ; I ; J).

EXERCICE COMMENTÉ

→ Énoncé

ABCD est un rectangle de centre O. I est le milieu de [BC] et J est le milieu de [CD]. Quelles sont les coordonnées dans le repère (O ; I, J) des points A, B, C et D ?

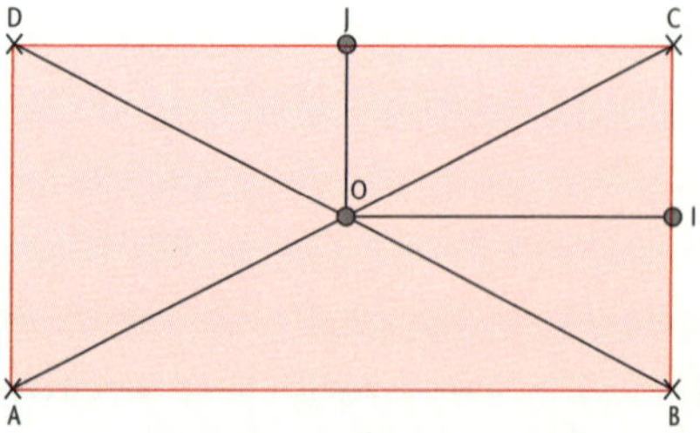

→ Résolution

Ce repère n'est pas orthonormé mais orthogonal.

On a les coordonnées suivantes :

O(0, 0) ; I(1, 0) ; J(0, 1) ; C(1, 1) ; B(1, – 1) ; D(– 1, 1) ; A(– 1, – 1).

On retiendra que, dans un repère (O ; I, J) :

– les coordonnées de O sont toujours (0 ; 0),

– les coordonnées de I sont toujours (1 ; 0),

– les coordonnées de J sont toujours (0 ; 1).

2 Coordonnées du milieu d'un segment

Si, dans un repère quelconque ou orthonormé, le point A a pour coordonnées $(x_A\,;y_A)$ et le point B a pour coordonnées $(x_B\,;y_B)$ alors le milieu I du segment [AB] a pour coordonnées :

$$x_I = \frac{x_A + x_B}{2} \text{ et } y_I = \frac{y_A + y_B}{2}.$$

EXERCICE COMMENTÉ

→ Énoncé

On considère un parallélogramme ABCD qui permet de définir le repère (A, B, C). Déterminer les coordonnées du centre O de ce parallélogramme ainsi que les coordonnées de D.

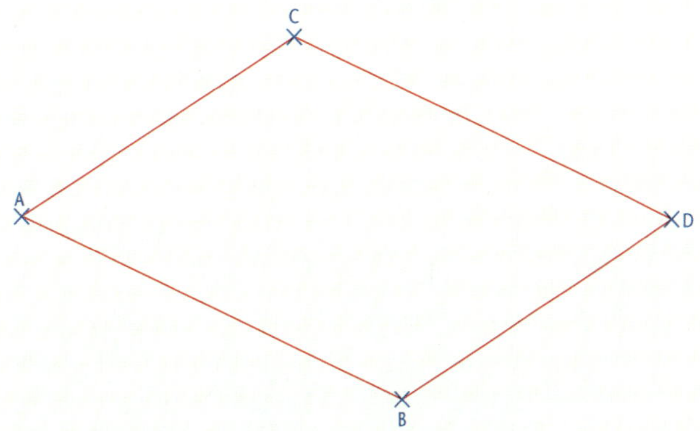

→ Résolution

On a les coordonnées suivantes : A(0 ; 0), B(1 ; 0), C(0 ; 1) par définition du repère.

O est le milieu [BC] donc

$x_o = \frac{x_B + x_C}{2} = \frac{1+0}{2} = \frac{1}{2}$ et $y_o = \frac{y_B + y_C}{2} = \frac{0+1}{2} = \frac{1}{2}$. Ainsi $O\left(\frac{1}{2}, \frac{1}{2}\right)$.

O est le milieu [AD] donc $x_o = \frac{x_A + x_D}{2}$ d'où $2x_o = x_A + x_D$ et donc $x_D = 2x_o - x_A = 2 \times \frac{1}{2} - 0 = 1$.

De la même façon, $y_D = 2y_o - y_A = 2 \times \frac{1}{2} - 0 = 1$. Donc D(1 ; 1).

3 Distance entre deux points

Dans un repère orthonormé, la distance AB entre deux points $A(x_A, y_A)$ et $B(x_B, y_B)$ est donnée par :

$$AB = \sqrt{(x_B - x_A)^2 + (y_B - y_A)^2}$$

L'unité de longueur est celle définie par OI.
En pratique, on peut calculer AB^2, puis on prend la racine carrée du résultat obtenu.

EXERCICE COMMENTÉ

→ Énoncé

Dans un repère orthonormé, on considère les points A(2 ; 2), B(6 ; –1) et C(5 ; 6). Déterminer la nature du triangle ABC.

→ Résolution

$$AB=\sqrt{(x_B-x_A)^2+(y_B-y_A)^2}=\sqrt{(6-2)^2+(-1-2)^2}=\sqrt{16+9}=\sqrt{25}=5$$

$$AC=\sqrt{(x_C-x_A)^2+(y_C-y_A)^2}=\sqrt{(5-2)^2+(6-2)^2}=\sqrt{9+16}=\sqrt{25}=5$$

$$BC=\sqrt{(x_C-x_B)^2+(y_C-y_B)^2}=\sqrt{(5-6)^2+(6-(-1))^2}=\sqrt{1+49}=\sqrt{50}=\sqrt{25}\times\sqrt{2}=5\sqrt{2}$$

D'emblée, il est évident qu'on a $AB=AC$. Le triangle ABC est donc isocèle en A. Est-il rectangle ?
D'une part : $BC^2=50$. D'autre part : $AB^2+BC^2=25+25=50$.
On a donc $BC^2=AB^2+AC^2$. D'après la réciproque du théorème de Pythagore, on en déduit que le triangle ABC est également rectangle en A.

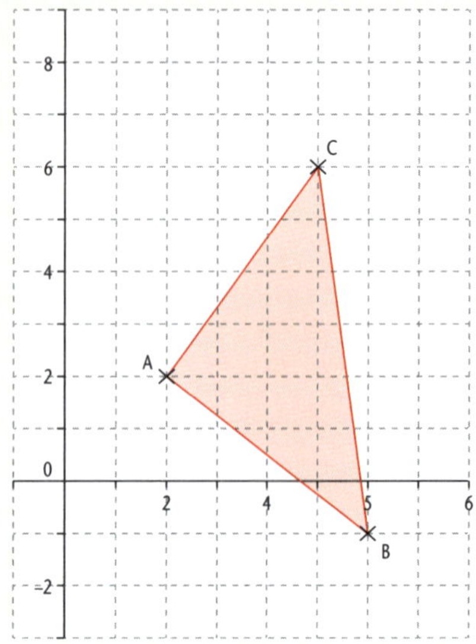

4 Équations de droites

La plan est muni d'un repère orthonormé (O ; I, J).

1. Droites non parallèles à l'axe des abscisses

L'ensemble des points $M(x\,;\,y)$ du plan tels que $y = mx + p$ est la représentation graphique d'une fonction affine, donc est une droite.

L'équation $y = mx + p$ est l'**équation réduite** de la droite.

m est le **coefficient directeur** de la droite d. p est l'**ordonnée à l'origine**.

Si on connaît les coordonnées de deux points $A(x_A, y_A)$ et $B(x_B, y_B)$ avec $x_A \neq x_B$, on peut calculer le coefficient directeur :

$$m=\frac{y_A-y_B}{x_A-x_B}=\frac{y_B-y_A}{x_B-x_A}$$

A posteriori, on peut alors calculer $p = y_A - mx_A$, justifié par le résultat suivant :

Maths

• On dit que les coordonnées d'un point $M(x_M, y_M)$ **vérifient l'équation** $y = mx + p$ si on a $y_M = mx_M + p$.

• Un point appartient à une droite si, et seulement si, ses coordonnées vérifient l'équation de la droite.

EXERCICE COMMENTÉ

→ Énoncé

On considère la droite (AB) avec A(–3 ; 4) et B(7 ; –2). Le point C(4 ; 0) appartient- il à (AB) ?

Méthode

On détermine l'équation réduite $y = mx + p$ de la droite (AB) en appliquant les formules. Ensuite, si $y_C = mx_C + p$ alors le point C appartient à la droite (AB). Sinon, $C \notin (AB)$.

→ Résolution

$$m = \frac{y_A - y_B}{x_A - x_B} = \frac{4-(-2)}{(-3)-7} = \frac{6}{-10} = -\frac{3}{5}$$

$$p = y_A - mx_A = 4 - \left(-\frac{3}{5}\right) \times (-3) = 4 - \frac{9}{5} = \frac{11}{5}$$

On notera qu'on aurait pu aussi considérer : $p = y_B - mx_B = -2 - \left(-\frac{3}{5}\right) \times 7 = -2 + \frac{21}{5} = \frac{11}{5}$.

Ainsi, la droite (AB) a pour équation réduite $y = -\frac{3}{5}x + \frac{11}{5}$.

Enfin, calculons $-\frac{3}{5}x_C + \frac{11}{5} = -\frac{3}{5} \times 4 + \frac{11}{5} = -\frac{1}{5} \neq 0 = y_C$. Ainsi, $C \notin (AB)$.

2. Droites parallèles aux axes de coordonnées

Soit $A(x_A, y_A)$ et $B(x_B, y_B)$ deux points distincts du plan.

• Si $y_A = y_B$ alors : la droite (AB) est parallèle à l'axe des abscisses et son équation réduite est : $y = y_A$ C'est un cas particulier des droites d'équation $y = mx + p$ avec $m = 0$. On parle de **droite horizontale**.	• Si $x_A = x_B$ alors tout point de (AB) a toujours pour abscisse x_A. On considère donc que la droite (AB) a pour équation réduite : $x = x_A$ On n'est pas dans le cadre des équations de la forme $y = mx + p$. Pour ce genre de droite, il n'y a ni coefficient directeur ni ordonnée à l'origine. On parle de **droite verticale**.

3. Droites parallèles entre elles

• Deux droites d'équations $y = mx + p$ et $y = m'x + p'$ sont parallèles si et seulement si elles ont le même coefficient directeur : $m = m'$

• Deux droites parallèles à un axe de coordonnées sont parallèles entre elles.

ENTRAÎNEMENT

1 Dire si les points A(– 3 ; 1) ; B(2 ; – 1) et C(7 ; – 3) sont alignés.

2 On considère un carré ABCD, un triangle équilatéral intérieur au carré et un triangle équilatéral BDF extérieur au carré.

a. Construire la figure avec un logiciel de géométrie.

b. Dans le repère (C ; D, A), donner l'équation de la droite (AF).

c. Montrer que les points A, E, F sont alignés.

3 Déterminer les coordonnées du point d'intersection des droites (AB) et (CD) avec A(– 3 ; 4) ; B(– 1 ; 3) ; C(5 ; 0) et D(5 ; 3).

4 On considère dans un repère orthonormé les points A(–3, 0), B(3, 0), C(0, 3).

a. Montrer que le triangle ABC est isocèle en C (c'est-à-dire CA = CB).

b. Calculer l'aire du triangle ABC en unités d'aire.

c. On note K le point d'intersection entre le segment [AC] et la perpendiculaire à [AC] issue de B. Calculer la longueur BK, en utilisant l'aire calculée précédemment.

CORRIGÉS

1 On cherche l'équation réduite de (AB) : on trouve après calculs : $y = -\frac{2}{5}x - \frac{1}{5}$

D'autre part, $-\frac{2}{5}x_C - \frac{1}{5} = -\frac{2}{5} \times 7 - \frac{1}{5} = -\frac{15}{5} = -3 = y_C$. Donc $C \in (AB)$.

2 a. Après avoir construit le carré, on obtient les triangles équilatéraux à l'aide de cercles qui permettent de reporter des longueurs.

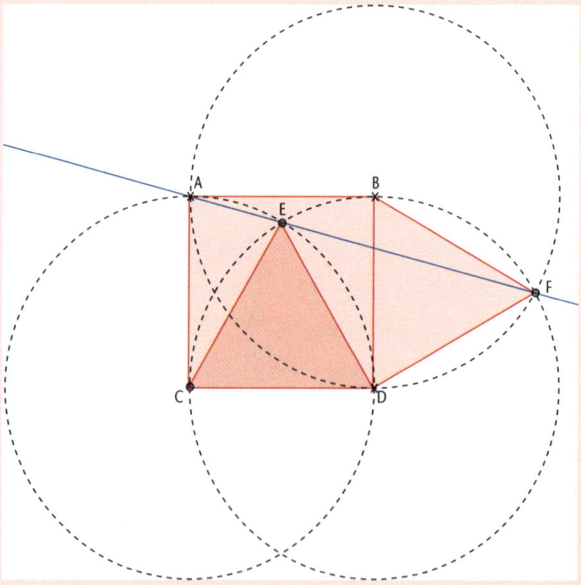

b. Dans le repère (C ; D ; A), on a les coordonnées suivantes : C(0 ; 0), D(1 ; 0), A(0 ; 1), B(1 ; 1)

Comme la hauteur d'un triangle équilatéral de côté a est $a\frac{\sqrt{3}}{2}$, il vient, avec $a=1$:

$$E\left(\frac{1}{2};\frac{\sqrt{3}}{2}\right) \text{ et } F\left(1+\frac{\sqrt{3}}{2},\frac{1}{2}\right).$$

Ainsi, l'équation réduite de la droite (AF) s'obtient, comme $x_A \neq x_F$:

$$m=\frac{y_F-y_A}{x_F-x_A}=\frac{\frac{1}{2}-1}{1+\frac{\sqrt{3}}{2}-0}=\frac{\left(-\frac{1}{2}\right)}{\frac{2+\sqrt{3}}{2}}=-\frac{1}{2+\sqrt{3}}$$

Alors : $p=y_A-mx_A=1-\left(-\frac{1}{2+\sqrt{3}}\right)\times 0=1$: on aurait pu deviner ce résultat : la droite (AF) coupe l'axe des ordonnées de ce repère au point d'ordonnée 1 !

(AF) a pour équation réduite $y=-\frac{1}{2+\sqrt{3}}x+1$.

c. Il reste à vérifier si les coordonnées de E vérifient cette équation.

$$\text{Or, } -\frac{1}{2+\sqrt{3}}x_E+1=-\frac{1}{2+\sqrt{3}}\times\frac{1}{2}+1=\frac{4+2\sqrt{3}-1}{4+2\sqrt{3}}$$

$$=\frac{3+2\sqrt{3}}{4+2\sqrt{3}}=\frac{3+2\sqrt{3}}{4+2\sqrt{3}}\times\frac{4-2\sqrt{3}}{4-2\sqrt{3}}$$

$$=\frac{(3+2\sqrt{3})(4-2\sqrt{3})}{(4+2\sqrt{3})(4-2\sqrt{3})}=\frac{12-6\sqrt{3}+8\sqrt{3}-4\sqrt{3}^2}{4^2-(2\sqrt{3})^2}$$

$$=\frac{2\sqrt{3}}{16-12}=\frac{2\sqrt{3}}{4}=\frac{\sqrt{3}}{2}=y_E$$

Ainsi, $E\in(AF)$.

3 On cherche les équations réduites des droites.

Pour (AB), on trouve : $y=-\frac{1}{2}x+\frac{5}{2}$

Pour (CD), comme $x_C=x_D$, l'équation est de la forme $x=x_C=5$.

Comme ces deux droites ne sont pas toutes deux parallèles à l'axe des ordonnées, elles sont donc sécantes en un unique point I.

Les coordonnées de I vérifient l'équation de (AB) : $y_I=-\frac{1}{2}x_I+\frac{5}{2}$. Comme $I\in(CD)$, il vient $x_I=5$. D'où :

$$y_I=-\frac{1}{2}x_I+\frac{5}{2}=-\frac{1}{2}\times 5+\frac{5}{2}=0$$

Les coordonnées du point d'intersection des droites (AB) et (CD) sont (5 ; 0).

4 a. Le repère étant orthonormé, les coordonnées des points donnent :

$$AC^2=(x_C-x_A)^2+(y_C-y_A)^2=(0-(-3))^2+(3-0)^2=18$$
$$BC^2=(x_C-x_B)^2+(y_C-y_B)^2=(0-3)^2+(3-0)^2=18$$

b. Comme ABC est isocèle en C, la hauteur issue de C est aussi médiane. Elle coupe donc la base [AB] en son milieu, l'origine O(0, 0) du repère.

Ainsi, $OC^2=(x_C-x_O)^2+(y_C-y_O)^2=9$ et $OC=3$. On a aussi $AB=6$. Par conséquent, l'aire cherchée est $\mathcal{A}_{ABC}=\frac{AB\times OC}{2}=9$.

c. On a $\mathcal{A}_{ABC}=\frac{AC\times BK}{2}=9$ d'où $BK=\frac{18}{AC}=\frac{18}{\sqrt{18}}=\sqrt{18}=\sqrt{9}\sqrt{2}=3\sqrt{2}$. On fera une figure pour contrôler ces résultats, éventuellement à l'aide d'un logiciel de géométrie dynamique.

Chapitre 12

Configurations planes

1 Problèmes d'alignement et de parallélisme

À retenir

Axiome d'Euclide : Étant donné un point du plan et une droite, il n'existe qu'une seule droite passant par ce point et parallèle à cette droite.

Ainsi, pour démontrer que des points sont alignés, il suffit de prouver (AB)//(AC).

1. Théorème de Thalès

Si des points O, A, B sont alignés, O, A′, B′ le sont également tels que (AA′)//(BB′) alors on a :

$$\frac{OA}{OB} = \frac{OA'}{OB'} = \frac{AA'}{BB'}$$

2. Réciproque du théorème de Thalès

Si des points O, A, B sont alignés dans cet ordre, O, A′, B′ le sont également dans cet ordre tels que $\frac{OA}{OB} = \frac{OA'}{OB'}$ alors on a :

$$(AA')//(BB')$$

2 Géométrie du triangle

À retenir

La **somme** des angles d'un triangle est égale à **180°**.

1. Triangles particuliers – symétrie axiale

• Un triangle est isocèle si, et seulement si :
– il possède deux côtés de même longueur,
ou
– il possède deux angles de même mesure,
ou

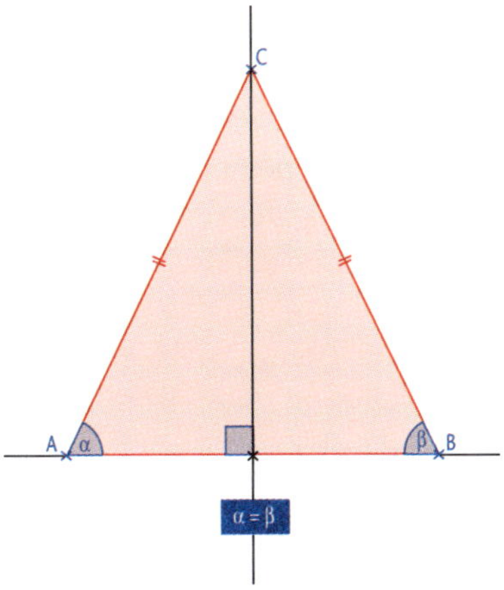

– une de ses médiatrices est également médiane, hauteur, bissectrice,
ou
– il est symétrique par rapport à une de ses hauteurs.

Symétrie axiale

On se donne une droite $\mathcal{D}$. Le **symétrique** d'un point quelconque M du plan par rapport à $\mathcal{D}$ est le point M′ tel que :
- si $M \in \mathcal{D}$ alors $M' = M$: l'axe est invariant par la symétrie axiale ;
- si $M \notin \mathcal{D}$ alors $[MM'] \perp \mathcal{D}$ et le milieu de [MM′] appartient à $\mathcal{D}$: autrement dit, $\mathcal{D}$ est la médiatrice de [MM′].

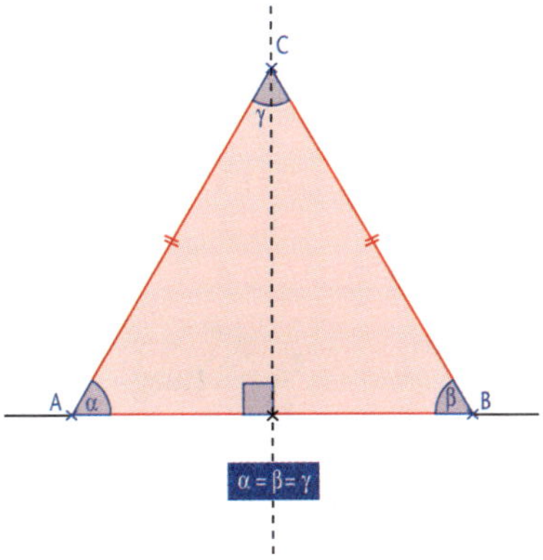

- Un triangle est **équilatéral** si, et seulement si :
– il possède trois côtés de même longueur,
ou
– il possède trois angles de même mesure, 60°,
ou
– chacune de ses médiatrices est également médiane, hauteur, bissectrice,
ou
– il est symétrique par rapport à chacune de ses hauteurs.

- Un triangle est **rectangle** si un de ces angles est droit. Alors, ses autres angles sont aigus.

2. Droites remarquables et points de concours

Des droites **concourantes** sont des droites qui se coupent en un même point.

• Une **hauteur** est issue d'un sommet et est perpendiculaire au côté opposé. • Une **médiane** est issue d'un sommet et passe par le milieu du côté opposé. • Une **médiatrice** est une droite qui coupe un côté perpendiculairement en son milieu.	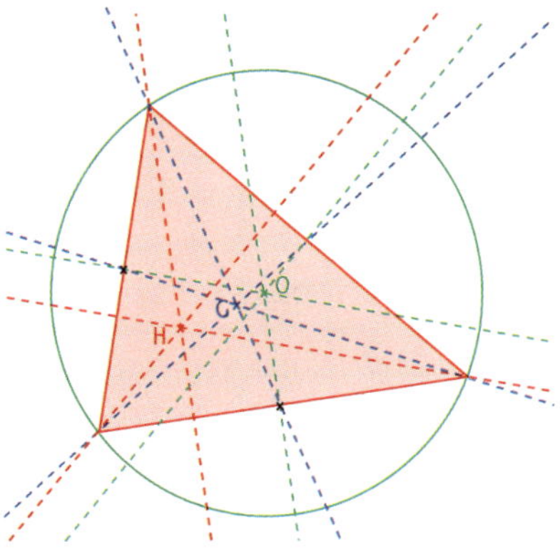	• Les **hauteurs** du triangle sont concourantes en un point H nommé **l'orthocentre** du triangle. • Les **médianes** du triangle sont concourantes en un point G nommé **le centre de gravité** du triangle. • Les **médiatrices** du triangle sont concourantes en un point O nommé **le centre du cercle circonscrit** du triangle.

• Une **bissectrice** est une droite qui coupe un angle du triangle en deux angles égaux.	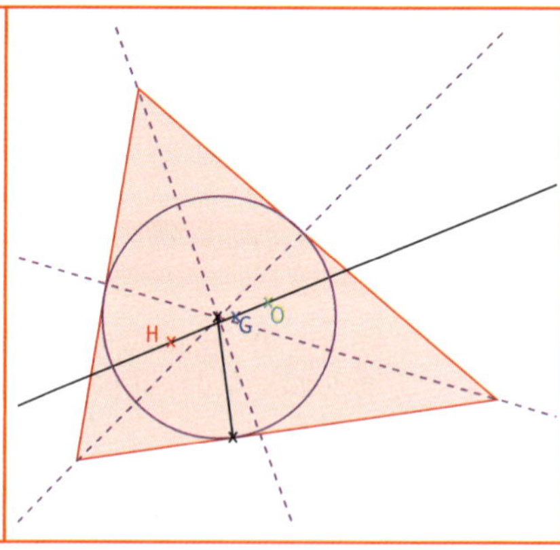	• Les **bissectrices** du triangle sont concourantes en un point I nommé **le centre du cercle inscrit** du triangle. Les points G, H, O sont **alignés** sur la **droite d'Euler**.

3. Théorème de Pythagore et sa réciproque

Théorème direct

Si ABC est un triangle rectangle en A **alors** $BC^2 = AB^2 + AC^2$.

Autrement dit, dans un triangle rectangle, la carré de l'hypoténuse est égal à la somme des carrés des deux autres côtés.

Théorème réciproque

Si, dans un triangle ABC, on a $BC^2 = AB^2 + AC^2$, **alors** le triangle ABC est **rectangle** en A.

4. Parallélogramme et symétrie centrale

Un quadrilatère est un **parallélogramme** si, et seulement si :

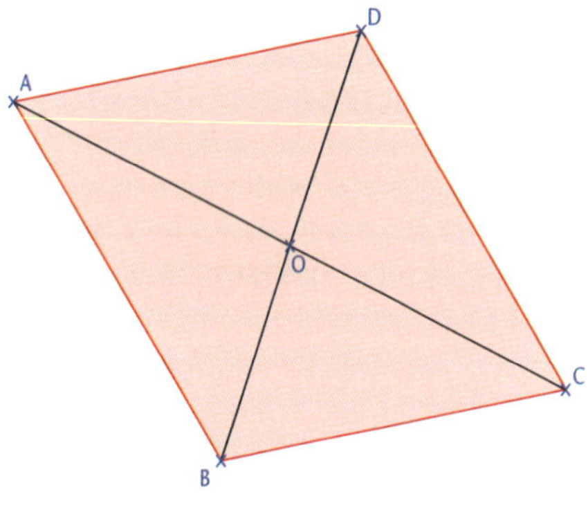

– ses côtés opposés sont parallèles ;
ou
– ses côtés opposés sont de même longueur deux à deux ;
ou
– ses diagonales se coupent en leur milieu ;
ou
– ses angles opposés sont égaux ;
ou
– ses angles consécutifs sont **supplémentaires** : de somme 180°.
ou
– il possède un **centre de symétrie**.

On verra au prochain chapitre une nouvelle caractérisation par les vecteurs.

Symétrie centrale

On se donne un point O, nommé **centre de la symétrie.** Le **symétrique** d'un point quelconque du plan par rapport à O est le point M′ tel que :
– si M = O alors M′ = M = O : le centre de la symétrie est invariant par la symétrie centrale ;
– si M ≠ O alors [MM′] a pour milieu le point O.

5. Cercles

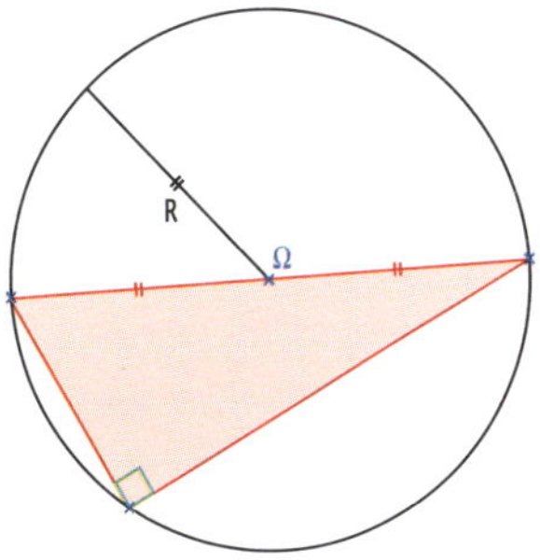

• Un **cercle** de **centre** Ω et de **rayon** R est l'ensemble des points du plan distants de Ω de la distance R.

• Un **diamètre** d'un cercle est un segment [MM′] avec M et M′ sur le cercle et Ω milieu de ce segment.

• **Si** un triangle est rectangle, **alors** son hypoténuse est un diamètre de son cercle circonscrit. Autrement dit, le milieu de l'hypoténuse est le centre du cercle circonscrit.

• **Réciproquement**, **si** un des côtés du triangle est un diamètre de son cercle circonscrit, **alors** le triangle est rectangle et le côté formant le diamètre est l'hypoténuse. En tout point M d'un cercle de centre O passe une droite perpendiculaire à (OM), qui ne coupe le cercle qu'en M.

6. Aires de figures usuelles

Disque de rayon R	πR^2
Triangle de base $\mathcal{B}$ et de hauteur h	$\dfrac{\mathcal{B}\times h}{2}$
Parallélogramme de base $\mathcal{B}$ et de hauteur h 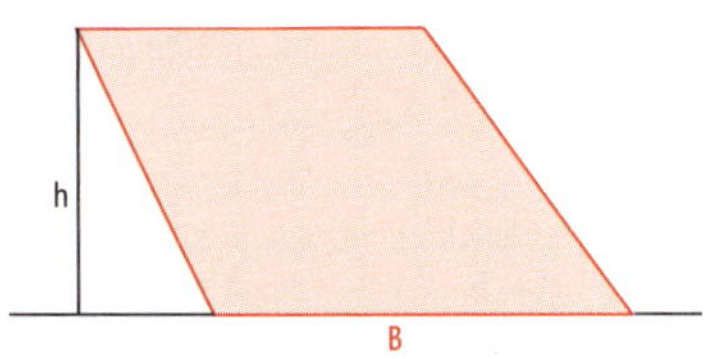	$\mathcal{B}\times h$
Trapèze de bases $\mathcal{B}$ et b et de hauteur h 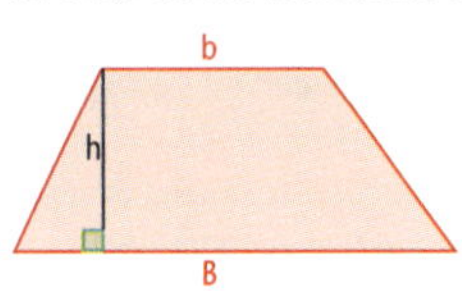	$\dfrac{(\mathcal{B}+b)\times h}{2}$

On rappelle que le **périmètre** d'un cercle de rayon R est $2\pi R$.

ENTRAÎNEMENT

1 On considère un cercle de diamètre [AB].
On choisit un point C sur le cercle, distinct de A et de B.
I, J, K sont les milieux respectifs des côtés [AB], [AC], [BC].
On appelle *lunules d'Hippocrate* les parties en rose sur la figure.

a. Justifier que le triangle ABC rectangle en C.

b. Prouver que le triangle IJK est rectangle en I.

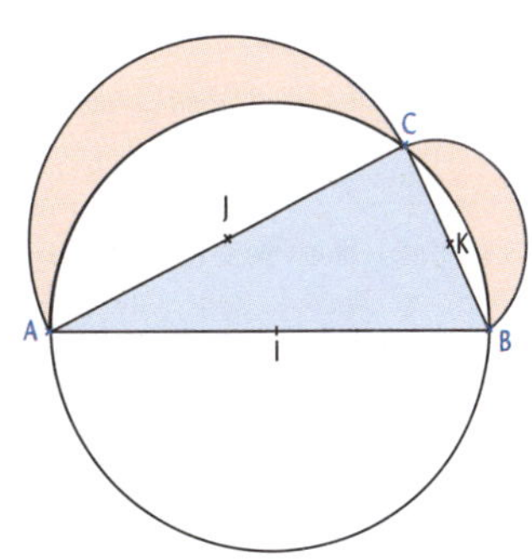

c. On suppose AB = 10, AC = 8. Calculer l'aire du triangle ABC en unités d'aire.

d. Calculer alors l'aire du triangle IJK en unités d'aire.

e. Calculer l'aire des lunules, ensemble coloré en rose.

2 ABCEDF est un hexagone régulier de centre O. On suppose OA = 5.

a. Calculer l'aire du triangle OAB.

b. Calculer l'aire du polygone ABCDEF.

c. Déterminer la mesure de l'angle $\widehat{AOB}$, en degrés.

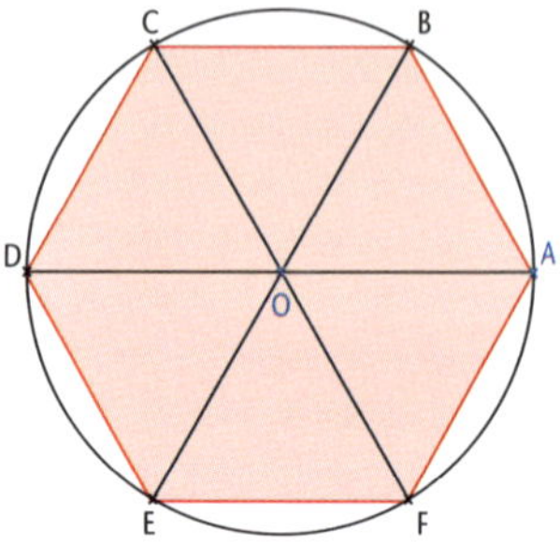

CORRIGÉS

1 a. Le cercle possédant pour diamètre [AB] alors tout triangle ABC avec C appartenant au cercle privé de A et B est rectangle en C : en effet, le cercle est alors le cercle circonscrit au triangle et on utilise la dernière propriété du paragraphe **Cercles** de la page 53.

b. Les points A, I, B sont alignés dans cet ordre, A, J, C sont alignés dans cet ordre et comme I et J sont les milieux respectifs de [AB] et [AC], on a $AI = \frac{1}{2}AB$ et $AJ = \frac{1}{2}AC$.

Par conséquent, $\frac{AI}{AB} = \frac{1}{2} = \frac{AJ}{AC}$.

D'après la réciproque du théorème de Thalès (voir page 52), on en déduit (IJ)//(BC).

De la même façon, on prouve (JK//(AB) et (IK)//(AC).

On sait :

(IJ)//(BC) et (BC) $\perp$ (AC). Quand deux droites sont parallèles ((IJ) et (BC)), toute droite ((AC)) perpendiculaire à l'une ((BC)) est perpendiculaire à l'autre ((IJ)). Donc, (AC) $\perp$ (IJ).

Comme les droites (IK) et (AC) sont parallèles, on en déduit, par la même propriété : (IJ) $\perp$ (IK) et par suite, IJK est un triangle rectangle en I.

c. On a prouvé que le triangle ABC est rectangle en C.

Par le théorème de Pythagore, voir page 52, $AC^2 = BC^2 = AB^2$.

Ainsi, $BC^2 = AB^2 - AC^2 = 10^2 - 8^2 = 36$. Comme BC est une longueur, c'est un nombre positif, BC = 6.

La hauteur issue de B est [BC], la base correspondante étant [AC]. La formule de l'aire du triangle (page 53) donne :

$$\mathcal{A}_{ABC} = \frac{AC \times BC}{2} = \frac{8 \times 6}{2} = 24$$

d. Comme IJK est rectangle en I, le raisonnement est identique et :

$$\mathcal{A}_{IJK} = \frac{IJ \times IK}{2} = \frac{3 \times 4}{2} = 6$$

En effet, par le théorème de Thalès, on a $IJ = \frac{1}{2}BC = 3$ et $IK = \frac{1}{2}AC = 4$.

e. D'après la formule de l'aire du disque (page 53), on aura :

Aire du demi-disque de centre J : $\mathcal{A}_J = \frac{1}{2}\pi JC^2 = \frac{1}{2}\pi 4^2 = 8\pi$

Aire du demi-disque de centre K : $\mathcal{A}_K = \frac{1}{2}\pi KC^2 = \frac{1}{2}\pi 3^2 = \frac{9}{2}\pi$

Aire du demi-disque de centre I : $\mathcal{A}_I = \frac{1}{2}\pi IB^2 = \frac{1}{2}\pi 5^2 = \frac{25}{2}\pi$

Notons $\mathcal{A}$ l'aire des deux lunules. Par combinaison de figures (ce qu'on appelle l'additivité de l'aire) :

$$\mathcal{A} = \mathcal{A}_J + \mathcal{A}_K + \mathcal{A}_{ABC} - \mathcal{A}_I$$

En effet, les lunules s'obtiennent en réunissant les demi-disques de centres J, K et le triangle ABC, et en ôtant l'aire du demi-disque de centre I.

Par conséquent :

$$\mathcal{A} = 8\pi + \frac{9}{2}\pi + 24 - \frac{25}{2}\pi = 24$$

Ainsi, l'aire des lunules est rigoureusement égale à celle du triangle ABC !!!

On pourrait prouver ce résultat de façon générale en posant $AB = c$, $AC = b$, $BC = a$ et en considérant que $a^2 + b^2 = c^2$.

2 a. Le triangle OAB est équilatéral. Sa hauteur issue de B est aussi médiane. Donc elle coupe [OA] en son milieu I. Le triangle OIB est donc rectangle en I et, par le théorème de Pythagore :

$$OI^2 + IB^2 = OB^2$$

d'où $IB^2 = OB^2 - OI^2 = 5^2 - \left(\frac{5}{2}\right)^2 = 25 - \frac{25}{4} = \frac{75}{4}$

et donc $IB = \frac{5\sqrt{3}}{2}$.

Par conséquent, $\mathcal{A}_{OAB} = \frac{OA \times IB}{2} = \frac{5 \times \frac{5\sqrt{3}}{2}}{2} = \frac{25\sqrt{3}}{4}$

b. Les triangles OAB, OBC, OCD, ODE, OEF, OAF sont superposables car équilatéraux de même longueur de côté. De plus, ils sont disjoints et recouvrent l'hexagone. Par conséquent :

$$\mathcal{A}_{ABCDEF} = 6\mathcal{A}_{OAB} = \frac{75\sqrt{3}}{2}$$

c. Le triangle OAB étant équilatéral, il vient : $\widehat{AOB} = 60°$.

Chapitre 13

Vecteurs du plan

1 Notion de vecteur

1. Translation

À retenir

A et B sont deux points du plan.
La **translation de vecteur** $\overrightarrow{AB}$ transforme tout point M en un point M′ tel que les segments [AM′] et [MB] ont le même milieu.

- On pourra écrire par la translation de vecteur $\overrightarrow{AB}$:
– A $\mapsto$ B
– M $\mapsto$ M′ tel que [AM′] et [MB] ont le même milieu.

- **En pratique** : on cherche le milieu I de [BM], on place M′ sur [AI) pour que I soit le milieu de [AM′].

• **Si A, B et M ne sont pas alignés, alors M′ est tel que ABM′M est un parallélogramme.**	• **Si A, B, M sont alignés, alors le quadrilatère ABM′M est un parallélogramme aplati.**
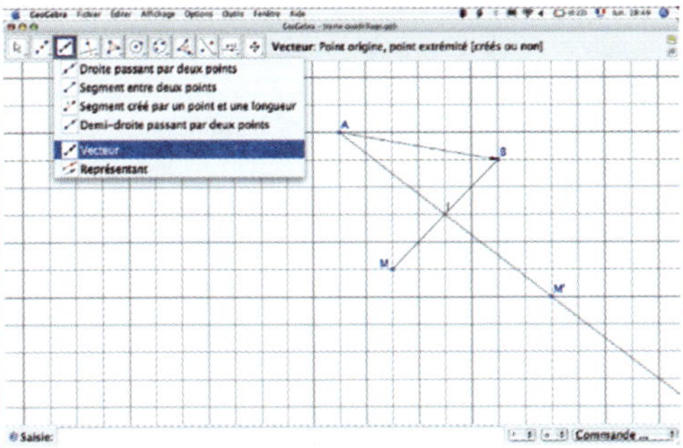	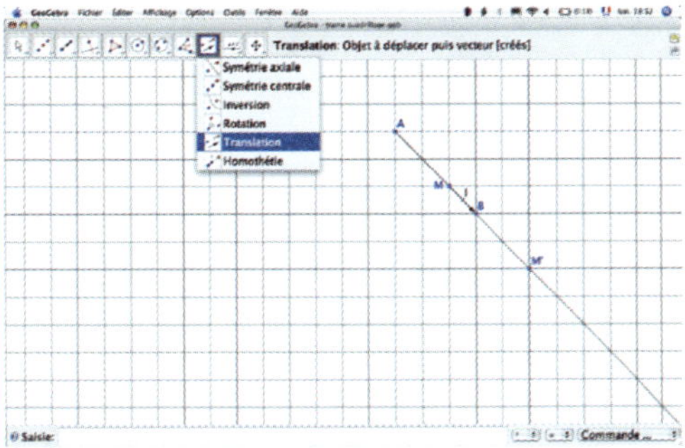

Un vecteur $\overrightarrow{AB}$ se représente par une *flèche* d'origine le point A vers le point B.

– M′ est l'**image** de M par la translation de vecteur $\overrightarrow{AB}$.
– L'image de A par la translation de vecteur $\overrightarrow{AB}$ est le point B.
– La translation de vecteur $\overrightarrow{AB}$ et la translation de vecteur $\overrightarrow{BA}$ sont différentes.

Maths

2. Vecteurs égaux

A, B, C, D sont quatre points du plan. Si l'image de C par la translation de vecteur $\overrightarrow{AB}$ est le point D, alors on dit que les vecteurs $\overrightarrow{AB}$ et $\overrightarrow{CD}$ sont **égaux** et on note $\overrightarrow{AB} = \overrightarrow{CD}$.

Les vecteurs $\overrightarrow{AB}$ et $\overrightarrow{CD}$ sont appelés des **représentants** d'un même vecteur, que l'on pourra noter plus généralement $\vec{u}$ (ou $\vec{v}$ ou $\vec{w}$, etc.).

Tous les « déplacements » associés à des vecteurs égaux sont représentés par des flèches **parallèles,** orientées dans le **même sens** et de **même longueur.**

Deux vecteurs $\overrightarrow{AB}$ et $\overrightarrow{CD}$ sont égaux si, et seulement si le quadrilatère ABDC est un parallélogramme, éventuellement aplati.

3. Vecteur nul

Le vecteur nul est le vecteur de la translation de vecteur $\overrightarrow{AA}$, A étant un point quelconque du plan. On le note $\vec{0}$.

Ainsi $\vec{0} = \overrightarrow{AA} = \overrightarrow{BB} = \overrightarrow{CC} = \ldots$

4. Vecteurs opposés

A et B sont deux points du plan. Le **vecteur opposé** à $\overrightarrow{AB}$ est le vecteur $\overrightarrow{BA}$.

Exemple : Dans l'hexagone régulier ABCDEF de centre O, les vecteurs $\overrightarrow{AB}, \overrightarrow{OC}, \overrightarrow{ED}$ sont égaux, les vecteurs $\overrightarrow{EO}$ et $\overrightarrow{AF}$ sont opposés et $\overrightarrow{AA}, \overrightarrow{OO}, \overrightarrow{EE}$ sont des représentants du vecteur nul.

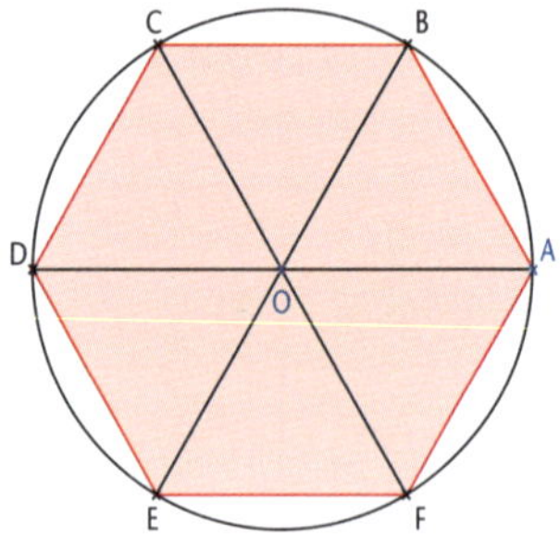

2 Vecteurs et coordonnées

Le plan est muni d'un repère (O ; I, J). Par commodité, on note $\overrightarrow{OI} = \vec{i}$ et $\overrightarrow{OJ} = \vec{j}$.
Ainsi, le repère (O ; I, J) se note aussi (O ; $\vec{i}$, $\vec{j}$).

On considère les points $A(x_A ; y_A)$ et $B(x_B ; y_B)$.

Les coordonnées du vecteur $\overrightarrow{AB}$ sont données par $x_{\overrightarrow{AB}} = x_B - x_A$ et $y_{\overrightarrow{AB}} = y_B - y_A$. On note

$$\overrightarrow{AB}\begin{pmatrix} x_B - x_A \\ y_B - y_A \end{pmatrix}$$

Exemple : Dans un repère (O ; $\vec{i}$, $\vec{j}$), on considère deux points F(2 ; –3) et T(–1 ; –1).

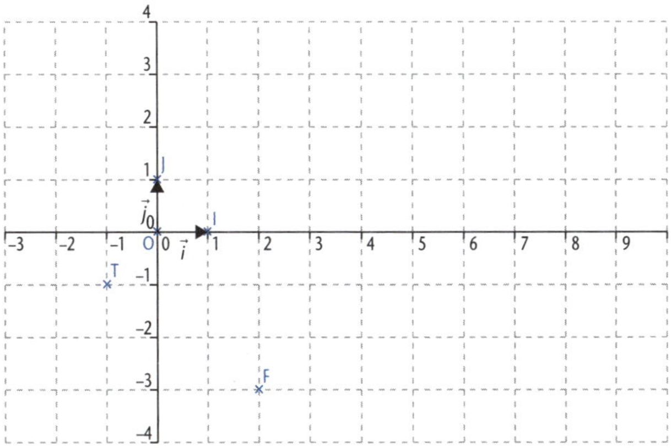

– Les coordonnées du vecteur $\vec{i}$ sont (1 ; 0)
– Les coordonnées du vecteur $\vec{j}$ sont (0 ; 1)
– Les coordonnées du vecteur nul $\vec{0}$ sont (0 ; 0)
– Les coordonnées du vecteur $\overrightarrow{FT}$ sont (–3 ; 2)

Règle

Deux vecteurs sont **égaux** si, et seulement si ils ont les mêmes coordonnées dans un repère.

3 Addition de deux vecteurs

1. Somme de vecteurs

Si par la translation de vecteur $\vec{u}$ PUIS par la translation de vecteur $\vec{v}$,

M → M′ et M′ → M″

alors M″ est l'image de M par une nouvelle translation.
Le vecteur de cette nouvelle translation est le vecteur « **somme de $\vec{u}$ et de $\vec{v}$** », noté $\vec{u} + \vec{v}$.

Exemple : On donne les points A, B, C et D.

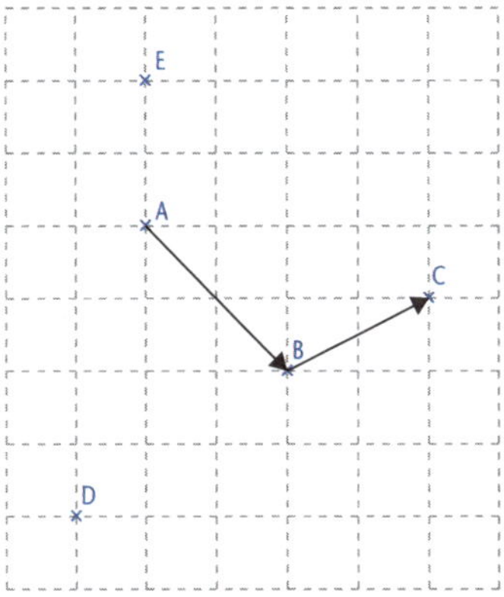

Par la translation de vecteur $\overrightarrow{AB}$ PUIS par la translation de vecteur $\overrightarrow{BC}$,

A → B B → C

Alors, le vecteur $\overrightarrow{AC}$ est égal au vecteur $\overrightarrow{AB} + \overrightarrow{BC}$.

Dans un repère $(O ; \vec{i}, \vec{j})$, on considère $\vec{u}\begin{pmatrix} x \\ y \end{pmatrix}$ et $\vec{v}\begin{pmatrix} x' \\ y' \end{pmatrix}$.

Maths

Le vecteur « somme de $\vec{u}$ et de $\vec{v}$ » est le vecteur noté $\vec{u}+\vec{v}$ de coordonnées $\begin{pmatrix} x+x' \\ y+y' \end{pmatrix}$.

Pour tous vecteurs $\vec{u}$ et $\vec{v}$ du plan : $\vec{u}+\vec{v}=\vec{v}+\vec{u}$

2. La relation de Chasles

A, B et C sont trois points du plan. Alors $\overrightarrow{AB}+\overrightarrow{BC}=\overrightarrow{AC}$.

4 Vecteurs colinéaires

– Des vecteurs sont **colinéaires** si, et seulement si, ils ont la **même direction**.

– Des vecteurs sont colinéaires si, et seulement si leurs coordonnées sont proportionnelles.

Ainsi $\vec{u}\begin{pmatrix} x \\ y \end{pmatrix}$ et $\vec{v}\begin{pmatrix} x' \\ y' \end{pmatrix}$ sont colinéaires si, et seulement si, $xy'=x'y$.

Les vecteurs sont des outils efficaces :
– ils se manipulent par calculs ; directement par la relation de Chasles, ou par leurs coordonnées dans un repère du plan ;
– ils permettent de construire efficacement des figures, notamment pour des images de synthèse en trois dimensions ;
– ils permettent de démontrer des résultats de géométrie : parallélisme, alignement. Ces résultats sont importants, par exemple, pour déterminer des positions relatives d'objets sur des chaînes de montage complexes, ou pour examiner les relations entretenues en statistiques par des grandeurs entre elles.

Le parallélisme s'obtient par les vecteurs colinéaires.
Si des vecteurs $\overrightarrow{AB}$ et $\overrightarrow{CD}$ sont **colinéaires**, alors les droites (AB) et (CD) sont **parallèles**.
Si, de plus, ces droites possèdent **un point commun**, les points A, B, C, D sont **alignés**.
Ainsi, pour prouver l'alignement de points A, B, C on étudiera la colinéarité de $\overrightarrow{AB}$ et $\overrightarrow{AC}$, par exemple, ou $\overrightarrow{AB}$ et $\overrightarrow{CB}$, ou $\overrightarrow{BA}$ et $\overrightarrow{BC}$, etc.

ENTRAÎNEMENT

1 Le plan est muni d'un repère quelconque $(O;\vec{i},\vec{j})$. On considère trois points A(– 2 ; 4), B(– 1 ; – 1), C(0 ; 3).

a. Calculer les coordonnées du vecteur $\vec{u}=2\overrightarrow{AB}-3\overrightarrow{CA}$.

b. Déterminer les coordonnées du point D pour que le quadrilatère ABCD soit un parallélogramme.

c. Calculer les coordonnées du centre de ABCD.

d. On considère le point E tel que $\overrightarrow{AE}=\vec{i}-2\vec{j}$. Déterminer les coordonnées de E.

2 A, B, C, D, E sont des points du plan. Compléter les ■ en utilisant la relation de Chasles.

$\overrightarrow{DE}+\overrightarrow{EA}=\overrightarrow{■■}$; $\overrightarrow{BD}=\overrightarrow{B■}+\overrightarrow{A■}$; $\overrightarrow{■C}+\overrightarrow{C■}=\overrightarrow{AB}$; $\overrightarrow{B■}-\overrightarrow{A■}=\overrightarrow{CE}+\overrightarrow{B■}$; $\overrightarrow{A■}+\overrightarrow{■A}=\overrightarrow{■E}+\overrightarrow{EB}$

3 EFGH est un parallélogramme. On considère les points M et N définis par :

$$\overrightarrow{FM} = \frac{1}{2}\overrightarrow{EF}\ ;\ \overrightarrow{EN} = 3\overrightarrow{EH}.$$

a. Faire une figure.

b. Montrer que les vecteurs $\overrightarrow{GM}$ et $\overrightarrow{GN}$ sont colinéaires.

c. Conclure.

CORRIGÉS

1 Le plan est muni d'un repère quelconque $(0\,;\vec{i}\,,\vec{j})$. On considère trois points A(−2 ; 4), B(−1 ; −1), C(0 ; 3).

a. $\overrightarrow{AB}\begin{pmatrix} x_B - x_A \\ y_B - y_A \end{pmatrix} = \begin{pmatrix} -1-(-2) \\ -1-4 \end{pmatrix} = \begin{pmatrix} 1 \\ -5 \end{pmatrix}$ d'où

$2\overrightarrow{AB}\begin{pmatrix} 2 \\ -10 \end{pmatrix}$

$\overrightarrow{CA}\begin{pmatrix} x_A - x_C \\ y_A - y_C \end{pmatrix} = \begin{pmatrix} -2-0 \\ 4-3 \end{pmatrix} = \begin{pmatrix} -2 \\ 1 \end{pmatrix}$ d'où

$-3\overrightarrow{CA}\begin{pmatrix} 6 \\ -3 \end{pmatrix}$

et donc $\vec{u} = 2\overrightarrow{AB} - 3\overrightarrow{CA}\begin{pmatrix} 2+6 \\ -10-3 \end{pmatrix} = \begin{pmatrix} 8 \\ -13 \end{pmatrix}$.

b. ABCD est un parallélogramme si, et seulement si, $\overrightarrow{AB} = \overrightarrow{DC}$ attention aux sens des points dans l'écriture vectorielle !

Or, $\overrightarrow{AB}\begin{pmatrix} 1 \\ -5 \end{pmatrix}$ et $\overrightarrow{DC}\begin{pmatrix} x_C - x_D \\ y_C - y_D \end{pmatrix} = \begin{pmatrix} 0 - x_D \\ 3 - y_D \end{pmatrix}$. Comme des vecteurs égaux ont les mêmes coordonnées, on en déduit : $-x_D = 1$ d'où $x_D = -1$ et $3 - y_D = -5$ et donc $y_D = 8$.

c. Le centre de ABCD est le milieu du segment [AC] par exemple. Soit I ce centre. Alors :

$x_I = \frac{x_A + x_C}{2} = \frac{-2+0}{2} = -1$ et $y_I = \frac{y_A + y_C}{2} = \frac{4+3}{2} = \frac{7}{2}$

d. Les coordonnées $\vec{i}$ sont $\begin{pmatrix} 1 \\ 0 \end{pmatrix}$. Celles de $\vec{j}$ sont $\begin{pmatrix} 0 \\ 1 \end{pmatrix}$ donc celles de $\vec{i} - 2\vec{j}$ sont $\begin{pmatrix} 1-2\times 0 \\ 0-2\times 1 \end{pmatrix} = \begin{pmatrix} 1 \\ -2 \end{pmatrix}$. Les coordonnées de $\overrightarrow{AE}$ s'écrivent $\begin{pmatrix} x_E - x_A \\ y_E - y_A \end{pmatrix} = \begin{pmatrix} x_E - (-2) \\ y_E - 4 \end{pmatrix} = \begin{pmatrix} x_E + 2 \\ y_E - 4 \end{pmatrix}$.

On résout donc les équations :

$x_E + 2 = 1$ et $y_E - 4 = -2$ d'où les coordonnées de E(−1; 2).

2 $\overrightarrow{DE} + \overrightarrow{EA} = \overrightarrow{DA}$; $\overrightarrow{BD} = \overrightarrow{BA} + \overrightarrow{AD}$; $\overrightarrow{AC} + \overrightarrow{CB} = \overrightarrow{AB}$;

$\overrightarrow{B■} - \overrightarrow{A■} = \overrightarrow{CE} + \overrightarrow{B■} \Leftrightarrow \overrightarrow{B■} = \overrightarrow{B■} + \overrightarrow{A■} + \overrightarrow{CE}$ d'où

$\overrightarrow{BE} = \overrightarrow{BA} + \overrightarrow{AC} + \overrightarrow{CE}$;

$\overrightarrow{AZ} + \overrightarrow{ZA} = \overrightarrow{BE} + \overrightarrow{EB}$ car on a le vecteur nul de chaque côté. Le point Z est un point quelconque.

3 a.

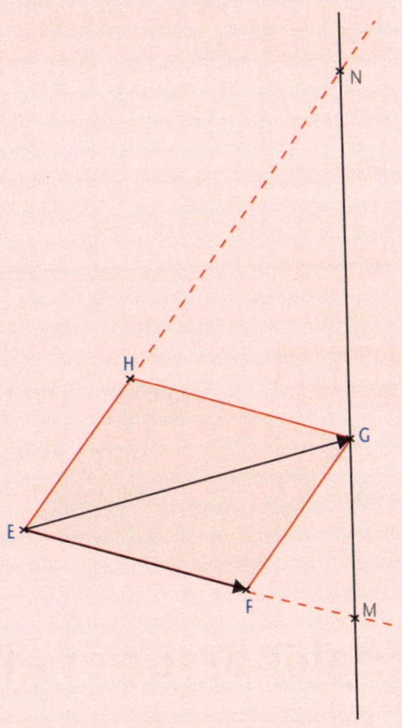

b. $\overrightarrow{GM} = \overrightarrow{GF} + \overrightarrow{FM} = \overrightarrow{GF} + \frac{1}{2}\overrightarrow{EF}$.

Par ailleurs :

$\overrightarrow{GN} = \overrightarrow{GE} + \overrightarrow{EN} = \overrightarrow{GE} + 3\overrightarrow{EH} = \overrightarrow{GF} + \overrightarrow{FE} + 3\overrightarrow{EH} = \overrightarrow{GF} - \overrightarrow{EF} - 3\overrightarrow{GF}$

$= -2\overrightarrow{GF} - \overrightarrow{EF} = -2\left(\overrightarrow{GF} + \frac{1}{2}\overrightarrow{EF}\right) = -2\overrightarrow{GM}$

c. Les points G, M, N sont alignés. De plus, G ∈ [MN].

Chapitre 14

Trigonométrie

1 Le cercle trigonométrique

1. Définition

x est un réel tel que $(\vec{i}\,;\overrightarrow{OM}) = x$ pour M sur le cercle trigonométrique dans le repère orthonormé $(O\,;\vec{i},\vec{j})$. Le nombre **cosinus de x**, noté **cos(x)**, est l'abscisse de M, le nombre **sinus *de* x**, noté **sin(x)**, est l'ordonnée de M.

2. Valeurs remarquables

x	0	$\frac{\pi}{6}$	$\frac{\pi}{4}$	$\frac{\pi}{3}$	$\frac{\pi}{2}$
$\cos x$	1	$\frac{\sqrt{3}}{2}$	$\frac{\sqrt{2}}{2}$	$\frac{1}{2}$	0
$\sin x$	0	$\frac{1}{2}$	$\frac{\sqrt{2}}{2}$	$\frac{\sqrt{3}}{2}$	0

Propriétés

Pour tout réel x et pour tout entier relatif k :

$-1 \leqslant \cos x \leqslant 1$ $\quad$ $\cos(x + 2k\pi) = \cos x$ $\quad$ $\cos^2 x + \sin^2 x = 1$

$-1 \leqslant \sin x \leqslant 1$ $\quad$ $\sin(x + 2k\pi) = \sin x$

2 Angles associés et équations

$\cos(-x) = \cos x$ $\sin(-x) = -\sin x$	$\cos\left(\frac{\pi}{2} - x\right) = \sin x$ $\sin\left(\frac{\pi}{2} - x\right) = \cos x$	$\cos(\pi + x) = -\cos x$ $\sin(\pi + x) = -\sin x$
$\cos(\pi - x) = -\cos x$ $\sin(\pi - x) = \sin x$		$\cos\left(\frac{\pi}{2} + x\right) = -\sin x$ $\sin\left(\frac{\pi}{2} + x\right) = \cos x$

EXERCICE COMMENTÉ

→ Énoncé

Calculer $\cos\frac{2\pi}{3}$, $\sin\frac{2\pi}{3}$, $\cos\frac{7\pi}{6}$, $\sin\frac{7\pi}{6}$, $\cos(2\pi + 3)$.

→ Résolution

On peut repérer des formes : $-x$; $\pi - x$; $\pi + x$; $\frac{\pi}{2} - x$; $\frac{\pi}{2} + x$; $x + 2k\pi$ $(k \in \mathbb{Z})$
et utiliser une formule de trigonométrie :

$\frac{2\pi}{3} = \pi - \frac{\pi}{3}$	$\cos\frac{2\pi}{3} = \cos\left(\pi - \frac{\pi}{3}\right) = -\cos\left(\frac{\pi}{3}\right) = -\frac{1}{2}$	$\sin\frac{2\pi}{3} = \sin\left(\pi - \frac{\pi}{3}\right) = \sin\left(\frac{\pi}{3}\right) = \frac{\sqrt{3}}{2}$
	Formule invoquée $\cos(\pi - x) = -\cos x$	Formule invoquée $\sin(\pi - x) = \sin x$
$\frac{7\pi}{6} = \pi + \frac{\pi}{6}$	$\cos\frac{7\pi}{6} = \cos\left(\pi + \frac{\pi}{6}\right) = -\cos\left(\frac{\pi}{6}\right) = -\frac{\sqrt{3}}{2}$	$\sin\frac{7\pi}{6} = \sin\left(\pi + \frac{\pi}{6}\right) = -\sin\left(\frac{\pi}{6}\right) = -\frac{1}{2}$
	Formule invoquée $\cos(\pi + x) = -\cos x$	Formule invoquée $\sin(\pi + x) = -\sin x$
$\cos(2\pi + 3) = \cos(3)$ Formule invoquée $\cos(x + 2k\pi) = \cos x$ avec $x = 3$ et $k = 1$		

ENTRAÎNEMENT

1 Sur le cercle trigonométrique, placer les points associés aux réels suivants.

$$\pi, \frac{\pi}{3}, -\frac{\pi}{6}, -\frac{\pi}{2}, -\frac{3\pi}{2}, \frac{5\pi}{6}, -\frac{\pi}{4}, \frac{3\pi}{4}, -\frac{5\pi}{4}, 2\,018\pi$$

2 Compléter le tableau.

x	π	$\frac{\pi}{3}$	$-\frac{\pi}{6}$	$-\frac{\pi}{2}$	$-\frac{3\pi}{2}$	$\frac{5\pi}{6}$	$-\frac{\pi}{4}$	$\frac{3\pi}{4}$	$-\frac{5\pi}{4}$	2018π
$\cos x$										
$\sin x$										

3 Depuis la rive gauche d'un fleuve, on observe un puits P distant d'une grange G. Un appareil de géomètre utilisé par l'observateur O permet de mesurer les informations suivantes : OP = 150 m, $\widehat{POG} \cong 49{,}29°$.
De plus, $(OP) \perp (PG)$. Calculer PG.

CORRIGÉS

1 Les valeurs $\pi, \frac{\pi}{3}, \frac{\pi}{6}, \frac{\pi}{4}, \frac{\pi}{2}$ sont des positions du cours à connaître.

Le point $M(-x)$ est symétrique du point $M(x)$ par rapport à l'axe des abscisses.

Le point $M(\pi - x)$ symétrique du point $M(x)$ par rapport à l'axe des ordonnées.

Le point $M(\pi + x)$ symétrique du point $M(x)$ par rapport à l'origine du repère.

Les points $M(x)$ et $M(x + 2\pi \times k)$, avec $k \in \mathbb{Z}$ sont confondus.

On peut aussi procéder par comptage : $-\frac{3\pi}{2} = -3 \times \frac{\pi}{2}$.

Points	M_1	M_2	M_3	M_4	M_5	M_6	M_7	M_8
Réels associés	$-\frac{\pi}{6}$	$-\frac{\pi}{2}$	$-\frac{3\pi}{2}$	$\frac{5\pi}{6}$	$-\frac{\pi}{4}$	$\frac{3\pi}{4}$	$-\frac{5\pi}{4}$	$2\,018\pi$

$$\frac{5\pi}{6} = \pi - \frac{\pi}{6}, \frac{3\pi}{4} = \pi - \frac{\pi}{4}$$

$M\left(-\frac{5\pi}{4}\right)$ est confondu avec $M\left(-\frac{5\pi}{4} + 2\pi\right) = M\left(\frac{3\pi}{4}\right)$ car $-\frac{5\pi}{4} + 2\pi = -\frac{5\pi}{4} + \frac{8\pi}{4} = \frac{3\pi}{4}$.

Enfin, $2\,018\pi = 0 + 1009 \times 2\pi$. Donc $M(2\,018\pi) = M(0)$.

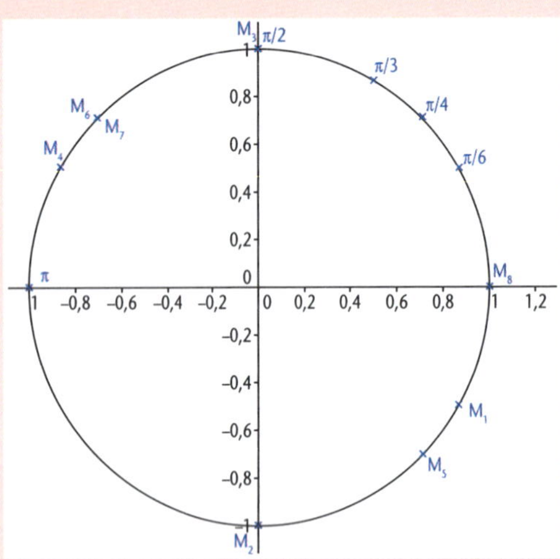

2

x	π	$\frac{\pi}{3}$	$-\frac{\pi}{6}$	$-\frac{\pi}{2}$	$-\frac{3\pi}{2}$	$\frac{5\pi}{6}$	$-\frac{\pi}{4}$	$\frac{3\pi}{4}$	$-\frac{5\pi}{4}$	$2\,018\pi$
$\cos x$	-1	$\frac{1}{2}$	$\frac{\sqrt{3}}{2}$	0	0	$-\frac{\sqrt{3}}{2}$	$\frac{\sqrt{2}}{2}$	$-\frac{\sqrt{2}}{2}$	$-\frac{\sqrt{2}}{2}$	1
$\sin x$	0	$\frac{\sqrt{3}}{2}$	$-\frac{1}{2}$	-1	1	$\frac{1}{2}$	$-\frac{\sqrt{2}}{2}$	$\frac{\sqrt{2}}{2}$	$\frac{\sqrt{2}}{2}$	0

3 La trigonométrie rencontrée au collège permet d'accéder à des grandeurs dans les triangles rectangles. On retient souvent la « formule » **SOHCAHTOA** qui signifie :

$$\sin\alpha = \frac{\text{côté Opposé}}{\text{Hypoténuse}} \; ; \; \cos\alpha = \frac{\text{côté Adjacent}}{\text{Hypoténuse}} \; ; \; \tan\alpha = \frac{\text{côté Opposé}}{\text{côté Adjacent}}$$

On se reportera à la figure suivante :

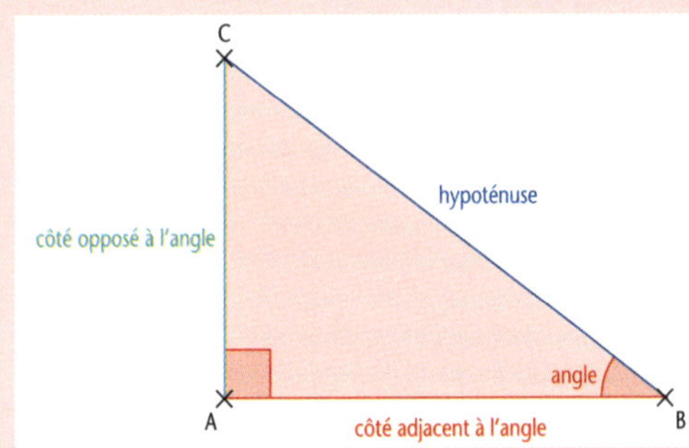

Faisons le tour des données : on connaît un angle, la longueur du côté adjacent ; on cherche celle PG du côté opposé. On va donc utiliser la tangente.

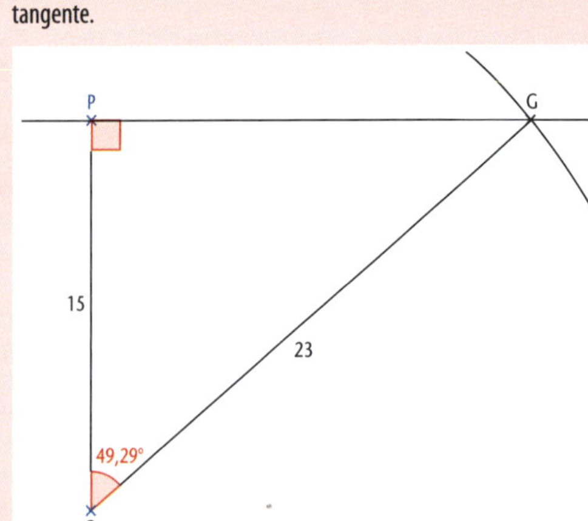

$$PG = \tan\widehat{POG} = \frac{PG}{OP} \text{ d'où } PG = OP \times \tan\widehat{POG} \cong 150\tan 49{,}29 \cong 174 \text{ m.}$$

Chapitre 15

Géométrie dans l'espace

1 Règles de la perspective cavalière et de la géométrie dans l'espace

Pour représenter sur une feuille une figure d'un objet de l'espace, on utilise des règles qui forment une **perspective**.

Dans le cas de la perspective cavalière

1. Les figures, dans un plan parallèle au plan de face, sont représentées en vraies grandeurs, pour les longueurs et les angles ;
2. Les droites et segments parallèles sont représentés par des droites et segments parallèles ;
3. Les proportions sont conservées : les milieux sont représentés par des milieux, etc.

Dans l'espace, par trois points non alignés passe un unique plan. Si un plan contient deux points, alors la droite qui relie les deux points est contenue dans le plan. Enfin, dans chaque plan de l'espace, les propriétés de la géométrie plane s'appliquent.

2 Solides usuels

Parallépipède rectangle (ou pavé droit)

C'est un **solide** délimité par six faces rectangulaires parallèles deux à deux. Les segments formant les côtés des rectangles sont les **arêtes** du solide. Les rectangles en sont les **faces**.

Cube

C'est un pavé droit dont toutes les faces sont des carrés de même longueur de côté.

Cylindre de révolution

Un **cylindre** est la surface obtenue en faisant tourner à distance fixe un segment autour d'un axe fixe. La **section** d'un cylindre avec un plan perpendiculaire à son axe est un cercle.

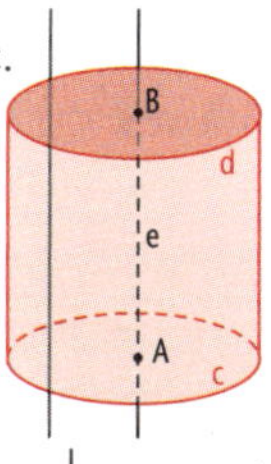

Prisme

Un **prisme** est composé de deux polygones superposables et parallèles, les bases, reliés par des parallélogrammes, faces latérales. Quand ces parallélogrammes sont des rectangles, donc des faces perpendiculaires aux bases, on dit que le prisme est **droit**.

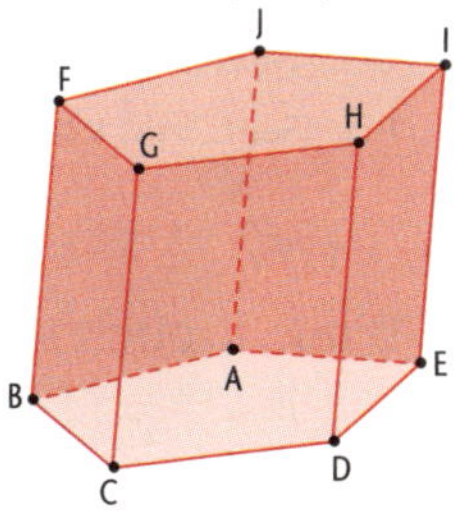

Pyramide
Une **pyramide** a une base polygonale et des faces triangulaires. Les faces triangulaires ont un sommet commun nommé **sommet de la pyramide**.

Cône de révolution
Un **cône** est un solide à base circulaire, avec un sommet.

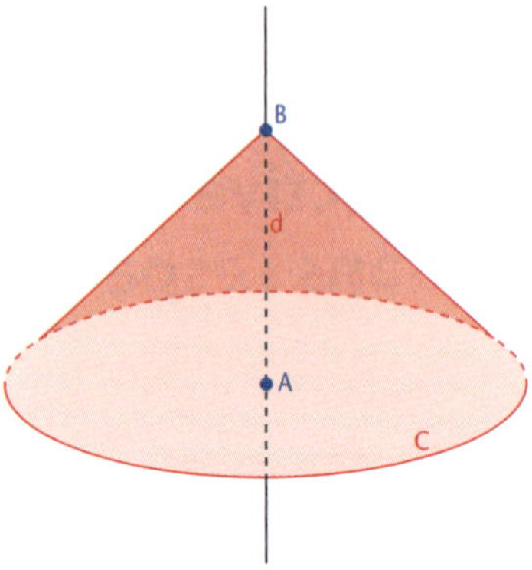

Tétraèdre
Un **tétraèdre** est un solide à quatre faces. De façon plus générale, un solide à plusieurs faces planes est un **polyèdre**.

Sphère
• Une **sphère** est l'ensemble des points de l'espace qui sont situés à une même distance R d'un même point Ω. Il s'agit de la sphère de centre Ω et de rayon R.
Si le rayon est nul, la sphère est réduite à un point.

• La sphère ne possède pas de patron.

3 Règles d'incidence : positions relatives

• **De deux plans :** deux plans sont sécants ou parallèles (strictement ou confondus).

• **De deux droites :** deux droites de l'espace sont **coplanaires** s'il existe un plan qui contient les deux droites.
Parmi les droites coplanaires, on distingue les droites sécantes des droites parallèles (strictement ou confondues).

Attention

Deux droites de l'espace sans point commun ne sont pas nécessairement parallèles. Elles peuvent être non coplanaires.

Théorèmes

• Si deux plans sont parallèles à un même troisième, alors ils sont parallèles entre eux ;
• Deux plans sont parallèles si, et seulement si, deux droites sécantes de l'un sont parallèles respectivement à deux droites sécantes de l'autre.

• **D'une droite et d'un plan :** une droite et un plan peuvent être sécants en un point, ou parallèles. Quand ils ont deux points communs, la droite est incluse (contenue) dans le plan.

4 Volumes de solides usuels

- Soit un pavé droit dont les mesures des côtés sont L, ℓ, h. Son volume est $L\ell h$.
- Soit un cube de côté c. Son volume est c^3.
- Soit un cylindre de rayon R et hauteur h. Son volume est $\pi R^2 h$. Son aire latérale est $2\pi R h$.
- Soit une pyramide de hauteur h. Son volume est $\frac{1}{3}\mathcal{B}h$, où $\mathcal{B}$ est l'aire de la base.
- Soit un cône de révolution de base de rayon R et de hauteur h. Son volume est $\frac{1}{3}\pi R^2 h$.
- Soit une sphère de rayon R. Son volume est $\frac{4}{3}\pi R^3$ (sa surface est $4\pi R^2$).

ENTRAÎNEMENT

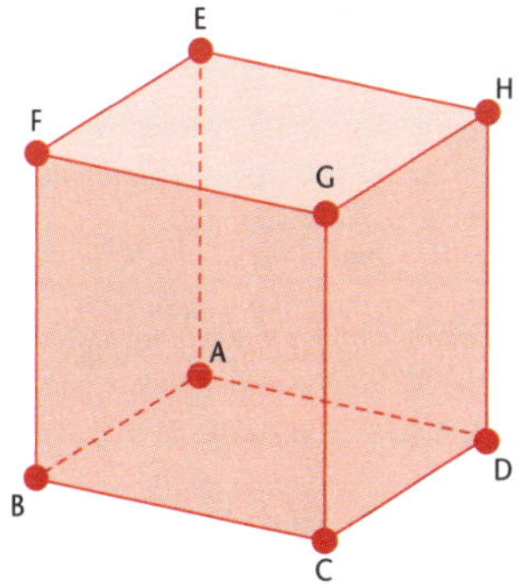

1 On se place dans un cube ABCDEFGH. Déterminer les positions relatives de :

a. (GHC) et (ABC) ;

b. (ABF) et (EFG) ;

c. (HFE) et (ABC) ;

d. (DBF) et (FHD) ;

e. (DG) et (HEF) ;

f. (AD) et (HEF) ;

g. (IJ) et (ABC) où I, J sont les milieux respectifs des segments [AD], [AB].

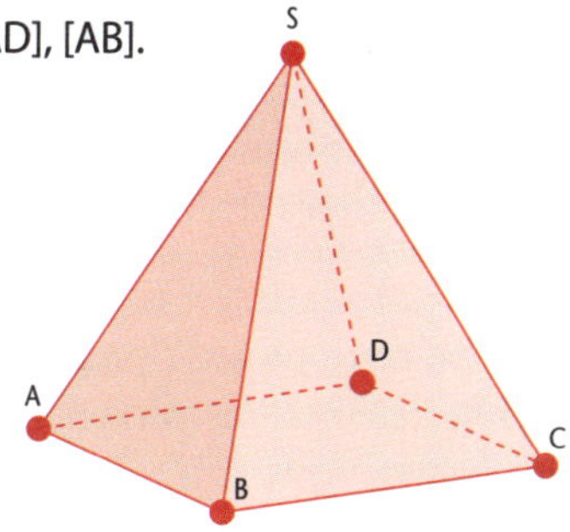

2 On considère une pyramide régulière SABCD à base carrée, de sommet S. On note a la longueur de son côté et h sa hauteur.

a. Exprimer en fonction de a et h le volume de la pyramide.

b. Exprimer en fonction de a et h la longueur SA.

c. On sait que $a = 5$ cm. Déterminer la longueur h pour que le volume de la pyramide soit 5 litres.

CORRIGÉS

1 a. (GHC) et (ABC) sont des plans sécants selon la droite (CD) ;
b. (ABF) et (EFG) sont sécants selon la droite (EF) ;
c. (HFE) et (ABC) sont des plans strictement parallèles ;
d. (DBF) et (FHD) sont des plans confondus ;
e. (DG) coupe (HEF) en G ;
f. (AD) et (HEF) sont strictement parallèles ;
g. (IJ) est contenue (incluse) dans le plan (ABC).

2 a. On calcule l'aire de la base $\mathcal{B} = a^2$. Le volume est $\frac{1}{3}a^2 h$.

b. Le sommet S se projette perpendiculairement sur (ABC) en O centre du carré ABCD. Ainsi, le triangle SOA est rectangle en O et d'après le théorème de Pythagore, on a : $SA^2 = SO^2 + OA^2$.

Il convient de calculer OA^2 : le triangle AOB est rectangle en O car les diagonales d'un carré sont perpendiculaires.

Donc $AB^2 = (2AO)^2 = 4AO^2$ d'où $AO^2 = \frac{a^2}{4}$.

Donc $SA^2 = h^2 + \frac{a^2}{4}$. Par conséquent, $SA = \sqrt{h^2 + \frac{a^2}{4}}$.

c. On convertit d'abord les données pour les rendre « compatibles ».

Ainsi, 5 L = 5 000 cm^3. Il s'agit de résoudre l'équation $\frac{1}{3}5^2 h = 5000$ d'où $h = \frac{5000 \times 3}{25} = 600$ cm.

Chapitre 16

Algorithmique : principes et exemples

Un **algorithme** est une série d'**instructions** visant à traiter des **données** entrées par l'utilisateur afin d'en sortir un ou des **résultats**.

1 Gestion des variables : déclaration, entrées, affectation, affichage

• Une variable peut être de nature **numérique**, **chaîne** de caractères ou **liste**. Ainsi, le logiciel *Algobox* distingue NOMBRE, CHAÎNE, LISTE. Elle sert à mettre en mémoire la valeur sur laquelle on souhaite travailler.
Une *chaîne de caractères* est une suite ordonnée de lettres. Cette suite est retenue comme un ensemble insécable.
Une *liste* est une suite ordonnée de nombres.

• **Affectation :** quand on mémorise une valeur dans une variable, on procède à une affectation de la valeur dans la variable. En langage naturel, on indique :
Affecter 2 à a où **a prend la valeur 8**.
On utilise souvent l'écriture $2 \to a$ pour affecter la valeur 2 à la variable a.
Pour affecter une valeur dans une liste, on indique le **rang** du terme de la liste qu'on souhaite modifier : $2 \to L[1]$.

• Cette affectation « écrase » toute valeur précédemment mémorisée dans la variable : à manipuler donc avec précaution. Dans certains algorithmes, on procédera à une **initialisation** de certaines variables pour leur donner des valeurs de départ et les employer dans des instructions.

2 Tests ou instruction conditionnelle

• On utilise cette technique quand on souhaite exécuter des instructions sous certaines conditions.
Un **test** est alors introduit par :
Si <*condition*> **alors** <*série d'instructions*> FIN SI **sinon** <*série d'instructions alternatives*> FIN SINON.

• La condition d'un test consiste en une comparaison d'une variable avec une valeur sous la forme d'une égalité =, ou d'une inégalité $<$, $>$, $\leqslant$, $\geqslant$.

• L'égalité qui peut être utilisée dans la condition d'un test n'est pas une affectation. D'ailleurs, de nombreux langages de programmation les distinguent :
– sous Algobox, l'affectation se fait directement par un bouton [+ AFFECTER valeur à variable],
alors qu'une égalité de test s'écrira « Si a == 2 alors… » ;
– dans un langage de programmation plus évolué, on pourra trouver a := 2 pour l'affectation et if $a = 2$ then … pour un test.

• Si la condition du test est vérifiée, on exécute les instructions suivant le « alors ».
Les instructions alternatives suivant le « sinon » ne sont exécutées que dans le cas où la condition du test n'est pas remplie. Parfois, on n'indique pas de « sinon », et on passe alors à la suite des instructions de l'algorithme, en sortant du test.

3 Boucles

On utilise cette technique quand on veut **répéter** plusieurs fois le même type d'instructions. C'est particulièrement utile quand on souhaite calculer une somme, un produit, des termes de suites définies par récurrence, etc. Une **condition de boucle** permet de savoir si on doit continuer à exécuter les instructions de la boucle ou sortir de celle-ci.

ENTRAÎNEMENT

1 *Cet exercice se rapporte au chapitre 10.*

Donner un algorithme qui détermine si une fréquence observée sur un échantillon de taille *n* permet d'accepter l'hypothèse d'une proportion *p* d'une population dont est issu l'échantillon.

2 *Cet exercice se rapporte au chapitre 11.*

On cherche à créer un algorithme qui permette de déterminer si un quadrilatère ABCD est un parallélogramme ou non. L'utilisateur devra entrer les coordonnées des sommets $A(x_A\,;y_A)$, $B(x_B\,;y_B)$, $C(x_C\,;y_C)$, $D(x_D\,;y_D)$.

a. Donner une condition nécessaire et suffisante sur les vecteurs $\overrightarrow{AB}$ et $\overrightarrow{DC}$ pour que ABCD soit un parallélogramme.

b. En déduire une condition nécessaire et suffisante pour que ABCD soit un parallélogramme à partir des coordonnées des sommets.

c. Proposer un algorithme qui répond au problème posé.

3 **Créer un algorithme pour calculer les sommes suivantes :**

a. La somme des entiers naturels de 1 à 100 ;

b. La somme des inverses des entiers naturels de $\frac{1}{1}$ à $\frac{1}{100}$;

c. La somme des carrés des entiers naturels de 1^2 à 100^2.

1 Pour plus de généralité, on va faire calculer la fréquence f par l'algorithme à partir de l'effectif m d'individus dans la population qui présentent le caractère étudié et de l'effectif n de l'échantillon. Ainsi $f=\frac{m}{n}$. L'intervalle de fluctuation est $\left[p-\frac{1}{\sqrt{n}}\,;p+\frac{1}{\sqrt{n}}\right]$. On va faire des tests **SI … ALORS** imbriqués, afin de tester l'appartenance de f à l'intervalle. On conclut par un message donnant la conclusion. On a l'algorithme :

```
Lire p
Lire n
Lire m
f prend la valeur m/n
Si f ≥ p − 1/√n alors
Si f ≤ p + 1/√n alors
• Afficher « f appartient à l'intervalle de fluctuation et on accepte que la proportion du caractère étudié sur la population est bien p ».
• Sinon Afficher « f n'appartient pas à l'intervalle de fluctuation et on n'accepte pas que la proportion du caractère étudié sur la population est bien p ».
      FinSi
Sinon Afficher « f n'appartient pas à l'intervalle de fluctuation et on n'accepte pas que la proportion du caractère étudié sur la population est bien p ».
      FinSi
```

On est amené à afficher deux fois le message de non acceptation de l'hypothèse que la proportion est p car il y a deux façons pour cela : ou bien $f<p-\frac{1}{\sqrt{n}}$ ou bien $f>p+\frac{1}{\sqrt{n}}$.

2

1. a. ABCD est un parallélogramme si, et seulement si, $\overrightarrow{AB}=\overrightarrow{DC}$: attention aux sens des points dans les vecteurs !!

b. En calculant les coordonnées des vecteurs : est un parallélogramme si, et seulement si, $x_{\overrightarrow{AB}}y_{\overrightarrow{DC}}=y_{\overrightarrow{AB}}x_{\overrightarrow{DC}}$.

c. On en déduit l'algorithme :

```
Lire x_A, y_A, x_B, y_B, x_C, y_C, x_D, y_D
Si (x_B − x_A)(y_D − y_C) − (y_B − y_A)(x_D − x_C) alors
      Afficher « ABCD est un parallélogramme »
Sinon Afficher « ABCD n'est pas un parallélogramme »
```

3 Les algorithmes demandés sont des algorithmes de somme. Ils ont tous la même structure :

```
S prend la valeur 0
Pour i allant de 1 à 100
      S prend la valeur S+ nouveau terme
FinPour
Afficher S
```

Il convient alors d'adapter le « nouveau terme » au cas étudié.

a. Le nouveau terme est l'entier naturel i, compteur de la boucle.

```
S prend la valeur 0
Pour i allant de 1 à 100
      S prend la valeur S+ i
FinPour
Afficher S
```

Cet algorithme donne alors la valeur 5 050.

b. Le nouveau terme est le nombre1/i.

```
S prend la valeur 0
Pour i allant de 1 à 100
      S prend la valeur S+ 1/i
FinPour
Afficher S
```

La somme des inverses des entiers de 1 à 100 est environ égale à 5,187.

c. Le nouveau terme est i^2.

```
S prend la valeur 0
Pour i allant de 1 à 100
      S prend la valeur S+ i²
FinPour
Afficher S
```

On obtient par cet algorithme le résultat 338 350.

Physique-Chimie

La santé

Chapitre 1 Diagnostic médical 70
Chapitre 2 Posologie et préparation des médicaments 75

L'Univers

Chapitre 3 Vitesse de la lumière et ordre de grandeur 82
Chapitre 4 La lumière des étoiles 86
Chapitre 5 Éléments chimiques présents dans l'Univers 92
Chapitre 6 Gravitation dans le système solaire 98

Le sport

Chapitre 7 Mouvements et temps du sportif 103
Chapitre 8 Matériaux et molécules dans le sport 106
Chapitre 9 Besoins et réponses de l'organisme 110
Chapitre 10 La pression 115

Chapitre 1

Diagnostic médical

1 Activités électriques des organes

• L'un des buts actuels de la médecine est d'obtenir un diagnostic du patient sans être invasif : on évite maintenant de l'ouvrir pour ausculter ses organes.

• L'**électrocardiogramme** permet de suivre **l'activité électrique du cœur**.

• Sur **l'axe des ordonnées** (axe vertical), on mesure la **tension électrique** (en **volt**, symbole **V**) et sur **l'axe des abscisses** (axe horizontal) **le temps** écoulé (en s).

Allure d'un électrocardiogramme

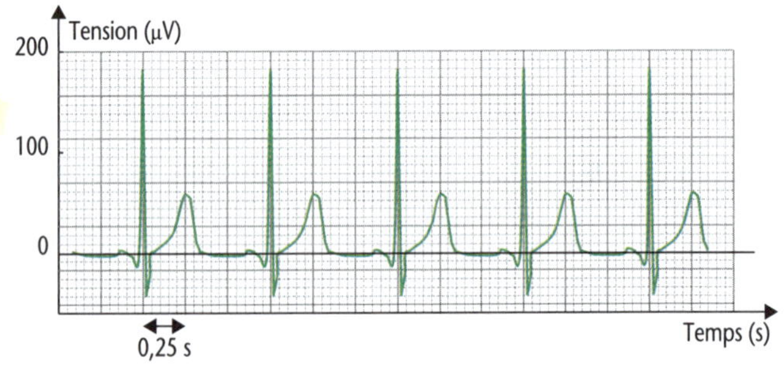

• On peut remarquer que le signal du cœur se répète à intervalles de temps réguliers, il est périodique.

• La **période** d'un phénomène périodique **est la plus petite durée au bout de laquelle ce phénomène se répète**. Elle s'exprime en seconde.

• On peut également évaluer **le nombre de fois où un phénomène périodique se reproduit par seconde ;** on parle dans ce cas de fréquence. **C'est l'inverse de la période** et elle s'exprime en **hertz (Hz) :** $f = \frac{1}{T}$ ou $T = \frac{1}{f}$; T en s et f en Hz.

• La tension sur le graphe ci-contre change de signe deux fois au cours d'une période, on dit qu'elle est **alternative**.

• La **tension maximale** est la valeur maximale atteinte sur le graphe (ici U_{max} = 200 µV), sa **tension minimale** U_{min} = – 50 µV.

EXERCICE COMMENTÉ

→ Énoncé

À partir de l'électrocardiogramme présenté dans le cours, déterminer la période, la fréquence et le nombre de pulsations par minute de ce cœur.

→ Résolution

Pour déterminer la période, on utilise l'échelle donnée sur l'axe des abscisses : 0,25 s correspond à 1 graduation. Puisque le signal se répète toute les trois graduations, on peut en déduire que la période vaut : $T = 0{,}25 \times 3 = 0{,}75$ s.

La période de ce cœur est de 0,75 s.

La fréquence se détermine grâce à la relation : $f = \frac{1}{T} \Leftrightarrow f = \frac{1}{0{,}75} \approx 1{,}3$ Hz.

Ce cœur bat 1,3 fois en une seconde donc en une minute, on obtient : $1{,}3 \times 60 = 78$ battements/min.

2 Imagerie médicale

Pour établir un diagnostic, le corps médical dispose de plusieurs appareils permettant d'obtenir une image des organes : fibroscopie, échographie, radiographie.

1. Échographie

• Lors d'une échographie, l'onde émise est une **onde ultrasonore**. Cette onde n'est pas audible pour l'oreille humaine.

À retenir

Une onde ultrasonore est un son dont la fréquence est **supérieure à 20 kHz.**

• Ce qui distingue le son d'un ultrason est la fréquence de vibration :

– Le son a une intervalle de fréquence de **20 Hz – 20 kHz**.

– Les ultrasons ont une fréquence **supérieure à 20 000 Hz** (20 kHz).

• Les ultrasons sont inaudibles pour l'oreille humaine. Les ultrasons utilisés en échographie ont une fréquence qui varie entre **2 et 40 MHz**.

• **L'appareil mesure le temps de l'écho** (τ sur le schéma), c'est-à-dire le temps que met l'onde ultrasonore pour faire un aller-retour entre le moment où elle est émise et le moment où elle est reçue après réflexion sur les tissus.

• Pour cela, l'appareil n'émet pas les ondes en continu mais en salve.

• La **vitesse de propagation** des sons dans la matière **dépend du milieu traversé** (voir tableau ci-dessous).

Milieu	Vitesse de propagation ($m \cdot s^{-1}$)
Air	340
Eau	1 480
Tissus mous	1 540
Os	4 080

Signaux émis et reçus par une sonde ultrasonore

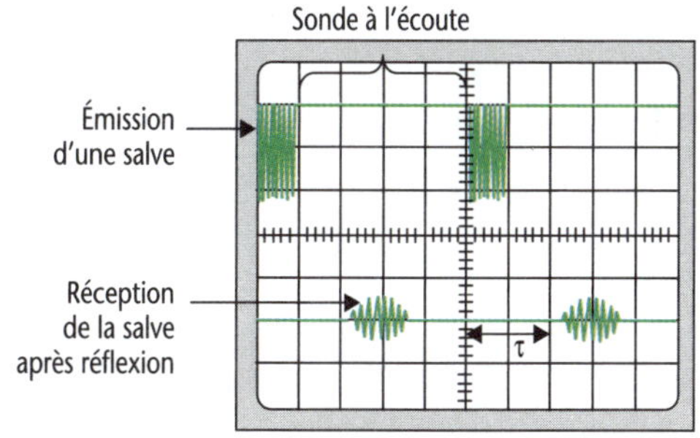

2. Fibroscopie

• Une fibre optique est constituée d'un **cœur** entouré d'une **gaine**.

À retenir

On appelle **réfraction** le changement de direction de la lumière lorsqu'elle change de milieu.

• **La fibre transporte de la lumière** afin de visualiser l'organe étudié.

• La lumière pénètre dans la fibre grâce au phénomène de **réfraction**, elle subit à l'intérieur de celle-ci de nombreuses **réflexions successives**.

Parcours de la lumière à l'intérieur d'une fibre optique

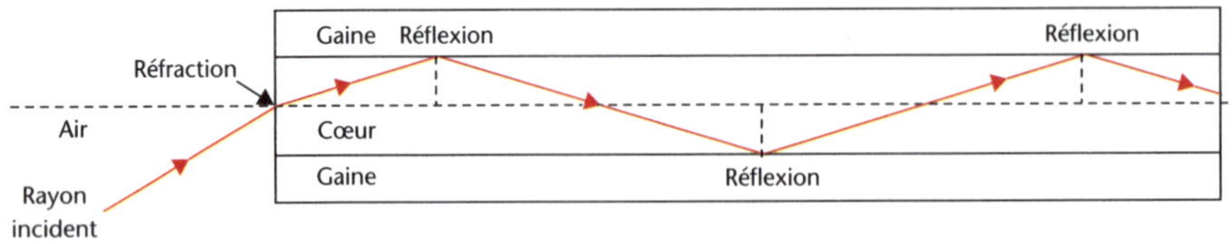

• Lors d'une réfraction, l'angle incident *i* et l'angle de réfraction *r* sont liés par la relation :

$$n_1 \sin i = n_2 \sin r$$

Avec n_1 et n_2 : indices de réfraction, caractéristiques du milieu (voir chapitre 4 pour plus d'informations);
i : angle d'incidence du rayon incident ;
r : angle de réfraction du rayon réfracté.

• Les angles se mesurent toujours par rapport à la normale au dioptre.

• Lors d'une réflexion, les angles incidents et réfléchis sont identiques $i = i'$ (voir schéma). Dans une fibre optique, il y a réflexion totale si l'indice de réfraction du cœur est supérieure à celui de la gaine : $n_{cœur} > n_{gaine}$.

Réflexion et réfraction à l'interface de deux milieux transparents

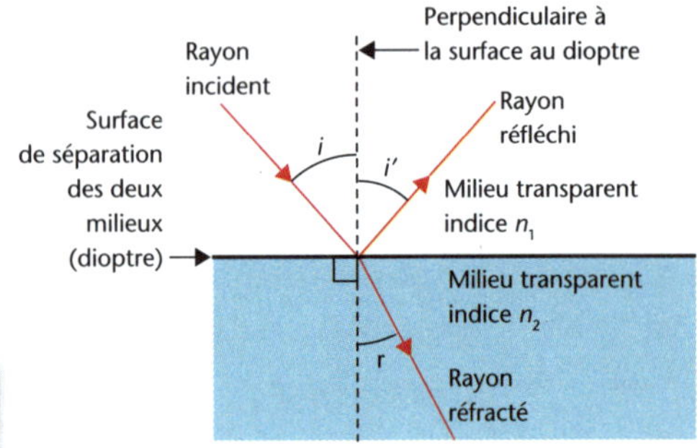

Important

Les rayons incidents et réfractés se situent de part et d'autre de la normale au dioptre et **sont dans le même plan**.

EXERCICE COMMENTÉ

→ Énoncé

On considère un dioptre air / verre. L'indice de réfraction de l'air est de 1,00 et celui du verre 1,50. Un rayon incident arrive sur la surface du verre avec un angle de 50° (voir schéma ci-contre).

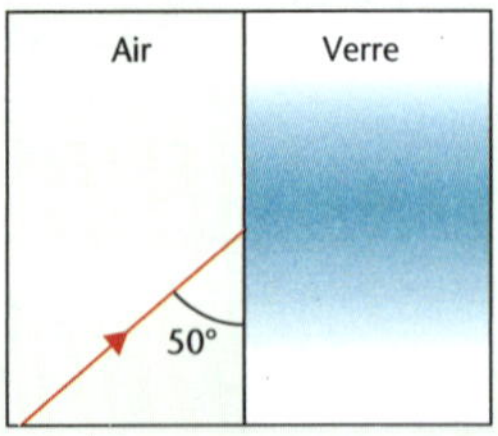

a. Tracer la perpendiculaire au dioptre et indiquer l'angle d'incidence *i*.

b. Tracer le rayon réfléchi et déterminer son angle *i'* par rapport à la normale au dioptre.

c. Déterminer l'angle *r* réfracté puis tracer le rayon réfracté.

→ Résolution

a. L'angle d'incidence est complémentaire à l'angle indiqué dans le texte donc $i = 90 - 50 = 40°$.

b. L'angle du rayon réfléchi a la même valeur que l'angle du rayon incident. Pour le tracé, attention à l'orientation de la flèche.

c. Pour la réfraction on applique la relation : $n_1 \sin i = n_2 \sin r$ soit $\sin r = \dfrac{n_1 \cdot \sin i}{n_2}$.

$\sin r = \dfrac{1{,}00 \times \sin(40°)}{1{,}50} = 0{,}43$ soit $r = 25°$.

Pour ce calcul, le détail à la calculatrice est donné ci-dessous :

```
sin(40)/1.5
                 0.4285250731
sin⁻¹(ans)
                  25.37399394
```

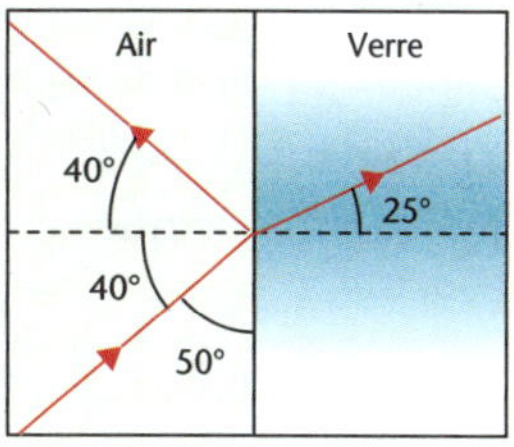

Pour le tracé, il faut bien mettre les angles de part et d'autre de la normale au dioptre.

ENTRAÎNEMENT

1 Sur les électrocardiogrammes ci-dessous, on présente trois types de cœur au repos : un cœur normal et deux autres présentant des problèmes de tachycardie et de bradycardie.

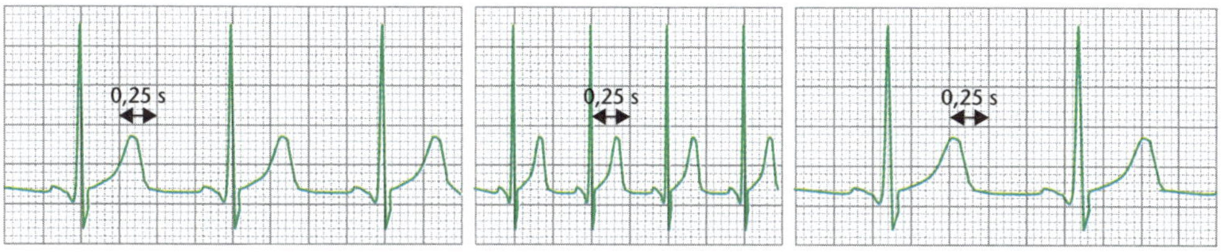

Cœur normal **Tachycardie** **Bradycardie**

a. Déterminer la période de battements de chacun de ces cœurs.

b. En déduire leur fréquence en Hz et leur fréquence de battements.

c. À partir des réponses précédentes, proposer une définition des termes « bradycardie » et « tachycardie ».

2 On donne un cliché ci-contre d'une échographie au premier trimestre d'un fœtus.

a. Quel est le type d'ondes utilisées pour réaliser l'échographie ?

b. Pourquoi certaines zones sur ce cliché apparaissent blanches et d'autres plus foncées ?

c. L'échelle représentée sur le côté est en cm. Déterminer la taille du cerveau de ce fœtus.

d. Quelle distance supplémentaire va parcourir l'onde entre le haut du cerveau et le bas du cerveau ?

e. Déterminer alors le temps qui sépare les deux réceptions entre l'onde réfléchie sur le haut du cerveau et celle réfléchie sur le bas du cerveau.

Données : la vitesse de propagation dans les tissus est de $V = 1{,}50 \times 10^3 \text{ m} \cdot \text{s}^{-1}$.

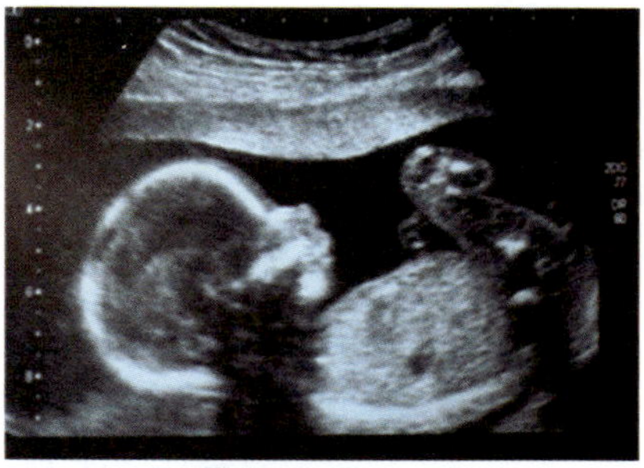

3 Une fibre à saut d'indice est constituée d'un cœur, milieu transparent d'indice $n_{cœur}$ = 1,63 entouré d'une gaine, milieu également transparent, d'indice n_{gaine} = 1,50. On envoie un rayon lumineux sur la face d'entrée de la fibre, entourée d'air, sous une incidence de 30,0°. L'indice de réfraction de l'air est 1,00.

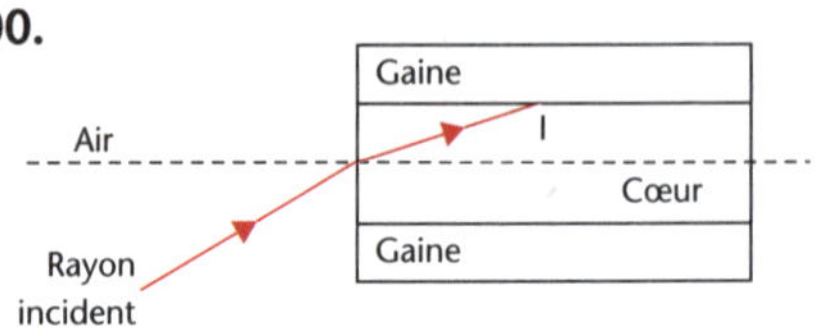

a. Déterminer l'angle de réfraction i_2 du rayon lumineux lorsqu'il pénètre dans la fibre.

b. En s'aidant des relations entre les angles dans un triangle, montrer que l'angle d'incidence au point I est de 72°.

c. En utilisant les lois de la réfraction, montrer que le rayon réfracté en I ne peut pas exister. Conclure.

d. Tracer le rayon réfléchi qui se propage à l'intérieur de la fibre.

CORRIGÉS

1 a. Pour le cœur normal, la période correspond à 4 divisions, soit T = 4 × 0,25 = 1,0 s.
De même pour la tachycardie, T = 2 × 0,25 = 0,50 s.
Pour la bradycardie, T = 5 × 0,25 = 1,25 s.

b. Pour le cœur normal, $f = \frac{1}{T} \Leftrightarrow f = \frac{1}{1,0} = 1,0$ Hz soit Hz soit 1,0 × 60 = 60 battements/min.

Pour la tachycardie, $f = \frac{1}{0,50} = 2,0$ Hz soit 2,0 × 60 = 120 battements/min.

Pour la bradycardie, $f = \frac{1}{1,25} = 0,80$ Hz soit 0,80 × 60 = 48 battements/min.

c. Un cœur présentant une bradycardie souffre d'un rythme cardiaque insuffisant. Pour la tachycardie, le cœur a un rythme cardiaque trop élevé.

2 a. Ce sont des ondes ultrasonores

b. Les zones blanches sont des zones de forte réflexion (comme les os) et les zones sombres de plus faible (tissus mous).

c. La taille du cerveau de ce fœtus est d'environ 5 cm.

d. L'onde va faire un aller-retour, elle va donc parcourir 10 cm.

e. $\tau = \frac{d}{v} \Leftrightarrow \tau = \frac{10 \times 10^{-2}}{1,5 \times 10^{3}} = 6,7 \times 10^{-5}$ s soir 67 µs. Le temps séparant les deux ondes sera de 67 µs.

3 a. On applique les lois de la réfraction :

$n_{air} \cdot \sin i = n_{cœur} \cdot \sin r \Leftrightarrow \sin r = \frac{n_{air} \cdot \sin i}{n_{cœur}}$

$\sin r = \frac{1,00 \times \sin(30°)}{1,63} = 0,31$ soit $r = 18°$.

b. Sur la figure ci-contre, le triangle IJH est rectangle en H. Par conséquent l'angle incident en I est $i' = 180 - 90 - 18 = 72°$.

c. $n_{cœur} \cdot \sin i' = n_{gaine} \cdot \sin r' \Leftrightarrow \sin r' = \frac{n_{cœur} \cdot \sin i}{n_{gaine}}$

$\sin r' = \frac{1,63 \cdot \sin 72}{1,50} = 1,03 \Leftrightarrow \sin r' > 1$ le rayon réfracté ne peut pas exister, il y a donc réflexion totale.

d.

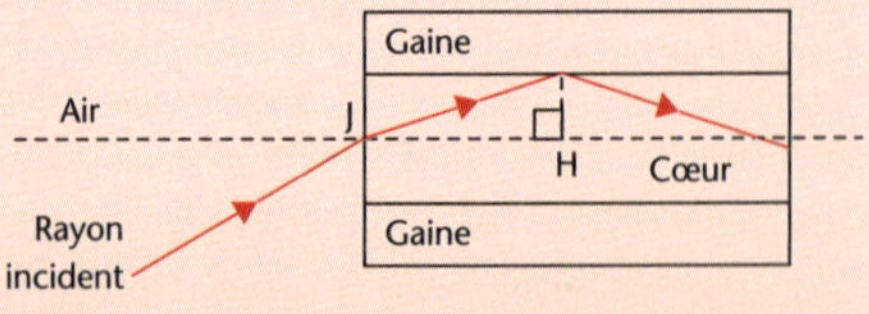

Chapitre 2

Posologie et préparation des médicaments

1 Posologie des médicaments

La posologie d'un médicament est très précise, la quantité introduite dans l'organisme est une donnée très importante.

1. Compter les atomes ou les molécules

• On ne peut pas compter les molécules une par une, on introduit donc une nouvelle grandeur : **la quantité de matière** qui s'exprime en **mole** (symbole **mol**).

• Il y a une relation de proportionnalité entre **le nombre d'entités N** (atomes, molécules,…) et **la quantité de matière n : $N = n \cdot N_A$**.

• Le coefficient de proportionnalité N_A est appelé **constante d'Avogadro** : $N_A = 6{,}02 \times 10^{23}\ mol^{-1}$. Ce coefficient a été déterminé à partir du carbone 12.

Définition

Une **mole d'entités** correspond au nombre d'atomes qu'il y a dans 12 grammes de carbone 12.

EXERCICE COMMENTÉ

→ Énoncé

Un clou de masse $m = 5{,}00$ g est constitué d'atomes de fer de masse $9{,}27 \times 10^{-23}$ g. Déterminer la quantité d'atomes contenus dans le clou ainsi que la quantité de matière.

→ Résolution

La quantité d'atomes contenue dans le fer est $N = \dfrac{5{,}00}{9{,}27 \times 10^{-23}} = 5{,}39 \times 10^{22}$ atomes.

La quantité de matière sera donc $n = \dfrac{N}{N_A} \Leftrightarrow n = \dfrac{5{,}39 \times 10^{22}}{6{,}02 \times 10^{23}} = 0{,}0896$ mol.

Attention à la deuxième valeur pour l'arrondi !

2. Masse molaire

• La masse molaire d'un élément chimique est **la masse d'une mole d'atomes de cet élément pris à l'état naturel**. On la note **M** et on l'exprime en $g \cdot mol^{-1}$.

Remarque

Dans la définition de la masse molaire, la notion d'état naturel est importante car les éléments n'ont pas toujours le même nombre de nucléons à l'intérieur du noyau (notion **d'isotopie** voir chapitre 5).

• Les masses molaires atomiques correspondent à peu près au nombre de nucléons (protons + neutrons) constituant le noyau d'un atome.

• Pour déterminer **la masse molaire d'une molécule**, on fait **la somme des masses atomiques** en tenant compte de leur proportion relative dans la molécule.

3. Détermination de la quantité de matière pour les solides et les liquides

• Pour **les solides**, il est plus simple de **mesurer leur masse** et d'en déduire leur quantité de matière grâce à la relation suivante : $n = \frac{m}{M}$ avec n quantité de matière en mol ; m masse du solide en g ; M masse molaire en $g \cdot mol^{-1}$.

• Pour **les liquides**, il est plus simple de **mesurer un volume**. La relation entre quantité de matière et volume est donnée par : $n = \frac{\rho \cdot V}{M}$ avec ρ masse volumique en $g \cdot mL^{-1}$ et V volume du liquide en mL.

• La masse volumique ρ d'un liquide se détermine à partir de sa masse m et de son volume V : $\rho = \frac{m}{V}$ avec m en g, V en mL et ρ en $g \cdot mL^{-1}$.

2 Préparation de solutions

Une solution est composée d'**un soluté** (espèce qui est dissoute) et d'**un solvant** (espèce qui dissout).

Remarque

La plupart des solutions préparées en seconde sont aqueuses, c'est-à-dire que le solvant est l'eau mais ce n'est pas toujours le cas.

1. Concentration d'une solution

• **La concentration massique C_m** d'une solution correspond au rapport entre **la masse m de soluté dissous** et le **volume V de la solution** (approximé souvent au volume du solvant) : $C_m = \frac{m}{V}$ avec C_m en $g \cdot L^{-1}$; m en g ; V en L.

• **La concentration molaire C** d'une solution correspond au rapport entre **la quantité de matière n de soluté dissout** et **le volume V de la solution** : $C = \frac{n}{V}$ avec C en $mol \cdot L^{-1}$; n en mol ; V en L.

2. Préparation d'une solution par dissolution

• Pour préparer une solution de manière précise, le **soluté doit être pesé avec une balance de précision** (étape 1), puis introduit dans une fiole jaugée (étape 2).

• On introduit ensuite le solvant aux ¾ de la fiole, on agite pour dissoudre le soluté puis on **complète jusqu'au trait de jauge**. On agite à nouveau pour homogénéiser la solution (étape 3).

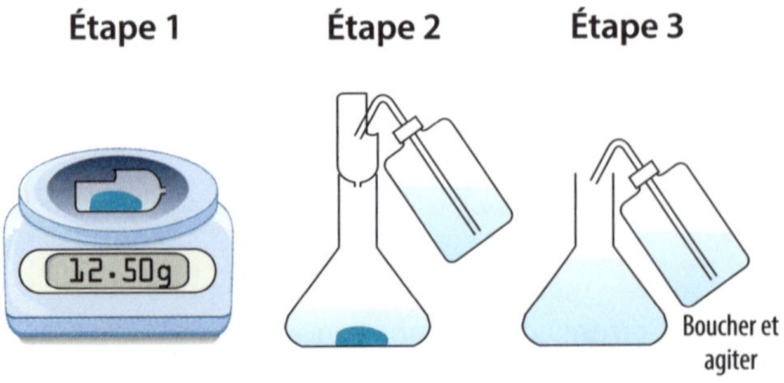

3. Préparation d'une solution par dilution

Principe de prélèvement d'une solution mère

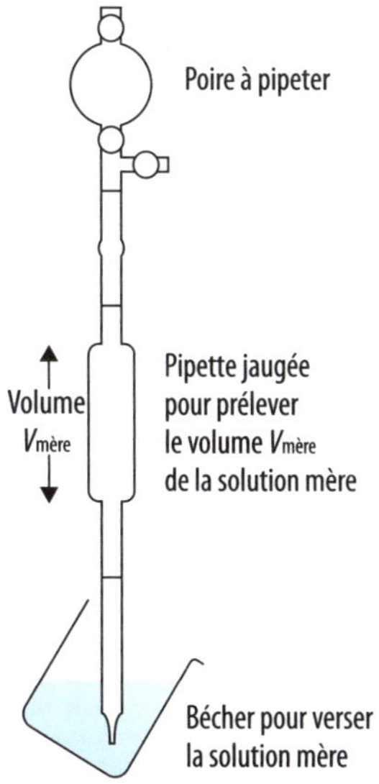

• La **dilution** consiste à rajouter du solvant dans la solution de manière à **diminuer la concentration du soluté**.

• La solution concentrée **avant dilution** s'appelle **la solution mère**, celle **après dilution** s'appelle **la solution fille**.

• Pour réaliser une dilution, on utilise une pipette jaugée pour prélever la solution mère et on l'introduit dans une fiole jaugée.

Remarque

La verrerie qui est jaugée en chimie est toujours plus précise que la verrerie graduée.

• Lors d'une dilution, la concentration diminue, mais la quantité de matière du soluté ne change pas :

$$n = C_{mère} \cdot V_{mère} = C_{fille} \cdot V_{fille}$$

$C_{mère}$ et $V_{mère}$ correspondent à la concentration molaire et au volume de la solution mère. C_{fille} et V_{fille} correspondent à la concentration molaire et au volume de la solution fille.

• L'expression précédente peut s'écrire : $\frac{C_{mère}}{C_{fille}} = \frac{V_{fille}}{V_{mère}}$ soit $\frac{C_{mère}}{C_{fille}} = \frac{V_{fiole}}{V_{pipette}}$. Le rapport des concentrations ou des volumes est appelé **facteur de dilution**.

EXERCICE COMMENTÉ

→ Énoncé

En cas d'hypoglycémie, on peut administrer une solution de glucose à 5,0 % (soit 50 $g \cdot L^{-1}$), pour assurer la couverture partielle ou intégrale des sucres dans le sang. On souhaite préparer 100 mL d'une solution de glucose à 5,0 % à partir d'une solution de glucose à 20 % soit 200 $g \cdot L^{-1}$. Donner les étapes du protocole pour réaliser cette dilution.

→ Résolution

Le volume de la solution mère à prélever est $V_{mère} = \frac{C_{fille}}{C_{mère}} V_{fille} \Leftrightarrow V_{mère} = \frac{50}{200} \times 100 = 25{,}0$ mL.

On prend une pipette de jaugée de 25,0 mL que l'on rince avec la solution mère. On prélève la solution mère avec la pipette jaugée et on l'introduit dans une fiole jaugée de 100 mL préalablement rincée à l'eau distillée. On complète jusqu'au trait de jauge et on homogénéise.

3 Préparation des médicaments

1. Composition d'un médicament

• Un médicament est composé d'un **principe actif** (molécule aidant à combattre la maladie) et d'un **excipient** (composés qui aident à l'assimilation du médicament par l'organisme).

• La molécule constituant le principe actif peut être directement **extraite** à partir de végétaux ou d'animaux ou **synthétisée** par réaction chimique.

2. Extraction liquide-liquide

• L'extraction par solvant est une technique qui consiste à faire passer, par **solubilisation**, la substance à extraire dans un solvant.

Extraction liquide - liquide

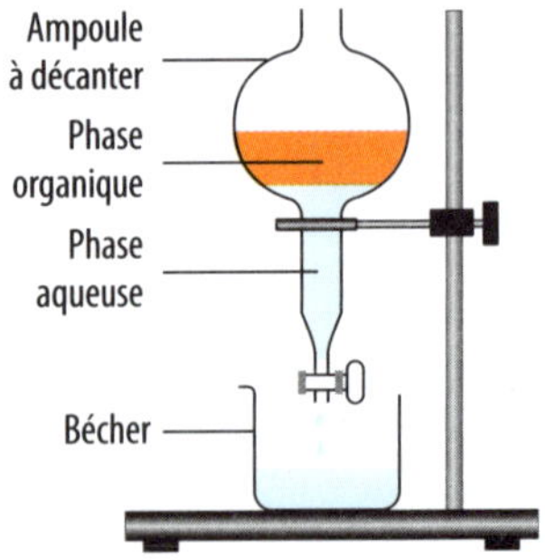

• L'extraction liquide – liquide s'effectue avec une **ampoule à décanter**. Pour cela, il faut que :
– l'espèce soit plus soluble dans le solvant extracteur que dans l'eau ;
– le solvant extracteur ne soit pas miscible avec l'eau, pour pouvoir être séparé.

• Le solvant extracteur doit être le moins nocif possible pour l'environnement et pour l'Homme. La lecture des étiquettes sur les produits chimiques est donc très importante :

Explosion	Inflammable	Comburant	Sous pression	Corrosif	Toxique	Nocif/ Irritant	Nuisible pour la santé	Polluant

• La phase organique et la phase aqueuse ont souvent la même coloration. Pour les distinguer, on peut lire la densité sur l'étiquette du solvant extracteur.

• La densité pour un liquide se détermine ainsi : $d = \frac{\rho_{corps}}{\rho_{eau}}$ **avec d sans unité ; ρ_{corps} en $g \cdot mL^{-1}$ et $\rho_{eau} = 1{,}00\ g \cdot mL^{-1}$.**

• La phase supérieure dans l'ampoule à décanter sera celle qui aura la densité la plus faible.

Schéma d'une hydrodistillation

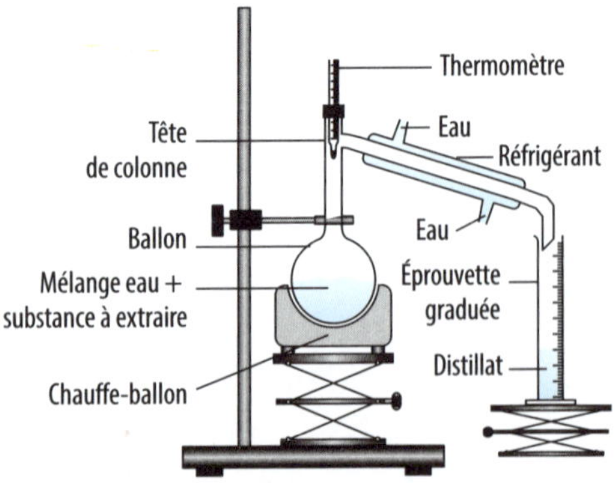

3. Extraction par hydrodistillation

• Lors d'une hydrodistillation, les cellules contenant la substance à extraire éclatent sous l'action de la chaleur.

• Ces substances sont assez volatiles pour être entraînées par la vapeur d'eau. Elles repassent à l'état liquide dans le réfrigérant et forment **le distillat**.

• Le distillat contient donc **un mélange d'eau et de la substance extraite**.

EXERCICE COMMENTÉ

→ Énoncé

La molécule d'eugénol possède des propriétés antiseptiques et anesthésiantes. On peut extraire cette molécule des clous de girofle par hydrodistillation. Le distillat obtenu présente un aspect trouble.
On cherche à extraire l'eugénol au moyen d'un solvant approprié.

	Risque	Solubilité	Densité	Solubilité avec l'eugénol	Température d'ébullition
Benzène		Insoluble dans l'eau	0,88	Soluble	81 °C
Acétone		Soluble dans l'eau	0,79	Soluble	56 °C
Cyclohexane		Insoluble dans l'eau	0,78	Soluble	81 °C

a. Donner la composition du distillat.
b. Déterminer le meilleur solvant pour extraire l'eugénol.
c. Donner les étapes pour réaliser cette extraction en précisant la verrerie employée.

→ Résolution

a. Le distillat contient un mélange d'eugénol et d'eau.
b. L'acétone ne convient pas car ce solvant est soluble avec l'eau. On préférera le cyclohexane au benzène, car bien qu'il soit polluant il est moins nocif pour l'Homme.
c. On met le distillat dans une ampoule à décanter et on ajoute le cyclohexane comme solvant.
On agite et on laisse décanter. On récupère la phase organique qui sera la phase supérieure (0,78 < 1).

4. Synthèse d'un médicament

• Lors d'une synthèse, **le principe actif** est formé par **réaction chimique**.

Filtration sous vide ou filtration sur Büchner

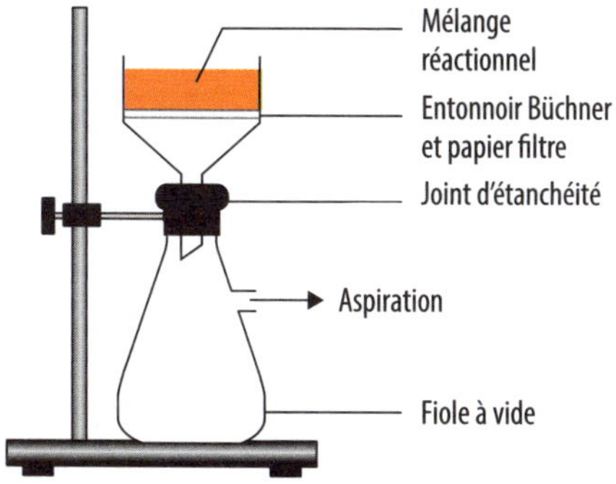

Schéma du montage à reflux

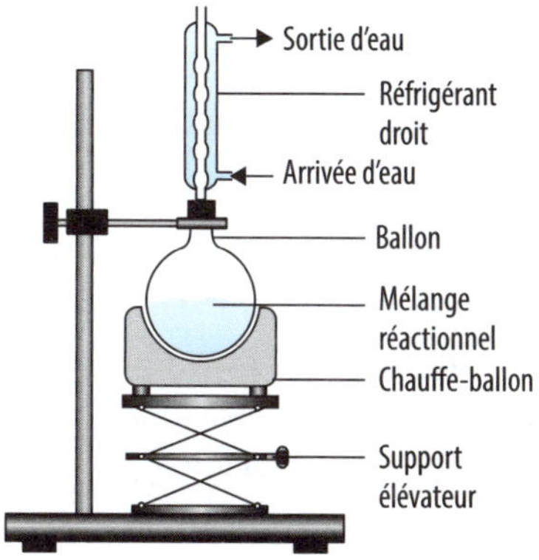

• Le coût de fabrication d'un médicament par synthèse chimique est nettement moindre que celui d'une extraction de ce dernier d'un végétal ou d'un animal.

• Le mélange réactionnel est souvent chauffé de manière à accélérer la réaction. On utilise pour cela **un montage à reflux,** ce qui évite la perte des réactifs.

• À la fin de la synthèse, le composé doit être séparé du reste des constituants. On peut alors réaliser une filtration sous vide.

5. Identification d'un composé chimique

• Le **banc Köfler** permet de mesurer la **température de fusion** d'un produit, ceci permet de caractériser et d'identifier le produit chimique.

• D'autres grandeurs physiques peuvent être mesurées comme la densité, la solubilité ou la température d'ébullition.

ENTRAÎNEMENT

1 On souhaite remplacer un sachet de 1 000 mg d'aspirine ($C_9H_8O_4$) par de l'Aspégic® ($C_{15}H_{22}N_2O_6$) qui est plus soluble dans l'eau. Quelle masse d'Aspégic doit-on peser pour avoir la même dose ?

Données : M(C) = 12,0 $g \cdot mol^{-1}$; M(H) = 1,0 $g \cdot mol^{-1}$; M(O) = 16,0 $g \cdot mol^{-1}$; M(N) = 14,0 $g \cdot mol^{-1}$.

a. Déterminer la masse molaire de l'aspirine et de l'Aspégic.

b. Calculer la quantité de matière d'aspirine contenue dans 1 000 mg.

c. En déduire la quantité de matière que doit contenir notre échantillon d'Aspégic.

d. Donner la masse correspondante de l'échantillon d'Aspégic.

e. Expliquer pourquoi sur les sachets d'Aspégic, on peut trouver l'indication 1 811 mg.

2 L'éosine est utilisée pour soigner des blessures, car elle possède des propriétés asséchantes et antiseptiques. Sa formule est $C_{20}H_6O_5Br_4Na_2$. En préparation pharmaceutique, on la trouve en solution aqueuse à une concentration de $2{,}89 \times 10^{-2}$ $mol \cdot L^{-1}$ ou en solution alcoolique à 1,0 % (soit 10 $g \cdot L^{-1}$).

Données : M(C) = 12,0 $g \cdot mol^{-1}$; M(H) = 1,0 $g \cdot mol^{-1}$; M(O) = 16,0 $g \cdot mol^{-1}$; M(Br) = 79,9 $g \cdot mol^{-1}$; M(Na) = 23,1 $g \cdot mol^{-1}$.

a. Calculer la masse molaire moléculaire de l'éosine.

b. Que signifient les termes « solution aqueuse » et « solution alcoolique » ?

c. On souhaite préparer dans une pharmacie 200 mL d'une solution d'éosine. Établir un protocole pour réaliser cette solution.

d. Pour préparer une solution alcoolique, le préparateur dispose d'une solution mère à 10 % (soit 100 $g \cdot L^{-1}$). Établir de même le protocole pour réaliser cette solution.

3 Le principe actif de l'aspirine est l'acide acétylsalicylique. Pour réaliser sa synthèse, on met en contact 0,022 mol d'acide salicylique avec 0,064 mol d'anhydride éthanoïque et 2 gouttes d'acide sulfurique concentré. On place le tout dans un ballon. On fait chauffer le mélange réactionnel et on place au-dessus un réfrigérant.

Données :

	Formule brute	Masse molaire ($g \cdot mol^{-1}$)	État	Densité	Pictogramme de sécurité
Acide salicylique	$C_7H_6O_3$	138	Solide	–	 
Anhydride éthanoïque	$C_4H_6O_3$	102	Liquide	1,08	 

$M(C) = 12,0\ g \cdot mol^{-1}$; $M(H) = 1,0\ g \cdot mol^{-1}$; $M(O) = 16,0\ g \cdot mol^{-1}$.

a. Comment s'appelle le montage réalisé ?

b. Déterminer la masse d'acide salicylique à peser et le volume d'anhydride éthanoïque à prélever.

c. Quelles sont les précautions à prendre lorsqu'on utilise ces produits ?

d. À la fin de la réaction, il se forme un solide (l'acide acétylsalicylique) lorsque l'on refroidit le mélange réactionnel. Comment séparer l'aspirine du reste du mélange réactionnel ?

e. Citer une technique pour savoir si l'on a bien réalisé la synthèse de l'aspirine.

CORRIGÉS

1 a. Pour l'aspirine :

$M(\text{aspirine}) = 9\ M(C) + 8\ M(H) + 4\ M(O)$

$M(\text{aspirine}) = 9 \times 12,0 + 8 \times 1,0 + 4 \times 16,0 = 180\ g \cdot mol^{-1}$.

Pour l'aspégic :

$M(\text{aspégic}) = 15\ M(C) + 22\ M(H) + 6\ M(O) + 2\ M(N)$

$M(\text{aspirine}) = 15 \times 12,0 + 22 \times 1,0 + 6 \times 16,0 + 2 \times 14,0 = 326\ g \cdot mol^{-1}$.

b. $n(\text{aspirine}) = \frac{m}{M} \Leftrightarrow n(\text{aspirine}) = \frac{1,000}{180} = 5,56 \times 10^{-3}$ mol.

c. L'échantillon d'Aspégic® doit contenir la même quantité de matière soit $5,56 \times 10^{-3}$ mol.

d. $m = n \cdot M \Leftrightarrow m = 5,56 \times 10^{-3} \times 326 = 1,811$ g.

e. On trouve ces indications sur les sachets d'Aspégic pour avoir la même posologie que l'aspirine.

2 a. $M(\text{éosine}) = 20\ M(C) + 6\ M(H) + 5\ M(O) + 4\ M(Br) + 2\ M(Na)$

$M(\text{éosine}) = 20 \times 12,0 + 6 \times 1,0 + 5 \times 16,0 + 4 \times 79,9 + 2 \times 23,1 = 691,8\ g \cdot mol^{-1}$.

b. « Solution aqueuse » signifie que le solvant est l'eau et « solution alcoolique » que le solvant est un alcool.

c. $m = C_m \cdot V \Leftrightarrow m = 10 \times 0,200 = 2,0$ g.

Dans un sabot de pesée, on pèse 2,0 g d'éosine que l'on introduit dans une fiole jaugée de 200 mL. On rajoute de l'eau distillée jusqu'au 2/3 de la fiole. On agite pour dissoudre complètement l'éosine. On complète puis on homogénéise à nouveau la solution.

d. On détermine d'abord le volume à prélever :

$V_{\text{mère}} = \frac{C_{\text{fille}}}{C_{\text{mère}}} V_{\text{fille}} \Leftrightarrow V_{\text{fille}} = \frac{10}{100} \times 200 = 20,0$ mL.

On prend une pipette de jaugée de 20,0 mL que l'on rince avec la solution mère. On prélève la solution mère avec la pipette jaugée que l'on introduit dans une fiole jaugée de 200 mL préalablement rincée avec le solvant alcoolique. On complète jusqu'au trait de jauge et on homogénéise.

3 a. C'est un montage à reflux.

b. Pour l'acide salicylique : $m = n \cdot M = 0,022 \times 138 = 3,0$ g

Pour l'anhydride éthanoïque, sachant que la densité est de 1,08, on en déduit sa masse volumique :

$\rho = 1,08 g \cdot mL^{-1} \cdot V = \frac{n \cdot M}{\rho}$

$\Leftrightarrow V = \frac{0,064 \times 102}{1,08} = 6,0$ mL.

c. On doit utiliser des gants, des lunettes de protection et une blouse lorsque l'on manipule ces produits.

d. On peut faire une filtration sous vide pour réaliser cette séparation.

e. On peut mesurer la température de fusion de produit synthétisé. Si la température est proche de la température de fusion de l'aspirine alors on a bien réussi la synthèse.

Chapitre 3

Vitesse de la lumière et ordre de grandeur

1 Les unités de longueurs

• L'unité du système international est le mètre. Cependant, il existe d'autres unités pour exprimer une longueur. Ces grandeurs sont choisies en fonction de la taille des objets que l'on souhaite mesurer.

• Pour exprimer **les longueurs** à l'intérieur de notre **système solaire**, on préfère utiliser l'unité astronomique qui correspond à **la distance moyenne Terre-Soleil :** 1 UA = $1{,}50 \times 10^8$ km.

• **L'année de lumière** (symbole a.l.) convient mieux pour décrire les distances à l'intérieur de notre galaxie : 1 al = $9{,}46 \times 10^{12}$ km.

• L'année de lumière permet de connaître directement le temps mis par la lumière des étoiles pour parvenir jusqu'à la Terre. Exemple : Proxima du Centaure est l'étoile la plus proche du système solaire, elle se situe à 8,9 années de lumière. On observe ainsi son éclat d'il y a 8,9 années.

• Ainsi, voir loin, c'est voir dans le passé.

EXERCICE COMMENTÉ

→ Énoncé

Proxima du Centaure se situe à 8,9 al. Exprimer cette longueur en km puis en unité astronomique. On prendra :

Une année de lumière (al) = $9{,}46 \times 10^{12}$ km ;

Une unité astronomique (UA) = $1{,}50 \times 10^8$ km.

→ Résolution

Pour convertir la longueur en km, on effectue le calcul suivant : $8{,}9 \times 9{,}46 \times 10^{12} = 8{,}42 \times 10^{13}$ km.

Au moment d'utiliser la calculatrice, il ne faut pas hésiter à utiliser les touches de raccourcis $\times 10^n$ ou *e* selon le modèle de calculatrice employé. Le calcul à taper à la calculatrice est donné ci-dessous :

```
8.90×9.46E12
              8.419400000E+13
```

La conversion en unité astronomique s'effectue ainsi : $\dfrac{8,42 \times 10^{13}}{1,50 \times 10^8} = 5,61 \times 10^5$ km

Là encore, il ne faut pas hésiter à utiliser les fonctionnalités de votre calculatrice comme la touche 2D pour éviter les erreurs de calculs.

```
8.42E13
-------
 1.5E8
              5.613333333E+5
```

```
8.42E13/1.5E8
              5.613333333E+5
```

On montre ci-dessous la façon de taper si l'on n'utilise ni les touches de raccourcis, ni la touche 2D. On doit taper plus de caractères et ne pas oublier les parenthèses, ce qui est une grande source d'erreur.

```
8.42×10^13/(1.50×10^8)
              5.613333333E+5
```

2 Notation scientifique

1. Principe de la notation scientifique

• Pour décrire la taille des objets, on utilise la notation scientifique. Ceci évite d'utiliser un trop grand nombre de zéros.

• La notation scientifique ou les puissances de 10 permettent :
– d'**éviter des erreurs de zéros** dans un résultat ;
– d'obtenir facilement **l'ordre de grandeur** ;
– de **connaître la précision du résultat**.

> **À retenir**
>
> La **notation scientifique** est l'écriture d'un nombre sous la forme d'un produit $a \times 10^n$, avec $1 \leqslant a < 10$, et n un nombre entier.

• Les multiples et les sous-multiples du mètre sont utiles également pour rendre compte de la taille des objets.

Puissance	10^{-15}	10^{-12}	10^{-9}	10^{-6}	10^{-3}	10^{3}	10^{6}	10^{9}	10^{12}
Préfixe	femto	pico	nano	micro	milli	kilo	Méga	Giga	Téra
Symbole	*f*	*p*	*n*	µ	*m*	K	M	G	T

2. Ordre de grandeur

• L'ordre de grandeur d'une longueur est **la puissance de 10** qui s'en rapproche le plus.

Ordre de grandeur de quelques objets constituant l'Univers

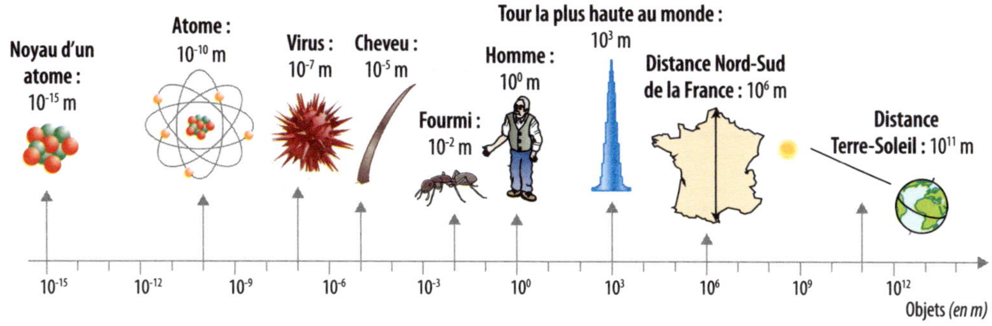

• L'ordre de grandeur permet :
– d'**obtenir une idée du résultat d'un calcul** obtenir une idée du résultat d'un calcul sans faire ce calcul précisément ;
– une **comparaison facile entre les tailles d'objets**.

Exemple : Le Soleil a un diamètre moyen de $1{,}39 \times 10^6$ km. Son ordre de grandeur est de 10^6 km. La distance Terre-Soleil (10^{11} m = 10^8 km) est $\frac{10^8}{10^6}$ = 100 fois plus grande que le diamètre du Soleil. De la même manière, mais à l'échelle atomique, un atome est $\frac{10^{-10}}{10^{-15}}$ = 10^5 fois plus grand qu'un noyau.

• Les exemples pris ci-dessus nous permettent de nous rendre compte que le remplissage de l'espace par la matière est essentiellement **lacunaire**, aussi bien au niveau de l'atome qu'à l'échelle cosmique.

3 Vitesse de la lumière

- Dans le vide, la vitesse de la lumière est $c = 299\,792\,458\ \text{m}\cdot\text{s}^{-1}$. Cette valeur a été choisie pour définir l'unité de longueur le mètre.

- On ne retient que la valeur approchée $3{,}00 \times 10^8\ \text{m}\cdot\text{s}^{-1}$. C'est une **vitesse limite**, c'est-à-dire qu'aucun objet ne peut dépasser cette valeur.

Vocabulaire

Homogène et **isotrope** signifie que le milieu est homogène dans les trois directions de l'espace.

- Les particules messagères de la lumière sont les **photons**. La lumière se déplace en ligne droite dans un milieu **homogène** et **isotrope**.

Temps mis par la lumière du Soleil pour atteindre les différentes planètes du système solaire

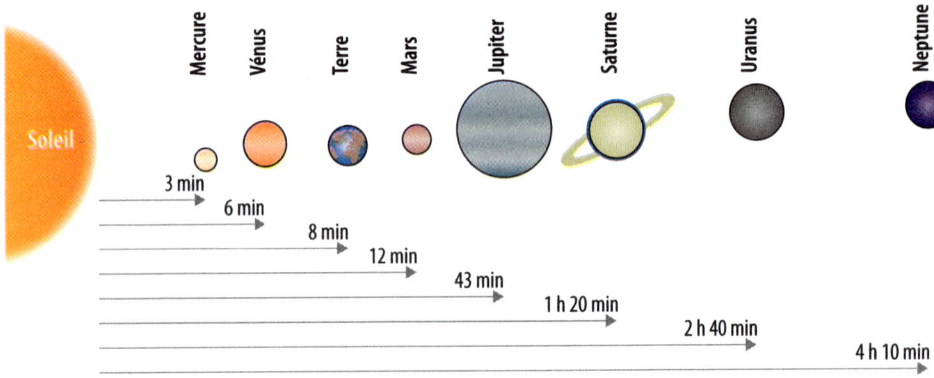

ENTRAÎNEMENT

1 **a.** Attribuez à chacun des objets ci-dessous une longueur correspondante :

Tour Eiffel •	• 2 mm
Rayon de la Terre •	• 7 µm
Globule rouge •	• 70 µm
Atome •	• 320 m
Distance Terre – Soleil •	• 6 400 km
Coccinelle •	• 150×10^6 km
Cheveu •	• 0,1 nm

b. Donner l'ordre de grandeur en m des dimensions de ces objets.

c. Le noyau d'un atome est 100 000 fois plus petit que l'atome lui-même. Avec quel objet faut-il comparer la coccinelle pour avoir le même rapport que le noyau et l'atome ?

d. En quoi la résolution de la question précédente permet de mieux comprendre le remplissage de la matière ?

2 **La station Cerga située près de Grasse permet de mesurer par la télémétrie laser la distance Terre – Lune. Des réflecteurs ont été déposés sur le sol de la Lune lors**

des missions américaines Apollo et soviétiques Luna. Le faisceau laser est émis depuis la Terre, il est réfléchi sur la Lune grâce aux réflecteurs. En moyenne, une émission laser vers notre satellite met 2,30 s pour revenir à son point de départ.

a. Combien de fois la lumière effectue le trajet Terre – Lune ?

b. Déterminer alors la distance Terre – Lune.

3 Sur le même principe que l'année de lumière, on souhaiterait inventer une nouvelle unité pour décrire les distances des planètes par rapport au Soleil dans notre système solaire : la minute de lumière (symbole min.l.).

a. Proposer une définition pour cette unité.

b. Déterminer sa valeur en km.

c. On donne dans le tableau ci-dessous, les distances des planètes en unité astronomique. Compléter ce tableau.

1 UA = $1{,}50 \times 10^8$ km.

	Mercure	Vénus	Terre	Mars	Jupiter	Saturne	Uranus	Neptune
Distance en UA	0,39	0,72	1,00	1,52	5,20	9,55	19,2	30,1
Distance en km								
Distance en min.l								

d. En déduire combien de temps met la lumière pour atteindre Jupiter.

e. Est-ce que cette nouvelle échelle conviendrait pour décrire le système solaire ? Justifier votre réponse.

CORRIGÉS

1 a. Tour Eiffel : 320 m ; Rayon de la Terre : 6 400 km ; Globule rouge : 7 µm ; Atome : 0,1 nm ; Distance Terre – Soleil : 150×10^6 km ; Coccinelle : 2 mm ; Cheveu : 70 µm.

b. Tour Eiffel : 10^2 m ; rayon de la Terre : 10^7 m ; globule rouge : 10^{-5} m ; atome : 10^{-10} m ; distance Terre – Soleil : 10^{11} m ; coccinelle : 10^{-3} m ; cheveu 10^{-4} m.

c. La tour Eiffel a une taille 100 000 fois supérieure à celle de la coccinelle : $\frac{10^2}{10^{-3}} = 10^5$.

d. Si le noyau avait les dimensions d'une coccinelle, l'atome aurait la taille de la tour Eiffel. On peut en conclure que le remplissage de la matière est très lacunaire.

2 a. La lumière effectue deux fois le trajet Terre – Lune : un aller et un retour.

b. $d_{\text{Terre-Lune}} = \frac{c \times t}{2} = \frac{3{,}00 \times 10^8 \times 2{,}30}{2} = 3{,}45 \times 10^8$ m. On a divisé par deux, pour tenir compte du fait que la lumière fait un aller-retour.

3 a. La minute de lumière est la distance que parcourt la lumière en une minute.

b. $d = 3{,}00 \times 10^8 \times 60 = 1{,}80 \times 10^{10}$ m $= 1{,}80 \times 10^7$ km.

c.

	Mercure	Vénus	Terre	Mars	Jupiter	Saturne	Uranus	Neptune
Distance en U.A.	0,39	0,72	1,00	1,52	5,20	9,55	19,2	30,1
Distance en km	$5{,}85 \times 10^7$	$1{,}08 \times 10^8$	$1{,}50 \times 10^8$	$2{,}28 \times 10^8$	$7{,}80 \times 10^8$	$1{,}43 \times 10^9$	$2{,}88 \times 10^9$	$4{,}52 \times 10^9$
Distance en min.l	3,3	6,0	8,3	12,7	43,3	79,4	160	251

d. La lumière met environ 43 min pour atteindre Jupiter.

e. Cette nouvelle échelle convient car on obtient des nombres pas trop importants, ce qui permet les comparaisons faciles.

Chapitre 4

La lumière des étoiles

1 Décomposition de la lumière blanche

1. Radiations et longueur d'onde

• L'une des informations dont on dispose pour étudier les étoiles est la lumière qu'elles émettent. Nous avons besoin de décomposer cette lumière pour mieux comprendre ces objets.

Point historique

Newton (1642-1727) décomposa la lumière avec un prisme et fit le premier une interprétation correcte des couleurs obtenues.

• Lorsque l'on décompose la lumière à l'aide d'un **prisme**, on constate qu'elle est composée d'une **infinité de couleurs**. On dit qu'elle est **polychromatique**.

• La figure obtenue sur l'écran s'appelle le **spectre de la lumière blanche**.

• Chaque couleur obtenue sur l'écran correspond à des **radiations particulières**.

• En revanche, la lumière émise par un laser n'est pas décomposée par un prisme. En effet, la radiation d'un **laser** est composée **d'une seule radiation**, sa lumière est **monochromatique**.

• À toute radiation monochromatique est associée une longueur d'onde précise. La longueur d'onde est notée λ et se mesure en nanomètre (nm) ou en micromètre (μm).

La longueur d'onde de la radiation orange est plus grande que celle du bleu

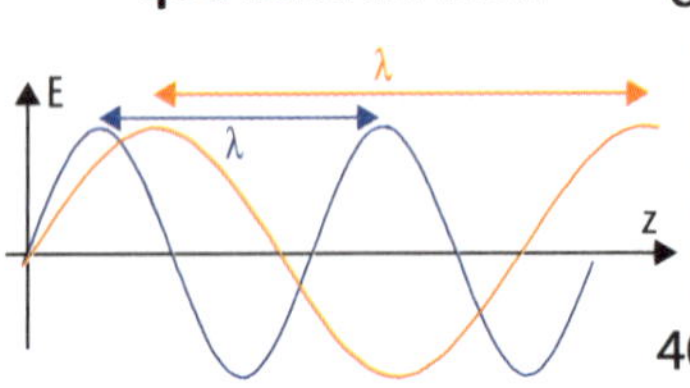

Spectre de la lumière avec les longueurs d'onde des différentes radiations en nm

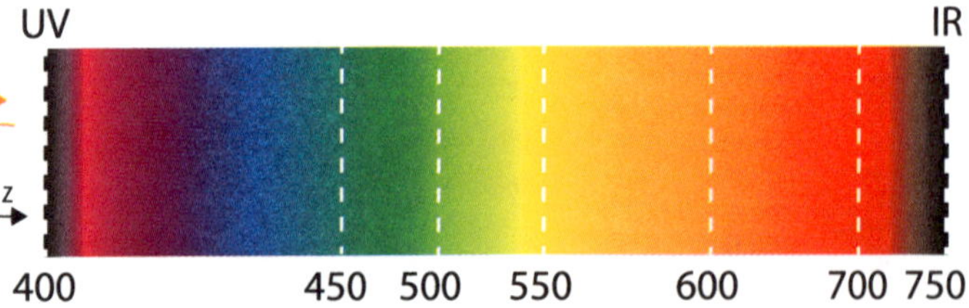

• La **lumière visible** est constituée de radiations dont les longueurs d'onde vont de 400 nm à 800 nm.

• En dehors de ce domaine, on définit le rayonnement **ultraviolet** ($\lambda < 400$ **nm**), et le rayonnement **infrarouge** ($\lambda > 800$ **nm**). Ces deux rayonnements sont de même nature que la lumière visible, mais ils ne sont pas détectés par l'œil humain.

2. Décomposition de la lumière par un prisme

• Un **milieu transparent** est un milieu qui **laisse passer la lumière**.

• Un milieu transparent est caractérisé, pour une radiation de longueur d'onde λ donnée, par un nombre n, sans unité, appelé **indice de réfraction** ou **indice optique** et défini par : $n = \frac{c}{V}$ avec n : indice de réfraction sans unité, c : vitesse de la lumière dans le vide ($c = 3{,}00 \times 10^8$ m·s^{-1}) et V vitesse de la lumière dans le milieu considéré en m·s^{-1}.

• Pour l'air, on peut considérer $n_{air} \approx 1{,}00$. La vitesse de la lumière dans l'air est quasiment la même que dans le vide : $V_{air} \approx c \approx 3{,}00 \times 10^8$ **m·s^{-1}**.

Valeur de l'indice de réfraction de quelques matériaux et de l'air

Matériau (à 20 °C)	λ = 486 nm	λ = 589 nm	λ = 656 nm
Verre crown	1,523	1,517	1,514
Verre flint moyen	1,664	1,650	1,644
Diamant	2,435	2,417	2,410
Eau	1,338	1,333	1,331
Indice moyen de l'air dans les conditions normales : 1,000293			

• Un **prisme** est un **système dispersif**. Il ne dévie pas les radiations de la même manière et cela pour plusieurs raisons :
– la lumière subit deux réfractions (voir chapitre 1) à l'intérieur du prisme ;
– l'indice du matériau dont il est fait dépend de **la longueur d'onde** ;
– sa forme triangulaire amplifie la dispersion des rayons lumineux de longueurs d'onde différentes.

Le rayon rouge et le rayon violet ne suivent pas le même chemin à l'intérieur du prisme

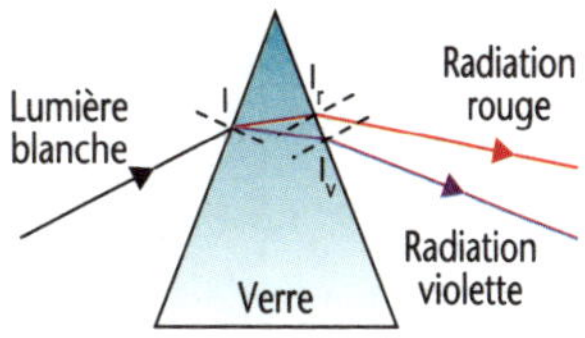

Remarque

Les réseaux sont aussi des systèmes dispersifs comme les prismes. Cependant ce sont les radiations rouges qui seront le plus déviées.

EXERCICE COMMENTÉ

→ Énoncé

On souhaite étudier la réfraction produite lorsqu'un faisceau de lumière passe de l'eau à un verre de type *flint*. L'indice du verre vaut 1,664 pour une radiation bleue et 1,644 pour une radiation rouge ; celui de l'eau vaut 1,338 pour la radiation bleue et 1,331 pour la radiation rouge. Le faisceau de lumière blanche arrive sur ce dioptre avec un angle d'incidence de 30,00 °C.

a. Déterminer l'angle de réfraction r_b pour la radiation bleue et r_r pour la radiation rouge.

b. Quel est le faisceau le plus dévié ?

→ Résolution

a. On applique les lois de la réfraction vue au chapitre 1 : $n_{eau} \cdot \sin i = n_{verre} \cdot \sin r$.

Pour la radiation bleue : $\sin r_b = \dfrac{n_{eau} \cdot \sin i}{n_{verre}} \Leftrightarrow \sin r_b = \dfrac{1{,}338 \times \sin 30{,}00}{1{,}664} = 0{,}4020 \Leftrightarrow r_b = 23{,}71°$.

Pour la radiation rouge : $\sin r_r = \dfrac{n_{eau} \cdot \sin i}{n_{verre}} \Leftrightarrow \sin r_r = \dfrac{1{,}331 \times \sin 30{,}00}{1{,}664} = 0{,}4048 \Leftrightarrow r_r = 23{,}88°$.

b. Le faisceau le plus dévié sera celui qui sera le plus écarté de la direction d'origine : 30 – 23,71 = 6,29° pour la radiation bleue et 30 – 23,88 = 6,12° pour la radiation rouge.
Le faisceau le plus dévié est la radiation bleue. On peut s'en rendre compte sur le schéma ci-contre.

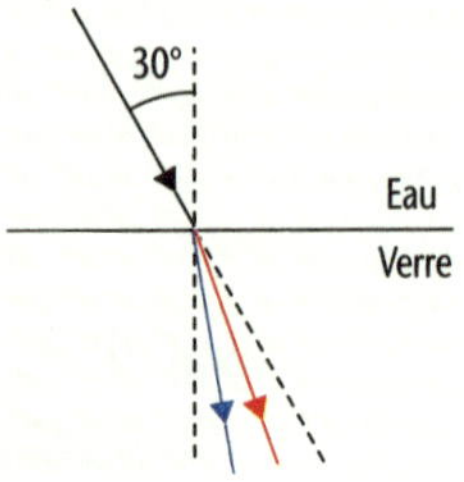

2 Étude de la lumière émise par les étoiles

1. Couleur de surface des étoiles

Diagramme de Hertzsprung-Russell

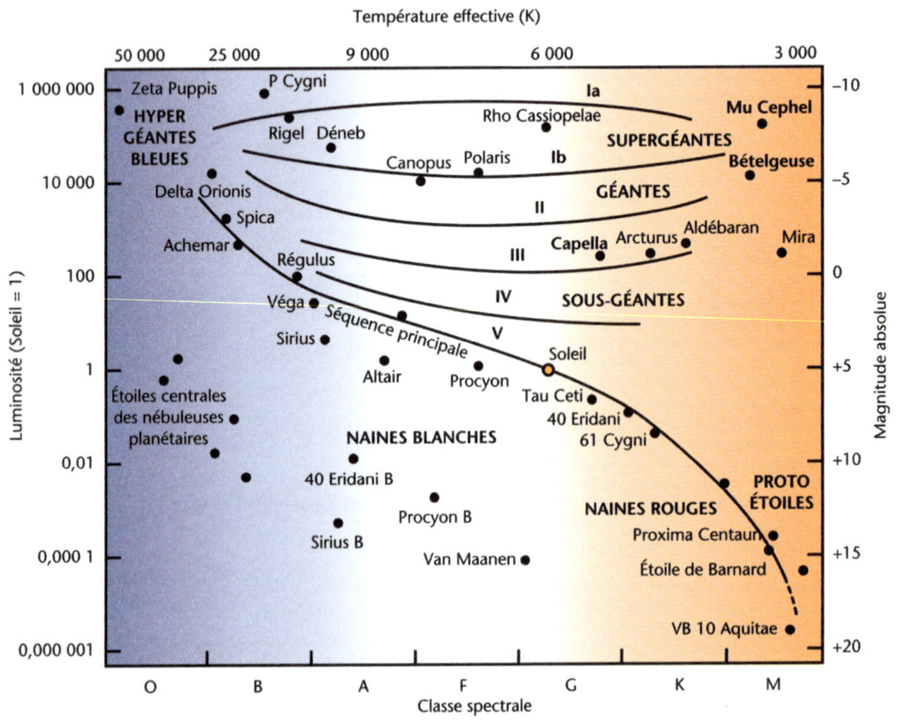

• En étudiant le spectre d'un filament d'une lampe, on voit apparaître les radiations de basses longueurs d'onde (radiation bleue ou violette) lorsque la température du filament augmente.

• Les **corps chauds** émettent donc essentiellement leur **radiation** vers le **bleu** et les **corps plus froids** vers le **rouge**.

• On peut considérer dans un premier temps que **les étoiles émettent un rayonnement d'origine thermique dont le spectre est continu**.

• Ainsi, la couleur d'une étoile nous renseigne sur sa température de surface : **une étoile bleue aura une température de surface supérieure à une étoile rouge**.

• Le diagramme Hertzsprung-Russell classe les étoiles en fonction de leur luminosité et de leur température. La plupart des étoiles se situent sur une diagonale partant d'en haut à gauche et allant en bas à droite (**séquence principale**).

• Ce classement permet de repérer les étoiles qui sont chaudes et lumineuses : elles consomment leur hydrogène plus rapidement et ont donc une durée de vie plus courte (à l'inverse des naines rouges).

EXERCICE COMMENTÉ

→ Énoncé

On a représenté sur le document suivant cinq étoiles ayant des colorations différentes. Classer ces étoiles par ordre croissant de température c'est-à-dire allant de 2 000 °C à 20 000 °C environ.

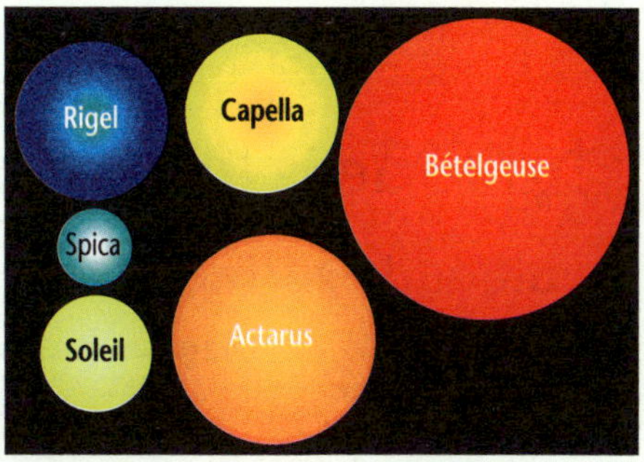

→ Résolution

Les étoiles ayant un aspect rouge seront les plus froides, celles ayant un aspect bleuté seront les plus chaudes. On en déduit le classement suivant : Bételgeuse – Actarus – Capella – Soleil – Rigel – Spica.

2. Spectre de raies d'émission

• Un gaz (à basse pression) soumis à des décharges électriques ou fortement chauffé émet une lumière dont le spectre n'est pas continu, il est composé de raies colorées.

• Chaque élément a un spectre qui lui est bien spécifique.

Spectre du cadmium

Spectre du mercure

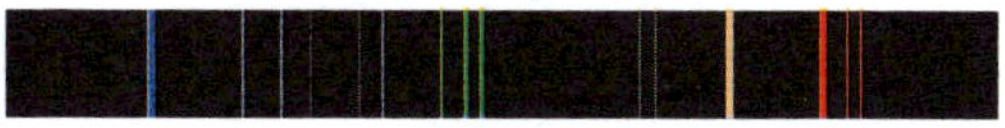

3. Spectre de raies d'absorption

• Si on observe le spectre de la lumière ayant traversé un gaz à basse pression et température, on constate que **certaines radiations sont absorbées par le milieu**.

• Les raies absorbées correspondent aux raies que l'élément est capable d'émettre.

Les raies d'émission de l'élément cadmium (en haut) correspondent à ses raies d'absorption (en bas)

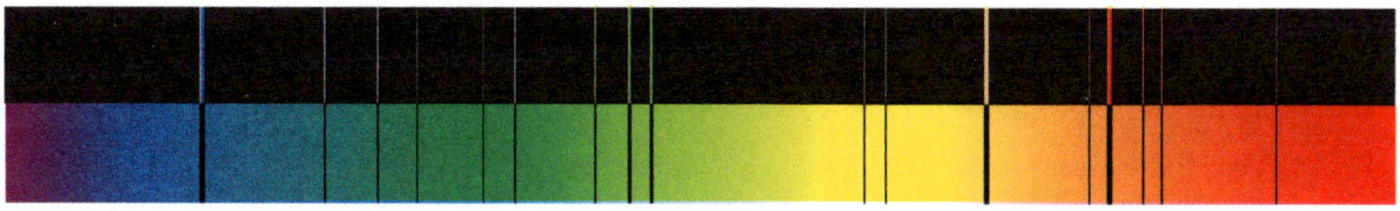

• Ainsi **l'étude du spectre des étoiles**, permet de déterminer les **éléments chimiques présents dans leur atmosphère** et d'en déduire leur âge.

- Les étoiles ayant une durée de vie très courte (comme les géantes bleues) transformeront par réaction nucléaire l'hydrogène en hélium seulement. Ce sont des étoiles de type O dans le diagramme Hertzsprung-Russell.

- À l'inverse, les naines rouges qui ont une durée de vie beaucoup plus grande pourront former des éléments plus lourds comme le fer (spectre de type M).

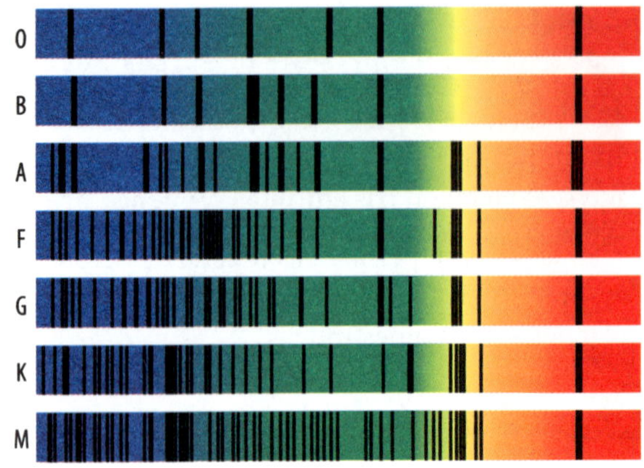

- Le Soleil a un spectre de type G.

- Le spectre des étoiles se complexifie avec leur âge, car elles synthétisent de plus en plus d'éléments.

ENTRAÎNEMENT

1 On souhaite analyser la lumière provenant du Soleil, en étudiant son spectre. Pour cela, on utilise un prisme avec un verre de type *crown* et ayant la forme d'un triangle rectangle. L'angle au sommet A fait 30,0°. Un faisceau de lumière blanche arrive perpendiculairement sur une des faces du prisme (voir figure ci-contre).

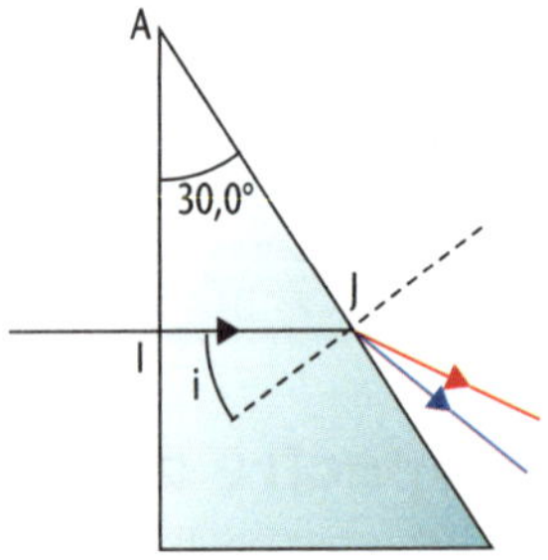

Données : Pour le prisme $n_{bleu} = 1,664$ et $n_{rouge} = 1,644$.
$n_{air} = 1,00$ quelle que soit la longueur d'onde.

a. Pourquoi le faisceau n'est pas dévié lorsqu'il arrive en I ?

b. Montrer que l'angle d'incidence *i* est de 30,0° lorsque le faisceau passe du verre à l'air au point J.

c. Déterminer les valeurs de l'angle de réfraction pour les radiations bleue et rouge.

d. En déduire la radiation la plus déviée. Le schéma est-il correct ?

2 En 1814, Fraunhofer remarque la présence de raies noires dans le spectre du Soleil. Il mesure la longueur d'onde de plusieurs milliers de ces raies et montre qu'elles correspondent à plusieurs éléments chimiques connus sur Terre.

Spectre du Soleil

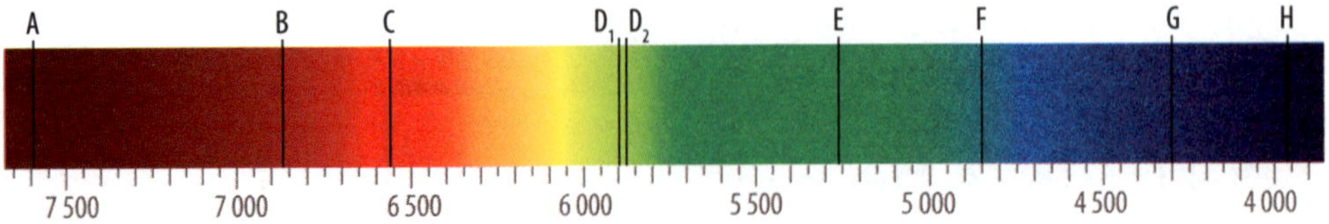

L'unité représentée sur l'axe est l'Angström : 1 Å = $1,0 \times 10^{-10}$ m = 0,1 nm.

Longueurs d'onde, exprimées en nm de certaines raies caractéristiques de quelques éléments chimiques

Éléments chimiques	Hydrogène H	Sodium Na	Magnésium Mg	Calcium Ca
Longueurs d'onde (nm)	434 ; 486,1 ; 656,3	589,0 ; 589,6	470,3 ; 516,7	396,8 ; 422,7 ; 458,2 ; 526,2 ; 527
Éléments chimiques	Fer Fe	Titane Ti	Manganèse Mn	Dioxygène O_2
Longueurs d'onde (nm)	438,3 ; 489,1 ; 491,9 ; 495,7 ; 532,8 ; 537,1 ; 539,7	466,8 ; 469,1 ; 498,2	403,6	686,7 ; 762,1

a. Comment expliquer que le Soleil produit un spectre continu et que certaines raies sont absorbées ?

b. Pour chaque raie notée (A, B, C,…) identifier les éléments présents dans le spectre du Soleil.

c. Comment expliquer la présence du dioxygène dans le spectre du Soleil ?

d. Conclure sur la présence du dioxygène dans l'atmosphère solaire.

3 Associer à chaque spectre la légende correspondante.

a. 

b. 

c. 

d. 

e. 

f. 

g. 

- Spectre de la lumière solaire
- Spectre de la lumière d'une étoile bleue
- Spectre d'émission d'une source laser
- Spectre d'émission de vapeur de mercure
- Spectre d'émission d'un filament à 800 °C
- Spectre d'émission d'un filament à 5 000 °C
- Spectre de la lumière d'une étoile rouge

CORRIGÉS

1 a. Le faisceau arrive perpendiculairement à la surface du dioptre, l'angle d'incidence est donc nul. On en déduit que l'angle de réfraction sera nul aussi : le faisceau n'est donc pas dévié.

b. Le triangle IJA est un triangle rectangle en I. L'angle au sommet J sera donc : 180 – 90 – 30 = 60°.
On en déduit l'angle incident : $i = 90 - 60 = 30{,}0°$.

c. Pour la radiation bleue : $\sin r_b = \dfrac{n_{\text{verre}} \cdot \sin i}{n_{\text{air}}} \Leftrightarrow$

$$\sin r_b = \frac{1{,}664 \times \sin 30{,}00}{1{,}00} = 0{,}832 \Leftrightarrow r_b = 56{,}30°.$$

Pour la radiation rouge : $\sin r_r = \dfrac{n_{\text{verre}} \cdot \sin i}{n_{\text{air}}} \Leftrightarrow$

$$\sin r_r = \frac{1{,}644 \times \sin 30{,}00}{1{,}00} = 0{,}822 \Leftrightarrow r_b = 55{,}29°.$$

d. La radiation la plus déviée sera la radiation bleue : 56,30 – 30,0 > 55,29 – 30,0. Le schéma représenté est donc correct.

2 a. Le spectre continu est dû à la haute température à la surface du Soleil. Les éléments situés dans l'atmosphère du Soleil (donc plus froids) absorbent certaines radiations.

b. Raies A et B : dioxygène ; Raies C et F : hydrogène ; Raies D_1 et D_2 : sodium ; Raies E et G : Fer ; Raie H : calcium.

c. La lumière du Soleil ayant traversé l'atmosphère terrestre avant d'être analysé, on en déduit que certaines raies ont été absorbées par le dioxygène composant notre air.

d. En réalité, cet élément n'est pas présent dans notre étoile.

3 a : Spectre d'émission de vapeur de mercure ; **b :** Spectre d'émission d'un filament à 5 000 °C ; **c :** Spectre de la lumière solaire ; **d :** Spectre de la lumière d'une étoile bleue ; **e :** Spectre d'émission d'une source laser ; **f :** Spectre d'émission d'un filament à 600 °C ; **g :** Spectre de la lumière d'une étoile rouge.

Chapitre 5

Éléments chimiques présents dans l'Univers

1 Constitution de l'atome

1. Constituants de l'atome et charge électrique

• Chaque atome comporte un **noyau central** fait de **protons** et de **neutrons**. Les particules du noyau se nomment les **nucléons**.

• Autour de ce noyau, **se déplacent des électrons** qui déterminent donc les **dimensions de l'atome**.

• L'atome est donc constitué essentiellement de vide.

• Les charges du proton et de l'électron sont exactement **opposées**.

• **Un atome,** à la différence d'un ion est **électriquement neutre**, il doit comporter donc autant de protons que d'électrons.

Remarque

L'électron est considéré comme une particule élémentaire, ce qui n'est pas le cas du proton et du neutron qui sont constitués de particules appelées : **les quarks**.

Masse et charge des éléments constituant l'atome

Particules	Masse (kg)	Charge électrique
Électron	$9{,}10939 \times 10^{-31}$	négative
Proton	$1{,}67262 \times 10^{-27}$	positive
Neutron	$1{,}67493 \times 10^{-27}$	neutre

2. Masse d'un atome

• **La masse du neutron** et celle du **proton** sont **voisines**. Elles sont à peu près 2 000 fois plus importantes que celle de l'électron.

• Au sein d'un atome, **la masse des électrons est négligeable devant celle des nucléons**.

À retenir

Pour **calculer la masse d'un atome**, on néglige la masse des électrons :
$m_{\text{atome}} = A \times m_{\text{nucléon}}$
Avec A, nombre de nucléons contenus au sein du noyau et
$m_p \approx m_n = m_{\text{nucléon}} = 1{,}67 \times 10^{-27}$ kg.

2 L'élément chimique

1. Noyau et élément chimique

• **Le numéro atomique** est **le nombre de protons contenus dans le noyau**. Il est noté Z. **Le nombre de nucléons** (protons et neutrons) est noté A. Le nombre de neutrons se note N. A, Z et N sont liés par la relation : **A = Z + N**.

• Pour **représenter le noyau de l'atome** de façon symbolique, on utilise son symbole chimique que l'on note X pour le cas général. En haut à gauche du symbole, on fait figurer le nombre de nucléons A et, en bas à gauche le numéro atomique Z : ${}^{A}_{Z}X$.

• Un élément chimique (atome, ion,...) est caractérisé par **son numéro atomique**, c'est-à-dire **le nombre de protons contenus dans le noyau**. Ainsi, l'élément fer est caractérisé par le fait qu'il ait 26 protons, le cuivre en a 29, le néon 10...

2. Répartition des électrons dans un atome

• Les noyaux et les électrons sont éjectés des étoiles et peuvent s'associer notamment pour former des atomes ou des ions.

• Dans le modèle atomique, on affirme que **les électrons de l'atome** se répartissent **en couches**. Ces couches électroniques sont désignés par des lettres K, L, M, N, etc.

• La couche K est la plus proche du noyau, elle peut contenir au maximum 2 électrons. La couche L peut en contenir 8. La couche M peut contenir 18 électrons, mais elle est stable lorsqu'elle possède 8 électrons également.

• La dernière couche contenant les électrons s'appelle la **couche externe**. Les autres couches, plus proches du noyau sont dites **couches internes**.

• Lorsque l'on établit la **structure électronique** d'un atome, on indique **le nombre d'électrons dans chaque couche**.

• Par exemple, l'atome d'azote, de symbole N, a 7 électrons. La structure électronique est $(K)^2\ (L)^5$. Sa couche K est saturée ou pleine, la couche L est sa couche externe.

Répartition en couche des électrons dans le cas de l'atome de magnésium

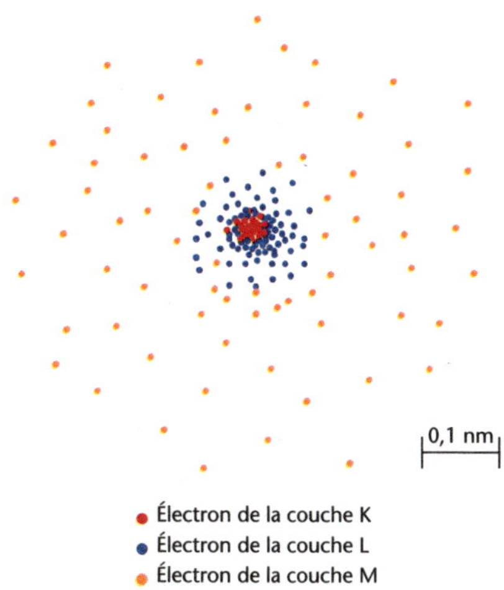

EXERCICE COMMENTÉ

→ Énoncé

Le sodium est un élément synthétisé par réaction nucléaire dans les étoiles ... ne la structu... électronique de cet atome : $(K)^2\ (L)^8\ (M)^1$.

Données : $m_{nucléon} = 1{,}67 \times 10^{-27}$ kg.

a. Quelle est la couche électronique externe de cet atome ?

b. Donner son numéro atomique en justifiant votre réponse.

c. La masse de cet atome est $3{,}84 \times 10^{-26}$ kg, en déduire le nombre de nucléons.

d. Donner la représentation symbolique du noyau de cet élément.

→ Résolution

a. La couche électronique externe correspond à la dernière couche remplie soit la couche M.

b. Un atome est électriquement neutre, il y a autant de protons que d'électrons. On en déduit son numéro atomique Z = 11.

c. Pour trouver le nombre de nucléons, on divise la masse totale par la masse d'un nucléon (on néglige la masse des électrons) : $\dfrac{3{,}84 \times 10^{-26}}{1{,}67 \times 10^{-27}} = 23$.

d. Le nombre de nucléons est indiqué en haut à gauche et le numéro atomique en bas à gauche : ${}^{23}_{11}Na$.

3. Notions d'isotopie

• Deux noyaux sont **isotopes** s'ils ont **le même numéro atomique** mais **pas le même nombre de nucléons**.

• Deux noyaux isotopes ne diffèrent donc que **par leur nombre de neutrons**. Ils appartiennent au même élément.

Remarque

Certains isotopes ne sont pas stables comme le carbone 14 $^{14}_{6}C$. Des réactions à l'intérieur du noyau (nucléaires) peuvent se dérouler pour les rendre plus stables.

• Par exemple, on trouve différents isotopes du carbone :
– le carbone 12 $^{12}_{6}C$ qui contient 6 protons et 12 – 6 = 6 neutrons. C'est l'isotope le plus abondant ;
– le carbone 13 $^{13}_{6}C$ qui contient 6 protons et 13 – 6 = 7 neutrons ;
– le carbone 14 $^{14}_{6}C$ qui contient 6 protons et 14 – 6 = 8 neutrons. Ce dernier isotope permet de dater des objets d'origine animale ou végétale.

3 Formation des ions

• Un ion, contrairement à l'atome, possède une charge électrique. Il peut être positif (**cation**) si le nombre de protons est plus important que le nombre d'électrons, et négatif (**anion**) dans le cas contraire.

• Seuls les éléments de la **famille des gaz nobles** (He, Ne, Ar,...) existent sous la forme atomique de façon naturelle.

• Tous les autres éléments ne sont pas stables sous forme atomique : ils forment des ions ayant la configuration électronique du gaz noble le plus proche ou des molécules (voir chapitre 8).

Structure électronique de quelques éléments chimiques à l'état atomique et ionique

Élément	He	Ne	Ar	Li	Be	Na	Mg	F	O	Cl
Z	2	10	18	3	4	11	12	9	8	17
Ion stable naturel	/	/	/	Li^+	Be^{2+}	Na^+	Mg^{2+}	F^-	O^{2-}	Cl^-
Structure électronique de l'atome	$(K)^2$	$(K)^2$ $(L)^8$	$(K)^2$ $(L)^8$ $(M)^8$	$(K)^2$ $(L)^1$	$(K)^2$ $(L)^2$	$(K)^2$ $(L)^8$ $(M)^1$	$(K)^2$ $(L)^8$ $(M)^2$	$(K)^2$ $(L)^7$	$(K)^2$ $(L)^6$	$(K)^2$ $(L)^8$ $(M)^7$
Structure électronique de l'ion	–	–	–	$(K)^2$	$(K)^2$	$(K)^2$ $(L)^8$	$(K)^2$ $(L)^8$	$(K)^2$ $(L)^8$	$(K)^2$ $(L)^8$	$(K)^2$ $(L)^8$ $(M)^8$

À retenir

• **la règle du « duet » :** les éléments dont le numéro atomique est proche de celui de l'hélium Z = 2 sont stables avec une configuration à deux électrons $(K)^2$.
• **la règle de l'octet :** les autres éléments ont tendance à adopter la configuration électronique externe possédant huit électrons comme celle des autres gaz nobles : Ne, Ar, Kr...

• Les règles de l'octet et du duet permettent de déterminer avec certitude la charge électrique des ions monoatomiques.

EXERCICE COMMENTÉ

→ Énoncé

Compléter le tableau.

Élément	Ca^{2+}	F^-	S^{2-}	N
Symbole du noyau	$^{40}_{20}Ca$			$^{14}_{7}N$
Nombre de protons			16	
Nombre de neutrons		10	16	
Nombre d'électrons		10		
Structure électronique				

→ Résolution

Pour compléter le tableau, il faut regarder si l'élément est à l'état atomique (N) ou ionique (Ca^{2+}, F^- et S^{2-}). Pour les atomes, le nombre de protons doit être égal au nombre d'électrons. Dans le cas des ions, il faut respecter la charge de l'ion :

– s'il est négatif, le nombre d'électrons doit être supérieur au nombre de protons ;

– s'il est positif, le nombre d'électrons doit être inférieur au nombre de protons.

Enfin, le nombre de neutrons se déduit à partir du nombre de nucléons indiqué dans le symbole du noyau. Le tableau complété donne donc :

Élément	Ca^{2+}	F^-	S^{2-}	N
Symbole du noyau	$^{40}_{20}Ca$	$^{19}_{9}F$	$^{32}_{16}S$	$^{14}_{7}N$
Nombre de protons	**20**	**9**	16	**7**
Nombre de neutrons	**20**	10	16	**7**
Nombre d'électrons	**18**	10	**18**	**7**
Structure électronique	**$(K)^2 (L)^8 (M)^8$**	**$(K)^2 (L)^8$**	**$(K)^2 (L)^8 (M)^8$**	**$(K)^2 (L)^5$**

4 Classification périodique des éléments

1. Critères actuels de la classification

• On connaissait 60 éléments environ au XIXe siècle, les classer s'est avéré nécessaire. Certains ont été découverts dans le Soleil comme l'hélium.

• Dans la classification périodique actuelle, les **éléments** :

– sont **classés par masse atomique croissante** sur une même ligne ;

– possèdent **le même nombre d'électrons dans leur dernière couche électronique sur une même colonne**.

• On revient à la ligne lorsqu'une nouvelle couche électronique est commencée.

Point historique

Dmitry Mendeleïev (1834-1907) proposa le premier le principe de la classification actuelle.

• On constate que les éléments appartenant à une même colonne possèdent les mêmes propriétés chimiques. On en déduit que **les propriétés chimiques d'un élément dépendent du nombre d'électrons sur leur dernière couche**.

2. Quelques familles chimiques

• La famille des **alcalins** (Li, Na, K, Rb, Cs) est regroupée dans **la première colonne**, à l'exception de l'hydrogène. **Ces éléments possèdent tous un électron sur leur couche externe :** Li : $(K)^2\ (L)^1$; Na : $(K)^2\ (L)^8\ (M)^1$; K : $(K)^2\ (L)^8\ (M)^8\ (N)^1$. En utilisant les règles du duet et de l'octet, ces éléments forment tous **des ions à une charge positive** (Li^+, Na^+, K^+, Rb^+, Cs^+) et réagissent violemment avec l'eau.

• La famille des **halogènes** (F, Cl, Br, I) est regroupée dans **l'avant-dernière colonne**. Ces éléments possèdent sept électrons sur leur couche externe : F : $(K)^2\ (L)^7$; Cl : $(K)^2\ (L)^8\ (M)^7$. Ces éléments forment tous **des ions à une charge négative** (F^-, Cl^-, Br^-, I^-).

• La famille des **gaz nobles** (He, Ne, Ar, I) est regroupée dans **la dernière colonne**. Ces éléments sont **inertes chimiquement** et ne se trouvent qu'à l'état atomique : He : $(K)^2$; Ne : $(K)^2\ (L)^8$; Ar : $(K)^2\ (L)^8\ (M)^8$.

Extrait de la classification périodique des éléments

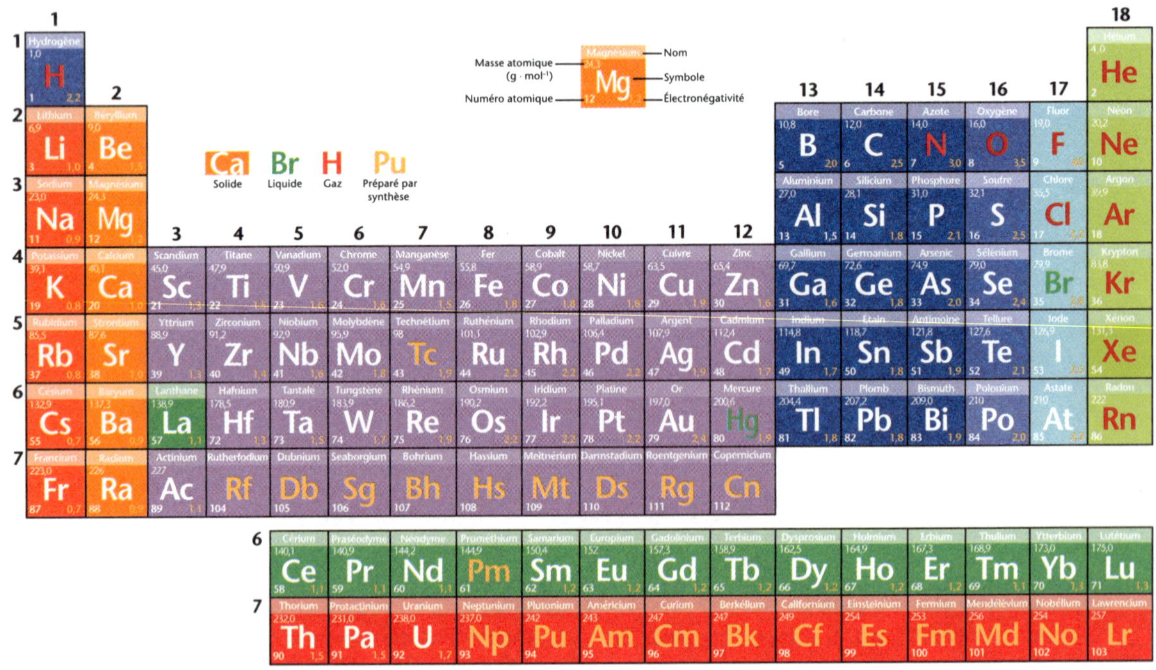

ENTRAÎNEMENT

1 Le carbone existe sous la forme de trois isotopes. Le tableau ci-dessous fournit les proportions des isotopes de l'élément carbone (Z = 6).

A	12	13	14
Proportion isotopique	**98,9 %**	**1,1 %**	**Traces**

Le carbone 14 n'est pas stable, il est produit dans les hautes couches de l'atmosphère sous l'action du rayonnement solaire. Il peut s'associer avec l'oxygène pour former la molécule de dioxyde de carbone $^{14}CO_2$. Les végétaux absorbent le dioxyde de carbone tout au long de leur vie, puis cessent de l'absorber quand le végétal meurt.

Données : $m_{\text{nucléons}} = 1{,}67 \times 10^{-24}$ g.

a. Rappeler la définition d'un isotope.

b. Pour chacun des isotopes, donner l'écriture symbolique de chacun des noyaux.

c. Déterminer la masse de $6{,}02 \times 10^{23}$ atomes de carbone pris à l'état naturel, c'est-à-dire en tenant compte des proportions des isotopes. Quelle grandeur retrouve-t-on à peu près ?

d. Donner la structure électronique de chacun des isotopes du carbone pris à l'état atomique. Possèdent-ils les mêmes propriétés chimiques ?

e. Que peut-on dire du taux de carbone 14 dans un végétal vivant ? Dans un végétal mort ?

2 Le carbone est l'élément de base pour créer la vie sur une planète. Certains astrophysiciens ont imaginé que sur certaines planètes, la vie pouvait être créée à partir de l'élément silicium.

Les molécules permettant la vie sur Terre sont les molécules de méthane (CH_4), d'éthane (C_2H_6) et du dioxyde de carbone.

Données :

→ Z(C) = 6 ; Z(Si) = 14.

→ Formules développées :

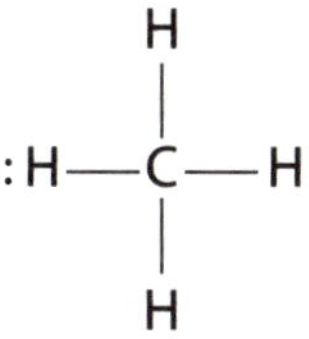

Méthane

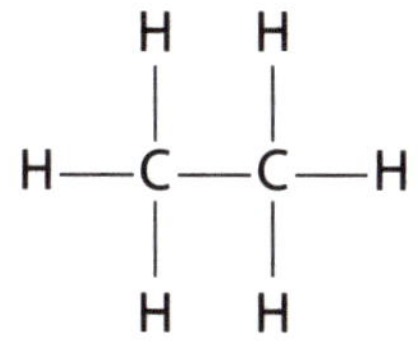

Éthane

a. Donner la structure électronique des éléments carbone et silicium à l'état atomique. Que peut-on en déduire ?

b. Donner la formule chimique du dioxyde de carbone.

c. Si la vie existait sur une autre planète à partir de l'élément silicium, donner les formules brutes et semi-développées envisageables avec l'élément oxygène et hydrogène.

CORRIGÉS

1 a. Deux éléments sont isotopes s'ils possèdent le même numéro atomique mais pas le même nombre de nucléons.

b. Carbone 12 : $^{12}_{6}C$, carbone 13 : $^{13}_{6}C$, carbone 14 : $^{14}_{6}C$.

c. $m(C) = 6{,}02 \times 10^{23} \times 1{,}67 \times 10^{-24} \times 12 \times 0{,}989$
$+ 6{,}02 \times 10^{23} \times 1{,}67 \times 10^{-24} \times 13 \times 0{,}011$.
$m(C) = 12{,}1$ g. On retrouve à peu près la masse molaire du carbone.

d. Chacun des isotopes possède 6 électrons car ils ont le même numéro atomique : $(K)^2\ (L)^4$, le même nombre d'électrons sur leur dernière couche, et donc les mêmes propriétés chimiques.

e. Dans un végétal vivant, le taux de carbone 14 est constant, car le végétal en absorbe mais il disparaît car cet isotope n'est pas stable. Dans un végétal mort, le taux de carbone 14 diminue car le végétal n'en absorbe plus.

2 a. Pour le carbone : $(K)^2\ (L)^4$; pour le silicium : $(K)^2\ (L)^8\ (M)^4$. Ils appartiennent à la même famille chimique car ces éléments ont le même nombre d'électrons sur leur dernière couche.

b. CO_2.

c. Il suffit de remplacer le carbone par le silicium dans les formules respectives : $CO_2 \Rightarrow SiO_2$; $CH_4 \Rightarrow SiH_4$; $C_2H_6 \Rightarrow Si_2H_6$.
Les formules semi-développées deviennent :

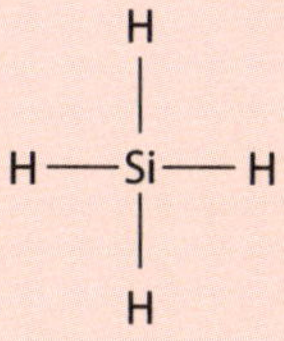

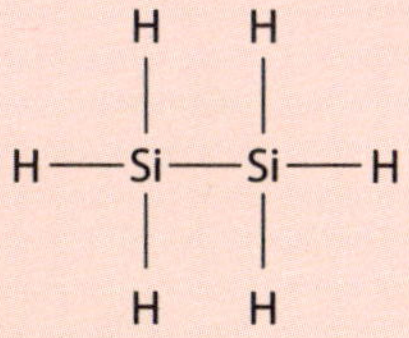

Chapitre 6

Gravitation dans le système solaire

1 Mouvement des planètes

- Historiquement, plusieurs modèles ont été utilisés pour décrire notre système solaire. Le Soleil comme centre du système (**héliocentrique**) plutôt que la Terre (**géocentrique**) a permis de simplifier les trajectoires.

Vocabulaire

- **Héliocentrique :** modèle qui place le Soleil au centre du système étudié.
- **Géocentrique :** modèle qui place la Terre au centre du système étudié.

- Pour étudier les mouvements, il faut définir d'abord **le système étudié**, c'est-à-dire **le corps** ou **le point** auquel on s'intéresse.

- Il faut également définir le solide par rapport auquel on étudie le mouvement de différents objets : **le référentiel.**

- Pour étudier le mouvement des objets dans notre système solaire, on définit plusieurs types de référentiel :

– **terrestre**. Le solide de référence est **le globe terrestre**. Tout point à la surface de la Terre est fixe dans ce référentiel. On utilise ce référentiel pour l'étude des mouvements sur Terre.

Référentiel géocentrique

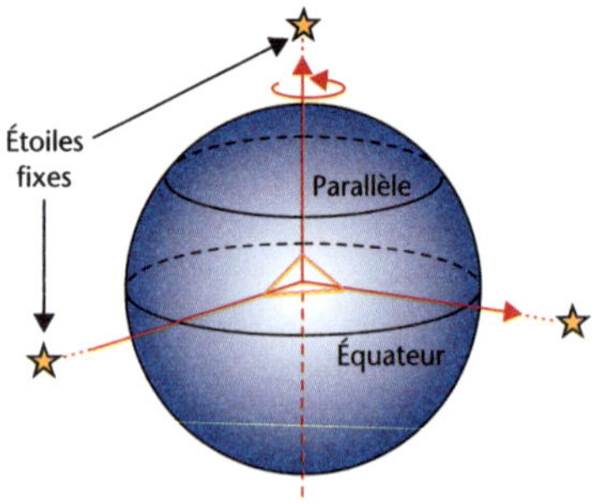

– **géocentrique**. Le solide de référence est **le centre de la Terre**. Les axes sont dirigés vers trois étoiles lointaines considérées comme fixes. Ce référentiel est adapté à l'étude des satellites autour de la Terre.

– **héliocentrique**. Le solide de référence est **le centre du Soleil**. Les axes sont dirigés vers trois étoiles fixes. Ce référentiel est adapté à l'étude des planètes et des astéroïdes dans le système solaire.

- **La trajectoire et la vitesse** des objets dépendent du **référentiel choisi**.

Trajectoire de Mars et du Soleil dans le référentiel géocentrique

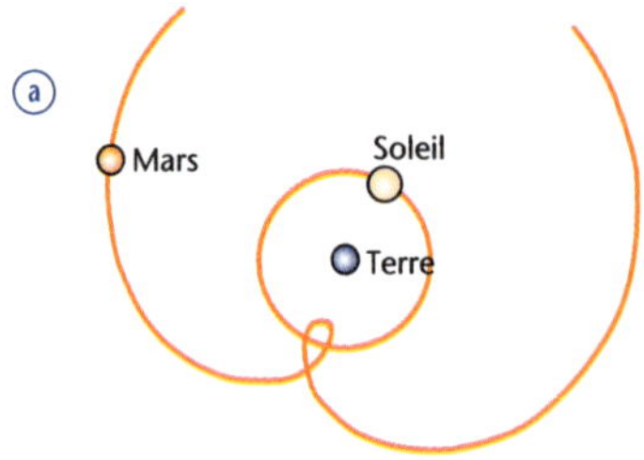

Trajectoire de Mars et de la Terre dans le référentiel héliocentrique

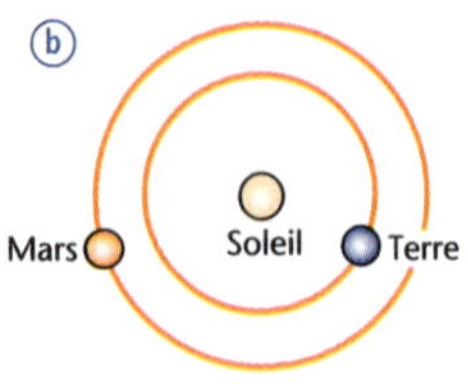

• La trajectoire de Mars dans le référentiel héliocentrique est un cercle dans une première approximation. Dans le référentiel géocentrique, le mouvement est plus complexe, la planète semble revenir en arrière.

EXERCICE COMMENTÉ

→ Énoncé

Le satellite GOCE, destiné à mesurer le champ de gravité terrestre, se trouvait sur une orbite basse à une altitude de 270 km. Il faisait un tour de la Terre en 90 min.

Données : $R_T = 6{,}37 \times 10^3$ km.

a. Quel est le référentiel le plus adapté pour étudier le mouvement du satellite ?

b. Quelle est la trajectoire décrite par le satellite ?

c. Déterminer la vitesse du satellite dans le référentiel considéré, on exprimera la vitesse en $\text{km} \cdot \text{s}^{-1}$.

→ Résolution

a. Le satellite est en mouvement dans l'espace autour de la Terre, le référentiel le plus adapté est le référentiel géocentrique.

b. La trajectoire est un cercle dont le centre est le centre de la Terre. Pour déterminer le rayon de ce cercle, il ne faut pas oublier d'additionner le rayon de la Terre et son altitude : $R_T + h$.

c. Pour déterminer la vitesse, il faut diviser le périmètre du cercle $2\pi \cdot (R_T + h)$ par le temps mis pour faire un tour (noté T) : $v = \dfrac{2\pi \cdot (R_T + h)}{T} \Leftrightarrow v = \dfrac{2\pi \times (6{,}37 \times 10^3 + 270)}{90 \times 60} = 7{,}74 \text{ km} \cdot \text{s}^{-1}$.

On multiplie par 60 le dénominateur pour convertir le temps en seconde.

2 L'interaction gravitationnelle

• Le mouvement des astres dans notre univers est régi par une seule force : **l'interaction gravitationnelle**.

• Une force peut modifier le mouvement et/ou la valeur de la vitesse.

L'attraction gravitationnelle tend à faire rapprocher les deux masses

• On représente une force par un vecteur dont les caractéristiques de cette force sont les suivantes :

– **origine :** le point A (ou B) sur lequel s'exerce la force ;

– **direction :** la direction de la droite (AB) ;

– **sens :** la force exercée par A sur B est dirigée vers A, celle exercée par B sur A est dirigée vers B ; la force est attractive ;

– **valeur :** les forces exercées par A sur B, et par B sur A, ont la même valeur : $F = \dfrac{G \cdot m_A \cdot m_B}{AB^2}$ avec F en N ; m en kg ; AB en m et G la constante de gravitation : $G = 6{,}67 \times 10^{-11}\ \text{N} \cdot \text{m}^2 \cdot \text{kg}^{-2}$.

• Ainsi, la Lune et la Terre subissent la même force de gravitation. Cependant, c'est la Lune qui est en rotation autour de la Terre car elle a la masse la plus petite (voir également chapitre 7).

À retenir

L'effet d'une force sur le mouvement d'un objet dépend de la masse de l'objet considéré. Cet effet est d'autant plus important que la masse est petite.

Physique-Chimie

EXERCICE COMMENTÉ

→ Énoncé

On laisse tomber une pomme de masse 200 g sur le sol terrestre.

a. Déterminer la force gravitationnelle exercée par la Terre sur la pomme.

b. Même question pour la force gravitationnelle exercée par la pomme sur la Terre.

c. Pourquoi est-ce la pomme qui tombe sur la Terre et non l'inverse ?

Données : $R_T = 6{,}37 \times 10^3$ km ; $M_T = 5{,}98 \times 10^{24}$ kg ; $G = 6{,}67 \times 10^{-11}$ N · m² · kg⁻².

→ Résolution

a. Pour réaliser le calcul, il faut bien convertir les masses en kg ($m_{pomme} = 0{,}200$ kg) et les distances en m ($R_T = 6{,}37 \times 10^6$ m).

$$F = \frac{G \cdot m_{pomme} \cdot m_{Terre}}{R_T^2} \Leftrightarrow F = \frac{6{,}67 \times 10^{-11} \times 0{,}200 \times 5{,}98 \times 10^{24}}{(6{,}37 \times 10^6)^2} = 1{,}97 \text{ N.}$$

b. La Terre subit la même force 1,97 N.

c. La masse de la Terre est très supérieure à celle de la pomme. Par conséquent, l'effet de la force gravitationnelle est plus important pour la pomme, cette force est par contre négligeable pour la Terre.

3 Le poids des objets

- Le poids P sur la Terre est **la force d'attraction gravitationnelle exercée par la Terre sur un objet** dans son voisinage immédiat.

- Le poids P se mesure en **Newton**, il dépend de la masse de l'objet considéré $P = m \cdot g_T$ avec m masse de l'objet considéré en kg et g_T intensité de pesanteur sur Terre en $N \cdot kg^{-1}$ ($g_T = 9{,}81\ N \cdot kg^{-1}$ à Paris).

- À partir de l'expression de la force de l'interaction gravitationnelle, on peut en déduire l'expression de l'intensité de pesanteur $F = P \Leftrightarrow \frac{G \cdot M_T \cdot m}{R_T^2} = m \cdot g \Leftrightarrow \frac{G \cdot M_{Terre}}{R_{Terre}^2} = g_{Terre}$.

- L'expression de l'intensité de pesanteur sera donc sur la Lune : $g_{Lune} = \frac{G \cdot M_{Lune}}{R_{Lune}^2}$.

- Si l'on effectue l'application numérique, on trouve $g_{Lune} = 1{,}6\ N \cdot kg^{-1}$. Ainsi **l'intensité de pesanteur sur la Lune est six fois moindre que sur Terre**.

Remarque

La masse est indépendante du lieu choisi par contre le poids dépend du lieu. Que ce soit sur la Lune ou sur Terre, 1 kg de riz contiendra toujours le même nombre de grains de riz. Par contre, le sachet paraîtra plus léger sur la Lune.

ENTRAÎNEMENT

1 Un satellite géostationnaire est un satellite qui reste toujours au-dessus d'un même point de la surface terrestre. Son mouvement est synchrone avec la rotation de la Terre. Ils sont situés dans le plan de l'équateur à une altitude constante de 35 700 km.

Données : rayon de la Terre : $R_T = 6\,370$ km ; masse de la Terre : $M_T = 5{,}98 \times 10^{24}$ kg ; $G = 6{,}67 \times 10^{-11}$ N · m^2 · kg^{-2} ; masse du satellite : $m_{satellite} = 800$ kg. La Terre fait un tour complet en 86 164 s.

a. Quel est la nature de la trajectoire du satellite :

i. dans le référentiel géocentrique ?

ii. dans le référentiel terrestre ?

b. Quelle longueur parcourt ce satellite en une journée dans chacun des deux référentiels considérés ?

c. En déduire la vitesse de ce satellite (en km · s^{-1}) dans chacun des deux référentiels.

d. Quelles peuvent être les applications de tels satellites ?

2 La Lune est notre satellite naturel, elle est en rotation autour de la Terre. Elle subit deux interactions gravitationnelles : celle de la Terre et celle de la Lune. Les distances et les proportions ne sont pas respectées dans le schéma ci-dessous.

Données :

Distances : Terre – Lune $d_{T-L} = 3{,}84 \times 10^5$ km ;
Soleil – Lune $d_{S-L} = 1{,}50 \times 10^8$ km.

Masses : Terre $m_T = 5{,}98 \times 10^{24}$ kg ;
Lune $m_L = 7{,}36 \times 10^{22}$ kg ;
Soleil $m_S = 1{,}99 \times 10^{30}$ kg.
$G = 6{,}67 \times 10^{-11}$ N · m^2 · kg^{-2}.

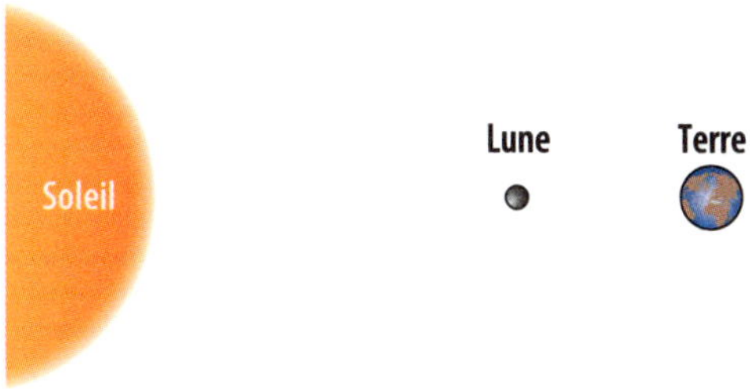

a. Déterminer l'interaction gravitationnelle exercée par la Terre sur la Lune.

b. Déterminer l'interaction gravitationnelle exercée par le Soleil sur la Lune. Quelle remarque peut-on faire ?

c. Représenter ces deux forces sur le schéma ci-dessus avec une échelle de 1 cm pour 10^{20} N.

d. Dessiner la trajectoire de la Lune et de la Terre dans le référentiel héliocentrique et interpréter les résultats trouvés.

3 Lors des missions Apollo les combinaisons utilisées par les astronautes pour aller sur la Lune pesaient 120 kg. On peut se demander comment ils pouvaient arriver à se mouvoir dans de telles conditions.

Données : $g_{Terre} = 9{,}81$ N · kg^{-1} ; $g_{Lune} = 1{,}6$ N · kg^{-1}.

a. Quelle est la masse des combinaisons sur la Lune ?

b. Quel est le poids des combinaisons sur :

– la Terre ?

– la Lune ?

c. Quelle serait la masse de la combinaison sur la Terre pour avoir le même poids que sur la Lune ?

d. Expliquer alors pourquoi les astronautes pouvaient porter des équipements aussi lourds.

CORRIGÉS

1 **a.** Dans le référentiel géocentrique, la trajectoire est un cercle, le satellite est immobile dans le référentiel terrestre.

b. Pour le référentiel géocentrique : $L = 2\pi \cdot (R_T + h)$
$L = 2 \times \pi \times (6{,}37 \times 10^3 + 35\,700) = 2{,}64 \times 10^5$ km
Pour le référentiel terrestre : $L = 0$ km.

c. Pour le référentiel géocentrique : $v = \dfrac{L}{t} \Leftrightarrow v = \dfrac{2{,}64 \times 10^5}{86\,400}$
$= 3{,}06\ \text{km} \cdot \text{s}^{-1}$.

Pour le référentiel terrestre : $v = 0$.

d. Ces satellites peuvent servir à la télécommunication ou aux données météorologiques.

2 **a.** $F_{T/L} = \dfrac{G \cdot m_T \cdot m_L}{d^2_{TL}}$

$\Leftrightarrow F_{T/L} = \dfrac{6{,}67 \times 10^{-11} \times 5{,}98 \times 10^{24} \times 7{,}36 \times 10^{22}}{(3{,}84 \times 10^8)^2} = 1{,}99 \times 10^{20}$ N

b. $F_{S/L} = \dfrac{G \cdot m_S \cdot m_L}{d^2_{SL}}$

$\Leftrightarrow F_{S/L} = \dfrac{6{,}67 \times 10^{-11} \times 1{,}99 \times 10^{30} \times 7{,}36 \times 10^{22}}{(1{,}50 \times 10^{11})^2} = 4{,}34 \times 10^{20}$ N

c. On prend comme point d'application le centre de la Lune.

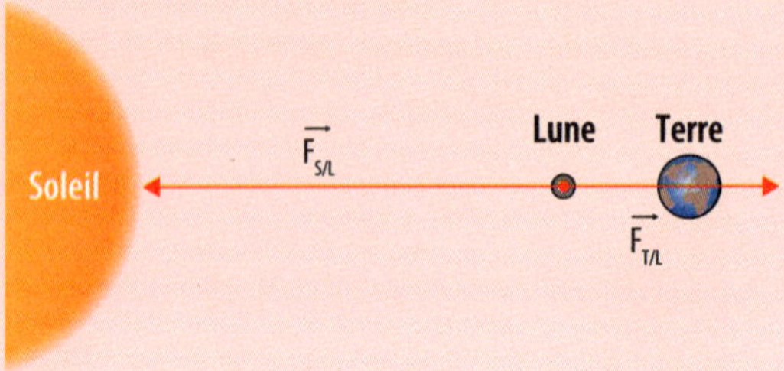

d.

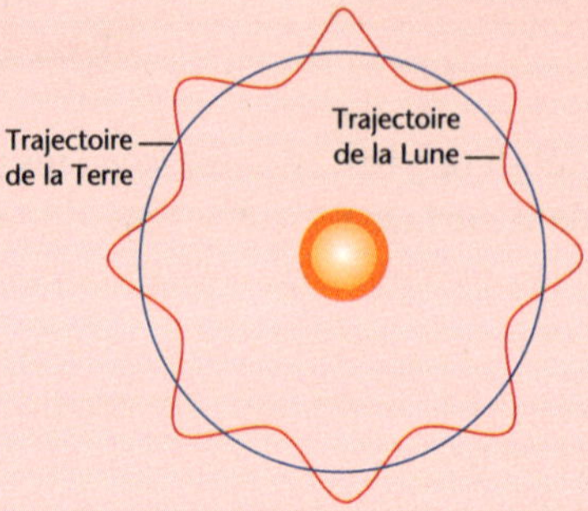

La Lune tourne bien autour du Soleil, puisqu'elle accompagne la Terre dans son mouvement de révolution autour du Soleil. $\overrightarrow{F_{S/L}}$ L'influence gravitationnelle de la Terre ne fait que perturber l'orbite de la Lune autour du Soleil. Cette orbite, au lieu de ressembler à un cercle, ressemble alors plutôt à une courbe cycloïdale.

3 **a.** La masse des combinaisons sur la Lune reste aussi de 120 kg. La masse est indépendante du lieu.

b. Sur la Terre : $P = m \cdot g_T \Leftrightarrow P = 120 \times 9{,}81 = 1{,}18 \times 10^3$ N.
Sur la Lune : $P = m \cdot g_L \Leftrightarrow P = 120 \times 1{,}6 = 1{,}9 \times 10^2$ N.

c. $m = \dfrac{P}{g_L} \Leftrightarrow m = \dfrac{1{,}9 \cdot 10^2}{9{,}81} \approx 20$ kg.

d. Avoir une combinaison de 120 kg sur la Lune revient à porter 20 kg sur la Terre.

Chapitre 7

Mouvements et temps du sportif

1 Interactions et forces exercées sur un système

1. Modélisation d'une force

Modélisation des forces s'exerçant sur une balle au service

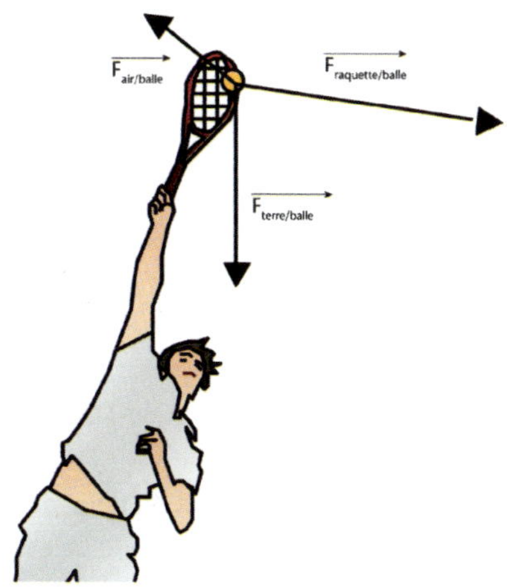

• On étudie le cas d'un joueur qui sert au tennis, la balle subit alors **plusieurs interactions** avec : l'air, la raquette et la Terre (effet gravitationnel).

• **Un système en mécanique** est l'objet auquel on s'intéresse, la balle dans notre cas.

Remarque

Les interactions n'auraient pas été les mêmes si on avait pris le système {balle + raquette}.

• Les interactions s'exerçant sur un système sont appelées **forces** en physique. **La valeur d'une force** s'exprime en **newton** (N).

• La force est représentée par **une flèche** ayant une direction, un sens et une longueur particuliers (**un vecteur** en mathématiques).
Exemple : Plutôt que dire que le sol exerce une action sur une balle posée sur le sol ou rebondissant sur le sol, le physicien dira que le sol exerce une force sur la balle.

2. Effets d'une force

• Une force peut **mettre en mouvement ou modifier la trajectoire d'un objet** : un coup de pied sur un ballon ou un ballon qui rebondit sur le sol.

• Une force peut **modifier la vitesse d'un objet sur sa trajectoire**. Par conséquent, une force peut donc modifier la valeur de l'énergie cinétique d'un objet.

• L'énergie cinétique d'un objet en translation est déterminée par la relation suivante :
$E_c = \frac{1}{2}mv^2$ où m est la masse de l'objet en kg, v sa vitesse en $m \cdot s^{-1}$ et E_C l'énergie cinétique du système en J.

3. Principe d'inertie

• **L'effet d'une force dépend de la masse du système** (voir également chapitre 6).
Exemple : En donnant un coup de pied, on enverra beaucoup plus loin un ballon de football qu'un ballon de basket, car ce dernier a une masse plus importante.

• La résistance qu'oppose un objet à la modification de son mouvement représente son inertie. **L'inertie est donc liée à la masse du système.**

Exemple : Il est difficile au rugby d'arrêter une personne massive. En effet, son inertie est beaucoup plus grande.

• Énoncé du principe d'inertie : **Tout corps reste immobile ou en mouvement rectiligne uniforme si les forces qui s'exercent sur lui se compensent ($\Sigma\overrightarrow{F_{ext}} = \vec{0}$).** Réciproquement, si un corps subit des forces qui se compensent, alors il est immobile ou en mouvement rectiligne uniforme.

• Si les forces ne se compensent pas ($\Sigma\overrightarrow{F_{ext}} \neq \vec{0}$), l'objet n'est ni immobile ni en mouvement rectiligne uniforme. Il possède alors une trajectoire variée.

• Les forces se compensent ($\Sigma\overrightarrow{F_{ext}} = \vec{0}$), l'énergie cinétique du système ne varie pas et reste constante.

• Si les forces ne se compensent pas, l'énergie cinétique du système varie :
– l'énergie cinétique augmente si la résultante des forces est équivalente à une force motrice ;
– elle diminue dans le cas contraire.

EXERCICE COMMENTÉ

→ **Énoncé**

Au hockey sur glace, un joueur fait tourner un palet autour de lui. On a représenté, à intervalles de temps réguliers, le mouvement vu de dessus du palet.

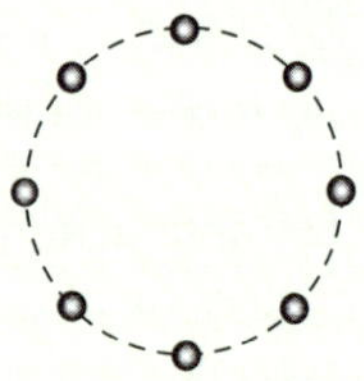

a. Quel est le système d'étude ? Définir également le référentiel d'étude (voir chapitre 6).

b. Quel est le mouvement du palet dans le référentiel considéré ?

c. Les forces qui s'exercent sur le palet se compensent-elles ?

→ **Résolution**

a. Avant toute étude en mécanique, on définit toujours le système et le référentiel. Dans notre cas, le système est le palet et le référentiel est terrestre.

b. La trajectoire du palet est circulaire uniforme.

c. Le palet n'effectue pas un mouvement rectiligne uniforme, les forces ne se compensent pas.

2 Chronométrage et précision

• Puisque l'œil humain ne perçoit que **10 images par seconde**, le chronométrage manuel montre vite ses limites ; on ne peut enregistrer des événements en dessous du 1/10 de seconde.

• Les enregistrements électriques permettent d'obtenir maintenant une précision au 1/100 de seconde.

• **La photo-finish** permet de séparer les concurrents à 1/1 000 de seconde près. Ce n'est pas une photo instantanée de l'arrivée, mais **une représentation temporelle** de ce qui se passe dans l'axe de la caméra, parfaitement calé sur la ligne d'arrivée.

À retenir

Actuellement, ce sont les **horloges atomiques** qui obtiennent la **meilleure précision** pour la mesure du temps : 0,1 ns.

ENTRAÎNEMENT

1 Le curling est un jeu d'équipe qui consiste à faire glisser des « pierres » de manière à ce qu'elles entrent dans une « maison » (cible marquée au sol). Ce jeu se pratique sur une piste de glace. Les pierres sont dotées d'une poignée et pèsent environ 20 kg. On a repéré à intervalles de temps réguliers la position de la pierre au moment du lancer par l'un des concurrents.
On négligera dans un premier temps les frottements de la pierre sur la glace.

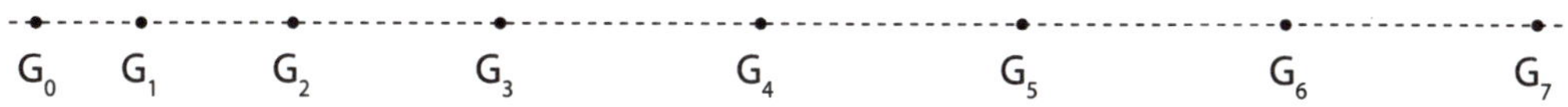

a. Quel est le système étudié ? Dans quel référentiel étudie-t-on son mouvement ?
b. Quelles sont les forces qui s'exercent sur la pierre au début du lancer ? Y a-t-il des forces qui se compensent ?
c. Sur un schéma vu en coupe, représenter ces forces sur la pierre au début du lancer.
d. À partir de quel point peut-on dire que la pierre a été lâchée ? Justifier votre réponse.
e. Comment évolue l'énergie cinétique au cours du lancer de la pierre. Justifier votre réponse.
f. Au bout d'un certain temps, la pierre s'arrête. Pourquoi ?

2 Aux Jeux olympiques de Munich en 1972, lors de la course du 400 mètres 4 nages, le Suédois Larsson termine premier et effectue un temps de 4 min 31 s 981 alors que le second, américain, effectue un temps de 4 min 31 s 983. Des partisans de l'Américain mirent en cause l'épaisseur de la peinture sur le mur d'arrivée et demandèrent l'égalité sur cette épreuve.
a. Quelle est la précision de mesure du chronomètre ?
b. Ce genre de mesure peut-elle se faire avec un chronométrage manuel ? Justifier votre réponse.
c. Déterminer la vitesse moyenne des deux nageurs. On prendra un temps de 4 min 31 s 98.
d. Sachant qu'une différence de peinture est de l'ordre de 0,1 mm, les partisans de l'Américain pouvaient-ils contester la victoire ?

CORRIGÉS

1 a. Le système étudié est la pierre, et le mouvement est étudié dans un référentiel terrestre.

b. Les forces qui s'exercent sur la pierre sont :
– Le poids $\vec{P}$; direction : verticale ; sens : vers le bas.
– La réaction du support $\vec{R}$; direction verticale ; sens : vers le haut.
– La main exerce une force de poussée $\vec{F}$; direction : horizontale ; sens : vers la cible. $\vec{P}$ et $\vec{R}$ se compensent.

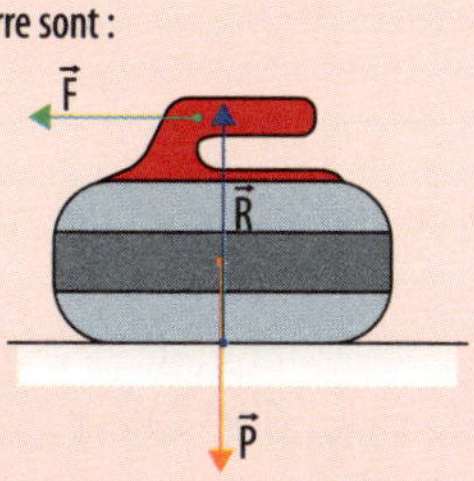

c. Voir schéma ci-contre. $\vec{P}$ et $\vec{R}$ doivent avoir la même longueur.

d. Après le point G_4, la pierre a été lâchée. La main n'effectue plus aucune interaction. Seuls le poids et la réaction de la glace s'exercent sur la pierre, or ces deux forces se compensent. D'après le principe d'inertie, si les forces se compensent, le système est immobile ou en mouvement rectiligne uniforme. On observe bien un mouvement rectiligne uniforme après le point G_4.

e. L'énergie cinétique de la pierre augmente jusqu'au point G_4, puisque les forces ne se compensent pas et la force exercée par la main est une force motrice. Après le lâcher de la main, les forces se compensent : l'énergie cinétique reste constante.

f. Au bout d'un certain temps, la pierre s'arrête, car les forces de frottements ne sont pas négligeables.

2 a. La précision de mesure du chronomètre est de 0,001 s.

b. L'œil humain n'est précis qu'à 0,1 s (10 images par seconde), ce type de chronomètre est automatique.

c. $v = \frac{d}{t} \Leftrightarrow v = \frac{400}{4 \times 60 + 31{,}98} = 1{,}47\ \text{m} \cdot \text{s}^{-1}$

La vitesse moyenne des deux nageurs est de $1{,}47\ \text{m} \cdot \text{s}^{-1}$.

d. $t = \frac{d}{v} \Leftrightarrow t = \frac{0{,}1 \times 10^{-3}}{1{,}47} = 0{,}06$ ms. $0{,}06$ ms < 2ms. La différence de peinture ne permet pas de contester la victoire.

Chapitre 8

Matériaux et molécules dans le sport

1 Molécules dans le sport

L'élaboration de nouveaux matériaux a permis d'améliorer le confort et les records des sportifs. La connaissance et la représentation des molécules est donc importante pour le chimiste.

1. Définition d'une molécule

- Les atomes A et B s'associent entre eux pour former une molécule. On représentera la liaison ainsi : A–B.

À retenir

Une molécule est un assemblage d'atomes liés entre eux par des liaisons covalentes.

- **La liaison covalente** correspond à la **mise en commun de deux électrons entre deux atomes**, chaque atome fournit un électron. On représente la liaison covalente par **un tiret**.

- Le tableau ci-dessous donne les principaux éléments que l'on trouve dans les molécules ainsi que le nombre de liaisons qu'ils engagent.

Nom	Symbole	Nombre de liaisons
Hydrogène	H	1
Carbone	C	4
Azote	N	3
Oxygène	O	2
Fluor	F	1
Chlore	Cl	1

- **La formule brute** d'une molécule indique le symbole et le nombre de chacun des atomes qui la constituent.

Exemple : l'érythropoïétine plus connue sous le nom d'EPO est un dopant qui augmente le taux d'hématies et facilite ainsi le transport de dioxygène jusqu'aux tissus. Elle a pour formule brute $C_{809}H_{1\,301}N_{229}O_{240}S_5$. Cette molécule possède 809 atomes de carbone, 1 301 atomes d'hydrogène, 229 atomes d'azote, 240 atomes d'oxygène et 5 atomes de soufre.

2. Représentation des molécules

• Dans une formule développée, on représente toutes les liaisons, alors que dans une formule semi-développée, on ne représente pas les liaisons avec les atomes d'hydrogène.

Exemple : Pour vaincre la fatigue, certains sportifs utilisent de la caféine.

Formule développée de la caféine

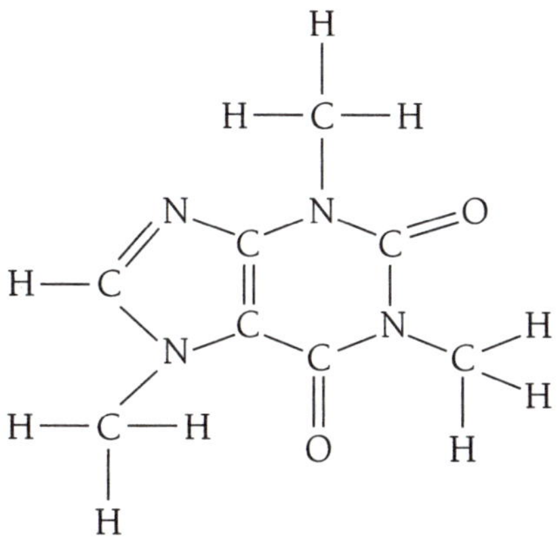

Formule semi-développée de la caféine

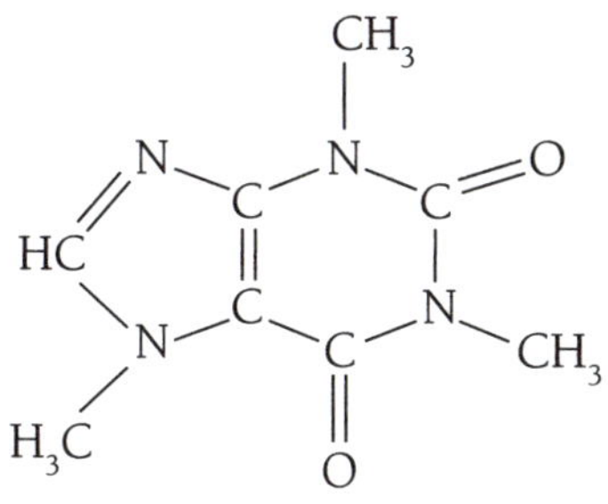

• On remarque que certains atomes établissent des doubles voire des triples liaisons. C'est le cas par exemple des molécules de O ═ O dioxygène et de N ≡ N diazote que l'on trouve dans l'air.

EXERCICE COMMENTÉ

→ Énoncé

L'acide lactique est responsable des crampes au niveau des muscles. Sa formule brute est $C_3H_6O_3$. On donne la formule développée incomplète (sans les atomes d'hydrogène) ci-dessous. En considérant le nombre de liaisons que peuvent engager chacun des atomes, écrire la formule développée et semi-développée de la molécule d'acide lactique.

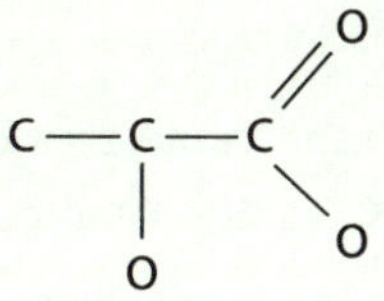

→ Résolution

Dans une molécule, l'atome de carbone établit toujours 4 liaisons, l'oxygène 2 et l'hydrogène 1.
Le premier carbone, à gauche, a établi une liaison, il lui en manque trois qu'il va faire avec 3 atomes d'hydrogène. De même, l'atome de carbone central a établi trois liaisons, il aura une liaison supplémentaire avec un atome d'hydrogène. L'atome de carbone, à droite, par contre a établi toutes ses liaisons.
Les deux oxygènes du bas établiront chacun une liaison avec un hydrogène. On obtient ainsi pour la formule développée et semi-développée :

Formule développée **Formule semi-développée**

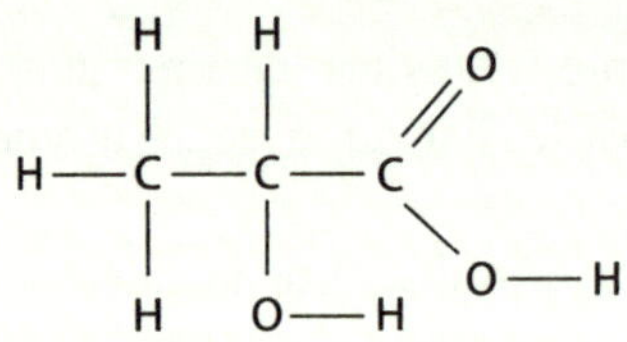

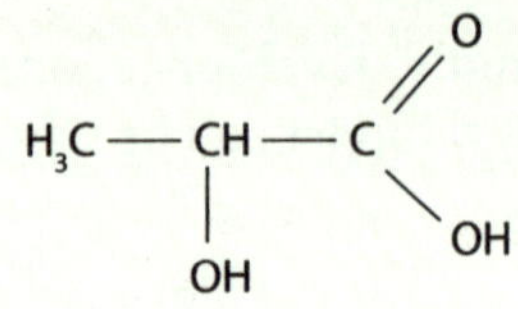

On vérifie aussi que le nombre total d'atomes d'hydrogène correspond bien à celui de la formule brute.

3. Isomérie des molécules

Exemple : Le glycéraldéhyde (glucide) et l'acide lactique ont tous les deux la même formule brute ($C_3H_6O_3$), mais des formules semi-développées différentes.

À retenir

Deux molécules sont isomères si elles ont une même formule brute mais des formules développées ou semi-développées différentes.

Acide lactique

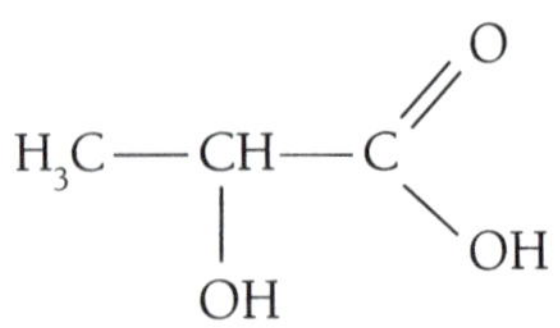

Glycéraldéhyde

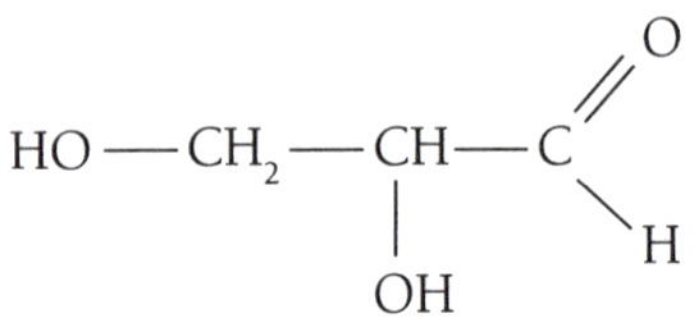

2 Propriétés des matériaux et des molécules

- Pour établir de **nouveaux matériaux**, il faut bien maîtriser les propriétés chimiques des molécules.
- Certains groupes d'atomes confèrent des propriétés chimiques bien particulières : ce sont **les groupes caractéristiques**.
- Les molécules ayant le même groupe caractéristique font partie d'une même famille appelée **classe fonctionnelle** (amine, alcool, alcane, cétone, esters…).

Exemples de groupes caractéristiques

Hydroxyle	Acide carboxylique	Ester	Amine	Carbonyle	Amide	Ether -oxyde
— OH	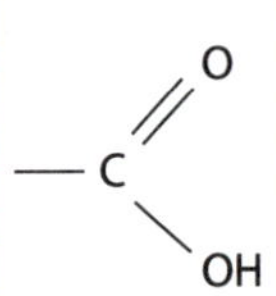	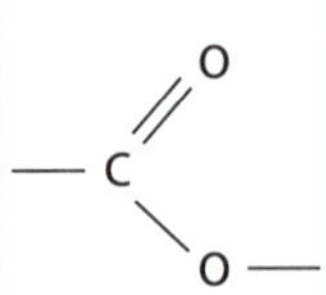	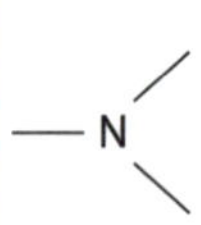	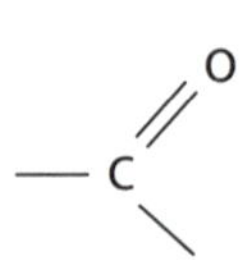	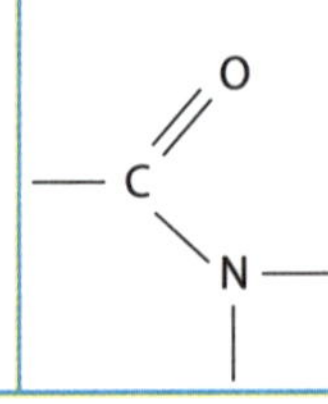	— O —

ENTRAÎNEMENT

Les records du saut à la perche ont évolué grâce à l'innovation de nouveaux matériaux composites comme la fibre de verre et la fibre de carbone. Le graphique ci-contre montre clairement une corrélation entre les matériaux utilisés et les records.

Évolution du record du saut à la perche

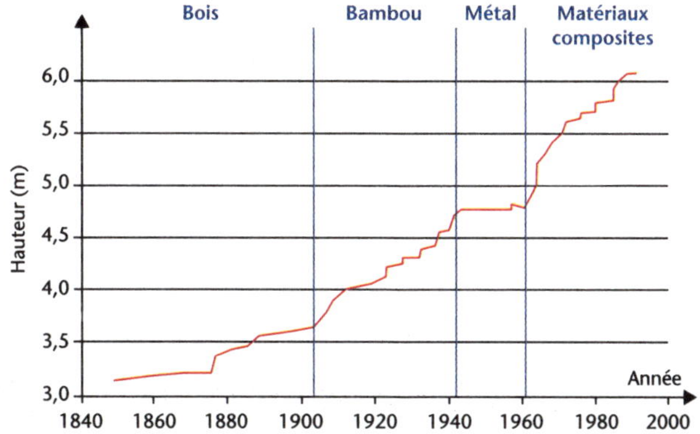

a. Dans les perches utilisées, quelles sont celles qui sont d'origine naturelle et celles réalisées par synthèse ?

b. Quelles propriétés physiques doit posséder une perche pour être performante ?

c. Pourquoi les fibres ne sont-elles pas disposées dans le même sens dans une perche ?

d. La base des fibres de carbone est l'acrylonitrile de formule brute C_3H_3N. Il y a dans cette molécule une double liaison carbone-carbone et une triple liaison carbone-azote. Donner la formule semi-développée de cette molécule.

e. Écrire la formule semi-développée d'un isomère de l'acrylonitrile.

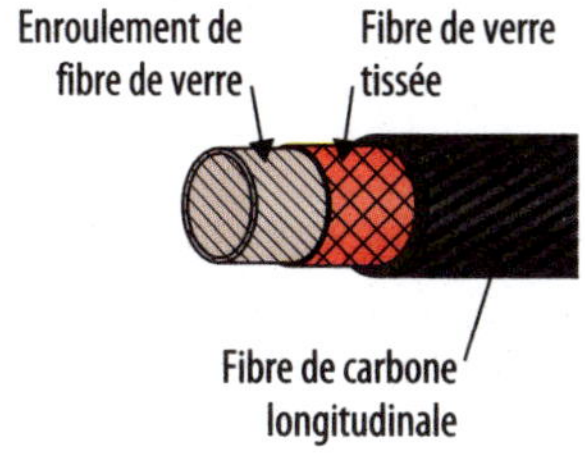

Schéma en coupe d'une perche

CORRIGÉS

a. Les perches en bois et en bambou sont d'origine naturelle, celles en acier et en matériaux composite sont synthétiques.

b. Les perches doivent être légères, souples et résistantes.

c. Les fibres ne sont pas disposées dans le même sens pour éviter la rupture mécanique de la perche.

d.

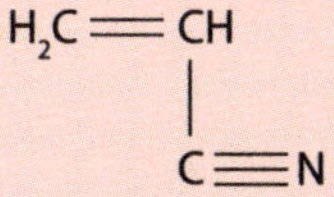

Acrylonitrile

e.

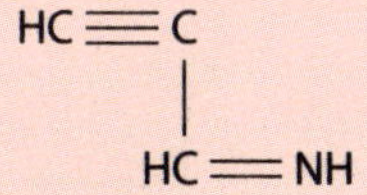

Isomère de l'acrylonitrile

Chapitre 9

Besoins et réponses de l'organisme

1 Description d'un système chimique

• Un **système chimique** est **un ensemble d'espèces chimiques** susceptibles de réagir entre elles. **Il peut y avoir plusieurs réactions ou transformations** à l'intérieur d'un système.

• L'état d'un système chimique est décrit en précisant :
– **la température** θ du système ;
– **la pression** P du système ;
– **la nature des différentes espèces chimiques** qui constituent le système ;
– **l'état physique** des espèces chimiques : solide (s), liquide (ℓ), gaz (g) ou en solution aqueuse (aq).

Remarque

Lorsque l'énoncé ne précise pas la valeur de la pression ou de la température, on prendra la température ambiante (θ_{amb}) et la pression atmosphérique (P_{atm}).

• Pour décrire une transformation se déroulant à l'intérieur d'un système chimique, les deux états importants à considérer sont :
– **l'état initial**, c'est-à-dire avant la transformation ;
– **l'état final**, c'est-à-dire après la transformation.

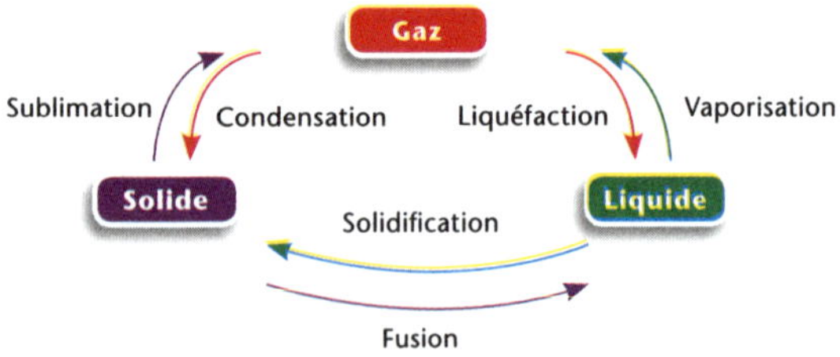

• Dans l'état initial, les espèces présentes sont en contact mais il n'y a eu aucune transformation. Dans l'état final, la transformation est terminée.

• **Une transformation n'est pas toujours chimique**, un changement d'état est un exemple de transformation physique.

EXERCICE COMMENTÉ

→ Énoncé

On considère la combustion d'un morceau de charbon (constitué d'atomes de carbone) dans un bocal rempli de dioxygène. La réaction se termine lorsque le dioxygène est entièrement consommé. Pour connaître la nature des gaz formés, on introduit ensuite au fond du bocal un peu d'eau de chaux qui se trouble instantanément.

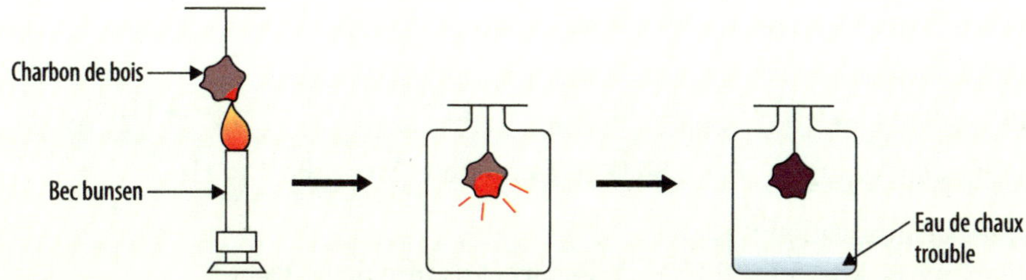

On considère que la température initiale du système est de 25 °C et que la température finale a augmenté de 10 °C. Par contre, la pression reste constante tout au long de la transformation : $P = P_{atm} = 1013$ hPa.
Schématiser la transformation en donnant l'état initial et final du système.

→ Résolution

Le charbon reste présent à l'état final ce qui n'est pas le cas du dioxygène. Du dioxyde de carbone s'est formé par contre au cours de la transformation (trouble de l'eau de chaux). Il est important de ne pas oublier les états des espèces chimiques.

2 Réaction chimique d'un système

1. Réactifs et produits d'une transformation

• Lorsqu'une transformation chimique d'un système a lieu, les **espèces chimiques** :
– **consommées** au cours de la réaction sont **les réactifs** ;
– **formées** au cours de la réaction sont **les produits**.

• Un réactif n'est pas forcément entièrement consommé, il peut en rester à l'état final (exemple du carbone dans l'exercice commenté).

• Les espèces présentes dans un système **qui ne participent pas à la transformation** sont appelées **espèces spectatrices**.

• Si le réactif est **entièrement consommé** au cours d'une transformation chimique, il est appelé **réactif limitant**. C'est lui qui impose l'arrêt de la transformation chimique du système.

2. Équation d'une réaction

• Par convention, dans une équation bilan, on écrit **les réactifs à gauche** et **les produits à droite**.

• **La flèche** entre les réactifs et les produits traduit le sens de l'évolution de la transformation.

• Les nombres placés devant les symboles chimiques sont appelés **nombres stœchiométriques**. Ils permettent de respecter **la conservation des éléments chimiques** et **la conservation des charges**.

Exemple : $MnO^{-}_{4(aq)} + 5\ Fe^{2+}_{(aq)} + 8\ H^{+}_{(aq)} \rightarrow Mn^{2+}_{(aq)} + 5\ Fe^{3+}_{(aq)} + 4\ H_2O_{(\ell)}$.

Les réactifs sont $MnO^{-}_{4(aq)}$, Fe^{2+}, 8 H^{+} et les produits Mn^{2+}, Fe^{3+} et H_2O.

On vérifie la conservation :
– des éléments (1 Mn, 5 Fe, 8 H, 4 O de part et d'autre de la flèche);
– de la charge (17 charges positives dans chaque membre).

EXERCICE COMMENTÉ

→ Énoncé

L'acide lactique ($C_3H_6O_3$) apparaît lors d'un effort physique, il est responsable des crampes. On étudie ici sa combustion par le dioxygène de l'air. Il se forme au cours de cette transformation du dioxyde de carbone (CO_2) et de l'eau (H_2O).
Écrire l'équation chimique de réaction.

→ Résolution

Il faut tout d'abord identifier les réactifs ($C_3H_6O_3$ et O_2) et les produits (CO_2 et H_2O) et écrire l'équation sans les nombres stœchiométriques : $C_3H_6O_{3(aq)} + O_{2(g)} \rightarrow CO_{2(g)} + H_2O_{(g)}$.

On équilibre les atomes de carbone : $C_3H_6O_{3(aq)} + O_{2(g)} \rightarrow 3\ CO_{2(g)} + H_2O_{(g)}$.

Ensuite les atomes d'hydrogène : $C_3H_6O_{3(aq)} + O_{2(g)} \rightarrow 3\ CO_{2(g)} + 3\ H_2O_{(g)}$.

Et enfin les atomes d'oxygène : $C_3H_6O_{3(aq)} + 3\ O_{2(g)} \rightarrow 3\ CO_{2(g)} + 3\ H_2O_{(g)}$.

3 Énergie et respiration

• Lavoisier a montré que la respiration était assimilable à **une combustion**. Cette réaction produit de l'énergie récupérée par les cellules, et assure le bon fonctionnement de l'organisme.

• Les **aliments** fournissent donc le carburant nécessaire aux **réactions de combustion lente** dans l'organisme.

• Certaines réactions peuvent refroidir le milieu, par exemple lors de la dissolution de certains sels.

Remarque

L'unité de l'énergie est **le joule (J).**
En nutrition, on trouve aussi une autre unité pour l'énergie : **la calorie** (1 cal = 4,18 J).

ENTRAÎNEMENT

1 Les piles au lithium ont une durée de vie beaucoup plus grande que les piles alcalines et une bonne résistance au froid et à la chaleur (– 40 °C à + 60 °C). C'est pourquoi elles sont largement utilisées lors d'épreuves sportives nocturnes (randonnées alpines, courses d'orientation, …). Certaines piles sont constituées des espèces lithium (Li) et chlorure de thionyle ($SOCl_2$). La pile s'arrête de fonctionner dès que le lithium est entièrement consommé.

La description de ce système chimique est donnée ci-dessous.

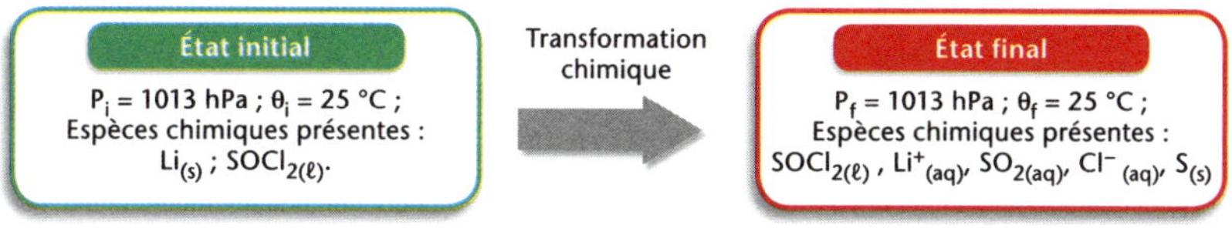

a. Quels sont les réactifs de cette transformation ? Indiquer le réactif en défaut et celui en excès.

b. Quels sont les produits de cette transformation ?

c. Écrire l'équation bilan du fonctionnement d'une pile au lithium.

d. Les piles alcalines ont pour équation de fonctionnement : $Zn_{(s)} + 2\ MnO_{2(s)} + H_2O_{(\ell)} \rightarrow ZnO_{(s)} + 2\ MnO(OH)_{(s)}$

On suppose que la réaction se déroule à 25 °C et une pression de 1 013 hPa. Schématiser cette transformation en donnant l'état initial et l'état final. On supposera que le zinc et l'eau sont en excès.

2 La combustion des aliments peut être comparée avec celle des hydrocarbures. En effet, ces deux réactions consomment du dioxygène et produisent du dioxyde de carbone et de la vapeur d'eau.

a. Quel test peut-on faire pour mettre en évidence le dioxyde de carbone dégagé lors d'une combustion ?

b. Donner l'équation de combustion des hydrocarbures suivants :

– le méthane : $CH_{4(g)}$, gaz de ville ;
– l'éthane : $C_2H_{6(g)}$;
– le propane : $C_3H_{8(g)}$, gaz utilisé pour la cuisson des aliments ;
– le butane : $C_4H_{10(g)}$, gaz utilisé également pour la cuisson.

c. Compléter les réactions de combustion des glucides suivants :

le fructose $C_6H_{12}O_6$, présent dans les fruits : $C_6H_{12}O_{6(aq)} + \ldots\ O_{2(g)} \rightarrow \ldots\ CO_{2(g)} + \ldots\ H_2O_{(g)}$;

le saccharose $C_{12}H_{22}O_{11}$, présent dans le sucre : $C_{12}H_{22}O_{11(aq)} + \ldots\ O_{2(g)} \rightarrow \ldots\ CO_{2(g)} + \ldots\ H_2O_{(g)}$;

le xylose $C_5H_{10}O_5$, présent dans le vin : $C_5H_{10}O_{5(aq)} + \ldots\ O_{2(g)} \rightarrow \ldots\ CO_{2(g)} + \ldots\ H_2O_{(g)}$.

3 Pour des épreuves comme le marathon, on peut manger des fruits secs qui ont un apport énergétique important. On souhaiterait connaître l'énergie que peut libérer une amande de masse $m = 0{,}50$ g.
Pour cela, on réalise sa combustion et on mesure l'augmentation de température de 100 g d'eau contenue dans une canette (voir schéma ci-contre).

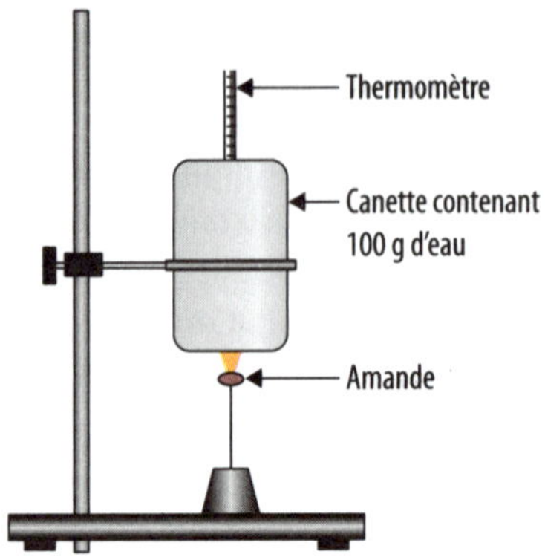

Données :

L'énergie libérée (en kcal) par la réaction de combustion se détermine ainsi : $E_{Lib} = \dfrac{m_{eau} \cdot (\theta_{finale} - \theta_{initiale})}{1000}$ avec m_{eau} en g et θ en °C.

La température initiale de l'eau est de 18 °C et la température maximale atteinte de 30 °C.
Le sachet d'amandes indique 634 kcal pour 100 g.

Un marathon représente une dépense énergétique de 2 860 kcal.

a. Déterminer l'énergie libérée lors de la combustion de l'amande.

b. En déduire l'énergie libérée par 100 g d'amandes.

c. Pourquoi trouve-t-on une énergie inférieure à celle indiquée sur l'étiquette ?

d. En prenant la valeur indiquée sur l'étiquette, quelle masse d'amandes un marathonien doit manger pour combler ses pertes énergétiques ? Commenter.

CORRIGÉS

1 a. Les réactifs sont $Li_{(s)}$ (réactif en défaut) et $SOCl_{2(\ell)}$ (réactif en excès).

b. Les produits de cette transformation sont $Li^+_{(aq)}$, $SO_{2(aq)}$, $Cl^-_{(aq)}$ et $S_{(s)}$.

c. $4\,Li_{(s)} + 2\,SOCl_{2(\ell)} \rightarrow 4\,Li^+_{(aq)} + SO_{2(aq)} + 4\,Cl^-_{(aq)} + S_{(s)}$

d.

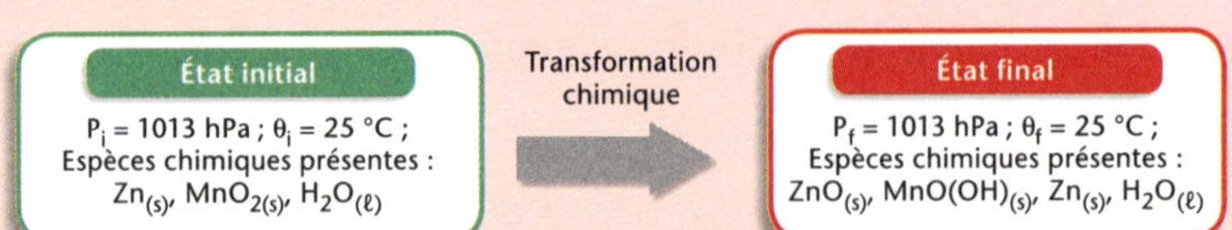

2 a. On peut faire barboter les gaz produits par la combustion dans de l'eau de chaux. Celle-ci se trouble en présence de dioxyde de carbone.

b. $CH_{4(g)} + 2\,O_{2(g)} \rightarrow CO_{2(g)} + 2\,H_2O_{(g)}$

$2\,C_2H_{6(g)} + 7\,O_{2(g)} \rightarrow 4\,CO_{2(g)} + 6\,H_2O_{(g)}$

$C_3H_{8(g)} + 5\,O_{2(g)} \rightarrow 3\,CO_{2(g)} + 4\,H_2O_{(g)}$

$2\,C_4H_{10(g)} + 13\,O_{2(g)} \rightarrow 8\,CO_{2(g)} + 10\,H_2O_{(g)}$

c. $C_6H_{12}O_6 + 6\,O_{2(g)} \rightarrow 6\,CO_{2(g)} + 6\,H_2O_{(g)}$

$C_{12}H_{22}O_{11} + 12\,O_{2(g)} \rightarrow 12\,CO_{2(g)} + 11\,H_2O_{(g)}$

$C_5H_{10}O_5 + 5\,O_{2(g)} \rightarrow 5\,CO_{2(g)} + 5\,H_2O_{(g)}$

3 a. $E_{Lib} = \dfrac{100 \times (30 - 18)}{1000} = 1{,}2$ kcal.

L'énergie libérée lors de la combustion de l'amande est de 1,2 kcal.

b. $\dfrac{1{,}2 \times 100}{0{,}5} = 240$ kcal. 100 g d'amande peut libérer 240 kcal.

c. Une partie de l'énergie sert à chauffer la canette, et la chaleur est dissipée dans l'air.
Cette expérience ne permet d'obtenir que l'ordre de grandeur de l'énergie de combustion (voir chapitre 3).

d. $\dfrac{2860}{634} \times 100 = 451$ g d'amandes.

La masse à ingurgiter est vraiment importante, il n'est pas possible de rattraper en une seule fois, la dépense énergétique d'un marathon.

Chapitre 10

La pression

1 Notions de pression

1. Aspect microscopique de la matière

• Dans un solide, les molécules ont peu de liberté de mouvement alors que **dans les liquides et les gaz elles peuvent bouger librement, leur mouvement est incessant**.

Les molécules d'eau à l'état solide (a), liquide (b) et gazeux (c)

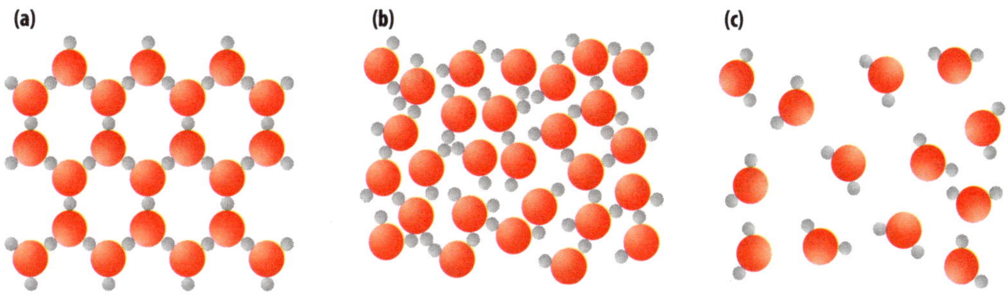

• L'agitation des molécules à l'état gazeux est très importante, leur vitesse moyenne est environ de 500 $m \cdot s^{-1}$ à 27 °C. Cette vitesse augmente avec la température.

2. Force pressante

• L'agitation des molécules induit **une force pressante perpendiculaire à la paroi et dirigée vers l'extérieur**.

• Cette force est d'autant plus grande que la vitesse des particules, leur nombre et leur masse sont élevés.

• **La pression** P d'un gaz ou d'un liquide correspond au rapport entre la force pressante F et la surface S de la paroi :

$P = \frac{F}{S}$ F en newton (N), S en m^2 et P en pascal (Pa). **1 Pa = 1 $N \cdot m^{-2}$**.

Le choc des molécules contre une paroi provoque une force pressante.

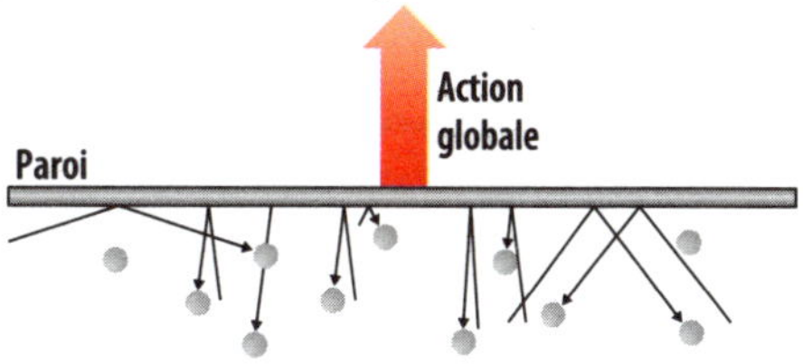

Le choc des molécules contre une paroi provoque une force pressante

Remarque

Le bar est aussi une unité de pression souvent utilisé : 1 bar = 10^5 Pa. Cette unité est plus compréhensible, 1 bar correspond à peu près au poids exercé par 1 kg sur 1 cm^2.

EXERCICE COMMENTÉ

→ Énoncé

La pression atmosphérique dans les conditions normales de température est de 1 013 mbar.

a. Quelle force exerce l'air sur 1,0 cm^2 ?

b. Quelle serait la masse d'un solide dont le poids serait égal à cette force pressante ?

Donnée : $g = 9{,}81\ N \cdot kg^{-1}$.

c. Pourquoi ne ressent-on rien ?

→ Résolution

a. Pour réussir cette question, il est important d'utiliser les unités légales : pression en Pa et S en m^2.
$S = 1{,}0 \times 10^{-4}\ m^2$ et $P = 1{,}013\ bar = 1{,}013 \times 10^5\ Pa$.
$F = P \cdot S = 1{,}013 \times 10^5 \times 1{,}0 \times 10^{-4} = 10\ N$. La valeur de la pression possède quatre chiffres significatifs et la surface deux. Le résultat n'a donc que deux chiffes significatifs. Il s'exerce 10 N sur chaque cm^2 de la peau.

b. Il faut reprendre la formule du poids (voir chapitre 6). $F = m \cdot g \Leftrightarrow m = \dfrac{F}{g}$

$$m = \frac{10}{9{,}81} \approx 1{,}0\ kg.$$

c. On ne ressent rien car notre pression interne est aussi de 1,013 bar. Les deux forces se compensent.

2 Pression dans les gaz

• Il existe un **modèle simplifié** des gaz appelé **gaz parfait** :
– les atomes ou les molécules du gaz ont un volume négligeable ;
– les chocs sont les seules interactions qui existent entre les entités du gaz.

• En première approximation, l'air qui nous entoure peut être assimilé à **un gaz parfait**.

• Pour décrire un gaz, on utilise les grandeurs suivantes :
– la température T ;
– le volume V ;
– la quantité de matière n (voir chapitre 2);
– la pression P.

• Pour deux états 1 et 2 d'un gaz, T et n étant constants, on a : $P_1V_1 = P_2V_2$.

À retenir

Loi de Boyle-Mariotte :
Pour une quantité de matière n donnée d'un gaz à température T constante, le produit PV de la pression par le volume est constant lors de compression ou de détente. $PV = cste$.

EXERCICE COMMENTÉ

→ Énoncé

On considère un gaz parfait enfermé dans un seringue avec une pression initiale $P_1 = 1{,}0$ bar pour un volume $V_1 = 60\ cm^3$. Quelle sera la pression P_2 du gaz si le volume est réduit à $V_2 = 5{,}0\ cm^3$?
On suppose que la température et la quantité de gaz enfermé reste constant tout au long de la transformation.

En utilisant la relation du cours, on obtient $P = P\dfrac{V_1}{V_2}$.

Il n'est pas nécessaire dans ce cas d'effectuer de conversion particulière. On a un rapport de volumes, les unités s'annulent donc, la pression obtenue sera en bar.

$P_2 = 1{,}0 \times \frac{60}{5{,}0} = 12 \text{ bar}$

3 Pression dans les liquides

• Les plongeurs savent que la pression de l'eau augmente au fur et à mesure que l'on descend en profondeur.

• La pression P dans un liquide est donnée par la relation $P = P_{atm} + \rho_{liquide} \cdot g \cdot h$.

Avec P et P_{atm} (pression de l'air) en Pa ; $\rho_{liquide}$ masse volumique du liquide en $kg \cdot m^{-3}$; $g = 9{,}81 \text{ N} \cdot kg^{-1}$; h profondeur atteinte dans l'eau en m.

À retenir

Ainsi, la différence de pression entre deux points d'un liquide dépend de la différence de profondeur.

• **La dissolution des gaz augmente avec la pression**. Ceci constitue un problème pour les plongeurs. En effet, en profondeur, le diazote de l'air (N_2) se dissout dans l'organisme et peut créer une embolie si le plongeur remonte trop vite.

À retenir

Si la pression double, la quantité de gaz dissous sera multipliée par deux.

ENTRAÎNEMENT

1 L'épreuve de biathlon comporte une course avec du ski de fond et deux à quatre séries de tir. La carabine utilisée est une *22 Long Rifle*. La pression qui s'exerce sur la balle est de 1 655 bars. La munition est cylindrique avec un diamètre de 5,56 mm.

Données :

- $g = 9{,}81 \text{ N} \cdot kg^{-1}$; 1 bar = 10^5 Pa ;
- surface d'un disque : $S = \pi \cdot r^2$.

a. Quelle est la surface sur laquelle s'exerce la force pressante lors du tir ?

b. Déterminer la force exercée sur la munition lors du tir.

c. Représenter cette force en prenant comme échelle 1 cm $\leftrightarrow$ 10^3 N.

d. Quelle serait la masse d'un solide dont le poids serait égal à cette force pressante ? Conclure.

2 On effectue les sauts en parachute que si la météo le permet : pas de bourrasque de vent ou pas de pluie abondante. La mesure de la pression de l'air, à l'aide d'un baromètre, nous renseigne sur le temps qu'il va faire. Avant son saut, le parachutiste lit sur l'appareil 998 mbar au niveau de Limoges (altitude 300 m).

Données :

- Au niveau de la mer, on a une zone de haute pression (anticyclone) si $P > 1013$ hPa et une dépression dans le cas contraire.
- La pression diminue environ de 1,1 hPa lorsque l'altitude croît de 10 m.
- 1 bar = 10^5 Pa.

a. Donner la valeur de la pression en hPa.

b. Quelle est la pression ramenée au niveau de la mer ? La météo est-elle favorable à un saut en parachute ?

c. Pourquoi sur les cartes météo, les pressions sont-elles toujours indiquées au niveau de la mer ?

d. Lorsqu'il se trouve dans l'avion pour effectuer son saut, il lit sur l'un des cadrans de la cabine de pilotage une pression de 850 hPa. À quelle hauteur du sol se trouve l'avion ?

3 Un plongeur veut aller explorer des fonds marins à 30 m de profondeur. Il dispose pour cela d'une bouteille de 15 L réglée à une pression de 200 bars.

Données :

– 1 bar = 10^5 Pa ;

– $P_{atm} = 1{,}00$ bar ; $g = 9{,}81\ N \cdot kg^{-1}$; $\rho_{eau} = 1\ 000\ kg \cdot m^{-3}$;

– on considère que l'air contenu dans la bouteille se comporte comme un gaz parfait.

a. Quel est le volume d'air disponible à pression atmosphérique ?

b. Quelle est la pression exercée par l'eau à 30 m de profondeur ?

c. En déduire alors le volume d'air réellement disponible à 30 m de profondeur.

d. Sachant que la réserve doit être de 30 bars au moment de la remontée, quel est le volume d'air qu'il reste au moment où il commence sa remontée ?

e. Le plongeur consomme 20 L d'air par min à la profondeur de 30 m. Déterminer le temps maximal de plongée.

CORRIGÉS

1 a. La base de la munition est un disque, la surface est :
$S = \pi \cdot r^2 \Leftrightarrow S = \pi \cdot (0{,}00556/2)^2 = 2{,}4 \times 10^{-5}\ m^2$.

b. $F = P \cdot S \Leftrightarrow F = 1655 \times 10^5 \times 2{,}4 \times 10^{-5} = 3\ 972$ N.

c.

d. $m = \frac{F}{g} \Leftrightarrow m = \frac{3972}{9{,}81} = 405$ kg. La force exercée par l'arme est très importante. La munition va être éjectée à une très grande vitesse.

2 a. 1 mbar = 1 hPa, par conséquent $P = 998$ hPa.

b. La chute de pression par rapport au niveau de la mer est $\frac{300}{10} \times 1{,}1 = 33$ hPa.

La pression ramenée au niveau de la mer est de 998 + 33 = 1031 hPa. $P > 1013$ hPa, un anticyclone se trouve sur la région de Limoges. Les conditions sont tout à fait favorables pour un saut en parachute.

c. Les pressions sont indiquées au niveau de la mer pour savoir directement si on se situe dans une zone de haute pression (anticyclone) ou de basse pression (dépression).

d. $\frac{998 - 850}{1{,}1} \times 10 = 1{,}3 \times 10^3$ m. L'avion se situe à 1,3 km du sol.

3 a. On utilise la loi Boyle-Mariotte $P \cdot V = cste$.

$$V_2 = V_1 \cdot \frac{P_1}{P_2} \Leftrightarrow V_2 = 15{,}0 \times \frac{200}{1{,}00} = 3\ 000\ L.$$

À pression atmosphérique, le volume d'air disponible est de 3 000 L.

b. $P_{eau} = P_{atm} + \rho_{eau} \cdot g \cdot h$

$P_{eau} = 1{,}00 \times 10^5 + 1\ 000 \times 9{,}81 \times 30{,}0 = 3{,}94 \times 10^5$ Pa = 3,94 bar.

c. On utilise à nouveau la loi de Boyle-Mariotte :

$$V_2 = V_1 \cdot \frac{P_1}{P_2} \Leftrightarrow V_2 = 3000 \times \frac{1{,}0}{3{,}94} = 761\ L.$$

d. À 30 m de profondeur, le volume d'air restant est :

$$V_2 = V_1 \cdot \frac{P_1}{P_2} \Leftrightarrow V_2 = 15 \times \frac{30}{3{,}94} = 114\ L.$$

e. La plongée peut donc durer : $\frac{761 - 114}{20} = 32$ min.

Sciences de la vie et de la Terre

La Terre dans l'Univers, la vie et l'évolution du vivant

Chapitre 1 Les caractéristiques de la Terre, planète habitable 120
Chapitre 2 La nature du vivant 123
Chapitre 3 La biodiversité, résultat et étape de l'évolution 127

Enjeux planétaires contemporains : énergie, sol

Chapitre 4 Le Soleil, source énergétique essentielle 131
Chapitre 5 Quelques enjeux énergétiques du XXIe siècle 134
Chapitre 6 Le sol, une ressource fragile 137

Corps humain et santé : l'exercice physique

Chapitre 7 Des modifications physiologiques à l'effort 139
Chapitre 8 Le système musculo-articulaire et sa protection 142
Chapitre 9 Le système cardiorespiratoire et sa boucle de régulation 144

Chapitre 1

Les caractéristiques de la Terre, planète habitable

1 La Terre est une planète rocheuse du système solaire

1. Le système solaire

Il est constitué d'une étoile, le Soleil, autour de laquelle gravitent huit planètes et leurs satellites, des planètes naines, des comètes et des astéroïdes.

– L'**étoile** est le siège de réactions de fusion nucléaire à l'origine de la lumière.

– Les **planètes**, sphériques, gravitent autour de l'étoile tandis que les **satellites** gravitent autour des planètes.

– Les **astéroïdes** sont des corps rocheux de tailles et de formes variées.

– Les **comètes** sont formées d'un noyau solide et d'une chevelure de glace et de poussières.

2. Les différentes planètes

Les planètes du système solaire sont regroupées en quatre planètes telluriques et quatre planètes gazeuses :

– les **planètes telluriques** : Mercure, Vénus, **Terre**, Mars sont de petit diamètre, de densité élevée, de nature **rocheuse** et proches du Soleil.

– les **planètes géantes** : Jupiter, Saturne, Uranus, Neptune sont de grand diamètre, de densité faible, de nature **gazeuse** et plus éloignées du Soleil.

2 Les caractéristiques de la Terre

• La Terre présente :

– une surface ou **lithosphère** qui porte les traces d'une activité interne intense (volcans, montagnes…) ;

– une **atmosphère** épaisse, pauvre en CO_2 (0,04 %) et riche en O_2 (21 %). L'atmosphère terrestre s'est formée par dégazage du manteau il y a 4,6 milliards d'années, elle a ensuite évolué pour aboutir à sa composition actuelle il y a 500 milliards d'années ;

– une **hydrosphère** contenant de l'eau sous ses trois états (gazeux, solide et liquide) ;

– une **biosphère** (ensemble des êtres vivants).

• Les particularités de la Terre sont liées à sa taille et à sa masse, mais aussi à sa position dans le système solaire. En effet, la taille et la masse suffisantes de la Terre permettent de conserver par gravité la couche gazeuse qui l'entoure : l'atmosphère. La distance de la Terre au Soleil et la présence de l'atmosphère déterminent la température de surface. Cette température, ainsi que la pression atmosphérique sont compatibles avec l'existence d'eau liquide sur Terre.

3 Les conditions favorables à la vie sur Terre

Le développement de la vie sur Terre est directement lié aux conditions physicochimiques qui y règnent.

1. Les éléments permettant l'émergence de la vie

L'eau liquide, la température de surface (15 °C en moyenne), l'atmosphère épaisse protectrice permettent l'édification des êtres vivants. Le dioxygène présent dans l'atmosphère permet la fonction de respiration aérobie.

2. Notion de zone d'habitabilité

Il y a des milliards de planètes en orbite autour d'étoiles autres que le Soleil dans notre galaxie. Pour chacune de ces étoiles, on définit une **zone habitable** où l'eau est susceptible d'être liquide et où les **exoplanètes** pourraient abriter des formes de vie. Cette zone prend en compte la masse de l'étoile centrale et la distance de la planète à cette étoile. D'autres facteurs doivent intervenir comme la présence d'une atmosphère, l'effet de serre ou l'activité interne des planètes.
Mais à ce jour, aucune trace de vie n'a été découverte en dehors de la planète Terre.

SCHÉMA-BILAN

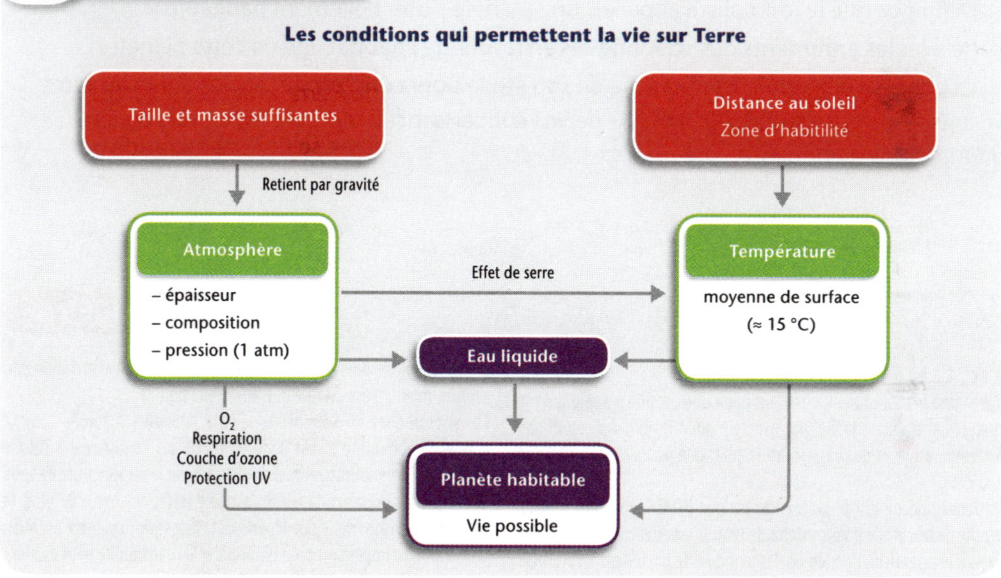

ENTRAÎNEMENT

1 Les planètes telluriques :

a. ▢ sont constituées de gaz et de glace.
b. ▢ sont loin du soleil.
c. ▢ sont de petit diamètre et de forte densité.
d. ▢ possèdent toutes de l'eau liquide.

2 La Terre est la seule planète à :

a. ▢ posséder une atmosphère.
b. ▢ posséder une atmosphère oxygénée.
c. ▢ subir un effet de serre.
d. ▢ être proche du Soleil.

3 La zone d'habitabilité :

a. ▢ correspond uniquement à la localisation de la Terre.
b. ▢ regroupe l'ensemble des planètes telluriques.
c. ▢ est une zone où les planètes sont susceptibles de posséder de l'eau liquide.
d. ▢ dépend uniquement de l'étoile « Soleil ».

4 Document : article *Direct Matin*, 15 septembre 2011.

UNE AUTRE TERRE

L'humanité pourrait avoir trouvé sa prochaine résidence. Des astronomes allemands ont découvert une planète potentiellement habitable, rapportait cette semaine le quotidien britannique *The Guardian*. Baptisée « HD85512b », elle serait assez proche de son étoile pour contenir de l'eau, et donc accueillir des êtres vivants. Toutefois, les conditions de vie n'y seraient pas idyliques. La température à la surface serait comprise entre 30 et 50 degrés, et l'atmosphère y serait 1,4 fois plus élevée que sur la Terre. Selon les scientifiques, des formes de vie plus proches du sol y seraient donc plus à l'aise.

a. Définir ce que le journaliste appelle « une planète potentiellement habitable ».

b. Relever les arguments des scientifiques en faveur de l'habitabilité de cette planète.

c. La phrase « elle serait assez proche de son étoile pour contenir de l'eau et donc des êtres vivants » ne vous satisfait pas. À l'aide de vos connaissances, indiquer les erreurs ou les informations manquantes.

CORRIGÉS

1 c ; **2** b ; **3** c.

4 a. Une planète potentiellement habitable est une planète qui est susceptible d'abriter la vie, par exemple qui a les bonnes conditions de température et de pression atmosphérique pour contenir de l'eau liquide.

b. Dans le document le journaliste dit que HD85512b serait « assez proche de son étoile pour contenir de l'eau », en effet cela est cohérent avec la température donnée également dans le document « comprise entre 30 et 50 degrés ».

c. Le journaliste devrait préciser « eau liquide » car l'association eau – êtres vivant, n'est valable que pour l'eau liquide.

Les scientifiques ne considèrent que la proximité à l'étoile comme critère d'habitabilité : c'est juste en partie car la distance à l'étoile détermine la température, mais incomplet, car la température dépend aussi des gaz présents dans l'atmosphère (effet de serre). De plus, la pression atmosphérique qui dépend de la masse de la planète est aussi un paramètre important pour déterminer si l'eau liquide peut exister.

Chapitre 2

La nature du vivant

1 Les molécules de la vie

Les êtres vivants sont constitués des éléments chimiques disponibles sur le globe terrestre.

• **L'eau** est le principal composant des êtres vivants.

• **Le carbone, l'hydrogène, l'oxygène et l'azote** sont les principaux atomes constituant les molécules du vivant.

• Les molécules obtenues sont dites **carbonées** ou **organiques** et se répartissent en trois catégories : les glucides, les protides et les lipides.
L'unité chimique de tous les êtres vivants renforce l'idée d'une origine commune de ces êtres vivants. Il existe donc des liens de parenté entre tous les êtres vivants.

2 L'organisation des êtres vivants

1. Les différents niveaux d'organisation

Selon l'échelle d'étude, on distingue :

– les **organes** (foie, cœur, estomac…) observables à l'œil nu ;

– les **cellules** constitutives des organes, observables au microscope photonique ;

– les **molécules** (protéines, ADN…) non observables.

2. Les cellules

• Toutes les cellules sont limitées par une membrane plasmique qui sépare le milieu intracellulaire appelé cytoplasme du milieu extracellulaire.

• Les cellules **eucaryotes** contiennent dans le cytoplasme un **noyau** renfermant le matériel génétique et d'autres organites comme les chloroplastes : ce sont des cellules **compartimentées**.
Les cellules animales, végétales et celles des champignons sont des cellules eucaryotes.

Définition

Les organites sont de petites structures des cellules eucaryotes délimitées par une ou plusieurs membranes, et ayant une fonction précise.

• Les cellules **procaryotes** ne possèdent pas de noyau ni d'organite dans leur cytoplasme. Elles ne sont pas compartimentées. Le matériel génétique baigne dans le cytoplasme, c'est le cas des bactéries.

La cellule est la plus petite unité constitutive commune de tous les êtres vivants : on dit qu'elle fonde l'unité structurale des êtres vivants, ce qui atteste la parenté entre tous les êtres vivants. Une classification évolutive a été établie avec, à partir d'un ancêtre commun à tous, les eucaryotes d'une part et les procaryotes d'autre part.

3 Le métabolisme cellulaire

• Le métabolisme est l'ensemble des réactions chimiques qui ont lieu dans la cellule. Il est contrôlé par l'information génétique et les conditions du milieu environnant. Ces réactions chimiques nécessitent de la matière et de l'énergie.

• Dans les cellules végétales, c'est l'énergie solaire qui permet la synthèse de matière organique dans les parties chlorophylliennes des feuilles au cours de la photosynthèse.

• Dans les cellules animales, c'est l'énergie de la matière organique ingérée, fabriquée par d'autres êtres vivants, qui est utilisée pour l'élaboration de la matière organique animale.

SVT

4 Le matériel génétique des cellules : l'ADN, molécule informative des êtres vivants

1. La transgenèse

• Le gène étranger transféré se nomme le transgène, l'organisme receveur qui accepte et reconnaît le transgène est un organisme génétiquement modifié ou OGM.

• Le gène transféré reste ainsi fonctionnel : c'est un message universellement compris

• L'ADN constituant le gène est le support de l'information génétique.

Définition

La transgenèse est une technique qui permet de transférer un ou plusieurs gènes d'une cellule d'un organisme vivant à une cellule d'un autre organisme vivant.

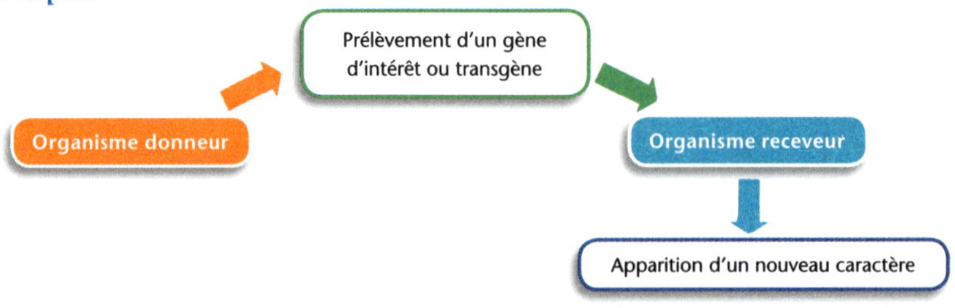

2. La structure de la molécule d'ADN

• La molécule d'ADN (acide désoxyribonucléique) est formée de deux chaînes enroulées en hélice. Chacune d'elles est constituée d'une succession de nucléotides tous composés d'acide phosphorique, d'un sucre et d'une base azotée.

• Il existe quatre bases azotées différentes complémentaires deux à deux entre chaque chaîne. L'adénine « A » est complémentaire de la thymine « T », la guanine « G » est complémentaire de la cytosine « C ».

• La cohésion de la double hélice est assurée par des **liaisons hydrogènes** (liaisons faibles) entre les bases azotées.

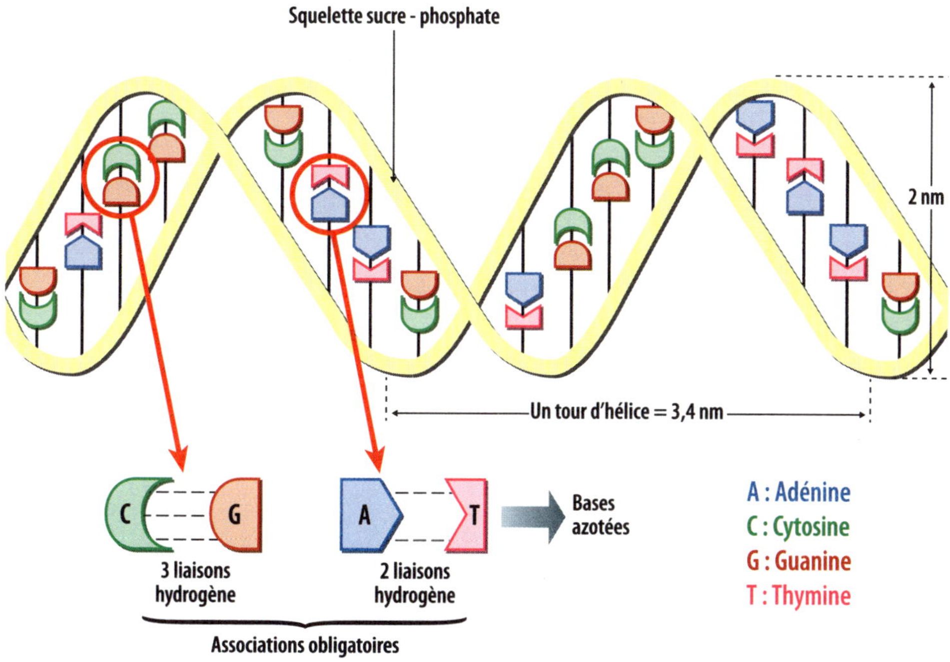

La molécule d'acide désoxyribonucléique ou ADN

3. L'information génétique et la variabilité de la molécule d'ADN

• La succession des nucléotides d'ADN dans un ordre donné, responsable de l'expression d'un caractère, constitue l'information génétique ou **gène**.

• La variation génétique repose sur la variabilité de la molécule d'ADN. Un gène peut subir une modification ponctuelle de sa séquence de nucléotides, c'est une **mutation**.

• Les variantes ou différentes versions d'un gène sont appelées **allèles.** Elles sont à l'origine de la variabilité génétique observée chez les individus d'une même espèce.

• La molécule d'ADN est **universelle** car sa structure est commune à tous les êtres vivants. C'est un indice supplémentaire en faveur de la parenté entre les êtres vivants.

SVT

ENTRAÎNEMENT

1 Les molécules organiques correspondent aux molécules contenant :

a. ☐ du dioxygène.

b. ☐ du diazote.

c. ☐ du carbone de l'oxygène et de l'hydrogène.

d. ☐ du dihydrogène.

2 Les cellules procaryotes sont des cellules :

a. ☐ compartimentées.

b. ☐ ne possédant pas de matériel génétique.

c. ☐ contenant des organites cytoplasmiques.

d. ☐ possédant le matériel génétique directement dans le cytoplasme.

3 En quoi diffèrent deux allèles pour une même espèce ?

a. ☐ la taille

b. ☐ le nombre de bases

c. ☐ la succession des nucléotides

d. ☐ la complémentarité des bases

4 On étudie l'activité respiratoire de quatre souches de levures.

Une souche sauvage dite « normale » et trois souches mutantes issues de la souche sauvage. Le tableau ci-dessous est le résultat de l'expérimentation. L'activité respiratoire de chaque souche est exprimée en consommation de dioxygène par rapport à la consommation de la souche sauvage.

Souches de levures	Consommation de dioxygène par les levures	Mitochondries Structure	Mitochondries Activité respiratoire
Sauvage	100 %	Normale	Normale
Rho	0 %	Anormale	Nulle
S15	10 %	Normale	Diminuée
Y27	30 %	Normale	Diminuée

a. Indiquer l'activité métabolique étudiée.

b. Comparer la consommation en dioxygène des différentes souches de levure.

c. Quelle est l'organite mis en jeu ? Quel est le lien mis en évidence ?

d. Indiquer ce qui contrôle le métabolisme des cellules.

CORRIGÉS

1 c ; **2** d ; **3** c.

4 a. L'activité métabolique étudiée est la respiration cellulaire illustrée par la consommation de dioxygène par les levures.

b. La souche sauvage consomme un maximum d'O_2, elle a une activité respiratoire maximale. La mutante Rho ne consomme pas de O_2 elle est incapable de respirer. Les mutantes S15 et Y27 consomment peu de O_2, elles ont une activité respiratoire réduite.

c. L'organite cellulaire qui est étudié est la mitochondrie.
Le lien est fait entre la consommation de dioxygène, l'activité respiratoire et la structure des mitochondries.

d. Les levures mutantes n'ont pas toutes la même activité respiratoire. Or, elles se différencient par des modifications du génome. L'activité respiratoire dépend donc de l'information génétique de la cellule. Les gènes contrôlent le métabolisme cellulaire.

Chapitre 3

La biodiversité, résultat et étape de l'évolution

1 Les différents niveaux de la biodiversité

1. Biodiversité et diversité des écosystèmes

• On distingue une grande diversité d'écosystèmes (forêt, mare, prairie…), une grande diversité des espèces dans chaque écosystème et une diversité au sein des espèces.

• Dans l'écosystème, un réseau d'échange d'énergie et de matière permet le maintien et le développement de la vie. Les écosystèmes doivent être protégés aux échelles locale et mondiale afin de protéger la biodiversité qu'ils abritent.

Définition

Un écosystème : un ensemble constitué par un milieu et la communauté des êtres vivants qui l'habitent.

2. Diversité des espèces et diversité génétique des espèces

• Entre les individus d'une même espèce, on constate une grande diversité génétique due à l'apparition de nouveaux allèles après mutations géniques.

• Les espèces actuelles représentent une infime partie du total des espèces ayant existé depuis les débuts de la vie.

• La biodiversité se renouvelle en permanence, des espèces apparaissent et d'autres disparaissent au cours de **crises biologiques**.

Définition

Une espèce : une population d'individus capable de se reproduire entre eux en donnant une descendance fertile.

• L'état actuel de la biodiversité correspond à **une étape** de l'histoire du monde vivant.

2 Les vertébrés, un groupe au sein de la biodiversité

1. L'organisation des vertébrés

• Les vertébrés présentent tous :

– **un squelette osseux** et **une colonne vertébrale** formée de vertèbres ;

– **deux axes de polarité** (antéropostérieur, dorsoventral) qui définissent un plan de symétrie bilatérale et une même disposition des organes par rapport à ces axes.

• Les vertébrés possèdent une organisation commune qui suggère que les espèces de ce groupe partagent **un ancêtre commun.**

2. Les liens de parenté

• Au sein de la biodiversité, il existe des groupes d'êtres vivants qui ont des caractères communs entre eux, ce qui témoigne de leurs liens de parenté et de leur origine commune.

• Un **arbre phylogénétique** de quelques vertébrés actuels et fossiles permet d'illustrer cette notion.

Sujet de Bac – session 2005 – Asie

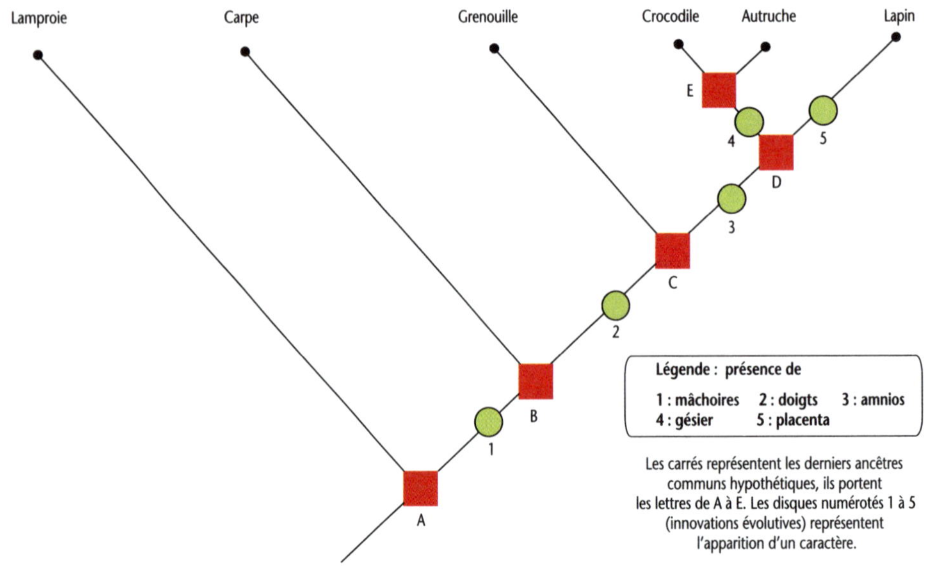

Les carrés représentent les derniers ancêtres communs hypothétiques, ils portent les lettres de A à E. Les disques numérotés 1 à 5 (innovations évolutives) représentent l'apparition d'un caractère.

• Dans l'exemple considéré, l'ancêtre commun hypothétique au crocodile et à l'autruche (E) était caractérisé par l'acquisition d'une innovation évolutive : le gésier. Il possédait également des mâchoires, doigts et amnios, caractères acquis précédemment par les ancêtres B, C et D.

À retenir

On appelle **innovation évolutive** un changement au niveau génétique dans une population qui entraîne l'apparition d'un caractère avantageux.

3 Variations et biodiversité

1. L'évolution de la biodiversité

La biodiversité se modifie au cours du temps sous l'effet de nombreux facteurs, dont l'activité humaine. Parmi ces activités, on peut citer, **la surexploitation des milieux** avec les pratiques de pêche et chasse intensive, l'**introduction** volontaire ou non **d'espèces invasives**, la **pollution** avec l'utilisation de pesticides et d'insecticides et **la destruction des habitats** naturels.

2. Les mécanismes de l'évolution des espèces

La dérive génétique

• La dérive génétique est une modification aléatoire (due au hasard) de la diversité des allèles qui conduit à l'apparition de nouvelles espèces à partir d'une même population ancestrale. En effet, la diversité des allèles est instable et imprévisible d'une seule génération à l'autre.

• La dérive génétique se produit de façon plus marquée lorsque l'effectif de la population est faible. Pour une population à grand effectif, malgré l'effet du hasard, la diversité des allèles reste relativement stable d'une génération à l'autre.

La sélection naturelle

La sélection naturelle est une modification de la diversité des allèles sous l'effet de l'environnement et du milieu de vie. Les caractères qui confèrent un avantage à l'individu sont sélectionnés et se retrouvent de génération en génération.

3. L'apparition de nouvelles espèces

• La biodiversité est enrichie par l'apparition de nouvelles espèces.

• Plusieurs facteurs interviennent et sont considérés comme **les moteurs de l'évolution**. Ce sont les **mutations** qui créent la variation génétique au sein d'une population. **La sélection naturelle** et **la dérive génétique** stabilisent ou non cette variation.

• L'isolement de certaines populations peut conduire aussi à l'apparition de nouvelles espèces.

ENTRAÎNEMENT

1 Les individus d'une même espèce :

a. ☐ ont tous les mêmes allèles de chaque gène.
b. ☐ ont tous des allèles différents pour chaque gène.
c. ☐ peuvent se reproduire entre eux et donner des descendants fertiles.
d. ☐ peuvent se reproduire avec d'autres espèces.

2 La biodiversité :

a. ☐ est identique au cours du temps.
b. ☐ se modifie au cours du temps sous l'action de nombreux facteurs.
c. ☐ se modifie au cours du temps sous l'action exclusive de l'Homme.
d. ☐ est commune à tous les écosystèmes.

3 La dérive génétique :

a. ☐ est un moteur de l'évolution des espèces.
b. ☐ n'est pas due au hasard.
c. ☐ est surtout efficace sur des populations à grand effectif.
d. ☐ est due aux conditions du milieu.

SVT

4 Les fossiles présentés ci-dessous sont suffisamment complets pour permettre de situer ces animaux dans la classification.

a. À partir de l'observation des documents a et b, compléter par « oui » ou « non » le tableau ci-dessous.

Fossiles	Axe antéro-postérieur	Axe dorso-ventral	Symétrie bilatérale	Symétrie d'ordre 5	vertèbres	Tête distincte
a						
b						

b. Peut-on classer un de ces deux fossiles dans le groupe des vertébrés ? Justifier la réponse.

c. Indiquer lequel de ces deux fossiles est le plus apparenté à l'homme. Justifier la réponse.

1.

2.

CORRIGÉS

1 c ; **2** b ; **3** a.

4 a.

Fossiles	Axe antéropostérieur	Dorsoventral	Symétrie bilatérale	Symétrie d'ordre 5	Vertèbres	Tête distincte
a	oui	oui	oui	non	oui	oui
b	non	non	non	oui	non	non

b. Le fossile **a** possède un squelette osseux, une colonne vertébrale formée de vertèbres, deux axes de polarité qui définissent un plan de symétrie bilatérale : c'est donc un vertébré.

c. Le fossile **1** possède les caractères des vertébrés, caractères que possède également l'Homme. Il est donc plus apparenté à l'Homme que le fossile **2** qui n'a aucun de ces caractères.

Chapitre 4

Le Soleil, source énergétique essentielle

1 Fabrication de la biomasse

1. L'utilisation de l'énergie lumineuse

• L'énergie solaire est utilisée par les parties chlorophylliennes des végétaux pour la synthèse de matière organique selon le mécanisme de la **photosynthèse**.

• Les sels minéraux, le CO_2 et l'eau sont les matières premières de cette fabrication.

• Le résultat de la photosynthèse est la fabrication de matière organique (glucose), source d'énergie chimique à l'origine de l'élaboration de la biomasse.

• Les végétaux chlorophylliens transforment l'énergie solaire directement utilisable en énergie chimique stockable.

À retenir

Équation-bilan simplifiée de la photosynthèse :

$$6CO_2 + 6\,H_2O \xrightarrow[\text{énergie lumineuse}]{\text{chlorophylle capte la lumière}} \underset{\text{glucose}}{C_6H_{12}O_6} + 6\,O_2$$

2. Le transfert de matière dans l'écosystème

• Les végétaux, en réalisant la photosynthèse, permettent l'entrée de la matière minérale, dont le CO_2, et de l'énergie dans la biosphère. On les appelle des **producteurs primaires** et ils sont à l'origine de la productivité primaire, point de départ de toute chaîne alimentaire.

• Les animaux se nourrissent de la matière organique produite par les végétaux pour élaborer leur propre matière organique, ce sont des **producteurs secondaires**.

• La quantité de matière organique produite dans les écosystèmes par les différents producteurs constitue **la biomasse**.

• Le transfert de matière tout au long de la chaîne alimentaire est le support du transfert d'énergie. Seule une partie de cette énergie est utilisée pour la création de biomasse. Le reste de l'énergie est utilisé pour le fonctionnement des organismes ou perdu sous forme de chaleur.

3. La photosynthèse à l'échelle de la planète

• À l'échelle de la planète, la photosynthèse permet l'entrée de matière minérale et d'énergie dans la biosphère.

• La Terre étant sphérique, l'énergie solaire reçue varie en fonction des latitudes. La productivité primaire est ainsi variable selon le lieu. Elle est plus importante au niveau de l'équateur et des tropiques, sur les bordures continentales et sur les continents.

2 Formation d'un combustible fossile : le charbon

1. Les caractéristiques du charbon

• Le charbon regroupe quatre types de **roches sédimentaires** : la tourbe, le lignite, la houille et l'anthracite.

• Ces dernières contiennent des restes de fibres et de tissus végétaux bien visibles pour la tourbe, de la lignine pour le lignite, et des empreintes de végétaux pour la houille et l'anthracite.

• La teneur en carbone de ces roches est élevée : de 50 % à 55 % pour la tourbe, de 55 % à 75 % pour le lignite, de 75 % à 90 % pour la houille et de 90 % à 95 % pour l'anthracite. La présence de restes organiques dans ces roches montre qu'ils sont issus d'une biomasse.

2. La formation du charbon

• Dans les zones de haute productivité primaire, au cours de phénomènes tectoniques particuliers, une faible proportion de biomasse végétale est enfouie rapidement dans les sédiments et échappe à la décomposition.

• Au cours du temps, la biomasse se dégrade, se déshydrate, se transforme très lentement et s'enrichit en carbone : c'est la **carbonisation** à l'origine du charbon.

• La formation du charbon est un processus long qui va de quelques milliers d'années (1 000 à 7000 ans) pour la tourbe à des millions d'années (Ma) pour le lignite, la houille et l'anthracite.

• Les plus importants gisements de charbon datent d'il y a environ – 360 à – 295 Ma. C'est pourquoi le charbon est considéré comme **un combustible fossile**.

Les différentes étapes de la formation du charbon

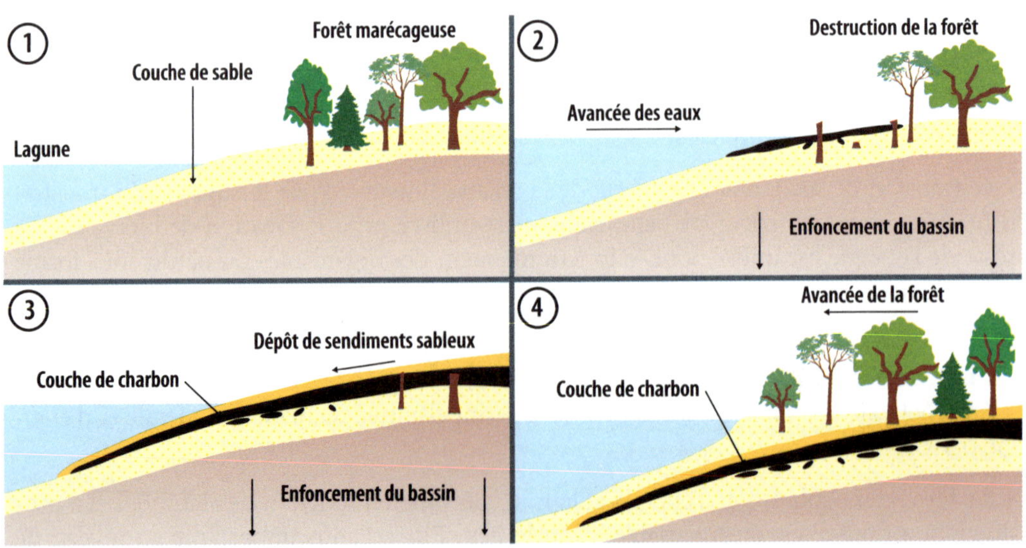

ENTRAÎNEMENT

1 L'énergie solaire est utilisée :

a. ☐ pour des transformations chimiques chez tous les êtres vivants.
b. ☐ pour la fabrication de matière organique chez les végétaux verts.
c. ☐ pour la fabrication de matière organique chez les animaux.
d. ☐ pour la fabrication de matière organique chez les champignons.

2 La biomasse :

a. ☐ est élaborée par les producteurs primaires.
b. ☐ correspond au résultat de la productivité secondaire.
c. ☐ correspond à la quantité de matière organique produite dans les écosystèmes par les différents producteurs.
d. ☐ correspond à la masse des animaux dans les écosystèmes.

3 Le charbon est :

a. ☐ formé à partir d'organismes planctoniques.
b. ☐ un combustible fossile récent.
c. ☐ formé à partir de biomasse enfouie lentement en présence de décomposeurs.
d. ☐ formé à partir de biomasse végétale enfouie rapidement, échappant à la décomposition.

4 Les schémas ci-dessous représentent trois étapes dans la formation et la localisation du pétrole.

a. Expliquer d'après la comparaison des différents schémas et de vos connaissances. les étapes de la formation du pétrole. Préciser l'ordre des schémas.
b. Peut-on dire que le pétrole comme le charbon est une roche carbonée ?
c. En quoi le pétrole est-il une roche combustible fossile ?

1

Sédimentation de plancton, de végétaux et de particules minérales

2
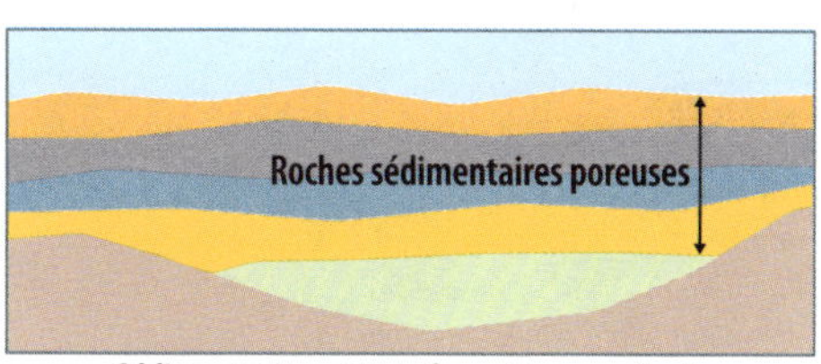

Sédimentation et transformation en pétrole

3
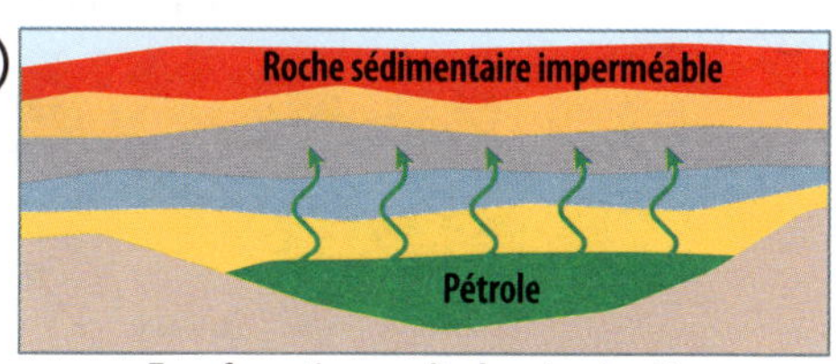

Transformation en pétrole puis migration

CORRIGÉS

1 b ; 2 c ; 3 d.

4 a. Première étape : plancton, végétaux et particules minérales (en jaune sur le premier dessin) sont enfouis sous l'eau et se déposent. Deuxième étape : plancton, végétaux sont transformés en roche carbonée fluide, le pétrole. Troisième étape : le pétrole à l'état liquide se déplace et migre dans la couche « couverture » du réservoir.

b. Le pétrole se forme à partir de matière organique (plancton, végétaux), il contient du carbone, c'est donc une roche carbonée comme le charbon.

c. Le pétrole brûle, c'est une roche combustible d'origine biologique formée il y a très longtemps.

Chapitre 5

Quelques enjeux énergétiques du XXIe siècle

1 Les combustibles fossiles, un enjeu planétaire

1. L'utilisation des combustibles fossiles

• Les combustibles fossiles sont des roches carbonées issues d'une **fossilisation** de végétaux ayant utilisé de l'énergie solaire émise dans le passé.

• Brûler un combustible fossile revient à utiliser indirectement l'énergie solaire émise dans le passé et à libérer rapidement du CO_2 dans l'atmosphère. Ce CO_2 avait été **piégé lentement** par le mécanisme de la photosynthèse suivi de celui de la fossilisation.

• Les combustibles fossiles **ne sont pas renouvelables** à l'échelle humaine, mais le sont à de grandes échelles de temps.

2. Le cycle du carbone

• Le cycle du carbone est l'ensemble des échanges de carbone entre quatre réservoirs : l'atmosphère, la lithosphère, l'hydrosphère et la biosphère.

• Les échanges entre la biosphère et l'atmosphère ainsi que ceux dus aux actions humaines sont rapides. Les échanges entre l'hydrosphère et l'atmosphère sont lents. Les échanges entre l'hydrosphère et la lithosphère ainsi que ceux entre la biosphère et la lithosphère sont encore plus lents.

Schéma du cycle du carbone

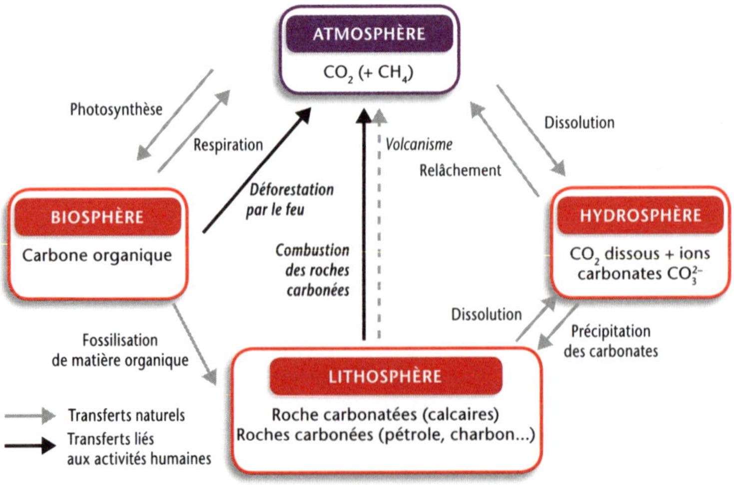

- Les flux naturels de CO_2 entre réservoirs sont à peu près équilibrés. À certaines époques géologiques, des variations naturelles ont modifié cet équilibre. L'homme risque, à court terme, d'amplifier ces modifications et de perturber gravement cet équilibre.

2 Les énergies renouvelables à l'échelle humaine

- Les énergies rapidement renouvelables font toutes intervenir **indirectement** l'énergie solaire. En effet, l'inégale répartition de l'énergie solaire à la surface de la Terre est à l'origine de mouvements d'eau ou d'air : les courants marins et atmosphériques.

- Ces courants assurent un transfert de chaleur entre les régions intertropicales excédentaires et tendent à réduire le déséquilibre énergétique reçu au sol.

À retenir

- **L'énergie éolienne**, issue des vents permet le fonctionnement des éoliennes.
- **L'énergie hydraulique** provient des grandes retenues d'eau des barrages hydroélectriques et des courants marins qui activent des hydroliennes.

SVT

3 La gestion des énergies pour les besoins de l'activité humaine

1. Les combustibles fossiles

Ils constituent les trois quarts des sources énergétiques utilisées par l'homme. Actuellement des problèmes se posent :

– les combustibles fossiles se renouvellent lentement. Leur utilisation non modérée peut conduire à leur épuisement ;

– leur combustion libère dans l'atmosphère une grande quantité de CO_2, gaz à effet de serre, qui contribue au réchauffement climatique.

2. Énergie solaire et besoins énergétiques de l'Homme

- L'énergie solaire reçue par la Terre est très importante par rapport aux besoins énergétiques de l'Homme. Cependant, une partie infime de cette énergie reçue est utilisée.

- Les nouvelles technologies pouvant utiliser différentes formes d'énergie solaire ne sont pas assez développées actuellement pour que les énergies renouvelables puissent remplacer les combustibles fossiles non renouvelables à l'échelle humaine.

ENTRAÎNEMENT

1 Les combustibles fossiles :

a. ☐ sont inépuisables.

b. ☐ sont facilement renouvelables.

c. ☐ libèrent lentement peu de CO_2.

d. ☐ sont renouvelables aux grandes échelles de temps.

2 Le cycle du carbone :

a. ☐ n'est jamais perturbé par les émissions des activités humaines.

b. ☐ est perturbé par les émissions des activités humaines.

c. ☐ résulte de transferts rapides de carbone entre l'hydrosphère et l'atmosphère.

d. ☐ résulte de transferts lents de carbone entre la biosphère et l'atmosphère.

3 À l'échelle humaine :

a. ☐ l'énergie solaire est moins importante que l'énergie utilisée par les activités humaines.

b. ☐ l'énergie solaire est plus importante que l'énergie utilisée par les activités humaines.

c. ☐ les énergies rapidement renouvelables utilisent directement l'énergie solaire.

d. ☐ les énergies rapidement renouvelables remplacent totalement les combustibles fossiles.

4 À l'aide du graphique ci-dessous et de vos connaissances :

a. Décrire chaque courbe et indiquer ce qu'il est possible de conclure pour chacune d'elles.

b. Citer une activité humaine responsable des variations de CO_2 observées.

c. Proposer une solution pour arrêter le phénomène observé.

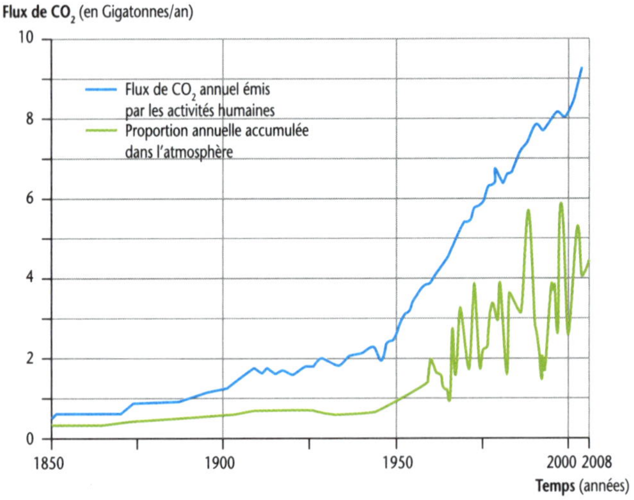

Évolution du flux de CO_2 émis par les activités humaines et de la proportion accumulée chaque an dans l'atmosphère entre 1850 et 2008.

CORRIGÉS

1 d ; **2** b ; **3** b.

4 a. La courbe bleue représente la quantité de CO_2 émise par les activités humaines par an en fonction du temps en années.

Le flux de CO_2 annuel émis par les activités humaines augmente en 100 ans (de 1850 à 1950) de 0,4 GtC/an à 2 GtC/an. En revanche à partir de 1950 et en 50 ans le flux de carbone est multiplié par 5 et passe à 10 GtC/an.

La courbe verte représente la quantité de CO_2 par an accumulée dans l'atmosphère en fonction du temps.

La proportion annuelle de carbone accumulée dans l'atmosphère est très faible (moins de 1gtC/an) de 1850 à 1950, à partir de cette date et en 50 ans la proportion accumulée présente des fluctuations avec des pics pouvant atteindre près de 12 fois la valeur initiale de 0,25 GtC.

Les deux courbes permettent de conclure que :

– les activités humaines à partir de 1950 ont libéré de plus en plus de carbone ;

– le carbone reste dans l'atmosphère et s'accumule.

b. L'Homme, en utilisant les combustibles fossiles comme source d'énergie, intervient sur les variations de CO_2.

c. Pour arrêter le phénomène, Il faudrait changer de source d'énergie et utiliser des énergies rapidement renouvelables peu polluantes en CO_2.

Chapitre 6

Le sol, une ressource fragile

1 Agriculture et biomasse végétale

• La population mondiale est aujourd'hui de l'ordre de 7,3 milliards. On estime qu'elle augmentera de 30 % d'ici 2050. Face à cette croissance démographique, les besoins alimentaires de l'homme augmentent considérablement.

• Pour satisfaire ses besoins alimentaires, l'homme doit prendre en compte l'inégale répartition des ressources (eau, sols) d'un point à l'autre du globe. La productivité primaire doit augmenter et pour cela, l'homme doit agir sur les pratiques agricoles en les intensifiant, les diversifiant et il doit développer les sols cultivables.

• Un problème se pose car augmenter les surfaces agricoles au détriment des milieux naturels réduit et la biodiversité. Cependant, gérer les sols et l'eau pour la production de nourriture et d'agrocarburant est un enjeu majeur pour l'humanité.

À retenir

La **biomasse végétale** produite par l'agriculture est à la fois source de nourriture et source de **combustible** (agrocarburant). Ces deux productions sont en concurrence.

2 Les sols et leur formation

1. L'organisation des sols

• Le sol est la partie la plus superficielle de l'écorce terrestre à l'interface entre la lithosphère et l'atmosphère. Il correspond à la partie meuble, support de la végétation.

• Un sol a une organisation verticale, il est structuré en couches ou horizons d'épaisseurs variables qui reposent sur une roche mère.

2. La formation des sols

• Trois facteurs interviennent : la nature de la roche mère, les espèces végétales et le climat. Selon la nature de la roche mère et du climat se formeront des sols différents capables d'être colonisés par des végétaux différents.

• Les trois étapes de la formation des sols à partir d'une roche mère nue sont :
– la fragmentation et l'altération chimique de la roche mère (horizon C) ;
– la minéralisation des molécules organiques et la fabrication de l'humus (horizon A) ;
– la différenciation des horizons sous l'action des eaux d'infiltration avec des transferts horizontaux et verticaux de matière (horizon B).

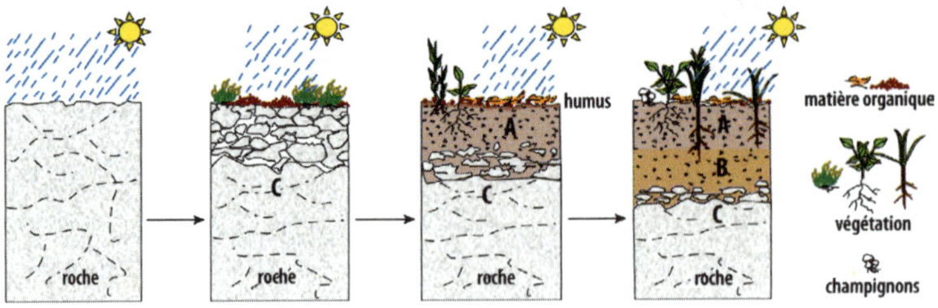

3 Les sols et leur gestion

1. L'évolution des sols

• Le sol provient de la décomposition et de l'altération des roches par l'action de l'eau, de l'air et des êtres vivants. Au cours du temps, le sol s'épaissit et se modifie.

• Les activités humaines intensives dégradent le sol (compaction, érosion, pollution) et peuvent le rendre à terme inexploitable. Le sol est un écosystème en **équilibre fragile.**

2. La gestion des sols

• Les sols fertiles et l'eau sont deux ressources très inégalement réparties à la surface de la planète, fragiles et disponibles en quantités limitées, il faut donc les protéger.

• Le sol n'est pas une ressource renouvelable à l'échelle humaine, l'homme doit trouver des solutions pour étendre ses régions cultivées tout en préservant les sols.

• Une gestion raisonnée de l'utilisation des sols est indispensable pour un développement durable et le maintien de la biodiversité.

ENTRAÎNEMENT

1 Pour satisfaire l'augmentation des besoins alimentaires sur la planète :

a. ☐ la production primaire doit rester stable.

b. ☐ les pratiques agricoles doivent se diversifier.

c. ☐ la surface des sols cultivables doit se réduire.

2 Les différents sols :

a. ☐ sont tous formés des mêmes horizons.

b. ☐ sont la partie meuble de la surface de l'écorce terrestre.

c. ☐ sont tous les supports des mêmes espèces végétales.

CORRIGÉS

1 b ; 2 b.

Chapitre 7

Des modifications physiologiques à l'effort

1 L'exercice physique et les besoins en énergie

1. Production d'énergie par les muscles

• Les muscles sont richement vascularisés. Ils puisent directement dans le sang le dioxygène (O_2) et les nutriments dont ils ont besoin pour la fabrication d'énergie.

• La production d'énergie se fait au cours de la **respiration** ; il y a oxydation des nutriments. Les muscles n'utilisent qu'une partie de cette énergie, le reste étant libéré sous forme de chaleur.

• Plus l'exercice musculaire est intense, plus la consommation de O_2 et de nutriments ainsi que le dégagement de dioxyde de carbone (CO_2) sont importants.

2. Limite de la consommation de dioxygène

• Pendant l'effort physique, il y a une augmentation de la vitesse de consommation en O_2 que l'on appelle **VO_2**. Ce VO_2 à une valeur maximale, **VO_2 max**, au-delà de laquelle la respiration ne peut plus fournir d'énergie supplémentaire.

• Le VO_2 max détermine une puissance maximale de l'effort musculaire pouvant être produit. Le VO_2 max est variable selon le sexe, l'âge, le type d'activité physique, l'entraînement…

À retenir

VO_2 max est le débit maximum d'O_2 prélevé au niveau des poumons et utilisé par les muscles par unité de temps. Il s'exprime en litre/minute/kg.

3. Exercice physique et obésité

• Si l'apport des nutriments énergétiques est plus important que leur utilisation, ils sont stockés dans l'organisme sous forme de graisse, ce qui peut conduire à **l'obésité**.

• Au cours de l'effort physique, les réserves énergétiques sont mobilisées et elles diminuent, ce qui aide à lutter contre l'obésité. Une alimentation équilibrée et une activité physique régulière sont les deux principaux facteurs qui agissent sur l'obésité.

SVT

2 Les paramètres physiologiques au cours de l'effort

1. Les modifications de l'activité cardiaque

Les caractéristiques anatomiques du muscle cardiaque

• L'organisation anatomique du cœur facilite l'apport privilégié du dioxygène et des nutriments aux muscles.

• Le cœur est cloisonné longitudinalement en deux parties (droite et gauche) totalement indépendantes. Chaque partie est divisée en deux cavités : oreillette et ventricule.

• Le sang arrive dans les oreillettes par des veines, passe dans le ventricule correspondant, puis quitte les ventricules par les artères.

• Le cœur est un muscle (myocarde) qui se contracte de façon rythmique, selon une certaine fréquence. Sa contraction permet la mise en circulation du sang.

Définitions

• **Systole** : phase de contraction du cœur.
• **Fréquence cardiaque :** nombre de systoles par minute.

Les variations de l'activité cardiaque

• L'exercice physique s'accompagne d'une augmentation de l'activité cardiaque qui se traduit par une augmentation du volume d'éjection systolique, de la fréquence cardiaque et du débit cardiaque.

• L'augmentation du débit cardiaque permet de recharger plus rapidement le sang en dioxygène au niveau des poumons et permet d'apporter plus rapidement le sang oxygéné aux muscles en activité.

À retenir

Le **débit cardiaque** (litre/minute) est le volume de sang éjecté par le cœur chaque minute. On le calcule en faisant le produit entre le volume de sang éjecté à chaque systole et la fréquence cardiaque.

2. Les modifications de l'activité respiratoire

Au cours d'un exercice physique, le débit ventilatoire augmente, l'air est renouvelé plus rapidement dans les alvéoles pulmonaires, le volume courant augmente, permettant à une plus grande quantité de molécules d'O_2 de passer dans le sang.

Définitions

• **Fréquence respiratoire** est le nombre de cycles respiratoires (inspiration-expiration) par minute.
• **Volume courant** (litre/cycle respiratoire) : volume d'air circulant dans l'appareil respiratoire au cours d'un cycle respiratoire.
• **Débit respiratoire** (litre/minute) : volume d'air passant dans les poumons chaque minute. On le calcule en faisant le produit entre le volume courant et la fréquence respiratoire.

3 La circulation sanguine

Elle se caractérise par une **double circulation du sang**, une circulation vers les poumons (circulation pulmonaire) et une autre vers les organes (circulation générale).

1. La circulation en série du sang

Elle caractérise la circulation générale qui permet au sang, quittant le cœur par l'artère pulmonaire, de se recharger en O_2 dans les alvéoles pulmonaires, et de le redistribuer aux organes par l'artère aorte.

2. La circulation en parallèle du sang

- Les organes sont disposés en parallèle et, grâce à cet agencement, ils reçoivent tous du sang venant directement du cœur par l'artère aorte avec la même teneur en O_2.
- Cependant, le débit sanguin reçu dépend de l'**organe et de ses besoins**. La vasoconstriction variable des artères et l'ouverture réglable des capillaires sanguins, lieux d'échanges, permettent un apport préférentiel (O_2) aux muscles en activité.

À retenir

Débit sanguin : volume de sang circulant dans les vaisseaux pendant une minute. Il est exprimé en litre/min.

SVT

ENTRAÎNEMENT

Le tableau ci-dessous indique la fréquence cardiaque et le volume d'éjection systolique chez un individu au repos et lors d'un exercice physique.

	Fréquence cardiaque Pulsations/minute	Volume d'éjection systolique en ml
Au repos	60	70
En exercice	190	130

a. Après avoir défini la notion de débit cardiaque et son mode d'obtention, calculer le débit cardiaque dans chaque cas.

b. En utilisant les résultats obtenus à la question a, expliquer l'intérêt des variations de l'activité cardiaque observées au cours de l'effort.

c. Au cours d'un effort physique, l'activité respiratoire évolue également : indiquer quelles sont ces variations et leur intérêt biologique.

CORRIGÉS

a. Le **débit cardiaque** est le volume de sang fourni par le cœur par unité de temps.
DC en (litre/minute) = le volume de sang éjecté à chaque systole x fréquence cardiaque
Au repos : DC = 60 × 70 = 4 200 ml/min = **4,2 L/min.**
Lors de l'exercice physique : DC = 190 × 130
= 24 700 ml/min = **24,7 L/min.**

b. Au cours de l'exercice physique, le débit cardiaque augmente. Cette augmentation permet d'apporter davantage de dioxygène aux muscles en activité.

c. Au cours d'un effort, l'activité respiratoire augmente, ce qui permet de prélever davantage de dioxygène dans le milieu extérieur et d'enrichir le sang en dioxygène.

Chapitre 8

Le système musculo-articulaire et sa protection

1 Organisation du système musculo-articulaire

Il est composé des muscles, des os, des tendons et des ligaments.

1. Les muscles

Les muscles striés squelettiques sont formés de fibres allongées et striées qui se raccourcissent au cours d'un mouvement entraînant la contraction du muscle. Les muscles contractés exercent une force sur les tendons, provoquant le rapprochement des os auxquels ils sont reliés, créant le mouvement.

À retenir

Un **tendon** est la partie terminale du muscle. Il est formé de fibres résistantes qui relient les muscles aux os et les maintiennent dans leur position.

2. Les articulations

- Une articulation est à la jonction de deux os dont l'extrémité est recouverte de cartilage. C'est un système emboîté et lubrifié qui permet le mouvement relatif des os.
- Les ligaments relient les os entre eux.

2 Fragilité et accidents musculo-articulaires

Des exercices physiques inadaptés peuvent fragiliser le système musculo-articulaire et provoquer des blessures.

1. Les accidents articulaires

Ils affectent :
– les ligaments qui subissent une élongation ou un arrachement, on parle de foulure ou d'entorse ;
– les ligaments qui sont déchirés et les os qui sont déboîtés, on parle de luxation.

2. Les accidents musculaires

Ils atteignent soit :
– quelques cellules musculaires qui subissent une élongation ;
– un grand nombre de cellules musculaires qui sont déchirées au cours d'un claquage ;
– le tendon, dont les fibres sont endommagées, c'est la tendinite.

3 Santé et pratique sportive

1. Les précautions avant et après l'effort

Afin d'éviter les blessures liées aux exercices physiques, il convient :
– de prévoir un échauffement avant tout exercice ;
– de s'entraîner régulièrement avec une graduation dans l'effort ;
– de réaliser des étirements juste après l'effort.

2. Le dopage

• Afin d'augmenter les performances physiques, des sportifs utilisent des molécules naturelles qu'ils détournent de leur rôle thérapeutique : c'est **le dopage**, qui s'oppose à l'éthique sportive et qui peut avoir des effets secondaires néfastes.

• **L'EPO** est une hormone naturelle, fabriquée par les reins et le foie et qui stimule la production d'hématies. Obtenue par génie génétique, l'EPO injectée chez un individu peut augmenter l'oxygénation des muscles et l'endurance.

• **Les stéroïdes androgènes anabolisants** sont des hormones naturelles qui, injectées à forte dose, agissent sur la musculation et améliorent les performances.

SVT

ENTRAÎNEMENT

1 Les ligaments :
a. ☐ attachent les muscles aux os.
b. ☐ relient les os entre eux.
c. ☐ maintiennent les os dans la bonne position.
d. ☐ permettent le mouvement.

2 Le dopage correspond :
a. ☐ à l'injection de produits chimiques agissant sur le système musculaire.
b. ☐ à l'injection de produit naturel pour améliorer les performances.
c. ☐ à une diminution de la ventilation pulmonaire.
d. ☐ à une augmentation du rythme cardiaque.

3 Le système musculo-articulaire
a. Définir les termes : tendon et articulation.
b. Expliquer comment la contraction d'un muscle peut conduire à un mouvement.
c. Citer un exemple d'accident musculaire et préciser la conséquence.

CORRIGÉS

1 b ; 2 b.
3 a. Un tendon : relie les muscles aux os. Une articulation est la jonction entre deux os.
b. Au cours de l'exercice, la force de contraction du muscle tire sur les tendons qui tirent alors sur l'os auquel ils sont reliés. L'articulation maintient les structures dans un axe particulier et conduit au mouvement.
c. Un claquage est la destruction des cellules musculaires, le muscle ne peut plus se contracter.

Chapitre 9

Le système cardiorespiratoire et sa boucle de régulation

1 La régulation de la pression artérielle

1. La pression artérielle

Le sang circule dans les artères et exerce sur les parois de celles-ci, une force appelée tension ou **pression artérielle**. Celle-ci s'exprime par deux valeurs distinctes en centimètre de mercure. L'une élevée correspond à la pression au moment de la systole ventriculaire (phase de contraction du cœur), l'autre plus faible correspond à la pression au moment de la diastole générale (phase de relâchement du cœur).

2. Les modifications de la pression artérielle

- La pression artérielle subit de nombreuses variations qui dépendent de divers facteurs dont les exercices physiques, le stress. Ainsi, au cours d'une activité physique, la fréquence cardiaque augmente, entraînant une augmentation du débit sanguin et de la pression artérielle.

- Pour un organisme en bonne santé ces variations sont régulées autour d'une valeur moyenne de 12.8, la pression artérielle est un **paramètre régulé**.

3. Le contrôle nerveux de la fréquence cardiaque et de la pression artérielle

- Le muscle cardiaque fonctionne de façon autonome, mais la fréquence cardiaque est contrôlée par voie nerveuse.

- Les nerfs **parasympathiques** innervent le cœur, ralentissent la fréquence cardiaque et diminuent ainsi la pression artérielle.

- Les nerfs **orthosympathiques** innervent le cœur, accélèrent le rythme cardiaque et augmentent la pression artérielle.

2 La boucle réflexe de la régulation de la pression artérielle

C'est un mécanisme involontaire faisant intervenir :

– des **récepteurs** (barorécepteurs) sensibles à la tension de la paroi des artères, ils sont situés aux niveaux aortique et carotidien ;

– des **nerfs efférents**, les nerfs de Cyon partant de la crosse aortique et les nerfs de Héring partant du sinus carotidien. Ils relient les barorécepteurs au **centre nerveux bulbaire** qui intègre les informations et module les messages nerveux en direction de l'effecteur ;

– des nerfs afférents **parasympathiques** et **orthosympathiques** quittant le bulbe rachidien et innervant le cœur ;

– **un organe effecteur, le cœur** dont la fréquence cardiaque varie selon les informations nerveuses véhiculées par les nerfs afférents, modulant ainsi la pression artérielle ;

– les messages nerveux qui sont des **signaux** de nature électrique.

Schématisation de la boucle de régulation

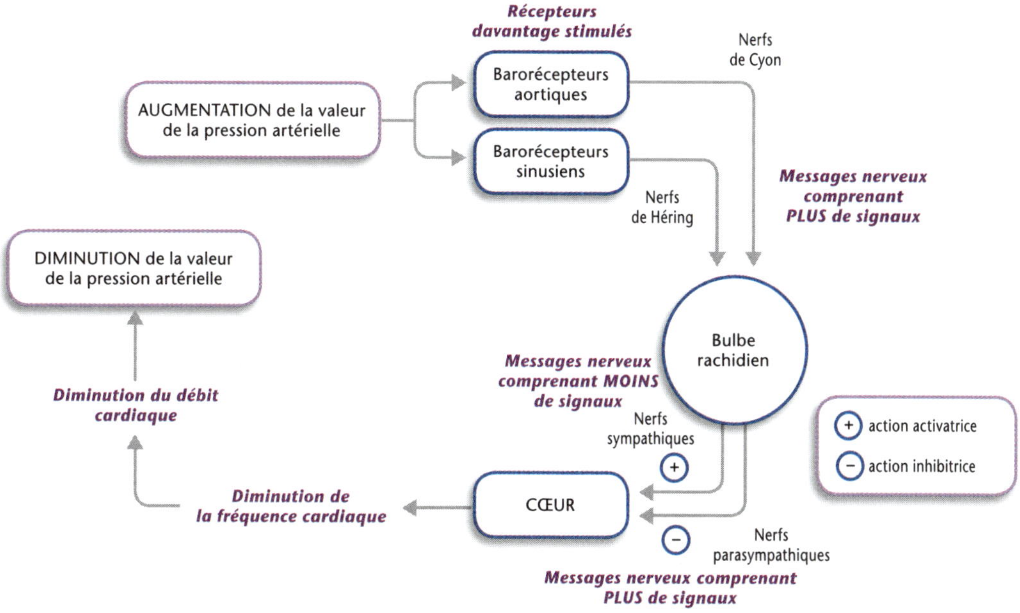

ENTRAÎNEMENT

1 La pression artérielle :

a. ☐ mesure la pression du sang sur les parois des veines.

b. ☐ mesure la pression du sang sur la paroi des artères uniquement à la sortie du cœur au cours de la systole ventriculaire.

c. ☐ mesure la pression du sang sur la paroi des artères à la systole ventriculaire et à la diastole générale.

d. ☐ mesure la pression du sang sur la paroi des artères à la sortie du cœur au moment de la diastole générale.

2 La fréquence cardiaque :

a. ☐ n'intervient pas dans la pression artérielle.

b. ☐ est contrôlée uniquement par les nerfs parasympathiques.

c. ☐ est contrôlée par les nerfs de Cyon.

d. ☐ est contrôlée par deux nerfs antagonistes du système orthosympathique et parasympathique.

3 La boucle de régulation de la pression artérielle :

a. ☐ est un mécanisme volontaire.

b. ☐ ne fait pas intervenir les centres nerveux supérieurs.

c. ☐ fait intervenir les nerfs efférents orthosympathiques accélérateurs.

d. ☐ a pour effecteur le sinus carotidien.

4 a. Donner un titre au document ci-dessous.

b. Expliquer la boucle de régulation mise en jeu pour faire baisser la pression artérielle.

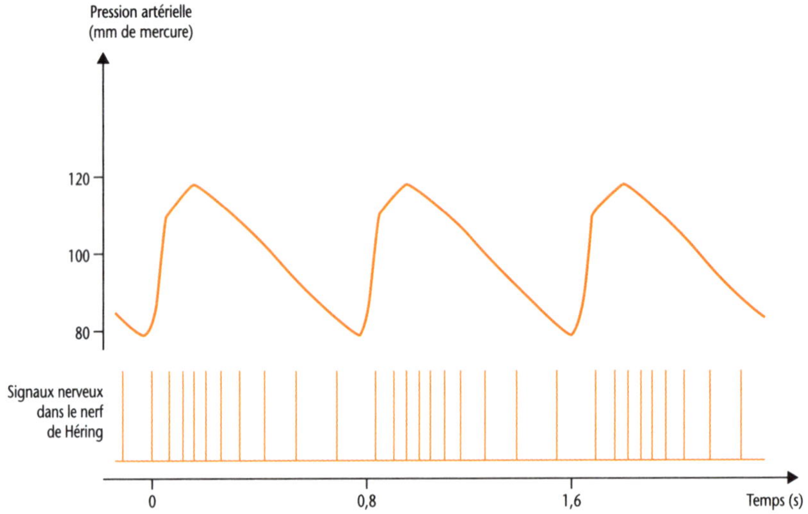

CORRIGÉS

1 c ; 2 d ; 3 c.

4 a. Le graphique supérieur représente les variations de la pression artérielle en fonction du temps. Les enregistrements sous le graphique représentent les signaux nerveux qui sont transmis par le nerf de Héring en fonction du temps lors de la même expérience.

b. Quand la pression artérielle est élevée, le sinus carotidien est stimulée entraînant une augmentation de la fréquence des signaux nerveux dans le nerf de Héring. Ce message nerveux stimule le bulbe rachidien qui répond par une augmentation de la fréquence de signaux nerveux dans le nerf parasympathique et une diminution dans le nerf orthosympathique. La fréquence cardiaque diminue provoquant une diminution de la pression artérielle.

Français

Littérature

Chapitre 1 Le récit 148
Chapitre 2 La narration 151
Chapitre 3 Le récit réaliste 154
Chapitre 4 Le roman naturaliste 157
Chapitre 5 Le théâtre 161
Chapitre 6 Le théâtre antique 164
Chapitre 7 La comédie au XVIIe siècle 167
Chapitre 8 La tragédie au XVIIe siècle 171
Chapitre 9 La poésie, les formes poétiques et la versification 175
Chapitre 10 Du romantisme au Parnasse 179
Chapitre 11 Du symbolisme au surréalisme 183
Chapitre 12 L'argumentation 187
Chapitre 13 Les genres argumentatifs au XVIIe siècle 191
Chapitre 14 Les genres argumentatifs au XVIIIe siècle 194

Grammaire

Chapitre 15 Le lexique et la phrase 197
Chapitre 16 Le verbe 200
Chapitre 17 Les registres littéraires 203
Chapitre 18 Les figures de style 207

Chapitre 1

Le récit

1 Le genre narratif

1. Le roman et la nouvelle

• Romans et nouvelles appartiennent au genre narratif : ce sont des **récits**, qui se distinguent principalement par leur longueur.

• **Les nouvelles** sont généralement publiées dans un recueil, comme les *Nouvelles Histoires extraordinaires* d'Edgar Poe (1857).

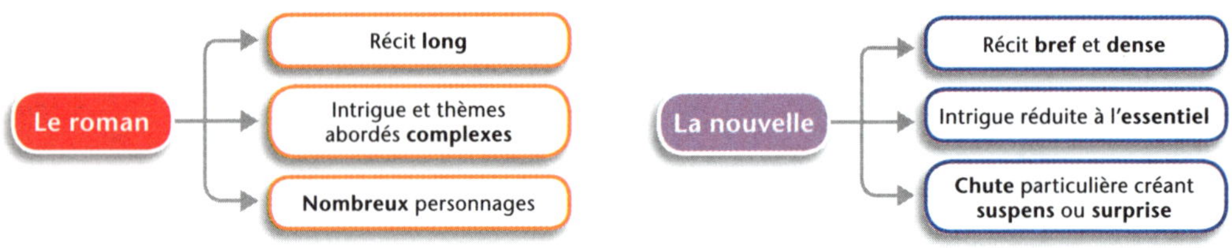

• *Madame Bovary* de Flaubert (1857) et *Germinal* d'Émile Zola (1885) sont des **romans**.

2. Les personnages

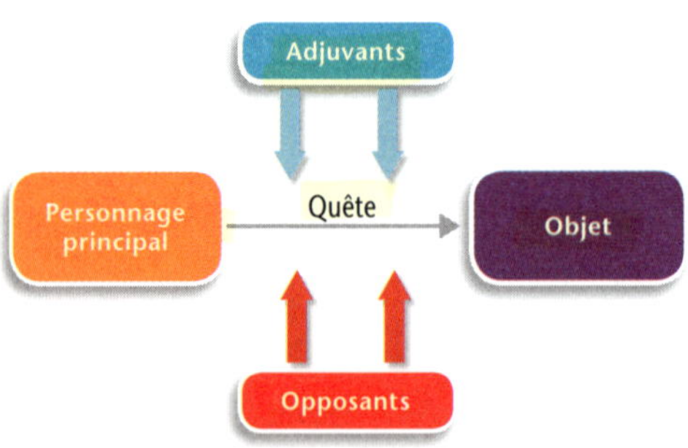

• Le roman s'organise autour d'un **personnage principal**, **en quête** d'un objet, comme l'amour, la richesse ou la reconnaissance. Il est entouré de personnages **secondaires** qui l'aident (les **adjuvants**) ou qui lui font obstacle (les **opposants**).

• Ainsi, Georges Duroy est le **personnage principal de *Bel-Ami*, de Maupassant (1885)**. Il est en **quête** de réussite sociale. Parmi ses **adjuvants**, on compte Forestier, et les femmes qu'il rencontre. Forestier devient ensuite son **opposant**, après avoir compris ses intentions douteuses.

2 Rythme et chronologie du récit

1. Le schéma narratif

• Romans et nouvelles respectent les différentes étapes du schéma narratif : situation initiale, élément déclencheur de l'action, péripéties, élément de résolution, situation finale.

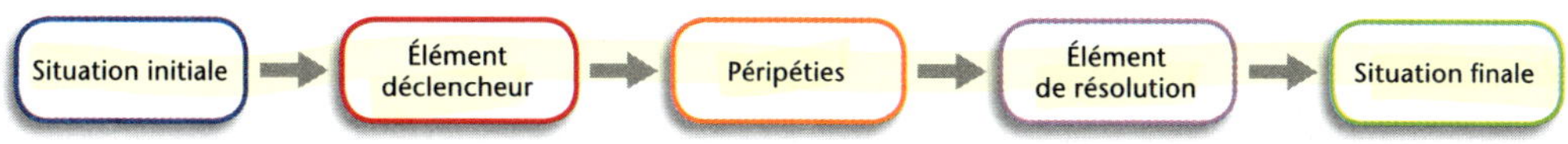

• Au début du *Père Goriot* de Balzac (1835), Rastignac est un étudiant pauvre venu faire son droit à Paris. **Son destin bascule** lorsqu'il rencontre le misérable père Goriot. Après **plusieurs péripéties**, Rastignac réussit à atteindre une position sociale enviée. **L'élément de résolution** survient alors : le vieillard agonise, abandonné par sa famille. Son enterrement signe l'avènement de la **situation finale**, qui rétablit **l'équilibre**.

2. Jeux de temps et de chronologie

• Le romancier, pour **rythmer son récit**, joue sur **l'élasticité** du temps. Les **scènes**, où le temps de la narration et le temps du récit **coïncident** (comme dans les dialogues), alternent ainsi avec les **sommaires**, où une longue période fait l'objet de quelques lignes. Stendhal résume ainsi l'enfance du héros de *La Chartreuse de Parme* : « Nous glissons sur dix années de progrès et de bonheur […]. »

• De plus, dans le roman, les événements **ne sont pas toujours évoqués dans l'ordre chronologique**.

À retenir

Si un événement est passé sous silence, on parle **d'ellipse narrative**. Si le narrateur fait un bond dans le passé, il s'agit alors d'une **analepse**. S'il se projette dans le futur, il s'agit d'une **prolepse**.

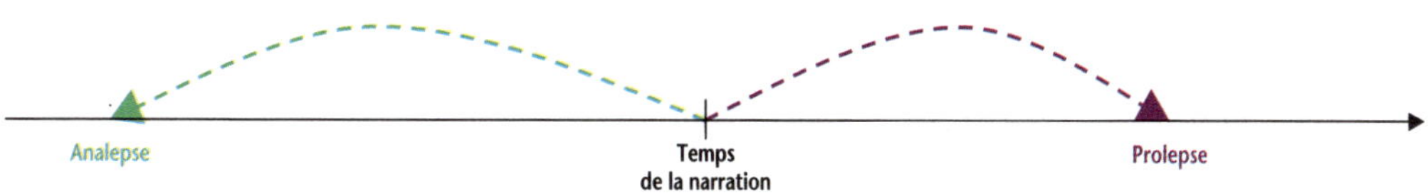

3. Des scènes importantes

• Le début du roman, **l'incipit**, correspond souvent à l'apparition du personnage principal. Si, comme dans *Le Colonel Chabert* de Balzac (1832), dès les premiers mots, le lecteur est plongé au cœur de l'action, on parle d'un incipit ***in medias res*** : « Allons ! encore notre vieux carrick ! Cette exclamation échappait à un clerc […] qui mordait en ce moment de fort bon appétit dans un morceau de pain […]. »

• **L'excipit** (la fin du roman) se charge souvent d'une **haute valeur symbolique** : dans *Germinal*, Lantier apparaît ainsi marchant sur la route, dans la même situation que dans l'incipit, afin que le lecteur mesure le chemin parcouru.

EXERCICE COMMENTÉ

→ Énoncé

Fréderic est amoureux de Mme Arnoux, une femme mariée. Il aperçoit son époux au théâtre, portant une crêpe à son chapeau, et s'inquiète.

Elle était morte, peut-être ? Cette idée tourmenta Frédéric […]. […]

L'hiver se termina. Il fut moins triste au printemps, se mit à préparer son examen, et, l'ayant subi d'une façon médiocre, partit ensuite pour Nogent.

Il n'alla point à Troyes voir son ami, afin d'éviter les observations de sa mère. Puis, à la rentrée, il abandonna son logement et prit, sur le quai Napoléon, deux pièces, qu'il meubla. L'espoir d'une invitation chez les Dambreuse l'avait quitté ; sa grande passion pour Mme Arnoux commençait à s'éteindre. Un matin du mois de décembre, en se rendant au cours de procédure, il crut remarquer dans la rue Saint–Jacques plus d'animation qu'à l'ordinaire.

Flaubert, *L'Éducation sentimentale*, 1869.

a. Le rythme du déroulement des événements est-il le même dans les deux premiers paragraphes et dans les deux suivants ? Comment qualifie-t-on ces jeux temporels ?

b. A-t-on des informations sur les événements se déroulant entre « la rentrée » et le « mois de décembre » ? Comment se nomme ce procédé littéraire ?

→ Corrigés

a. Le rythme est très différent dans les deux premières phrases et dans la suite du texte. Dans les deux premières phrases, le narrateur évoque une scène, dans laquelle les événements sont décrits en détails et en « temps réel ». Dans les deux paragraphes suivants, le narrateur procède par sommaire, évoquant d'abord la fin de « l'hiver », puis le « printemps », « la rentrée », et enfin le mois « de décembre » : ces longues périodes ne font l'objet que d'une courte mention.

b. Le narrateur ne donne pas d'informations sur les événements se produisant entre « la rentrée », probablement située au mois de septembre, et le mois de « décembre ». Il s'agit donc d'une ellipse narrative.

QCM

1 Les premiers paragraphes d'un roman délimitent :

a. ☒ l'incipit. b. ☐ l'excipit. c. ☐ la focalisation.

2 Lorsque le narrateur choisit de ne pas mentionner un événement, on dit qu'il procède à :

a. ☐ une analepse. b. ☐ une prolepse. c. ☒ une ellipse.

3 Les personnages secondaires qui viennent en aide au personnage principal se nomment :

a. ☐ les aidants. b. ☒ les adjuvants. c. ☐ les auxiliaires.

4 Le « schéma narratif » désigne :

a. ☒ les différentes étapes d'un récit. b. ☐ les différents points de vue.

c. ☐ les perturbations chronologiques.

CORRIGÉS

1 a. ; 2 c. ; 3 b. ; 4 a.

Français

Chapitre 2

La narration

1 Narration et point de vue

1. Le narrateur

• L'auteur déroule le fil de l'histoire grâce à la voix d'un **narrateur extérieur** au récit ou **appartenant** à l'intrigue (c'est alors un **narrateur-personnage**). Le narrateur présente les événements selon un point de vue, **la focalisation**, qui peut être **interne, externe, ou zéro.**

• **Le narrateur omniscient (focalisation zéro)**
On appelle **focalisation zéro** le point de vue d'un narrateur **omniscient**, c'est-à-dire **extérieur au récit**, qui en sait plus que n'importe quel personnage, et connaît **à l'avance** les péripéties. Il peut décrire les événements qui se déroulent **simultanément** dans des endroits différents, ou évoquer le futur ainsi que le passé de tous les personnages.

Le narrateur omniscient

Surplombant le récit, il est en mesure de **commenter** les événements et de **juger** les personnages : il peut entrer dans leur esprit pour livrer leurs pensées ou les ressorts psychologiques de l'action.

2. La focalisation interne et la focalisation externe

• Lorsque le narrateur **extérieur au récit** se place en position **d'observateur impartial**, on parle de **focalisation externe**. Le narrateur montre par conséquent les lieux et évoque les personnages sans mention de leurs pensées ou de leurs sentiments.

• **Exemple :** Balzac débute ainsi, en focalisation externe, *Le Chef-d'œuvre inconnu* (1831) : « Vers la fin de l'année 1612, par une froide matinée de décembre, un jeune homme dont le vêtement était de très mince apparence, se promenait devant la porte d'une maison située rue des Grands-Augustins, à Paris. Après avoir assez longtemps marché [...] il finit par franchir le seuil de cette porte, et demanda si maître François Porbus était en son logis. »

• Lorsque le narrateur est un **personnage du récit** et s'exprime à la première personne, la focalisation est toujours **interne**. Ce personnage livre ses observations avec **subjectivité.**

À retenir

Dans un récit à la **troisième personne**, le narrateur peut adopter **ponctuellement ou durablement une focalisation interne**, et limiter alors les informations qu'il délivre à ce que le personnage sait, perçoit et pense.

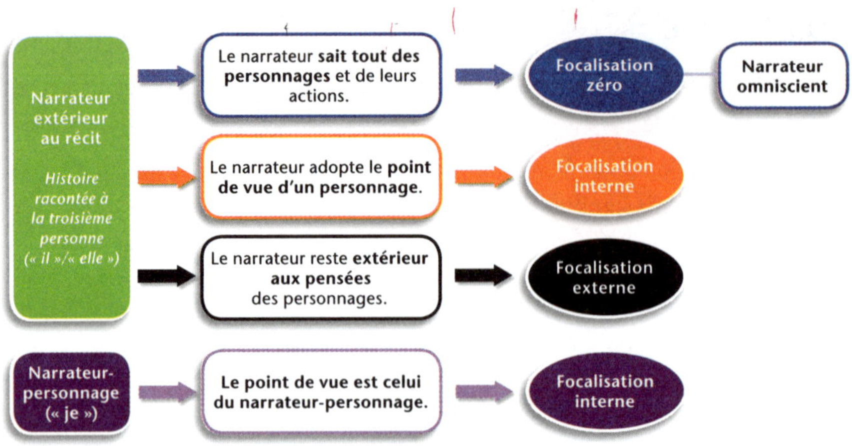

2 Le système énonciatif

1. Les indices de la présence du locuteur

• Le narrateur intervient parfois **directement** dans un roman à la troisième personne, jugeant le comportement du personnage, comme dans cet extrait de *La Chartreuse de Parme* (1839) de Stendhal : « Nous avouerons que notre héros était fort peu héros en ce moment. Toutefois, la peur ne venait chez lui qu'en seconde ligne [...]. »

• Certains **indices** plus subtils, les **modalisateurs**, révèlent également la présence du locuteur en trahissant sa **subjectivité**, et notamment son **degré de certitude** face à son énoncé. On le devine, grâce à l'emploi de certains verbes (« penser », « croire »), du **conditionnel**, du **subjonctif**, et d'adverbes comme « probablement ». Ainsi, dans *Au Bonheur des Dames* (1883), Zola écrit : « Alors, Mouret la suivit. La porte retomba, et il crut entendre le ricanement de Vallagnosc, étouffé par les tentures. » Le **verbe** « croire » marque la **distance** que l'émetteur prend par rapport au contenu de son message.

• L'appréciation portée par le locuteur ou le narrateur peut également être **méliorative** ou **péjorative**. Ainsi, dans le même roman, Zola décrit de manière méliorative le grand magasin, du point de vue de la jeune Denise : « Dans la grande ville, [...] il flambait comme un phare, il semblait à lui seul la lumière et la vie de la cité. »

2. Le discours rapporté

• On **rapporte les paroles** d'un personnage selon trois modes distincts : **le discours direct, le discours indirect et le discours indirect libre** (D.I.L.).

• Le **discours direct** rapporte **littéralement** les propos du personnage, grâce à des marques de **ponctuation** spécifiques (tirets ou guillemets) et des **verbes introducteurs déclaratifs** (comme « dire » et ses synonymes).

À retenir

Plus délicat à percevoir, le discours indirect libre reprend **les temps et le système des pronoms personnels** du discours indirect, mais rapporte les phrases prononcées sans changer la situation d'énonciation.

• Le **discours indirect** rapporte les propos à l'aide d'une **proposition subordonnée** à une principale contenant un verbe de parole, sans marques typographiques particulières. « Il répète que c'est tout à fait extraordinaire de la voir sur ce bac », écrit Marguerite Duras dans *L'Amant*.

• **Exemple** : Zola utilise ainsi le **discours indirect libre** dans *Germinal* (1885) : « Du coup, Étienne s'animait. Comment ! la réflexion serait défendue à l'ouvrier ! Eh ! justement, les choses changeraient bientôt, parce que l'ouvrier réfléchissait à cette heure ! Du temps du vieux, le mineur vivait dans la mine comme une brute [...]. Mais, à présent, le mineur s'éveillait au fond, germait dans la terre ainsi qu'une vraie graine [...]. Est-ce que tous les citoyens n'étaient pas égaux depuis la Révolution ? »

EXERCICE COMMENTÉ

→ Énoncé

Personne ne la regardait, ne songeait à elle. Elle se sentait noyée dans le mépris de ces gredins honnêtes qui l'avaient sacrifiée d'abord, rejetée ensuite, comme une chose malpropre et inutile. Alors elle songea à son grand panier tout plein de bonnes choses qu'ils avaient goulûment dévorées, à ses deux poulets luisants de gelée, à ses pâtés, à ses poires, à ses quatre bouteilles de bordeaux ; et sa fureur tombant soudain, comme une corde trop tendue qui casse, elle se sentit prête à pleurer.

Maupassant, *Boule de suif*, 1880.

a. Le narrateur est-il interne ou extérieur au récit ?

b. Quelle est la focalisation utilisée dans ce passage ?

→ Corrigés

a. Le narrateur est extérieur au récit : le récit est raconté à la troisième personne, « elle ».

b. Il s'agit d'une focalisation interne : le narrateur adopte le point de vue du personnage, une femme, nous dévoilant comment cette dernière perçoit ses compagnons, qu'elle qualifie de « gredins honnêtes », « gredins » qui ont « goulûment » dévoré les « bonnes choses » se trouvant dans « son grand panier ».

QCM

1 Le narrateur omniscient est un personnage de l'intrigue.

a. ☐ Vrai. b. ☒ Faux.

2 Lorsque le narrateur extérieur au récit adopte le point de vue d'un personnage, on parle de :

a. ☐ focalisation zéro. b. ☐ focalisation externe. c. ☒ focalisation interne.

3 On détecte la présence du locuteur ou du narrateur grâce :

a. ☒ aux modalisateurs du discours.

b. ☐ à la ponctuation caractéristique. c. ☐ au dialogue.

CORRIGÉS

1 b. Le narrateur omniscient est extérieur à l'intrigue, il ne peut donc pas être un personnage : il connaît le récit à l'avance, et en sait plus que n'importe quel personnage.

2 c. La focalisation zéro est celle d'un narrateur omniscient. En focalisation externe, le narrateur reste extérieur aux pensées des personnages.

3 a. Les modalisateurs du discours (l'emploi du conditionnel, du subjonctif, d'adverbes et de verbes soulignant le doute ou, au contraire, la certitude) marquent l'adhésion ou la distance du narrateur ou du locuteur vis-à-vis de ses propos.

Français

Chapitre 3

Le récit réaliste

À retenir

On parle pour la première fois de **réalisme** en 1826 dans *Le Mercure de France*. En 1856, le mouvement s'officialise et donne son nom à une revue.

1 Les principes

1. La visée du mouvement réaliste

• Dès 1830, les écrivains et les peintres veulent décrire la **réalité telle qu'elle est**, dans son **ensemble**, et sous **toutes ses formes** : ils souhaitent que le roman devienne **le miroir** de ce qu'ils voient.

• Le **roman** et la **nouvelle** triomphent. Ils représentent le monde parisien ou provincial sans l'embellir, et mettent en scène des **personnages ambitieux**, aux prises avec la réalité sociale et économique.

À retenir

« Impartialité », « observation objective », « respect des méthodes scientifiques » : tels sont les mots d'ordre des écrivains réalistes pour rendre compte de la société qui les entoure.

Le récit réaliste
- → se doit d'être le miroir de la réalité telle qu'elle est, en dehors de toute intention idéaliste.
- → nécessite un travail d'observation, d'enquête et de documentation préalable.
- → s'inspire souvent de faits divers, dont on trouve l'écho dans la presse.

2. Les « effets de réel »

• Pour rester au plus près de la réalité, les écrivains **s'inspirent souvent de faits réels**, et se livrent à de véritables **enquêtes** documentaires : Flaubert se rend en Normandie pour mieux situer le cadre de *Madame Bovary* (1857), et consulte des traités de médecine pour décrire le suicide par empoisonnement d'Emma.

• En outre, à l'image de la table dressée pour le banquet de mariage d'Emma et Charles Bovary, les **descriptions** sont nombreuses et **précises**, et le lexique est souvent **spécialisé ou technique**, pour mieux créer l'effet de réel recherché.

• Flaubert écrit ainsi : « C'était sous le hangar de la charretterie que la table était dressée. Il y avait dessus quatre aloyaux, six fricassées de poulets, du veau à la casserole, trois gigots et, au milieu, un joli cochon de lait rôti, flanqué de quatre andouilles à l'oseille. Aux angles, se dressait l'eau-de-vie, dans des carafes. »

Méthode

Étudier une description

– Renseignez-vous sur l'œuvre et le **mouvement littéraire** dans lequel elle s'inscrit.
– Identifiez son **type**, statique ou en mouvement, et sa fonction, symbolique ou informative.
– Intéressez-vous à son **organisation** et aux **champs lexicaux**.
– Repérez la **focalisation**.

2 Des écrivains

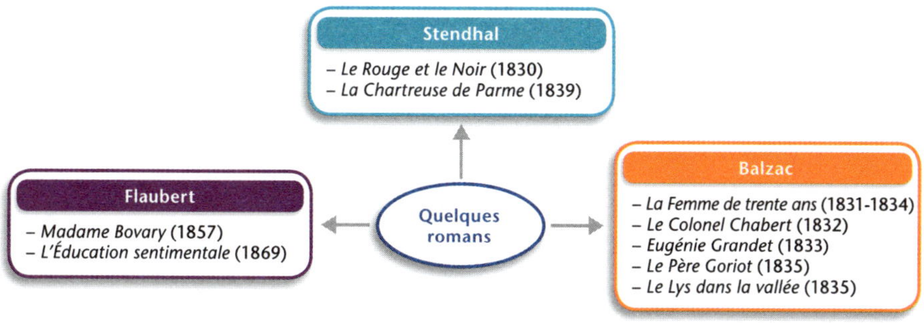

1. Balzac

• Honoré de Balzac (1799-1850) publie plus de **quatre-vingt-dix romans et nouvelles** au cours de sa carrière d'écrivains. ***Le Père Goriot***, en 1835, ouvre ***La Comédie humaine***, un **cycle romanesque** dans lequel les personnages **réapparaissent** d'un roman à l'autre, obéissant au projet de l'écrivain : décrire **« la société dans son entier, telle qu'elle est »**.

• Balzac expose ses idées littéraires dans l'avant-propos de *La Comédie humaine* : « La société française allait être l'historien, je ne devais être que le **secrétaire** ». Selon lui, les **faits quotidiens** qui constituent ses récits tracent les lignes d'une **histoire du cœur et de l'humain,** mettant au jour les processus qui mènent l'homme à sa perte ou à sa réussite.

2. Stendhal

• Son style sans fioritures, qui marche « **droit à l'objet** », selon ses propres mots, apparente Stendhal (1783-1842) aux **réalistes**, même si les héros de *La Chartreuse de Parme* (1839) ou du ***Rouge et le Noir***, qui partent à la **conquête** du bonheur, portent encore les marques d'un certain romantisme.

• Stendhal tire le sujet du *Rouge et le Noir* (1830) de la *Gazette des tribunaux* : le personnage de Julien Sorel est inspiré d'un condamné ayant tenté d'assassiner la mère d'enfants dont il avait été le précepteur. Sous-titré *Chronique de 1830*, le roman témoigne du climat politique de la Restauration.

3. Flaubert

• Le réalisme de Flaubert (1821-1880), qui a grandi dans le milieu médical, est nourri par l'exigence d'une **objectivité totale** : il veut peindre la réalité des choses et l'enchaînement des événements avec la plus grande **impartialité**, en **s'effaçant** derrière son œuvre.

• Considérant qu'il n'y a « **ni beaux ni vilains sujets** », il fait primer l'exigence de la **forme et du style**, auxquels il voue un véritable culte, « le style étant à lui seul une manière absolue de voir les choses ».

• Dans ***Madame Bovary***, **Flaubert** explique le comportement immoral d'Emma, le personnage principal, par la **distance entre ses aspirations romantiques**, engendrées par ses lectures et son éducation au couvent, **et la réalité** de son mariage avec un médiocre médecin de campagne.

• On peut ainsi lire : « Avant qu'elle se mariât, elle avait cru avoir de l'amour ; mais le bonheur qui aurait dû résulter de cet amour n'étant pas venu, il fallait qu'elle se fût trompée, songea-t-elle. Et Emma cherchait à savoir ce que l'on entendait au juste dans la vie par les mots de félicité, de passion et d'ivresse, qui lui avaient paru si beaux dans les livres. »

Français

QCM

1 Balzac est l'auteur d'un cycle romanesque intitulé :
a. ☐ *Les Rougon-Macquart.* b. ☐ *L'Éducation sentimentale.* c. ☐ *La Comédie humaine.*

2 Les écrivains réalistes s'inspirent le plus souvent :
a. ☐ de faits divers. b. ☐ d'auteurs antiques. c. ☐ de sujets romantiques.

3 Le mouvement réaliste prend la suite du mouvement :
a. ☐ classique. b. ☐ romantique. c. ☐ surréaliste.

4 Gustave Flaubert a écrit en 1857 :
a. ☐ *La Cousine Bette.* b. ☐ *La Chartreuse de Parme.* c. ☐ *Madame Bovary.*

5 Avant d'écrire leurs romans, les auteurs réalistes accumulent le plus souvent une lourde documentation.
a. ☐ Vrai b. ☐ Faux

6 *Le Rouge et le Noir* de Stendhal est sous-titré :
a. ☐ *Chronique de 1830.* b. ☐ *Les Illusions perdues.*

CORRIGÉS

1 c. *Les Rougon-Macquart* est un cycle romanesque imaginé par Émile Zola. *L'Éducation sentimentale* est un roman écrit par Flaubert en 1869.
2 a. Les artistes qui se sont inspirés des auteurs antiques appartiennent au classicisme, mouvement artistique et culturel du XVIIe siècle. Le réalisme s'oppose à la recherche d'un idéal romantique.
3 b. On situe traditionnellement le début réalisme lorsque se termine le romantisme.
4 c. *La Cousine Bette* est un roman de Balzac et *La Chartreuse de Parme* de Stendhal.
5 a. C'est un acte obligé pour ancrer l'intrigue dans la réalité d'un milieu social, politique et professionnel.
6 a. *Les Illusions perdues* est le titre d'un roman écrit par Balzac en 1843.

Chapitre 4

Le roman naturaliste

3 Le naturalisme de Zola

1. *Les Soirées de Médan*

• Quelques écrivains, séduits par la théorie de **l'observation méthodique et objective** des réalistes, se réunissent dans la maison de campagne **d'Émile Zola** (1840-1902), à Médan. Ces rencontres donnent naissance en 1880 à un recueil de nouvelles intitulé *Les Soirées de Médan*, recueil où figure *Boule de suif*, de Maupassant.

• Zola est de loin le plus convaincu des membres du groupe. S'inspirant des idées **scientifiques** de **Darwin** et du **biologiste Claude Bernard**, il souhaite mettre en évidence le bien-fondé des lois du **déterminisme** et de l'**hérédité** sur **l'espèce humaine.** En 1881, il définit sa théorie, le **naturalisme**, dans *Le Roman expérimental*.

Quelques récits emblématiques

Maupassant
- *Boule de suif* (1880)
- *La Maison Tellier* (1881)
- *Une vie (1883)*
- *Pierre et Jean* (1888)

Zola
- *Le Ventre de Paris* (1873)
- *L'Assommoir* (1877)
- *Nana* (1880)
- *Au Bonheur des Dames* (1883)
- *Germinal* (1885)
- *L'Œuvre* (1886)
- *La Bête humaine* (1890)

• Quatorze ans plus tôt, Zola a écrit un court roman, *Thérèse Raquin*, et a défini le plan d'une fresque, *Les Rougon-Macquart*, sous-titrée ***Histoire naturelle et sociale d'une famille** sous le Second Empire* (1871-1893).

2. *Les Rougon-Macquart*

• C'est dans ce **cycle romanesque** que l'écrivain met en pratique les principes naturalistes. Enrichie d'un roman par an, cette fresque donne à voir cinq générations successives de personnages. Chacun des vingt romans s'intéresse à un **milieu particulier**, le plus souvent populaire ou misérable : *Au Bonheur des Dames* a pour décor un grand magasin parisien (1883), *Germinal* met en scène des mineurs (1885).

• Zola décrit ainsi son projet dans la **préface de la première édition** de *L'Assommoir* (1877) : « J'ai voulu peindre la déchéance fatale d'une famille ouvrière, dans le milieu empesté de nos faubourgs. Au bout de l'ivrognerie et de la fainéantise, il y a le relâchement des liens de la famille, les ordures de la promiscuité, l'oubli progressif des sentiments honnêtes, puis comme dénouement la honte et la mort. »

3. Les principes naturalistes : des personnages sous influence

Les personnages des romans naturalistes sont des êtres soumis **au déterminisme**. Ils subissent :

- l'influence de l'**hérédité** familiale qui conditionne leur **tempérament**.
- l'influence du **milieu social** dans lequel ils vivent.
- l'influence des **circonstances** qu'ils traversent.

• Comme la courtisane de *Nana*, un roman paru en 1880, le personnage naturaliste subit ainsi **déterminisme et hérédité**. En effet, Nana est la **descendante** de « quatre ou cinq générations d'ivrognes », elle a le « **sang gâté** ». Cette hérédité a pour conséquence un « détraquement nerveux ». Elle est également le fruit du déterminisme social, comme le montre cette métaphore, qui met en lumière la misère qui structure son personnage : « Elle avait poussé dans un faubourg [...] ainsi qu'une plante le plein fumier [...]. »

Définition

Le **déterminisme** veut que tout événement, toute action ou tout sentiment humain soit le **produit logique d'une cause** pouvant être démontrée **scientifiquement**, cause qu'il faut chercher au sein du **milieu social** et **familial,** ainsi que des **circonstances**.

Document

***Nana** est une courtisane. Son histoire est relatée dans la presse.*

« La chronique de Fauchery, intitulée *La Mouche d'or*, était l'histoire d'une fille, née de quatre ou cinq générations d'ivrognes, le sang gâté par une longue hérédité de misère et de boisson, qui se transformait chez elle en un détraquement nerveux de son sexe de femme. Elle avait poussé dans un faubourg, sur le pavé parisien ; et, grande, belle, de chair superbe ainsi qu'une plante de plein fumier, elle vengeait les gueux et les abandonnés dont elle était le produit. »

Nana, Émile Zola, 1880.

2 Réalisme et naturalisme chez Maupassant

1. Entre réalisme et naturalisme

• **Maupassant** (1850-1893) ne s'est jamais clairement identifié aux naturalistes, auxquels on le rattache pourtant. Comme Zola, il souligne **la logique** de l'enchaînement des faits dans le roman, mais néanmoins sans s'appuyer outre mesure sur les théories scientifiques. **Élève de Flaubert**, il se moque comme lui de l'éducation romantique des jeunes filles, et refuse le recours à l'idéal romanesque.

• De ce fait, ses romans se finissent souvent sur un **constat d'échec** : Pierre et Jean se quittent en frères ennemis à la fin du récit éponyme, et Jeanne, le personnage principal d'*Une vie*, ne goûte pas au bonheur.

2. La préface de *Pierre et Jean*

Maupassant livre ses **convictions sur les limites du réalisme** et, par extension, du naturalisme, dans la préface de *Pierre et Jean* en 1888. Selon lui, le romancier ne peut donner que **l'illusion de la réalité**. En effet, il lui est impossible de raconter *stricto sensu* tous les événements qui se succèdent dans une vie : il **opère un choix** selon son projet, et n'est donc pas d'une objectivité pure. De plus, ses choix sont toujours motivés par l'ambition de **créer une logique**.

EXERCICE COMMENTÉ

→ Énoncé

Texte 1

Je veux dans *Au Bonheur des Dames* faire le poème de l'activité moderne. Donc, changement complet de philosophie : plus de pessimisme d'abord, ne pas conclure à la bêtise et à la mélancolie de la vie, conclure au contraire à son continuel labeur, à la puissance et à la gaieté de son enfantement. En un mot, aller avec le siècle [...] qui est un siècle d'action et de conquête, d'efforts dans tous les sens. Ensuite, comme conséquence, montrer la joie de l'action et le plaisir de l'existence ; il y a certainement des gens [...] qui se gorgent de bonheur et de succès : ce sont ces gens-là que je veux peindre, pour avoir l'autre face de la vérité [...].

Au Bonheur des Dames, dossier préparatoire, ébauche, Émile Zola, 1883.

Texte 2

– Eh bien ! Bourdoncle, cria Mouret, tremblez-vous encore ?

Il était revenu à son poste favori, en haut de l'escalier de l'entresol, contre la rampe ; et, devant le massacre d'étoffes qui s'étalait sous lui, il avait un rire victorieux [...]. La campagne était donc définitivement gagnée, le petit commerce du quartier mis en pièces, le baron Hartmann conquis, avec ses millions et ses terrains. Pendant qu'il regardait les caissiers penchés sur leurs registres, [...] il voyait déjà le Bonheur des Dames grandir démesurément, élargir son hall, prolonger ses galeries jusqu'à la rue du Dix-Décembre.

Au Bonheur des Dames, Émile Zola, 1883.

a. Qu'est-ce qui, dans ces deux textes, témoigne de l'ambition réaliste de Zola ?

b. Quel champ lexical Zola utilise-t-il pour décrire le succès du grand magasin ? Est-ce anodin ?

c. Écriture d'invention : après avoir lu *Au Bonheur des Dames*, un critique, s'exprimant dans un journal, reproche à Zola de ne pas avoir seulement peint « l'autre face de la vérité », comme il l'écrit dans le dossier préparatoire. Rédigez ce court article.

→ Corrigés

a. Zola veut « faire le poème de l'activité moderne », décrire le « continuel labeur », « la puissance » et « la gaieté » qui caractérisent « le siècle d'action et de conquête » dans lequel il vit. Il se pose en témoin de la révolution industrielle qui marque la fin du XIXe siècle.

b. Zola emploie le lexique de la guerre, évoquant le « poste favori » de Mouret, qui se situe en hauteur, dans une position dominante. Il parle également du « massacre » des étoffes. Le chef du grand magasin arbore un rire « victorieux », utilise le terme de « campagne » pour décrire la destruction » des petits commerces, « mis en pièces » comme des ennemis vaincus, et emploie le terme « conquis » pour célébrer son action face au baron Hartmann. En outre, on perçoit clairement que l'objectif de Mouret est de gagner une guerre de territoire, en élargissant « son hall » et en prolongeant « ses galeries ».

c. Émile Zola se vantait, dans le dossier préparatoire d'*Au Bonheur des Dames*, de vouloir s'éloigner, dans cette œuvre, de la peinture de la déchéance dont il est coutumier. En décrivant le grand magasin, il souhaitait peindre « l'autre face de la vérité », le bonheur enfanté par le progrès, « la joie de l'action et le plaisir de l'existence ». Et, surtout, il voulait représenter, selon ses propres mots, ces gens « qui se gorgent de bonheur et de succès ». Y parvient-il ? Sans doute. Mouret, le conquérant du commerce parisien, est assurément de ceux-là. Cependant, il est à noter que ce récit, tout comme les autres romans des *Rougon-Macquart*, n'échappe pas à la description de la misère, de la faillite et du déclin de toute une frange de la société. Car c'est bien une guerre de territoire que gagne Mouret, une guerre qui tue le « petit commerce de quartier », et c'est bien le drapeau de la victoire que plante le directeur du grand magasin. C'est grâce au malheur de nombreuses familles de négociants qu'il se tient dressé. C'est là la face obscure du roman, face qui ne saurait être oubliée, n'en déplaise à son auteur.

Méthode : écriture d'invention

Écrire un article de presse :
– rappelez le sujet au début de l'article ;
– tâchez de tenir vos lecteurs en haleine, comme le ferait un journaliste, en utilisant des questions oratoires et en travaillant le style.

QCM

1 Les principes du naturalisme sont définis dans :
a. ☐ la préface de *Pierre et Jean*. b. ☐ *Le Roman expérimental*. c. ☐ *Les Rougon-Macquart*.

2 Le déterminisme se fonde en grande partie sur :
a. ☐ l'hérédité. b. ☐ l'illusion de la réalité. c. ☐ le réalisme.

3 Selon Maupassant, le romancier réaliste :
a. ☐ doit être l'historien de son époque. b. ☐ ne peut donner que l'illusion de la réalité.

CORRIGÉS

1 b. Dans la préface de *Pierre et Jean*, Maupassant évoque sa conception du roman réaliste et naturaliste, mais ne pose pas les principes d'un mouvement. *Les Rougon-Macquart* est le titre donné par Zola à son cycle romanesque.
2 a. « L'illusion de la réalité » est une expression empruntée à Maupassant dans la préface de *Pierre et Jean*, préface qui décrit le travail de l'écrivain réaliste. Le réalisme est un mouvement littéraire.
3 b. Il est impossible pour le romancier, selon Maupassant, de relater tous les faits d'une vie. C'est pourquoi, le romancier recrée une réalité, qui fait illusion.

Chapitre 5

Le théâtre

1 Autour de la parole théâtrale

1. La structure d'une pièce de théâtre

• Une pièce de théâtre débute toujours par l'exposition. Viennent ensuite les péripéties, avant que les difficultés ne soient résolues par le dénouement.

• À l'image de *Phèdre*, de Racine, les pièces classiques sont découpées en actes, eux-mêmes divisés en scènes. Elles sont parfois rédigées en alexandrins. Décors et actions des personnages sont précisés par des didascalies, plus ou moins précises et plus ou moins importantes.

À retenir

La ou les **scènes d'exposition** ont la fonction particulière de présenter le cadre **spatio-temporel** de la pièce, les personnages principaux et les **enjeux de l'intrigue**, tout en ménageant le suspense.

2. Le dialogue théâtral

• Le personnage de théâtre est un être de parole, qui se définit grâce à ce qu'il dit, et à la façon dont il le dit. Il s'exprime sous forme de répliques, établissant un dialogue. Si, dans un échange rapide, plusieurs répliques courtes se succèdent, on parle de stichomythie. Une réplique longue de plusieurs vers ou de plusieurs lignes se nomme une tirade.

À retenir

Le théâtre est un genre littéraire qui a la particularité d'être un **texte** soumis à la **lecture** et à la **représentation**. Pour beaucoup, c'est également un endroit où l'on donne à voir un **conflit**, résultant d'oppositions sociales, morales ou politiques.

• La tirade est souvent utilisée pour dérouler un récit. Dans la scène 3 de l'acte IV du *Cid* de Corneille (1637) où Don Rodrigue, ainsi, évoque durant plus de trente vers sa bataille contre les Maures.

• La tirade donne également aux personnages le temps nécessaire à l'expression de leur point de vue, comme c'est le cas dans la scène d'exposition de *L'École des femmes* de Molière : Arnolphe donne sa vision rétrograde du mariage au cours de plusieurs tirades, auxquelles s'opposent celles de son ami Chrysalde.

2 Double énonciation et monologue

1. La double énonciation, une convention théâtrale

À retenir

Les spectateurs vont voir une pièce qu'ils savent être une **illusion de réalité**. Les paroles des personnages se destinent ainsi à la fois aux autres personnages et au public. On nomme ce phénomène la **double énonciation**.

• La double énonciation se remarque notamment dans les **apartés**, ces mots qu'un personnage, à l'image de La Flèche dans *L'Avare* de Molière (1668), prononce sur scène, mais qui sont **censés être, pour les autres, tous à fait inaudibles**.

Exemple :

> **Harpagon**
> Hors d'ici tout à l'heure, et qu'on ne réplique pas. Allons, que l'on détale de chez moi, maître juré filou, vrai gibier de potence !
> **La Flèche** (*à part*)
> Je n'ai jamais rien vu de si méchant que ce maudit vieillard, et je pense, sauf correction, qu'il a le diable au corps.
> (acte I, scène 3)

• La double énonciation est également mise en évidence dans les **monologues**, durant lesquels un personnage parle seul.

2. Le monologue

• La présence d'un monologue dans une pièce n'est pas anodine : placé au début, il a une **fonction explicative**, comme dans la scène d'exposition du *Malade imaginaire* de Molière (1673) au cours de laquelle Argan se présente.

• Lorsqu'il est utile au progrès de l'action, le monologue a une **fonction dramatique**. Un personnage, par exemple, peut y dévoiler ses projets, comme le fait Arnolphe dans la scène 1 de l'acte IV de *L'École des femmes*. S'il fait partager ses émotions aux spectateurs, le monologue est alors **introspectif**. Phèdre, dans la scène 5 de l'acte IV de la tragédie éponyme de Racine, réveille, grâce au monologue, le « feu mal étouffé » qui brûle en son cœur.

• Enfin, dans la scène 6 de l'acte I du *Cid* de Corneille (1637), Rodrigue tente de résoudre le dilemme qui l'agite, et se livre à un **monologue délibératif**, énumérant les arguments en faveur de son père et ceux en faveur de Chimène, jusqu'à la prise de décision :

> En cet affront mon père est l'offensé,
> Et l'offenseur le père de Chimène !
> Que je sens de rudes combats !
> Contre mon propre honneur mon amour s'intéresse :
> Il faut venger un père, et perdre une maîtresse :
> L'un m'anime le cœur, l'autre retient mon bras.

EXERCICE COMMENTÉ

→ Énoncé

En proie à la jalousie et à la fureur, Hermione a demandé à Oreste d'assassiner Pyrrhus, l'homme qu'elle aime, au cours de la cérémonie qui doit unir ce dernier à Andromaque. Hermione est maintenant seule sur scène, pendant que la cérémonie bat son plein.

HERMIONE
Où suis-je ? Qu'ai-je fait ? Que dois-je faire encore ?
Quel transport me saisit ? Quel chagrin me dévore ?
Errante, et sans dessein, je cours dans ce palais.
Ah ! Ne puis-je savoir si j'aime ou si je hais ?
Le cruel ! De quel œil il m'a congédiée !
Sans pitié, sans douleur au moins étudiée.
L'ai-je vu se troubler et me plaindre un moment ?
En ai-je pu tirer un seul gémissement ?
Muet à mes soupirs, tranquille à mes alarmes,
Semblait-il seulement qu'il eût part à mes larmes ?
Et je le plains encore ! Et, pour comble d'ennui,
Mon cœur, mon lâche cœur s'intéresse pour lui.
Je tremble au seul penser du coup qui le menace,
Et, prête à me venger, je lui fais déjà grâce.
Non, ne révoquons point l'arrêt de mon courroux :
Qu'il périsse ! Aussi bien il ne vit plus pour nous.

Acte V, scène 1, *Andromaque*, Racine, 1667.

a. Pourquoi Hermione erre-t-elle dans le palais, affolée, s'interrogeant sur ce qu'elle a fait ? Quelle alternative pose-t-elle dans les premiers vers ?
b. Quelle décision prend-elle finalement ? Pour quelles raisons ?
c. Quelle fonction ce monologue a-t-il dans la pièce ?

→ Corrigés

a. Hermione erre dans le palais car elle a ordonné à Oreste d'assassiner Pyrrhus. Elle se demande si elle aime ou si elle hait Pyrrhus. Elle déclare en effet : « Ah ! Ne puis-je savoir si j'aime ou si je hais ? » Si elle l'aime, elle le sauvera, si elle le hait, elle le laissera mourir.
b. Elle prend finalement la décision de laisser mourir Pyrrhus (« Qu'il périsse ! »), car il n'a montré aucune peine à son égard : il est resté « muet » à ses « soupirs », « tranquille » à ses « alarmes ».
c. C'est un monologue délibératif, dans lequel Hermione prend la décision de laisser mourir Pyrrhus sous les coups d'Oreste.

Méthode : étudier un monologue théâtral

– Repérez sa **position** dans la pièce et les mouvements qui le **structurent** ;
– relevez les **champs lexicaux** ;
– analysez le **registre** utilisé par le personnage ;
– définissez sa **fonction** : explicative, dramatique, introspective ou délibérative.

Chapitre 6

Le théâtre antique

À retenir

Dans *La Poétique*, texte de référence écrit par Aristote au IVe siècle avant J.-C., la **tragédie** est décrite comme le genre littéraire **le plus noble, voisin de l'épopée.**

1 Les concours tragiques grecs

1. Les grandes dionysies

Durant le siècle de Périclès, à Athènes, le théâtre est actif durant les fêtes religieuses des grandes dionysies et des lénéennes. Un concours est alors organisé durant quatre jours, dont trois sont consacrés aux tragédies (chaque poète tragique en proposent trois, suivies d'un drame satirique). Le jour restant est réservé aux comédies. Eschyle, Euripide et Sophocle sont des dramaturges qui se sont particulièrement distingués lors du concours tragique.

Sophocle (–495 ; –406)

7 tragédies nous sont parvenues, dont :
- *Ajax* (-445) ;
- *Antigone* (-442) ;
- *Œdipe roi* (-421) ;
- *Électre* (vers -415).

Euripide (–480 ; –406)

18 tragédies nous sont parvenues, dont :
- *Médée* (-431) ;
- *Andromaque* (-426) ;
- *Les Troyennes* (-415) ;
- *Oreste* (-408).

Eschyle (–525 ; –456)

7 tragédies nous sont parvenues, dont :
- *Les Perses* (-472) ;
- *Les Sept contre Thèbes* (-467) ;
- *L'Orestie* (-458).

2. La tragédie grecque

• À Athènes, aller au théâtre est un acte politique et obligatoire pour l'ensemble des citoyens. Les pièces mettent en scène les mythes, et offrent des éléments de réflexion sur la société, notamment sur le rôle du pouvoir et des dieux, et sur les responsabilités des hommes.

• La représentation est assurée par trois acteurs masculins, qui suffisent à jouer tous les rôles. Ils évoluent devant la *skênê*, changeant de masque et de costume. Ils sont aidés par le chœur, constitué de quinze choreutes se tenant dans l'*orchestra*, dirigé par le *coryphée*.

• *Antigone* est l'une des tragédies de Sophocle les plus connues. Cette pièce évoque le destin de la fille d'Œdipe, condamnée à désobéir à la loi de la cité pour honorer la mort de son frère. Elle donnera lieu à une adaptation moderne par Jean Anouilh, en 1944.

Structure de la tragédie grecque

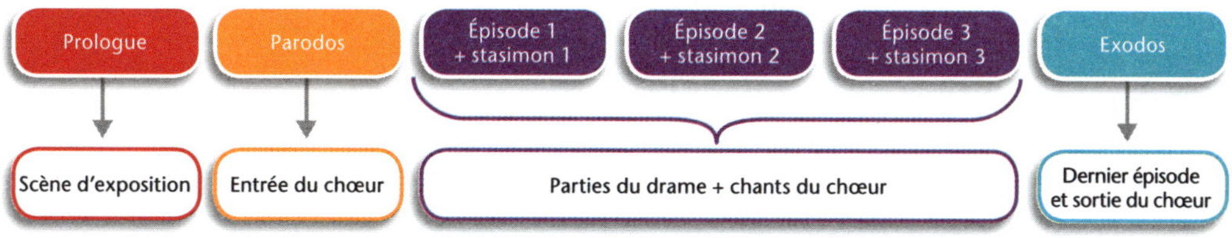

2 La comédie grecque et le théâtre latin

1. La comédie

Peu de comédies jouées dans l'Antiquité grecque sont parvenues jusqu'à nous, hormis celles d'**Aristophane.** Dans *Les Nuées,* sa verve est dirigée contre Socrate, et dans *Les Grenouilles,* contre Euripide. Ce sont des satires débridées, parfois obscènes, qui s'appuient sur la structure de la tragédie.

2. Le théâtre latin

• La verve comique est reprise par **Plaute et Térence,** deux poètes **latins**. Pour les Romains, le théâtre est en effet un **espace ludique**, et non plus politique. Plaute s'inspire des Grecs pour créer des **farces satiriques**. Dans ***Aulularia***, Euclion découvre chez lui une marmite d'or. Avare, il donne sa fille en mariage, sans dot, à son riche voisin Mégadore. S'enchaînent alors les quiproquos. Reprenant l'intrigue de la pièce antique, Molière écrira *L'Avare* en 1668. Quant aux œuvres de Térence, elles sont plus subtiles, chargées d'**intrigues**. Plusieurs types de pièces comiques font leur apparition : l'**atellane**, une courte farce improvisée, le **mime** et la **pantomime**, dans lesquels on trouve des danses, et la **fabula**, qui déroule une narration allant de la reprise d'une pièce grecque aux sujets historiques contemporains.

• **Sénèque** (–4 ; 65), philosophe précepteur de Néron, a quant à lui travaillé à **l'adaptation latine** de tragédies grecques, insistant sur la monstruosité des crimes de **Médée**, d'Œdipe ou de Phèdre.

EXERCICE COMMENTÉ

→ Énoncé

Antigone est accusée par Créon, le roi de Thèbes, d'avoir outrepassé la loi qu'il a édictée : elle a en effet été découverte offrant une sépulture à son frère, alors qu'elle n'en avait pas le droit, ce dernier ayant été déclaré ennemi de la cité.

CRÉON : Et ainsi, tu as osé violer ces lois ?

ANTIGONE : C'est que Zeus ne les a point faites, ni la Justice qui siège auprès des dieux souterrains. Et je n'ai pas cru que tes édits pussent l'emporter sur les lois non écrites et immuables des dieux, puisque tu n'es qu'un mortel. [...] Si j'avais laissé non enseveli le cadavre de l'enfant de ma mère, cela m'eût affligée ; mais ce que j'ai fait ne m'afflige pas. Et si je te semble avoir agi follement, peut-être suis-je accusée de folie par un insensé.

LE CORYPHÉE : L'esprit inflexible de cette enfant vient d'un père semblable à elle. Elle ne sait point céder au malheur.
CRÉON : Sache cependant que ces esprits inflexibles sont domptés plus souvent que d'autres. [...] Celle-ci savait qu'elle agissait injurieusement en osant violer des lois ordonnées ; et, maintenant, ayant accompli le crime, elle commet un autre outrage en riant et en se glorifiant de ce qu'elle a fait [...].
ANTIGONE : Veux-tu faire plus que me tuer, m'ayant prise ?
CRÉON : Rien de plus. Ayant ta vie, j'ai tout ce que je veux.

Antigone, Sophocle, – 442.

a. Qui est le coryphée ? Quel est son rôle dans la tragédie grecque ?
b. Sur quel sujet Antigone s'oppose-t-elle à Créon ? Pourquoi peut-on dire que cette tragédie de Sophocle met en lumière un conflit qui agite la société grecque ?

→ Corrigés

a. Le coryphée est le chef du chœur intervenant dans les tragédies antiques grecques. Il dirige le chœur et dialogue avec les personnages.
b. Antigone pense qu'il faut respecter les lois séculaires imposées par les dieux : c'est la raison pour laquelle elle a enseveli son frère, malgré l'interdiction du roi. Créon est le roi : il édicte des lois, des lois humaines, qui doivent être respectées et doivent primer sur les lois divines. La tragédie de Sophocle met en lumière un conflit qui agite la société grecque, divisée entre le besoin de moderniser la société républicaine (Athènes est alors dirigée par Périclès) et d'honorer les dieux par les rites ancestraux. Le dramaturge pose en outre le problème de la responsabilité des hommes face à leur conscience.

Méthode : étudier un dialogue théâtral

– Renseignez-vous sur les personnages, et particulièrement sur leur âge et leurs **relations** (amis, valets, etc.) ;
– observez la **longueur et le contenu** des répliques ;
– repérez qui pose les questions, et quel personnage est en **position de force**.

QCM

1 Dans l'Antiquité grecque, le genre théâtral noble est :
a. ☐ la tragédie. **b.** ☐ la comédie. **c.** ☐ la farce.

2 Dans une tragédie grecque, le dernier épisode, correspondant également à la sortie du chœur se nomme :
a. ☐ le stasimon. **b.** ☐ l'exodos. **c.** ☐ le parodos.

3 *Aulularia* est une comédie de :
a. ☐ Molière. **b.** ☐ Plaute. **c.** ☐ Euripide.

CORRIGÉS

1 a ; 2 b ; 3 b.

Français

Chapitre 7

La comédie au XVIIe siècle

1 Le tournant décisif du Grand Siècle

1. L'imitation des Anciens : une volonté royale

• Louis XIV prend le pouvoir en 1661 et fait régner la monarchie absolue. Souhaitant accroître le prestige de la France, il impose aux arts et aux lettres une nouvelle rigueur, qui devient le **classicisme**. Ce mouvement artistique et culturel, théorisé par Boileau dans son ***Art poétique*** en 1674, se fonde sur des principes énoncés par Malherbe (1555-1628).

À retenir

Selon les principes d'Aristote dans *La Poétique*, l'action doit **plaire**, être **vraisemblable** et respecter la **bienséance** : les épisodes choquants ont ainsi lieu hors de la scène. L'intrigue, **unique**, se déroule en **un seul jour** et en **un seul lieu,** selon la **règle des « trois unités »**.

• **Imiter les Anciens**, les ***classici scriptores*** de l'Antiquité, à qui l'on emprunte les formes et les sujets : tel semble être le secret pour trouver au théâtre l'**harmonie** d'un **naturel** dépouillé et simple. Ainsi, le sujet d'*Amphitryon* de Molière est directement inspiré de la pièce de Plaute du même titre.

2. Molière

Molière (1622-1673)

De son vrai nom Jean-Baptiste Poquelin, il fonde l'Illustre-Théâtre et tourne en province, où il perfectionne son jeu, son écriture et son art de l'improvisation sur le modèle italien. De retour à Paris en 1658, il devient le chef de la « Troupe de Monsieur », frère du roi.

• Deux veines parcourent son œuvre. L'une donne à voir les exploits de Scapin ou Sganarelle, des valets malins hérités de la **farce** médiévale, auxquels s'ajoute le jeu des personnages traditionnels italiens (barbons, jeunes amoureux, etc.) puisés dans le répertoire de la **commedia dell'arte**, le théâtre de rue du siècle précédent, que Molière affectionne.

• L'autre propose de « **grandes comédies** », qui étonnent par leur finesse et la complexité des caractères qu'elles peignent. ***Le Misanthrope*** (1666) par exemple, qui a pour sous-titre l'*Atrabilaire amoureux*, est une pièce au ton grave, écrite en cinq actes et en alexandrins. Elle met en scène Alceste, jeune homme intransigeant, haïssant l'hypocrisie et la complaisance de ses contemporains, et paradoxalement amoureux de la coquette Célimène.

Molière (1622-1673)

Quelques comédies légères
- *Les Précieuses ridicules* (1659)
- *Le Médecin malgré lui* (1666)
- *L'Avare* (1668)
- *Georges Dandin* (1668)
- *Amphitryon* (1668)
- *Le Bourgeois gentilhomme* (1670)
- *Les Fourberies de Scapin* (1671)
- *Le Malade imaginaire* (1673)

Quelques grandes comédies
- *L'École des femmes* (1662)
- *Le Tartuffe ou l'Imposteur* (1664)
- *Dom Juan ou le Festin de pierre* (1665)
- *Le Misanthrope ou l'Atrabilaire amoureux* (1666)
- *Les Femmes savantes* (1672)

• Selon Molière, la mission de la comédie est de « **corriger** les hommes en les **divertissant** ». Autrement dit, la comédie doit d'une part **plaire** à **ses contemporains**, et d'autre part les **instruire**, en donnant à voir sur scène les caractères de leur temps : bourgeois vaniteux, dévots hypocrites, lâches courtisans, méchantes coquettes ou précieuses ridicules. Molière se livre donc à la **critique** de l'ordre établi, particulièrement dans ses grandes comédies, et se heurte à **l'hostilité des religieux** et **des moralistes**, s'exposant à la **censure**.

2 Les composantes de la comédie

1. Les personnages

Hormis dans les grandes comédies qui comptent parfois des aristocrates, la comédie met généralement en scène des personnages de **classe moyenne**. L'intrigue repose le plus souvent sur un **mariage arrangé** faisant obstacle aux projets de sympathiques amoureux. La fin est toujours heureuse, et le **registre comique** domine.

2. Les procédés du comique

• Le registre comique **suscite le rire ou le sourire**, le plus souvent grâce à la création d'un **décalage** avec l'ordre habituel des choses, et repose sur quatre procédés.

Les 4 procédés comiques :
- Le **comique de situation** prend sa source dans les **quiproquos** (les malentendus) et les méprises.
- Le **comique de gestes** s'exprime particulièrement dans la farce, par des bastonnades ou des poursuites. *Dans l'exemple ci-après, Scapin cache Géronte dans un grand sac.*
- Le **comique de mots** se fonde sur les répétitions, l'emploi d'un lexique particulier ou les jeux de langage. *Dans l'exemple ci-après, Scapin contrefait sa voix.*
- Le **comique de caractère** est porté par les personnages : par exemple, les valets couards et gouailleurs sont comiques en eux-mêmes.

• Dans les *Fourberies de Scapin*, Molière utilise presque l'ensemble des procédés du comique. En effet, pour soutirer de l'argent au vieux Géronte, Scapin, le valet malicieux, lui fait croire qu'il est poursuivi et qu'il doit se cacher dans un sac et déclare : « Cachez-vous : voici un spadassin qui vous cherche. (*En contrefaisant sa voix*) "Quoi ? Jé n'aurai pas l'abantage dé tuer cé Géronte, et quelqu'un par charité né m'enseignera pas où il est ?" (*à Géronte avec sa voix ordinaire*) Ne branlez pas. »

EXERCICE COMMENTÉ

→ Énoncé

Martine, la servante, est sur le point d'être renvoyée par sa maîtresse Philaminte, dont Bélise est l'amie, en raison d'une erreur grammaticale.

Bélise

Ton esprit, je l'avoue, est bien matériel.
« Je » n'est qu'un singulier « avons » est pluriel.
Veux-tu toute ta vie offenser la grammaire ?

Martine

Qui parle d'offenser grand-mère ni grand-père ?

Philaminte

Ô Ciel !

Bélise

« Grammaire » est prise à contre-sens par toi,
Et je t'ai dit déjà d'où vient ce mot.

Martine

Ma foi,
Qu'il vienne de Chaillot, d'Auteuil, ou de Pontoise,
Cela ne me fait rien.

Bélise

Quelle âme villageoise !
La grammaire, du verbe et du nominatif,
Comme de l'adjectif avec le substantif,
Nous enseigne les lois.

Martine

J'ai, Madame, à vous dire
Que je ne connais point ces gens-là.

Les Femmes savantes, acte II, scène 6, Molière, 1672.

a. Quel personnage vous paraît le plus sympathique ? Pourquoi ? Comment caractériseriez-vous les autres ?
b. Quel type de comique décelez-vous dans cet extrait ?
c. À l'aide des réponses aux questions précédentes, proposez deux arguments pour alimenter l'axe de lecture suivant : montrez que le comique de la scène n'exclut pas une certaine critique.

→ Corrigés

a. Le personnage le plus sympathique est sans aucun doute celui de la servante Martine : elle est peu instruite, comme c'est généralement le cas des gens de sa condition, mais répond avec honnêteté et bon sens. Bélise et Philaminte sont en revanche pédantes et snobs. Elles ont un langage emprunté et maniéré, s'indignent et se montrent insultantes à l'égard de la servante, qualifiée par Bélise d'« âme villageoise ».

Français

b. On repère dans cet extrait le comique de mots : les propos de la servante qui confond « grand'mère » et « grammaire » sont en effet drôles. Les personnages ne manquent pas non plus de comique de caractère : la servante correspond au type du personnage simple et sans malice, et les deux amies sont ridicules de snobisme.

c. Malgré le comique qui se dégage de la scène, la critique est bien présente :
– d'une part, les propos de la servante sont drôles, et le snobisme des deux amies ridicule ;
– d'autre part, on peut y lire la critique de l'emploi à outrance d'un langage savant, devenant un jargon.

Méthode : le commentaire littéraire

Le commentaire est la lecture **critique** d'un texte, parfois guidée par un **axe de réflexion**. Il réclame une réponse construite, débutant par une introduction, suivie d'un développement (constitué d'arguments pertinents et organisés), et terminée par une conclusion.

QCM

1 Le théâtre classique se caractérise par :
a. ☐ le respect de la règle des trois unités.
b. ☐ le mélange du registre comique et du registre tragique.

2 Selon Molière, la mission de la comédie est :
a. ☐ de corriger les hommes en les divertissant.
b. ☐ d'évoquer l'histoire du royaume.

3 *Les Fourberies de Scapin* est une comédie qui s'inscrit dans :
a. ☐ les grandes comédies de Molière.
b. ☐ les comédies légères, proches de la farce.

4 La plupart du temps, les comédiens de Molière mettent en scène :
a. ☐ des rois et des princes.
b. ☐ des personnages de classes moyennes.

CORRIGÉS

1 a. Le mélange des registres sera défendu par les romantiques, en opposition au théâtre classique.
2 a. Évoquer l'histoire n'est pas l'objectif de la comédie classique, mais d'une certaine catégorie du théâtre latin.
3 b. C'est une comédie légère, proche de la farce, où abondent les quiproquos et les bastonnades.
4 c. Les rois et les prince sont plus volontiers employés dans les tragédies classiques.

Chapitre 8

La tragédie au XVIIe siècle

1 La tragédie au début du XVIIe siècle

1. La tragédie cornélienne avant le classicisme

• La vie de **Corneille** (1606-1684), auteur de plus de trente pièces de théâtre, embrasse l'ensemble du XVIIe siècle. Ses tragédies mettent en lumière des **personnages héroïques** et fougueux, souvent en quête de **gloire**, à l'image de Camille, dans *Horace*. Ils ont une haute idée d'eux-mêmes, et vantent le goût du risque, de l'**honneur** et des folles passions.

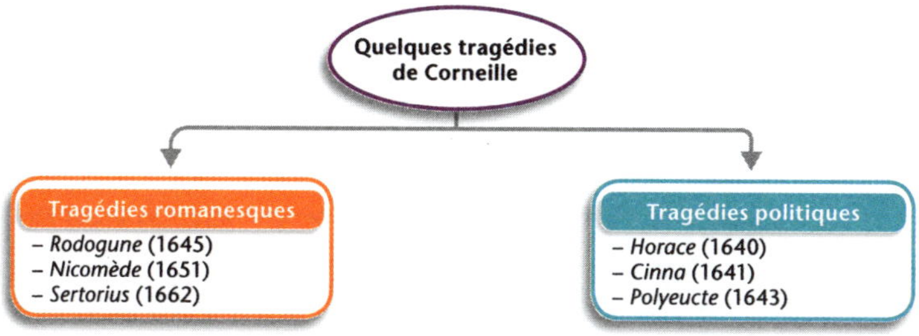

• *Horace* met en scène la guerre entre les Horaces (Rome) et les Curiaces (Albe). Chaque camp a désigné trois guerriers. Mais Camille, sœur d'Horace, est amoureuse de Curiace, qui périt au combat. Dans la scène 5 de l'acte IV, elle s'adresse ainsi à Horace :

> Rome, l'unique objet de mon ressentiment !
> Rome, à qui vient ton bras d'immoler mon amant !
> Rome qui t'a vu naître et que ton cœur adore !
> Rome enfin que je hais, parce qu'elle t'honore ! […]
> Que le courroux du ciel allumé par mes vœux,
> Fasse tomber sur elle un déluge de feux !
> Puissé-je de mes yeux y voir tomber ce foudre,
> Voir ses maisons en cendre, et ses lauriers en poudre,
> Voir le dernier Romain à son dernier soupir,
> Moi seule en être cause, et mourir de plaisir !

2. La querelle du *Cid*

• Corneille donne *Le Cid* pour la première fois en **1637**. Cette **tragicomédie** commence mal : pour **venger son père d'un affront** politique, Rodrigue doit tuer le comte. Or ce dernier est le père de Chimène, dont il est amoureux. Toutefois, la pièce **se termine bien**. En effet, Rodrigue accomplit finalement son devoir envers son père, et épouse malgré tout Chimène.

• La pièce marque le siècle de son empreinte, car elle fait l'objet d'une **querelle**. Ses détracteurs lui reprochent son **irrégularité** : elle ne respecte pas la règle antique de l'unité de temps, car elle se déroule sur deux jours, ni l'unité de lieu, car l'action sévillane a lieu sur la place publique, dans le palais du roi et dans la maison de Chimène. Elle fait également fi de la **vraisemblance**. En effet, comment une femme pourrait-elle épouser l'assassin de son père ?

• Par conséquent, cette pièce représente **un moment charnière** entre l'esthétique ancienne vantant l'**héroïsme**, et le classicisme nouveau explorant la **mesure** et la **rigueur** imposées à l'« **honnête homme** », idéal de vertu de la seconde moitié du siècle.

2 Le classicisme, âge d'or de la tragédie

1. Les règles de la tragédie classique

• La tragédie **adapte** les **préceptes aristotéliciens** aux exigences du XVIIe siècle : elle met en scène une ***mimêsis***, autrement dit une imitation de la réalité, à travers des **situations extrêmes** (crimes de sang, inceste, etc.) que le spectateur sait possibles, mais non véritables.

La tragédie classique

- → Elle est écrite en **cinq actes** et en **vers**, et conserve l'**unité de ton**.
- → Sa mission est de **plaire et de toucher**.
- → Elle respecte les impératifs de **vraisemblance** et de **bienséance**, ainsi que la règle des **trois unités** (unité de lieu, de temps et d'action).
- → Elle fait éprouver aux spectateurs **terreur et pitié**, leur permettant ainsi d'accomplir la **catharsis**.

• Selon *La Poétique* d'Aristote, elle permet ainsi de purger les spectateurs de leurs pulsions. Grâce à la **compassion** qu'ils éprouvent et au phénomène d'**identification** aux personnages, ils ressentent en effet « **terreur et pitié** » à l'égard du spectacle qui se déroule sous leurs yeux. C'est ce que l'on appelle la **catharsis**, ou « la purgation des passions ».

Jean Racine (1639-1699)

Tragédien classique par excellence, Racine reçoit une éducation janséniste. Il étudie les auteurs antiques, à l'aune desquels il puisera le sujet de ses douze **tragédies,** parmi lesquelles figurent *Andromaque* (1667), *Britannicus* (1669), *Phèdre* (1677) et *Bérénice* (1670).

2. Le héros, les dieux et le conflit tragique

• Le sujet de la tragédie réside dans l'adaptation au théâtre de **mythes** ou de **faits historiques**. Les personnages sont **nobles**, victimes de leurs **passions**, c'est-à-dire de leurs **excès**, et particulièrement de l'**hybris** (l'orgueil démesuré) et de l'amour coupable. Ils sont aux prises avec des **forces supérieures**, souvent les dieux ou l'État, qui contrarient leur volonté personnelle.

• **Exceptionnel,** le héros tragique est souvent **d'ascendance divine**. Il est donc pourvu, comme l'empereur Titus dans *Bérénice* de Racine, **d'un sens du devoir hors du commun**, ou il éprouve, comme Phèdre, une **passion extraordinaire**, confinant à la **fureur**.

• Personnage principal de la pièce éponyme de Racine, Phèdre, fille de Minos et de Pasiphaé, est l'épouse du roi Thésée. Elle voue cependant un amour coupable et inaltérable au fils de ce dernier, Hippolyte, comme elle le déclare elle-même dans la scène 3 de l'acte I :

Je le vis, je rougis, je pâlis à sa vue ;
Un trouble s'éleva dans mon âme éperdue ;
Mes yeux ne voyaient plus, je ne pouvais parler ;
Je sentis tout mon corps et transir et brûler.
Je reconnus Vénus et ses feux redoutables,
D'un sang qu'elle poursuit tourments inévitables.

• L'action tragique entraîne les personnages dans des péripéties qui tiennent le spectateur en haleine. Souvent mis face à un dilemme, l'action les condamne à un dénouement **fatal inexorable**.

Définition

Un **dilemme** est un choix difficile devant lequel le personnage est placé, et qui le conduira forcément à sa perte : en effet, chacune des issues envisagées le mène à son malheur.

• Rodrigue, dans *Le Cid* de Corneille, doit sauver l'honneur de sa famille en tuant le père de Chimène. Or, il aime Chimène et sait qu'il la perdra s'il accomplit son dessein (acte I, scène 6). Ici se **noue le dilemme tragique** de la pièce.

EXERCICE COMMENTÉ

→ Énoncé

Quelles sont, selon vous, les caractéristiques du héros tragique ?
Pour répondre à cette question, vous établirez un plan détaillé en choisissant trois arguments pertinents, assortis d'exemples précis tirés de votre culture personnelle ou des textes reproduits dans ce chapitre.

→ Corrigé

Plan possible :

• **Argument 1 : le héros tragique est un personnage de noble lignée.**
Exemple 1 : le personnage de Titus, dans *Bérénice* de Racine, est empereur de Rome. Camille, dans *Horace* de Corneille, est la fille du vieil Horace, un chevalier romain.

• **Argument 2 : le héros tragique est victime de sa passion.**
Exemple 2 : Phèdre, dans la tragédie éponyme de Racine, ne peut s'empêcher d'aimer passionnément Hippolyte, le fils de Thésée. Comme elle l'explique dans la scène 3 de l'acte I, tous les remèdes sont impuissants face à cet « incurable amour ».

• **Argument 3 : le héros tragique se définit par son langage.**
Son lexique, soutenu et parfois précieux, évoque la passion, la colère, la fatalité, l'accablement et la mort, et abonde en tournures hyperboliques.
Exemple 3 : dans la scène 5 de l'acte IV d'*Horace*, Camille utilise l'anaphore pour exprimer sa colère et marquer les esprits. En effet, le terme « Rome » intervient au début de quatre vers successifs. En outre, sa tirade se distingue par l'emploi du vocabulaire de l'anéantissement : elle déclare vouloir réduire Rome à néant. Enfin, elle évoque sa propre mort : la destruction du « dernier Romain » lui permettrait de « mourir de plaisir ».

»

Méthode : dresser le plan d'un sujet argumentatif

– Examinez attentivement la question posée ;
– listez au brouillon les **arguments** appropriés ;
– notez à la suite de chaque argument **l'exemple** correspondant, en justifiant votre choix ;
– organisez les arguments selon un ordre **logique**.

QCM

1 Les tragédies de Racine sont placées sous le signe de l'héroïsme.
a. ☐ Vrai. b. ☐ Faux.

2 La mission de la tragédie, selon Aristote, est de :
a. ☐ plaire et toucher. b. ☐ plaire et instruire.

3 Le dilemme tragique est :
a. ☐ une figure de rhétorique. b. ☐ un choix difficile, à l'issue fatale.

4 Corneille est l'auteur d'une pièce intitulée :
a. ☐ *Le Cid*. b. ☐ *Andromaque*.

5 La catharsis est un phénomène que l'on nomme également la purgation des passions
a. ☐ Vrai. b. ☐ Faux.

6 Phèdre, dans la tragédie de Racine, est la fille de :
a. ☐ Thésée. b. ☐ Minos et Pasiphaé.

7 *Britannicus* et *Bérénice* sont des tragédies de :
a. ☐ Racine. b. ☐ Corneille.

8 Le sujet de la tragédie classique réside bien souvent dans l'adaptation au théâtre :
a. ☐ de romans courtois. b. ☐ de mythes et de faits historiques.

CORRIGÉS

1 b. L'héroïsme est une notion qui n'apparaît pas dans les tragédies classiques, où l'on préfère vanter la mesure de l'honnête homme, et dénoncer les excès.
2 a. C'est la comédie qui a pour mission de « plaire et instruire ».
3 b. On appelle « figures de réthorique », les figures de style telles que la métaphore, le chiasme etc. (voir chapitre 18)
4 a. *Andromaque* est une pièce de Racine.
5 a.
6 b. Thésée est le roi de Crête, époux de Phèdre.
7 a. Ce sont des tragédies de Racine.
8 b. Les romans courtois sont des œuvres du moyen-âge mettant en scène par exemple, pour certains d'entre eux, les chevaliers du roi Arthur. La tragédie classique reprend quant à elle des sujets mythiques ou historiques inspirés de l'antiquité grecque ou latine.

Chapitre 9

La poésie, les formes poétiques et la versification

1 La versification

1. L'art poétique

Les règles de versification ont été théorisées par de nombreux poètes, de Boileau au XVIIe siècle à Guillevic en 1989, dans les « **arts poétiques** » : conseils sur la musicalité des mots et des vers, le rythme, l'inspiration ou la forme, chacun y donne sa recette pour que naisse le **mystère poétique**.

Définition

La métrique est l'ensemble des règles qui s'appliquent au vers et qui concernent sa composition, la quantité de syllabes qu'il comporte, et les accents (ou les « syllabes fortes ») qu'il contient.

2. Les règles de versification

Les règles de **versification** gouvernent l'écriture des vers, et permettent d'en harmoniser la lecture. Pour connaître le nombre de **syllabes** d'un vers, il suffit de les compter, en respectant certaines indications.

Compter les syllabes en quelques règles

- **Le -*e* muet** : le -*e* à la fin d'un mot se prononce à l'intérieur du vers seulement lorsque le mot suivant commence par une consonne.
  Ex. : « Attendre le moment suprême et décisif. » (Victor Hugo, *Les Châtiments*, 1853)
- **La diérèse** intervient pour qu'un vers ait le nombre de syllabes requis par l'harmonie d'ensemble du poème. Elle exige de prononcer séparément deux sons habituellement confondus.
  Ex. : « Bel ange aux yeux d'azur, aux paupi/ères voilées […] » (Alfred de Musset, *À Georges Sand* 1888)
- **La synérèse**, à l'inverse, est nécessaire si l'on doit prononcer ensemble deux sons habituellement distincts.
  Ex. : « Un air très vieux languissant et funèbre […] » (Nerval, *Fantaisie*, 1832)

2 La rime, le vers et la strophe

1. La rime

• La rime se trouve à la fin du vers :
– elle est **pauvre** si un seul son rime (ex. : « enfant »/« parlant ») ;
– elle est **riche** si elle comporte trois sons et plus (ex. : « *pleurs* »/« *fleurs* ») ;
– elle est **suffisante** si elle en comporte deux (ex. : « respiré »/« invétéré »).

- On dit que les rimes qui se terminent par un *-e* sont **féminines** (« affaiblie »/« mélancolie »), et que celles qui se terminent par d'autres sons sont **masculines** (« champs »/« couchants »). Traditionnellement, rimes féminines et masculines doivent **alterner**.

Schéma des rimes

Les rimes plates ou suivies (AABB)

La lune s'attristait. Des séraphins en **pleurs**
Rêvant, l'archet aux doigts, dans le calme des **fleurs**
Vaporeuses, tiraient de mourantes violes
De blancs sanglots glissant sur l'azur des corolles.

Mallarmé, « Apparitions », *Poésies*, 1899.

Les rimes alternées (ABAB)

Une aube affai**blie**
Verse par les champs
La mélanco**lie**
Des soleils couchants.

Verlaine, « Soleils couchants », *Poèmes saturniens*, 1866.

Les rimes embrassées (ABBA)

Lecteur, as-tu quelquefois respiré
Avec ivresse et lente gourmand**ise**
Ce grain d'encens qui remplit une ég**lise**,
Ou d'un sachet le musc invétéré ?

Baudelaire, « Le parfum », *Les Fleurs du mal*, 1857.

2. Le vers et la strophe

- La dénomination du vers change en fonction du nombre de **syllabes** qui le compose. Les vers longs, décasyllabes ou alexandrins, offrent en général une pause en leur milieu, que l'on appelle **césure**. Chaque moitié de vers se nomme alors **hémistiche**.

- La **strophe** est un ensemble de vers formant une unité syntaxique et thématique.

Le vers

Nombre de syllabes	Nom du vers
5 syllabes	pentasyllabe
6 syllabes	hexasyllabe
7 syllabes	heptasyllabe
8 syllabes	octosyllabe
10 syllabes	décasyllabe
12 syllabes	alexandrin

La strophe

Nombre de vers	Nom de la strophe
2 vers	distique
3 vers	tercet
4 vers	quatrain
5 vers	quintil
6 vers	sizain

3 Les formes poétiques

1. Formes fixes

Les poèmes à forme fixe sont des œuvres possédant toujours les mêmes caractéristiques formelles.

Le sonnet se compose de 14 vers longs (décasyllabes ou alexandrins), répartis en deux quatrains et deux tercets consécutifs.

La **ballade** est construite en trois strophes, dont le dernier vers forme un refrain. Le nombre de vers de chaque strophe est lié au nombre de syllabes du vers employé. La ballade comporte un envoi au dédicataire.

Les poèmes à forme fixe

Le **pantoum** est une succession de quatrains. Les vers 2 et 4 de chaque strophe reviennent en position 1 et 3 dans la strophe suivante.

Le **rondeau** comporte trois strophes. La première compte 5 octosyllabes, la deuxième 3, et la troisième 5. Le même refrain suit les deux dernières strophes.

2. Formes régulières

Moins normées, certaines formes poétiques se fondent sur une régularité **thématique** ou **formelle** :
– **l'ode** est un **long poème lyrique** divisé en strophes semblables entre elles par le nombre et la mesure des vers ;
– **la fable** est un **récit à visée morale**, alternant les types de vers nécessaires au rythme de la narration ;
– **l'épopée**, enfin, est un **long récit de faits guerriers et héroïques**, le plus souvent en alexandrins ou décasyllabes.

3. Vers libres et prose

• On dit qu'un poème est en **vers libres** lorsque la mesure de ses vers n'est pas fixe. Rimbaud utilise cette forme dans le poème *Marine*, issu des *Illuminations* (1895, posthume).

• Le poème en **prose** ôte le vers de la création poétique, et s'appuie sur des jeux de sonorités, le rythme des phrases et les figures de style. Baudelaire, Rimbaud et Laforgue ont écrit des poèmes en prose au XIXe siècle.

EXERCICE COMMENTÉ

→ Énoncé

Harmonie du soir

Voici venir les temps où vibrant sur sa tige
Chaque fleur s'évapore ainsi qu'un encensoir ;
Les sons et les parfums tournent dans l'air du soir ;
Valse mélancolique et langoureux vertige !

Chaque fleur s'évapore ainsi qu'un encensoir ;
Le violon frémit comme un cœur qu'on afflige ;
Valse mélancolique et langoureux vertige !
Le ciel est triste et beau comme un grand reposoir.

Le violon frémit comme un cœur qu'on afflige,
Un cœur tendre, qui hait le néant vaste et noir !
Le ciel est triste et beau comme un grand reposoir ;
Le soleil s'est noyé dans son sang qui se fige.

Un cœur tendre, qui hait le néant vaste et noir,
Du passé lumineux recueille tout vestige !
Le soleil s'est noyé dans son sang qui se fige…
Ton souvenir en moi luit comme un ostensoir !

Charles Baudelaire, *Les Fleurs du mal*
(« Spleen et Idéal » est le titre de l'une des parties des *Fleurs du mal*, 1857).

a. Ce poème est un poème à forme fixe. Laquelle ? Justifiez votre réponse.
b. Combien de rimes contient-il ? Caractérisez-les. Quel effet créent-elles ? En quoi cet effet est-il complémentaire du retour de certains vers ?

Méthode : analyser un poème

– Intéressez-vous à sa **forme** (forme fixe ou non, qualité et schéma des rimes) ;
– analysez la **syntaxe** et les **réseaux lexicaux** (champs lexicaux, thématiques engagées, figures de style, registres littéraires) ;
– interprétez l'**interaction** entre la forme choisie et le sens donné.

→ Corrigés

a. Ce poème est un pantoum. Il est composé de quatre quatrains, et les vers 2 et 4 de chaque strophe reviennent en position 1 et 3 dans la strophe suivante.
b. Ce poème est bâti sur seulement deux rimes suffisantes, [-ige] et [-oir], qui accentuent encore l'effet de vertige lancinant, presque tournoyant, créé par le retour des vers. Le poète insiste ainsi sur l'expression de la mélancolie du crépuscule mêlée à la nostalgie du souvenir.

QCM

1 Le sonnet se compose de :
a. ☐ deux quatrains et deux tercets successifs.
b. ☐ trois tercets et deux quintils alternés.

2 « *Les plus désespérés sont les chants les plus beaux,/Et j'en sais d'immortels qui sont de purs sanglots.* » (Musset, « La muse », *La Nuit de mai*, 1835). Ces vers sont :
a. ☐ des heptamètres. b. ☐ des alexandrins.

3 « Ô toison, moutonnant jusque sur l'encolure ! » (Baudelaire, « La chevelure », *les Fleurs du mal*, 1857) : pour calculer la métrique du vers, le « -*e* » souligné :
a. ☐ compte. b. ☐ ne compte pas.

CORRIGÉS

1 a. Le sonnet se compose de vers longs, décasyllabes ou alexandrins, répartis en deux quatrains suivis de deux tercets.
2 b. Ce sont des alexandrins (douze syllabes).
3 a. Le -*e* final (« jusque ») compte, car il est suivi d'un mot commençant par une consonne (« sur »).

Chapitre 10

Du romantisme au Parnasse

1 La poésie romantique

1. Un mouvement européen

La Révolution française, rapidement suivie des campagnes napoléoniennes et de l'éveil du sentiment national, a ouvert la voie aux idéaux égalitaires et à un goût d'absolu que l'on retrouve dans le mouvement romantique.

À retenir

Le romantisme est un mouvement littéraire et culturel qui touche tous les arts et de nombreux pays d'Europe. Il célèbre **la sensibilité**, **l'émotion** et **l'imagination**, à travers l'expression d'un **lyrisme** personnel et de **l'exaltation du moi**.

2. La première génération romantique : le mal du siècle

• Inquiet, seul, atteint d'une extrême lassitude ou d'une immense révolte, le poète romantique est jeune et sensible. Il vit en communion avec la nature, « miroir » de son âme tourmentée. Chateaubriand écrit ainsi, dans ses *Mémoires d'outre-tombe*, en 1811 : « J'étais presque mort quand je vins au jour. Le mugissement des vagues soulevées par une bourrasque annonçant l'équinoxe d'automne, empêchait d'entendre mes cris : on m'a souvent conté ces détails ; leur tristesse ne s'est jamais effacée de ma mémoire. »

• Le poète peine à trouver sa place dans la réalité d'un monde qui convient mal à ses rêves d'absolu et à sa quête de l'idéal. À l'image de Chateaubriand (1768-1848) ou Lamartine (1790-1869), il en ressent un ennui, un vague à l'âme ou une mélancolie indéfinissable. Ces maux caractérisent le « mal du siècle ».

• En 1820, dans ses *Méditations poétiques*, dont « Le lac » est un célèbre extrait, Lamartine chante avec lyrisme et mélancolie son amour brisé pour la défunte Julie Charles, dénommée Elvire. Inquiet face aux incertitudes du destin et à l'amour éphémère, il prend la nature à témoin :

> Ô lac ! l'année à peine a fini sa carrière,
> Et près des flots chéris qu'elle devait revoir,
> Regarde ! je viens seul m'asseoir sur cette pierre
> Où tu la vis s'asseoir !

Définition

Jusqu'au XVIIe siècle, le **lyrisme** caractérisait l'ensemble de la **poésie chantée**. Les romantiques en ont fait un **registre** (voir chapitre 17) remarquable par l'expression des sentiments et l'omniprésence du « je ».

3. La seconde génération : le romantisme de combat

Victor Hugo (1802-1885)

Sa vie marque aussi bien la scène politique que le monde littéraire. Chantre du romantisme, il excelle dans tous les genres, et particulièrement en **poésie** avec *Odes et Ballades* (1827), *Les Rayons et les Ombres* (1840) et *Les Châtiments* (1853).

• La révolte romantique conduit les poètes à la volonté d'être **libres de s'enflammer pour les causes** qu'ils soutiennent : dans ***Les Châtiments***, en **1853**, Victor Hugo se livre à une violente satire contre Napoléon III, comme en témoignent les vers d'« **Expiation** » :

Waterloo ! Waterloo ! Waterloo ! morne plaine !
Comme une onde qui bout dans une urne trop pleine,
Dans ton cirque de bois, de coteaux, de vallons,
La pâle mort mêlait les sombres bataillons.
[…]
Ô Waterloo ! je pleure et je m'arrête, hélas !

• En outre, les écrivains expriment le désir de créer **sans contraintes imposées.** Par conséquent, ils se libèrent au théâtre et en poésie, des règles classiques. Alors que les **accents** (souvent dus à la syntaxe), à l'intérieur des vers, imposaient le rythme, Hugo **déstructure l'alexandrin**, et brise son unité par des **rejets** ou des **enjambements** : avec lui, la syntaxe déborde le cadre du vers, comme dans cet extrait du poème « Éclaircie », issu des *Contemplations* (1856) :

On dirait qu'en tous lieux, en même temps, la vie
Dissout le mal, le deuil, l'hiver, la nuit, l'envie […]

Définition

Si une même phrase se poursuit sur plusieurs vers, on parle d'**enjambement**. Si un groupe syntaxique court est rejeté au vers suivant, il y a **rejet**. S'il est au contraire isolé à la fin du premier vers, il s'agit d'un **contre-rejet**.

• La **fonction du poète** au sein de la société est également revue. Dans *Les Rayons et les Ombres*, en 1840, Hugo se fait **messager des dieux** : il doit transmettre au commun des mortels les signes qui lui sont envoyés. **Guide des peuples**, ayant pour mission de les civiliser et de les mener vers la lumière, lui seul, « en des jours impies », « voit, quand les peuples végètent » :

C'est lui qui sur toutes les têtes,
En tout temps, pareil aux **prophètes**,
Dans sa main, où tout peut tenir,
Doit, qu'on l'insulte ou qu'on le loue,
Comme une torche qu'il secoue,
Faire **flamboyer l'avenir** !

2 Du Parnasse à la décadence

1. Théophile Gautier, le précurseur

• En réaction à la mise en avant du « moi » et des sentiments par les romantiques, Théophile Gautier, dans ***Émaux et Camées*** (1852), s'intéresse à la **peinture et à la musique**, qu'il transpose thématiquement en poésie.

• Comme il l'écrit dans « L'art », poème issu du recueil *Émaux et Camées*, l'idéal poétique, selon lui, n'a d'expression que dans la **beauté absolue et éternelle de l'art** lui-même :

Tout passe. – L'art robuste
Seul a l'éternité ;
Le buste
Survit à la cité.

À retenir

Entre retour au **passé antique** et culte de la **science positiviste**, en vogue à l'époque, les parnassiens professent « **l'art pour l'art** », affirmant, comme Théophile Gautier dans la préface de *Mademoiselle de Maupin*, qu'il « n'y a de vraiment beau que ce qui ne peut servir à rien ».

2. Le Parnasse

En 1866, sa théorie est reprise par les poètes du **Parnasse**, qui exigent de leurs œuvres une **perfection formelle**. Les trois volumes du *Parnasse contemporain*, publiés de 1866 à 1876, sont le fruit du travail de ce groupe de poètes, réunis autour de **Leconte de Lisle** (1818-1894). Dans ce groupe, figurent notamment Banville, Heredia, **Baudelaire** et **Mallarmé**.

3. La décadence

• Le mouvement décadent s'accorde avec « **l'esprit fin de siècle** » qui sévit à partir de 1870. **Déclin affecté**, style **subversif** et **dandysme** provocateur unissent ces poètes et ces romanciers. **Art de vivre** et d'écrire, le décadentisme n'a jamais été théorisé.

• On rattache à ce courant la figure du **poète maudit**, incarnée par exemple par **Lautréamont**, l'auteur des *Chants de Maldoror* en 1869, et par Baudelaire, aux prises avec les paradis artificiels et l'incompréhension des foules.

Méthode : étudier le rythme d'un poème

– Intéressez-vous aux vers employés (les **vers longs** comportent souvent une **césure à l'hémistiche** : soyez attentif à leur **déstructuration**) ;
– étudiez la **ponctuation** ;
– repérez le **retour des sons** (rimes, allitérations et assonances).

EXERCICE COMMENTÉ

→ Énoncé

Je suis d'un pas rêveur le sentier solitaire,
J'aime à revoir encor, pour la dernière fois,
Ce soleil pâlissant, dont la faible lumière
Perce à peine à mes pieds l'obscurité des bois !

Oui, dans ces jours d'automne où la nature expire,
À ses regards voilés, je trouve plus d'attraits,
C'est l'adieu d'un ami, c'est le dernier sourire
Des lèvres que la mort va fermer pour jamais !

Ainsi, prêt à quitter l'horizon de la vie,
Pleurant de mes longs jours l'espoir évanoui,
Je me retourne encore, et d'un regard d'envie
Je contemple ses biens dont je n'ai pas joui !

« L'automne » (extrait), *Méditations poétiques*, Lamartine, 1820.

Français

a. Quel est le type de vers employé ? Étudiez la ponctuation : comment les vers sont-ils rythmés ?
b. Quels champs lexicaux dominent ce poème ? Quelles figures de style sont utilisées pour caractériser la nature ?
c. En quoi les thèmes qui parcourent ce poème sont-ils romantiques ?

→ Corrigés

a. Les quatrains sont composés d'alexandrins. Le premier vers de la première strophe ne comporte pas de césure à l'hémistiche : la pause ne s'effectue donc qu'à la fin. Les premiers vers des deux strophes suivantes, en revanche, comportent une pause après le premier mot, qui déstructure l'unité de l'alexandrin, en créant une assonance en « i » entre le début et la fin du vers (« oui »/« expire » ; « ainsi »/« vie »). En outre, l'avant-dernier vers de chaque strophe comporte un enjambement qui le lie au vers suivant, terminé par un point d'exclamation apportant la tonalité lyrique.

b. Il y a deux champs lexicaux :

– le champ lexical de la mort : « revoir », « la dernière fois », « ce soleil pâlissant », « la faible lumière », « la nature expire », « l'adieu », « dernier sourire », « la mort », « pour jamais », « quitter l'horizon de la vie », « évanoui ».

– le champ lexical de la beauté de la nature, avec laquelle communie le poète : « j'aime », « soleil », « lumière », « attraits », « ami », « sourire », « l'espoir », « regard », « contemple ».

La nature est caractérisée par une personnification (le poète parle de « ses regards voilés ») et par une métaphore (« c'est l'adieu d'un ami ») qui la compare à un ami, une âme sœur.

c. La communion du poète avec la nature, miroir de son âme, est une caractéristique traditionnelle du romantisme : ainsi, l'automne est le miroir de la fin de vie du poète. En outre, le mal du siècle s'exprime dans ce poème grâce aux thèmes récurrents de la mort et de la solitude des forêts, solitude préférée à la société des hommes.

Français

QCM

1 Le vague à l'âme et la mélancolie indéfinissable dont témoignent les poètes romantiques se définissent comme :

a. ☐ l'esprit « fin de siècle ». b. ☐ le mal du siècle. c. ☐ le dandysme.

2 Le lyrisme se manifeste dans les textes à travers :

a. ☐ la perfection formelle. b. ☐ un style subversif. c. ☐ l'omniprésence du « je ».

3 « L'art pour l'art » est une théorie dévelopée par :

a. ☐ Théophile Gautier. b. ☐ François-René de Chateaubriand. c. ☐ Victor Hugo.

CORRIGÉS

1 b. L'esprit « fin de siècle », tout comme le dandysme, s'applique à la période du décadentisme que l'on observe à partir de 1870.
2 c. La perfection formelle est l'un des principes du Parnasse. Le style subversif est surtout utilisé par les poètes décadents.
3 a. Chateaubriand et Victor Hugo sont des poètes romantiques. « L'art pour l'art » est un principe énoncé par Gautier, et repris par les poètes du Parnasse, en réaction au romantisme.

Chapitre 11

Du symbolisme au surréalisme

1 Le symbolisme

1. Les origines : Baudelaire

• Certains écrivains, qui se reconnaissent pour la plupart dans le décadentisme et le Parnasse, invoquent une lecture plus **spirituelle** du monde, en réaction au naturalisme et au positivisme qui ne donnent de la réalité qu'une vision scientifique et concrète.

• **Baudelaire** a jeté les fondements de ce courant, cherchant à atteindre, grâce à l'art, **l'ailleurs et l'inconnu** qui se cachent derrière les apparences de la réalité. Dans la partie « Correspondances » des *Fleurs du mal*, recueil paru en 1857, le poète propose de passer par l'**analogie** pour accéder, en décodant les **symboles** qui peuplent la réalité, au **mystère du monde** :

La Nature est un temple où de vivants piliers
Laissent parfois sortir de confuses paroles ;
L'homme y passe à travers des forêts de symboles
Qui l'observent avec des regards familiers.

Baudelaire (1821-1867)

À la croisée du romantisme, du Parnasse et du symbolisme, Baudelaire explore, dans *Les Fleurs du mal*, recueil déterminant pour la modernité poétique, la sensualité et le rêve autant que les chemins pour quitter l'ennui, le « spleen », et trouver « du nouveau ».

2. L'art de la suggestion : Verlaine

• Pour mieux se rapprocher de la **sensibilité** et de l'**émotion**, la poésie de **Verlaine** (1844-1896) renonce autant que possible à l'intellectualité, recherchant la musique grâce au travail du rythme et du vers impair. Il en donne l'illustration dans ce quatrain, extrait de *Romances sans paroles* (1874) :

Il pleure dans mon cœur
Comme il pleut sur la ville ;
Quelle est cette langueur
Qui pénètre mon cœur ?

Définition

La poésie symboliste voit dans la nature des **symboles à déchiffrer**, dans les mots le pouvoir de la **suggestion**, et non plus seulement de la description ou de la représentation, comme c'était le cas auparavant, dans le monde de la poésie.

• Dans le poème « Il pleure dans mon cœur », Verlaine joue du **retour des sons** : l'**allitération** en « [k] », présente dans « cœur », « comme », « quelle » et « qui », alterne avec l'**assonance** en [-eu] du mot « pleut », son repris à la rime grâce aux termes « cœur » et « langueur ».

À retenir Si les rimes constituent souvent un passage obligé des poèmes versifiés, le poème peut également contenir des **rappels de sons** qui le structurent. S'il s'agit de répétitions d'un son consonantique, on parle d'**allitération**. Si c'est un son vocalique, il s'agit alors d'une **assonance.**

3. À l'extrême : Rimbaud

- Rimbaud est probablement le poète qui pousse le plus loin l'aventure symboliste. Dans la *Lettre à Paul Demeny*, en 1871, il écrit que « le Poète se fait **voyant** par un long, immense et raisonné **dérèglement** de tous les sens. Toutes les formes d'amour, de souffrance, de folie ; il cherche lui-même, il épuise en lui tous les poisons, pour n'en garder que les quintessences. »

- Jeune poète rebelle dans ses premières œuvres, publiées en 1891 sous le titre *Poésies*, Rimbaud (1854-1891) devient ainsi, avec le recueil *Une saison en enfer*, composé en 1873, et ses *Illuminations* (1872-1875), le « voleur de feu », celui qui rapporte ses visions et ses vertiges d'un autre monde, à l'image du travail accompli dans « Voyelles » :

> A noir, E blanc, I rouge, U vert, O bleu : voyelles,
> Je dirai quelque jour vos naissances latentes :
> A, noir corset velu des mouches éclatantes
> Qui bombinent autour des puanteurs cruelles [...]

2 Le surréalisme

1. Les sources : Apollinaire et la rupture dada

- Dans le recueil *Alcools*, publié en 1913, l'avant-gardiste **Apollinaire** (1880-1918) abandonne la ponctuation et s'inspire des peintures **cubistes** de Braque et Picasso pour faire éclater et se superposer les images. Dans les premiers vers de « Zone », d'inspiration à la fois **médiévale, mythique**, et **contemporaine**, les fragments de réalité se télescopent :

> À la fin tu es las de ce monde ancien
> Bergère ô tour Eiffel le troupeau des ponts bêle ce matin
> Tu en as assez de vivre dans l'antiquité grecque et romaine

- Entre 1916 et 1925, le **dadaïsme**, revendiquant **l'originalité** et la **spontanéité** de la création artistique, signe définitivement la rupture. Fondé par le Roumain **Tristan Tzara,** le mouvement dada présente ses irrévérencieux ***ready-made*** et ses **photomontages** délirants pour protester contre les valeurs d'obéissance qui ont conduit aux horreurs de la Première Guerre mondiale. Hausmann, Duchamp et toute la génération sacrifiée appellent ainsi joyeusement à la **révolte**.

2. Autour d'André Breton

- À partir des années **1920,** une poignée d'artistes se sépare du mouvement dada pour fonder le **surréalisme**, théorisé par son chef de file, **André Breton**, qui publie, en 1924, un *Manifeste du surréalisme.*

Définition

Le surréalisme est un « automatisme psychique pur par lequel on se propose d'exprimer [...] le **fonctionnement réel** de la pensée. Dictée de la pensée, en l'absence de tout contrôle exercé par la raison, en dehors de toute préoccupation esthétique ou morale. » *Manifeste du surréalisme*

Le surréalisme : quelques principes, quelques poètes

Des thèmes privilégiés
- Le **rêve**
- La folie
- Le **hasard**
- L'amour passionné

Paul Éluard (1895-1952)
publie *Mourir de ne pas mourir* (1924), *Capitale de la douleur* en 1926 et *Poésie et vérité* en 1942, dont le poème « Liberté » devient un hymne à la résistance face à l'occupation nazie.

Philippe Soupault (1897-1990)
rédige avec André Breton *Les Champs magnétiques* (1919), un recueil composé sur le principe de l'écriture automatique, ainsi que *Georgia* en 1926, avant d'être exclu du mouvement.

Le fondement
Donner **tout pouvoir à l'imagination**, pour libérer l'**inconscient** des contraintes de la raison.

Louis Aragon (1897-1982)
Proche du parti communiste, il écrit plusieurs recueils, dont *Les Yeux d'Elsa* (1942) et *La Diane française* (1944).

Des techniques
- **L'écriture automatique**
- Les jeux de langage
- La pensée **spontanée**
- Le collage
- La création **d'images**

3. Le surréalisme : l'image avant tout

• L'image poétique est capitale pour les surréalistes. Puissante, elle doit avant tout **surprendre**.

• La **puissance et la liberté créatrice** du surréalisme séduisent bientôt tous les arts – de la peinture au cinéma – à l'échelle **européenne**, voire mondiale, comme en témoignent les peintures de l'artiste mexicaine Frida Kahlo.

À retenir

L'écriture automatique consiste à écrire très rapidement, sans se préoccuper du sens. Selon André Breton, il faut se placer « dans l'état le plus passif ou le plus réceptif » possible et écrire vite, « sans sujet préconçu », pour ne pas se retenir ni être tenté de se relire.

Méthode : reconnaître un mouvement littéraire

Un mouvement littéraire et culturel est un **courant de pensée**. Pour le reconnaître :
– identifiez le contexte historique durant lequel l'œuvre a été créée ;
– étudiez les **caractéristiques** qui déterminent l'œuvre (genre littéraire, thématiques, forme, registre, lexique, etc.).

EXERCICE COMMENTÉ

→ Énoncé

Le dormeur éveillé regarde la vie avec des yeux de petit enfant
Dormeur quel nuage obscurcit l'azur de ton front
L'homme secoue une tête plus pesante que l'orage
Il voudrait jouer aux quatre coins mais il ne peut il est tout seul
La balle du soleil en vain s'offre à lui
En vain les cerceaux des ponts
En vain
Henri IV l'invite à chat perché
Le monde coule à ses pieds et les passants ont toujours le même visage
Les plus pressés paraissent plus jeunes et les plus vieux paressent

À la voir on ne croirait pas la ville en carton ni le soir
Faux comme les prunelles des femmes et des amis les meilleurs
Quel danger je cours Immobile contre le parapet de l'univers
Si j'allais me prendre à ce chromo l'aspect des maisons à huit heures d'été
Vertige le décor devient le visage de la vie
La face de cette fille que j'ai tant aimée
Pour ses mains ses yeux faits et sa stupidité

Louis Aragon, « Sommeil de plomb », *Le Mouvement perpétuel*, 1926.

a. Repérez le champ lexical de l'endormissement. De quels autres champs lexicaux est-il accompagné, dans les huit premiers vers, puis dans les vers suivants ?
b. À quel mouvement poétique ce poème appartient-il ? Justifiez votre réponse.

→ Corrigés

a. Le champ lexical de l'endormissement (« dormeur éveillé », « des yeux », « dormeur », « obscurcit l'azur de ton front », « une tête plus pesante », « seul », « en vain », « les prunelles », « immobile », « vertige ») s'accompagne :
– dans les huit premiers vers, du champ lexical de l'enfance (« avec des yeux de petit enfant », « jouer aux quatre coins », « la balle du soleil », « les cerceaux », « Henri IV », « chat perché ») ;
– par la suite, de la disparition du monde extérieur, rendu à l'état de décor (« le monde coule à ses pieds », « on ne croirait pas », « faux », « la ville en carton », « l'aspect des maisons », « vertige », « le décor »).
b. « Sommeil de plomb » est un poème surréaliste. Écrit par Aragon (1897-1982), on y repère plusieurs caractéristiques chères au mouvement :
– le vers libre, sans ponctuation ni rimes ;
– une création proche de l'écriture automatique, avec des structures asyntaxiques, comme « en vain les cerceaux des ponts », et des images qui s'enchaînent avec pour seule logique celle de l'association d'idées (« Henri IV l'invite à chat perché ») ;
– des images insolites et puissantes comme « la balle du soleil en vain s'offre à lui » ou « je cours Immobile contre le parapet de l'univers » ;
– les thèmes du rêve, du sommeil, et du passage de l'état de conscience à l'état d'inconscience.

QCM

1 Le recueil poétique *Les Fleurs du mal* est écrit en 1857 par :
a. ☐ Baudelaire. b. ☐ Verlaine. c. ☐ Rimbaud.

2 Une allitération est :
a. ☐ la répétition d'un son vocalique dans une phrase ou un vers.
b. ☐ la répétition d'un son consonantique dans une phrase ou un vers.
c. ☐ la répétition d'un mot en début de vers.

3 Apollinaire est un poète surréaliste.
a. ☐ Vrai. b. ☐ Faux.

CORRIGÉS

1 a ; 2 b ; 3 a.

Français

Chapitre 12

L'argumentation

1 Défendre des idées : un art du discours hérité de l'Antiquité

1. La rhétorique et l'éloquence

• **L'éloquence** a été théorisée par **Aristote**. Le philosophe grec a établi les principes de la **rhétorique**, de façon à rendre efficace le discours de **l'orateur** qui a pour volonté de faire adhérer son interlocuteur à son propos.

• Durant l'Antiquité grecque et latine, la rhétorique est une matière importante du cursus scolaire et, à l'image du Romain **Cicéron** (-106 ; -43), homme politique et magistrat, les orateurs sont des hommes puissants.

Le lexique de l'art du discours

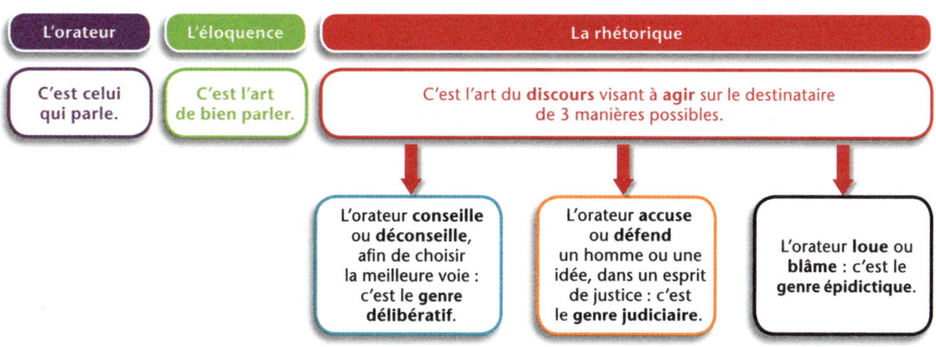

• **L'orateur** doit acquérir des **techniques** pour maîtriser la langue et exercer son **jugement** moral et intellectuel. Il doit également prendre en compte la qualité et les attentes de son **auditoire**.

2. Les règles d'élaboration du discours rhétorique

• **L'élaboration des discours** est, dans l'Antiquité, le fruit d'un **travail progressif**, comportant des étapes successives clairement déterminées. L'orateur **analyse** d'abord le sujet, choisit la position qu'il va adopter, cherche les arguments et les exemples : c'est l'***inventio***. Puis, il **ordonne** son raisonnement durant la phase de ***dispositio***.

• Il met ensuite en place les **procédés stylistiques** appropriés (structures grammaticales, lexique, figures de style, rythme des phrases, jeux de sonorités) durant l'***elocutio***. Vient après cela la **mémorisation** (*memoria*), pour aboutir enfin à l'***actio*** : l'orateur prononce le discours.

Inventio → Dispositio → Elocutio → Memoria → Actio

2 Le lexique argumentatif : thèse, arguments et exemples

1. Le thème et la thèse

• De nos jours, le discours argumentatif n'est plus cantonné à l'agora ou au tribunal. On le rencontre dans tous les domaines (la politique, la publicité, la critique littéraire, le journalisme, l'écologie, etc.), et a envahi tous les supports.

• Quels que soient la méthode et le support de l'argumentation, elle se rapporte toujours à un thème (ex. : l'esclavage, l'écologie, l'éducation, etc.), et met en présence deux thèses : **l'une défendue, l'autre réfutée**.

• La thèse est parfois **explicite** : l'auteur peut par exemple l'écrire à la première personne, et en prenant clairement position. Cependant, il arrive souvent qu'elle soit **implicite**, et qu'on la comprenne à la lecture.

À retenir

Chercher le **thème** d'une argumentation, c'est répondre à la question : « De quoi s'agit-il dans ce texte, ou dans ce discours ? » Trouver la **thèse défendue** par l'auteur, c'est comprendre quel avis il soutient par rapport à ce thème.

2. Les arguments et les exemples

• Les arguments peuvent être de plusieurs types : faits assurés, évidences, ou avis scientifiques faisant autorité. Chaque argument est en général suivi d'un exemple, qui permet de le rendre **concret**, en en donnant une **illustration**.

• Enfin, pour soutenir la thèse, les arguments sont disposés dans un **ordre logique** qui constitue le **raisonnement** et permet de suivre la **progression de la pensée** de l'auteur. Ils sont reliés entre eux par des **articulations logiques**, qui indiquent l'addition, la cause (« car », « en effet »), la conséquence (« ainsi », « c'est pourquoi »), l'opposition ou le but (« afin », « pour que »...).

Définition

Les arguments sont des **idées** avancées pour **étayer** la thèse défendue. Pour être efficaces, ils doivent être **pertinents** (autrement dit, ils doivent entretenir une relation **logique** avec la thèse) et **valides** pour l'auditoire ou le lecteur.

Méthode : la dissertation littéraire

La dissertation est un exercice qui met en jeu le **discours argumentatif** : elle demande de **prendre position** sur un sujet littéraire. On demandera ainsi : « Pensez-vous que la poésie a pour seule vocation d'exprimer des sentiments et des émotions ? »

3 Les stratégies argumentatives : démontrer, persuader, convaincre

1. Démontrer

Définition

La **démonstration** est une **démarche scientifique**, qui s'appuie sur des données **objectives** ou des arguments irréfutables. Elle permet d'établir une **vérité vérifiable** par tous.

• Pour démontrer efficacement la véracité d'une thèse, on utilise le raisonnement inductif ou déductif. **Le raisonnement inductif part d'un fait observé** pour induire une généralité : Victor Hugo évoque, dans *Les Misérables*, l'histoire de Fantine, tombée dans la misère et la prostitution : « Qu'est-ce que c'est que cette histoire de Fantine ? C'est la société achetant une esclave. À qui ? À la misère. » **L'exemple** de Fantine conduit de façon inductive à la **notion générale** d'esclavage féminin.

• Le **raisonnement déductif**, en revanche, part d'une généralité pour en déduire une conclusion particulière, comme dans le célèbre **syllogisme** : « Tous les hommes sont mortels. Or, Socrate est un homme. Donc Socrate est mortel ». « Tous les hommes sont mortels » et « Socrate est un homme » sont des généralités, à partir desquelles on tire la **conclusion particulière** suivante : « Socrate est mortel ».

2. Convaincre

Définition

Pour **convaincre** un auditeur, il faut **l'engager** à adhérer à la thèse, **non vérifiable scientifiquement**, qu'on lui propose, en faisant appel à sa **raison**.

• On peut convaincre grâce à l'emploi du **raisonnement concessif** : on admet une partie de la thèse adverse, et on réfute le reste. Ex. : « Mes amis, quoi que je ne sois pas de la même couleur que vous, je vous ai toujours regardé comme mes frères. » (Condorcet, *Réflexions sur l'esclavage des nègres*, 1781.)

• Pour convaincre grâce au **raisonnement analogique,** on procède par comparaison, comme le fait Voltaire à la fin de l'article « Égalité » de l'*Encyclopédie* : « [...] le cuisinier peut dire : "Je suis homme comme mon maître, je suis né comme lui en pleurant ; il mourra comme moi dans les mêmes angoisses et les mêmes cérémonies. Nous faisons tous deux les mêmes fonctions animales. Si les Turcs s'emparent de Rome, et si alors je suis cardinal et mon maître cuisinier, je le prendrai à mon service." »

• On peut également convaincre grâce au raisonnement **par l'absurde**. L'énoncé, souvent **ironique**, est alors constitué d'**hypothèses inacceptables** pour la logique : « Il arriverait sans doute qu'à force de lire les auteurs occidentaux qui ont traité des maladies contagieuses, et de la manière de les prévenir, nous serions assez malheureux pour nous garantir de la peste, ce qui serait un attentat énorme contre les ordres de la Providence. » (Voltaire, *De l'horrible danger de la lecture*, 1765.)

3. Persuader

Le locuteur qui cherche à persuader son auditeur s'implique fortement dans son énoncé et cherche avant tout la sympathie, en insistant sur sa propre honnêteté, et en tentant de susciter la **pitié** ou **l'affection**. Pour persuader, il faut **plaire** et **séduire**.

Définition

Le mot « persuader » vient du terme latin *persuadere*, que l'on peut traduire par « conseiller fortement ». Le locuteur qui cherche à persuader son auditeur ne fait pas appel à sa raison, mais à ses **sentiments** et à ses **émotions**.

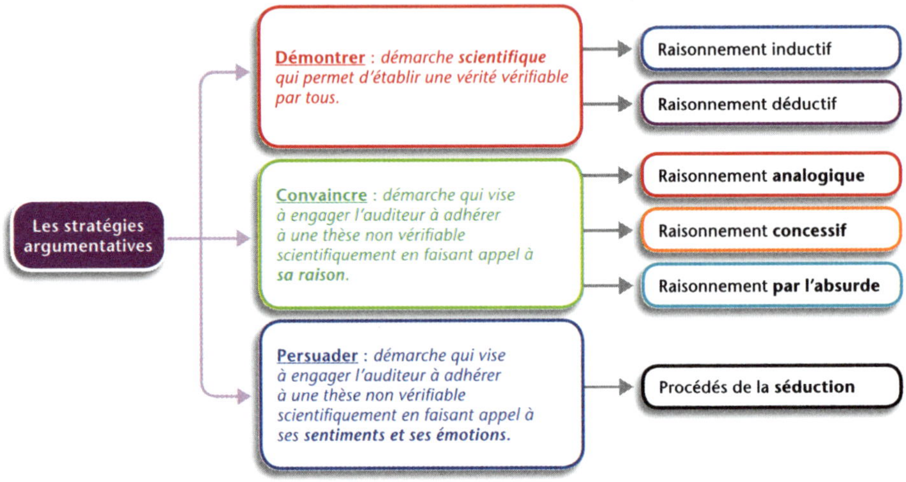

QCM

1 « L'art de bien parler » se nomme :

a. ☐ l'éloquence. b. ☐ l'orateur. c. ☐ le raisonnement.

2 Trouver la thèse défendue par l'auteur, c'est :

a. ☐ trouver le thème du texte.
b. ☐ relever les procédés stylistiques.
c. ☐ comprendre quel avis l'auteur soutient par rapport à un thème.

3 Que signifie le terme « convaincre » ?

a. ☐ Engager quelqu'un à adhérer à la thèse qu'on lui propose en s'attirant sa sympathie.
b. ☐ Engager quelqu'un à adhérer à la thèse qu'on lui propose grâce à un raisonnement.
c. ☐ Persuader quelqu'un de quelque chose.

CORRIGÉS

1 a. L'orateur est l'homme qui prononce un discours. Le raisonnement est une démarche intellectuelle.
2 c. Le thème est le sujet du texte. Lorsque l'on relève les procédés stylistiques du texte, on s'intéresse à sa forme (l'*elocutio*).
3 b. Engager quelqu'un à adhérer à la thèse qu'on lui propose en s'attirant sa sympathie revient à le persuader, et non à le convaincre. La persuasion ne mise pas sur la raison, mais sur la séduction.

Chapitre 13

Les genres argumentatifs au XVIIe siècle

1 Argumenter au XVIIe siècle

1. Le siècle des moralistes

• La **monarchie absolue** instaurée par **Louis XIV** a pour ambition le rayonnement de la France. Par conséquent, les artistes et les hommes politiques rivalisent d'adresse pour émouvoir le roi, seul maître des privilèges accordés.

• La rigueur classique donne au siècle une grande préoccupation, la **morale**, qui établit un ensemble de **règles** définissant **le bien et le mal** (la vertu et le vice), régissant le **comportement** des hommes : la **littérature morale** fleurit donc, des *Maximes* de La Rochefoucauld publiées en 1664 aux *Pensées* de Pascal (1670), en passant par les *Sermons* de Bossuet.

2. La fable

• Du latin *fabula*, signifiant « récit », la fable – et particulièrement celles de La Fontaine – obtient également un succès évident : c'est une forme **brève** d'**apologue**, contenant une **morale,** implicite ou explicite, comme celle qui conclut *La Mort et le Bûcheron*, de La Fontaine (1668) :

> Le trépas vient tout guérir ;
> Mais ne bougeons d'où nous sommes.
> Plutôt souffrir que mourir,
> C'est la devise des hommes.

À retenir

Pour écrire ses *Fables*, La Fontaine (1621-1695) s'inspire principalement des travaux de deux fabulistes antiques, le Grec **Ésope** et le Latin **Phèdre**.

• La fable est écrite en vers libres, et met souvent en scène des animaux. Assez **simple**, le récit qui la compose comporte rarement plus de **deux ou trois personnages** engagés dans une **aventure** et défendant chacun un **point de vue**, souvent dans des parties dialoguées. Même s'il s'agit **d'une argumentation indirecte**, la **valeur argumentative du récit** ne fait aucun doute.

Définition

L'apologue est un texte **narratif** à visée argumentative, qui combine le **plaisir du récit** à la volonté de **l'enseignement d'une *doxa*,** c'est-à-dire une opinion communément admise. Il s'incarne dans la fable, le conte, la parabole (qui délivre un message moral ou religieux) ou le fabliau.

2 L'éloge et le blâme au XVIIe siècle

1. L'éloge

• **L'éloge** ou **le blâme** sont les deux versants du **genre épidictique.** Ils visent davantage à **persuader** qu'à convaincre.

• Le locuteur émet un point de vue **subjectif**, vantant les **valeurs morales** ou **esthétiques** de son sujet, sur un ton souvent **emphatique.** Il interpelle le destinataire, et s'implique fortement dans son propos.

Définition

Lorsque l'on fait **l'éloge** d'une personne, d'une institution ou d'un objet, on vante ses **qualités et ses mérites**, à travers des **formules laudatives**, des hyperboles et des figures de style valorisantes, pour que l'auditoire ou les lecteurs l'**apprécient**.

• **Les discours d'hommage, les oraisons funèbres**, et, en poésie, les **blasons** (de courts poèmes vantant le corps féminin) ou les **odes**, représentent la forme privilégiée de l'éloge. Bossuet s'est rendu célèbre grâce à ses poignantes *Oraisons funèbres*. En 1670, il écrit celle d'Henriette d'Angleterre : « Ô nuit désastreuse ! [...] Madame est morte ! [...] Hélas ! Nous composions son histoire de tout ce qu'on peut imaginer de plus glorieux. »

2. Le blâme

• Le blâme peut prendre la forme de l'**épigramme**, un poème court se terminant par une pointe satirique, de la **caricature**, de la **satire** ou du **pamphlet**, un texte court et très agressif, à l'image de celui que Pierre Roullé, homme d'Église, rédigea contre *Tartuffe* de Molière en 1664.

Définition

Le **blâme** constitue le **contraire de l'éloge**. La personne ou l'idée qui en fait l'objet est ainsi décrite en termes peu flatteurs, et jugée de manière **négative**, sur le ton de la colère ou de l'indignation, à travers des formules **dépréciatives**, voire un registre polémique.

• On peut ainsi lire, dans sa lettre au *Roi glorieux au monde* : « Un homme, ou plutôt un démon vêtu de chair et habillé en homme, et le plus signalé impie et libertin qui fût jamais dans les siècles passés, avait eu assez d'impiété et d'abomination pour faire sortir de son esprit diabolique une pièce toute prête d'être rendue publique, en la faisant monter sur le théâtre, à la dérision de toute l'Église [...]. Il méritait par cet attentat sacrilège et impie un dernier supplice exemplaire et public [...]. »

3. La satire

Définition

La **satire, forme particulière du blâme**, est issue d'un genre littéraire antique versifié. Elle est reconnaissable à son **caractère critique** et à son **ton violent**, et même **polémique**. Elle a pour objectif de **ridiculiser** son sujet ou son objet à des fins **comiques**.

On retrouve la satire dans de nombreux genres : Molière en use dans ses comédies, La Bruyère dans ses *Caractères*, et La Fontaine dans ses *Fables*. Dans *Les Obsèques de la Lionne* (1678) l'écrivain fait la satire de la « cour » du lion :

Je définis la cour un pays où les gens
Tristes, gais, prêts à tout, à tout indifférents,
Sont ce qu'il plaît au prince, ou, s'ils ne peuvent l'être,
Tâchent au moins de le paraître,
Peuple caméléon, peuple singe du maître,
On dirait qu'un esprit anime mille corps ;
C'est bien là que les gens sont de simples ressorts.

Français

EXERCICE COMMENTÉ

→ Énoncé

Titius assiste à la lecture d'un testament avec des yeux rouges et humides, et le cœur serré de la perte de celui dont il espère recueillir la succession. Un article lui donne la charge, un autre les rentes de la ville, un troisième le rend maître d'une terre à la campagne [...] ; son affliction augmente, les larmes lui coulent des yeux. Le moyen de les contenir ? [...] Il y a un codicille, il faut le lire : il fait Maevius légataire universel, et il renvoie Titius dans son faubourg, sans rentes, sans titres, et le met à pied. Il essuie ses larmes : c'est à Maevius à s'affliger.

Les Caractères, De la mode, V, La Bruyère, 1688.

a. Cet extrait des *Caractères* de La Bruyère fait-il l'éloge ou le blâme de Titius ? Justifiez votre réponse en citant le texte. Quel sont les principaux défauts reprochés à Titius ?
b. Écriture d'invention : sur le modèle du texte de La Bruyère, faites le portrait d'un personnage en situation, mettant en lumière l'expression d'un défaut.

→ Corrigés

a. Il s'agit d'un blâme : le texte décrit Titius de façon satirique : chaque trait montrant la tristesse (« des yeux rouges et humides, le cœur serré », « son affliction augmente, les larmes lui coulent des yeux ») renvoie à une raison peu avouable (« la succession », « la charge », « les rentes de la ville », « une terre à la campagne »). En outre, le portrait se termine par le dévoilement du véritable « caractère » du personnage : Il n'est pas légataire, donc « il essuie ses larmes ». Titius est donc hypocrite et cupide.
b. Écriture d'invention :
Rodrigue contemple le sujet du devoir de mathématiques à rendre le lendemain, les yeux cernés, le teint blême et les épaules affaissées. Le premier exercice trouble son regard, le second lui donne une raideur dans le cou, le troisième le secoue de frissons annonciateurs de la fièvre. Il a pris froid, il couve la grippe : il sera probablement, cette nuit, fébrile et délirant au fond de son lit. Le moyen de le guérir ? Le téléphone sonne, sa mère l'avertit : son ami Lucas lui signale l'absence du professeur de mathématiques la semaine durant. Rodrigue chasse la fatigue et sort : un peu de soleil devrait le remettre sur pieds. Rien ne sert de se laisser aller.

Français

QCM

1 L'éloge et le blâme constituent les deux pôles du genre :
a. ☐ satirique. b. ☐ polémique. c. ☐ epidictique.

2 Les discours d'hommage, les oraisons funèbres, les odes sont des formes :
a. ☐ du blâme. b. ☐ de l'éloge. c. ☐ de l'apologue.

3 La plupart des fables de La Fontaine sont d'inspiration :
a. ☐ antique. b. ☐ satirique. c. ☐ surréaliste.

CORRIGÉS

1 c. La satire est un texte où l'auteur cherche à ridiculiser son sujet ou son objet à des fins comiques. Le terme « polémique » s'applique à un registre, qui permet d'attaquer ou de défendre un homme, une idée ou une cause, et se rapporte au combat.

2 b. Parmi les formes du blâme, on trouve l'épigramme, la caricature, la satire et le pamphlet. L'apologue est un texte narratif à visée argumentative, qui combine le plaisir du récit à la volonté de l'enseignement d'une *doxa*, c'est-à-dire une opinion communément admise.

3 a. Les *Fables* comportent des passages satiriques, c'est-à-dire violemment critiques. Le Surréalisme est un mouvement artistique et littéraire du XXe siècle.

Chapitre 14

Les genres argumentatifs au XVIIIe siècle

1 Argumenter au XVIIIe siècle

1. L'air du temps : raison et tolérance

• Le règne de Louis XIV se termine dans une **austérité** si grande que la cour accueille avec soulagement la régence de Philippe d'Orléans en 1715. Parallèlement, l'**Europe** s'anime d'un élan d'**optimisme** : l'homme croit aux « lumières » de sa **raison** pour sortir de l'ignorance et de l'obscurantisme.

• Hommes de lettres et philosophes **voyagent**, et s'imprègnent de **cultures** et d'expériences **politiques** différentes.

À retenir

La connaissance de **l'autre**, la **justice**, l'**égalité**, le droit au **bonheur**, et la lutte contre **l'intolérance religieuse** font l'objet de débats menés par les écrivains, qui s'impliquent et **s'engagent**.

2. Montesquieu : du récit épistolaire au raisonnement par l'absurde

• Pour diffuser ses idées et contourner la censure, Montesquieu (1689-1755) publie, en 1721, sous la forme épistolaire, un **récit de voyage factice** intitulé ***Lettres persanes*** : Usbek et Rica, deux riches Persans voyageant en France, écrivent à leurs amis, s'étonnant des mœurs et des conditions de vie occidentales. **Étrangers à la société** qu'ils décrivent, ils portent un regard faussement naïf sur le pays qu'ils visitent, permettant à l'auteur l'expression d'une **critique indirecte**.

• En 1748, Montesquieu livre plus nettement ses pensées : ***De l'esprit des lois*** prend position en faveur de la **tolérance** et de la monarchie modérée.

• Le chapitre XV, qui traite de l'esclavage, est resté célèbre pour son **raisonnement « par l'absurde »** et l'utilisation de l'**ironie** : « Si j'avais à soutenir le droit que nous avons eu de rendre les nègres esclaves, voici ce que je dirais : les peuples d'Europe ayant exterminé ceux de l'Amérique, ils ont dû mettre en esclavage ceux de l'Afrique, pour s'en servir à défricher tant de terres. Le sucre serait trop cher, si l'on ne faisait travailler la plante qui le produit par des esclaves. »

Définition

L'ironie est une **figure de pensée** utilisée pour **se moquer** d'un être ou d'une idée. Rompant l'unité du discours, elle **déstabilise** et crée la surprise, souvent au moyen d'une **antiphrase**, qui consiste à **dire le contraire** de ce que l'on pense, en sachant que l'on sera compris (voir chapitre 18).

3. Les discours de Rousseau

• Les penseurs s'interrogent sur l'égalité entre les hommes, sur leur liberté. Jean-Jacques Rousseau (1712-1778), dans son *Discours sur l'origine et les fondements des inégalités parmi les hommes* publié en 1755, répond de ce fait à la question de l'Académie de Dijon : « Quelle est l'origine de l'inégalité des conditions parmi les hommes ; et si elle est autorisée par la loi naturelle. »

Définition

Le discours est un texte inspiré de la **rhétorique antique**, répondant à une **question** posée et visant à **convaincre** le lecteur.

2 Une littérature de combat

1. Diderot et les articles argumentatifs de l'*Encyclopédie*

• Afin de diffuser le savoir, Diderot et d'Alembert orchestrent la rédaction de l'*Encyclopédie* (1751-1772), un dictionnaire (auquel participe Voltaire) regroupant 72 000 articles sur des sujets variés. L'ouvrage, dérangeant et subversif, emblématique de l'esprit des Lumières, remet en cause les institutions et les abus du pouvoir politique mais aussi religieux.

• Les articles sont argumentatifs, et les thèmes souvent polémiques. Rédigé par Diderot lui-même en 1751, l'article « Autorité politique » débute ainsi : « Aucun homme n'a reçu de la nature le droit de commander aux autres. La liberté est un présent du ciel, et chaque individu de la même espèce a le droit d'en jouir aussitôt qu'il jouit de la raison. »

Définition

Dans un **article argumentatif**, l'auteur **prend position** sur un sujet suscitant un **débat ou une polémique**. La thèse de Diderot (« aucun homme n'a reçu de la nature le droit de commander aux autres »), exprimée dès la première phrase, remet clairement en cause l'autorité du roi.

2. Voltaire et le conte philosophique

Voltaire (1694-1778)

Voltaire s'essaie à tous les genres littéraires, et **invente** même le **conte philosophique**. Il défend ardemment une **vision progressiste** de la société.

• Dans *Candide ou l'Optimisme*, Voltaire évoque le trajet initiatique de Candide, un héros naïf et innocent, chassé d'un château où règne l'illusion d'un bonheur parfait. Le philosophe critique la noblesse décadente et les abus de la religion, les guerres meurtrières et l'esclavage, autant que la philosophie

Définition

Le **conte philosophique** est un **récit** simple et distrayant, dans lequel le personnage principal subit une **initiation**. Malgré son apparence **légère**, ce conte véhicule **des vérités abstraites, des notions complexes**, et dispense une **leçon philosophique** : il s'agit donc d'un **apologue**.

Français

optimiste et fataliste de Leibniz, dont Pangloss, le précepteur de Candide, est un héritier parodique.

Méthode : rédiger l'introduction d'un commentaire littéraire

En un seul paragraphe :
– situez **l'œuvre et l'auteur** ;
– donnez **l'axe de lecture** choisi pour dégager la **singularité** du texte et la problématique ;
– annoncez le titre de chaque partie du commentaire.

EXERCICE COMMENTÉ

→ Énoncé

Le roi avait perdu son premier ministre. Il choisit Zadig pour remplir cette place. Toutes les belles dames de Babylone applaudirent à ce choix, car depuis la fondation de l'empire il n'y avait jamais eu de ministre si jeune. Tous les courtisans furent fâchés [...]. Il [Zadig] se mit à exercer son ministère de son mieux.
Il fit sentir à tout le monde le pouvoir sacré des lois, et ne fit sentir à personne le poids de sa dignité. Il ne gêna point les voix du divan, et chaque vizir pouvait avoir un avis sans lui déplaire. Quand il jugeait une affaire, ce n'était pas lui qui jugeait, c'était la loi ; mais quand elle était trop sévère, il la tempérait ; et quand on manquait de lois, son équité en faisait qu'on aurait prises pour celles de Zoroastre.
C'est de lui que les nations tiennent ce grand principe : qu'il vaut mieux hasarder de sauver un coupable que de condamner un innocent.

Zadig, Voltaire, 1747.

a. Relevez dans le texte les éléments qui se rapportent à l'univers du conte, et plus particulièrement à celui du conte oriental.
b. Initiation au commentaire littéraire : rédigez l'introduction du commentaire de ce texte, bâti selon l'axe de lecture suivant : « Montrez comment le récit de Voltaire illustre les principes du conte philosophique. » Vous proposerez deux parties pour alimenter cet axe.

→ Corrigés

a. Les éléments se rapportant à l'univers du conte se trouvent dans l'emploi d'un certain vocabulaire, comme « roi », « belles dames », « empire », « le pouvoir sacré des lois » et « dignité ». On rencontre également cet univers dans les hyperboles : « toutes les belles dames », « ministre si jeune », « tous les courtisans », « il fit sentir à tout le monde [...], et ne fit sentir à personne ». Les termes exotiques, enfin, installent l'univers du conte oriental, notamment grâce au choix de la ville de Babylone et à l'emploi de mots tels que : « divan », « vizir », « Zoroastre ».
b. Introduction du commentaire littéraire :
Zadig est un conte philosophique écrit par Voltaire en 1747. Il évoque les aventures initiatiques du héros éponyme, dans un Orient fantaisiste. Dans cet extrait, Zadig est nommé premier ministre par le roi, et s'attache à rendre la justice aussi bien que possible. Porte-parole des idées du siècle des Lumières, Voltaire, qui a créé le genre du conte philosophique, donne ici l'illustration parfaite du genre. En effet, il parvient d'une part à distraire ses lecteurs grâce à la peinture de l'univers du conte oriental, et, d'autre part, il les instruit en proposant de nouvelles valeurs, bénéfiques à une meilleure application de la justice.

Chapitre 15

Le lexique et la phrase

1 Les mots

1. Étymologie et formation des mots

• Explorer la racine **grecque ou latine** des mots, c'est-à-dire, rechercher leur étymologie, peut éclairer un sens particulier. Ainsi, l'adjectif « superbe » vient du latin *superbus*, signifiant « fier », « insolent », « orgueilleux ». Le sens étymologique, différent du sens courant moderne (« magnifique »), est à prendre en compte lorsque l'on étudie les œuvres classiques, notamment celles de Racine ou de Molière.

• La langue française s'enrichit selon **trois procédés** distincts. Tout d'abord, on discerne les **emprunts** à d'autres langues, anciennes ou modernes. Ensuite, on observe la formation de mots complexes, par **dérivation**, c'est-à-dire grâce à l'ajout de **suffixes** et/ou de **préfixes** qui modifient le sens originel du radical, ou permettent de changer sa classe grammaticale. En outre, le lexique s'enrichit également par **composition**, grâce à la fusion d'un terme avec un autre.

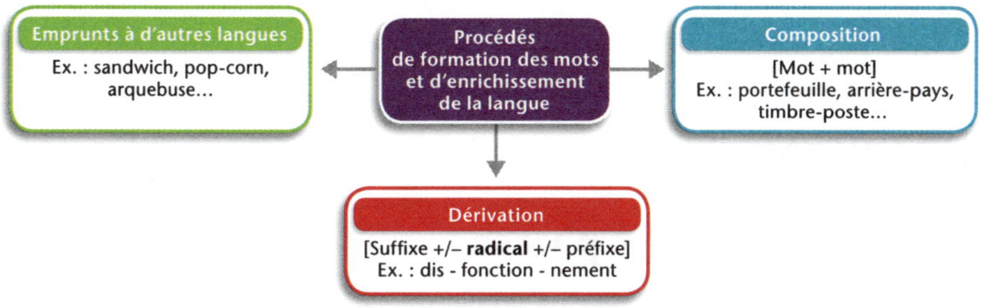

2. Néologismes, relations entre les mots et champs sémantiques

• On procède parfois à la **création de mots** à partir de termes existants, en suivant les règles de formation admises, pour nommer **des inventions technologiques** (par exemple le « logiciel ») ou une **réalité poétique particulière**. Dans *Nuit rhénane*, un poème faisant partie du recueil *Alcools* (1913), Apollinaire crée le verbe « râle-mourir », pour suggérer l'agonie (« La voix chante toujours à en râle-mourir »). On parle dans ces deux cas de **néologismes**.

• Les **synonymes** sont des termes de sens voisin, comme « parler », « dire », « déclarer », ou encore « affirmer ». Leur utilisation permet d'éviter des répétitions et de rendre le propos plus précis. Les **antonymes** sont des mots de sens contraire, comme « aimer » et « détester ».

- Certains termes sont **polysémiques**, c'est-à-dire qu'ils changent de sens ou de nuance de sens en fonction du contexte : le mot « pied » n'a pas la même signification en médecine, en poésie ou en botanique.

Définition

L'ensemble des sens d'un mot constitue le **champ sémantique de ce dernier. Ainsi, le terme « lettres »** signifiera à la fois les éléments de l'alphabet, les courriers, le fait d'être cultivé (« avoir des lettres »), et la littérature dans son ensemble.

3. Champ lexical, dénotation et connotation

- La mise en évidence des **réseaux lexicaux** permet d'**interpréter** une description et de décrypter l'**effet** qu'a voulu créer l'auteur.

Définition

Un **champ lexical** est un ensemble de termes qui possèdent une **unité thématique**, en se rapportant à une même **réalité**.

Méthode : relever et analyser un champ lexical

– Dressez la **liste des termes** se rapportant à un même **thème** ou à une même **réalité** ;
– **intéressez-vous** au choix des mots qui le composent (figures de style, connotations, dénotations) afin d'interpréter l'**effet** qu'a voulu créer l'auteur.

- La **dénotation** recouvre la **réalité explicite que le mot désigne**, réalité attestée par le dictionnaire. Le terme « neige » dénote ainsi une réalité météorologique.

Les mots abritent également des significations plus **symboliques ou idéologiques**. On dit qu'ils ont une **connotation** particulière, qui change en fonction du contexte, du lectorat ou de l'auteur. Le terme « neige » pourra ainsi connoter la pureté, la douceur, mais aussi le froid de l'hiver et la mort.

2 La phrase

1. La construction de la phrase

- **Les phrases simples** sont **courtes** et ne comportent qu'un seul verbe. On lira : « Cartier n'était pas rentré. » (*L'Assommoir*, Émile Zola, chapitre 1)

- À l'opposé, la **phrase complexe** est composée de **plusieurs propositions** contenant chacune un verbe.

2. Les types de phrases

On distingue quatre types de phrases. La phrase **déclarative** donne une information et se termine par un point. La phrase **interrogative** est utilisée pour poser une question. On utilise la phrase **injonctive** pour donner un ordre ou un conseil à suivre. La phrase **exclamative**, marquée par le point d'exclamation, exprime le sentiment ou la réaction du locuteur.

Les 4 types de phrases

Déclaratif
Ex. : « Je n'ai pas de souvenirs d'enfance. » (Georges Perec, *W ou le Souvenir d'enfance*)

Injonctif
Ex. : « Défions-nous du sort, et prenons garde à nous/Après le gain d'une bataille. » (La Fontaine, *Les Deux Coqs*)

Interrogatif
Ex. : « Serait-ce l'héritage de Jean ? » (*Pierre et Jean*, Maupassant)

Exclamatif
Ex. : « À nous deux maintenant ! » (Balzac, *Le Père Goriot*)

3. Les formes de phrases

• Les **formes de phrases** sont des **constructions** particulières. La construction **impersonnelle** concerne ainsi **certains verbes** ou **certaines expressions** (comme « falloir », « pleuvoir » ou « il y a ») pour lesquels la troisième personne du singulier n'est pas un sujet réel. On lira ainsi : « *Il était à peine jour, et la prison était pleine de bruit.* » (Victor Hugo, *Le Dernier Jour d'un condamné*)

• La construction **présentative** sert à **mettre en valeur** un élément de la phrase, grâce à l'utilisation de la locution « c'est… que » ou de l'adverbe « voici » (et leurs équivalents), à l'image de l'exemple suivant : « *Voilà le premier homme, voilà le premier poète.* » (extrait de la préface de *Cromwell*, Victor Hugo)

EXERCICE COMMENTÉ

→ Énoncé

Florent, pauvre et affamé, parcourt les Halles, le grand marché parisien, à la recherche de son frère.

À droite, à gauche, de tous côtés, des glapissements de criée mettaient des notes aiguës de petite flûte, au milieu des basses sourdes de la foule. C'était la marée, c'étaient les beurres, c'était la volaille, c'était la viande. […] Autour de lui, le soleil enflammait les légumes. Il ne reconnaissait plus l'aquarelle tendre des pâleurs de l'aube. Les cœurs élargis des salades brûlaient, la gamme du vert éclatait en vigueurs superbes, les carottes saignaient, les navets devenaient incandescents, dans ce brasier triomphal.

Émile Zola, *Le Ventre de Paris*, 1873.

a. Quels champs lexicaux parcourent ce texte ?

b. Que connote l'expression « brasier triomphal » utilisée pour décrire le marché ?

→ Corrigés

a. On remarque :
– le champ lexical du feu et de l'incendie (« le soleil enflammait », « brûlaient », « saignaient », « incandescents », « brasier triomphal » ;
– le champ lexical des sensations : l'ouïe (« glapissements de criée », « notes aiguës », « petite flûte », « basses sourdes ») ; la vue (« l'aquarelle tendre », « pâleurs », « la gamme du vert éclatait en vigueurs superbes », « les carottes », « qu'il avait vu ») ; le goût (« beurres », « volaille », « viande », « légumes », « salades », « carottes », « navets »).

b. Cette expression met tout d'abord en valeur la saturation des couleurs qui se mélangent jusqu'à brûler littéralement le regard.

Chapitre 16

Le verbe

1 Le verbe dans la phrase

1. Phrases verbales et non verbales

• Le verbe est **l'élément central** de la phrase. Il énonce soit une **action** (par exemple : « donner », « manger »), soit un **état**. Les verbes d'état – « sembler », « avoir l'air », et quelques autres – qui abondent dans les descriptions, **modalisent** l'énoncé (voir chapitre 2).

• **Éluder le verbe** n'est pas anodin. Si le propos gagne en effet en originalité et en tension, il ne peut se comprendre que grâce au contexte.

2. Les auxiliaires d'aspect

• Certaines expressions, très utilisées à l'oral, sont des **auxiliaires d'aspect** : la locution « être en train de » indique qu'il s'agit d'une action engagée, qui se poursuit au moment où l'on parle. « Se mettre à » et « être sur le point de » soulignent une action qui va se réaliser.

> **À retenir**
>
> On s'intéresse, avec l'aspect, à la **manière** dont s'effectue l'action.

• Les verbes *laisser* et *faire* + infinitif indiquent que le sujet de l'action **n'est pas le sujet** du verbe à l'infinitif (« je fais repeindre ma chambre »). *Devoir + infinitif*, enfin, signale la **forte probabilité** qu'une action soit réalisée, voire son obligation (ex. : « Je dois rentrer tôt. »/« Il doit faire ses devoirs à cette heure-ci. »).

3. L'aspect et les temps verbaux

• Les **temps composés** expriment une action terminée, **accomplie**.

• Les **temps simples**, en revanche, indiquent un fait **en train de se dérouler**.

• On parle d'aspect **itératif** lorsque l'action exprimée par le verbe **se répète**.

2 Valeurs des modes et des temps verbaux

1. Les modes verbaux personnels

• Le **mode indicatif**, qui compte quatre temps simples (présent, imparfait, passé simple, futur simple) et quatre temps composés (passé composé, plus-que-parfait, futur antérieur, passé antérieur), présente **des faits réels**, au passé, au présent et au futur : « Les Turcs ont passé là. Tout est ruine et deuil. » (Victor Hugo, *Orientales*)

• Dans son **acception temporelle**, le **conditionnel présent** s'emploie pour exprimer un **futur dans le passé**. On dira par exemple : « Quand tu étais plus jeune, tu pensais que tu deviendrais marin. »

• Employé en tant que mode, le **conditionnel** indique que la réalisation de l'action est **soumise à une condition**. Il se décline en deux temps : le conditionnel présent (*tu viendrais*) et le conditionnel passé (*tu serais venu*). Si l'action paraît **irréalisable**, on parle d'irréel du présent ou du passé.

• Dans le poème *À une dame créole*, issu des *Fleurs du mal* (1857), Baudelaire utilise ainsi la valeur **d'irréel du présent du conditionnel** :

> **Si vous alliez**, Madame, au vrai pays de gloire,
> […] **Vous feriez**, à l'abri des ombreuses retraites,
> Germer mille sonnets dans le cœur des poètes […]

• **Le subjonctif** comporte **quatre temps** : le présent (*que tu veuilles*), le passé (*que tu aies voulu*), l'imparfait (*que tu voulusses*), le plus-que-parfait (*que tu eusses voulu*). Il est souvent employé dans les **propositions complétives** introduites par « **que** », comme dans cette phrase de Flaubert : « Elle aurait voulu [que Léon s'en doutât […]. » (*Madame Bovary*)

Le subjonctif

Ce mode permet d'une part d'exprimer un fait **possible**, et d'autre part une **volonté,** à l'image des propos de Voltaire : « Puissent tous les hommes se souvenir qu'ils sont frères ! » (*Traité sur la tolérance*)

2. Les valeurs des temps de l'indicatif

• Le présent de l'indicatif n'a pas toujours la même valeur. Le **présent d'énonciation** exprime traditionnellement une action proche du moment où l'on parle, tandis que le **présent de narration** permet, dans un récit au passé, de rendre l'action plus vivante : rapportant au présent des actions passées, il crée une rupture.

• Le **présent de vérité générale** est utilisé pour exprimer des observations vraies de tout temps, comme dans les maximes et les proverbes. On utilise enfin le présent d'**habitude** pour exprimer des actions qui se **répètent**.

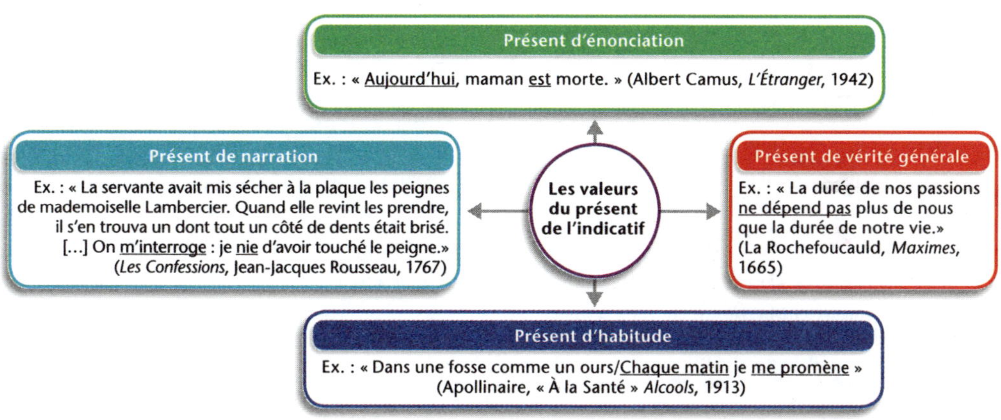

• Les **temps composés du passé** présentent des faits s'étant produits **avant le temps du récit**. Dans le premier chapitre des *Chouans* de Balzac, on peut lire : « Cette colonne était le contingent péniblement obtenu du district de Fougères [...]. Le gouvernement avait demandé cent millions et cent mille hommes, afin d'envoyer de prompts secours à ses armées [...]. »

3. Les modes non personnels

• Les modes verbaux non personnels sont au nombre de deux. **Le mode infinitif**, au présent, est utilisé pour nommer le verbe (ex. : *aller, vendre*). Il existe aussi au passé (ex. : *être allé, avoir vendu*).

• Le **mode participe** a également deux temps, un **passé** et un **présent**. Le participe passé s'emploie comme un **adjectif** et s'accorde en **genre et en nombre** avec le sujet. **Invariable**, le participe présent désigne **une action en train de s'effectuer**, comme dans la phrase suivante, extraite de l'*Éducation sentimentale*, de Flaubert : « Il contemplait les clochers [...] et bientôt, Paris disparaissant, il poussa un grand soupir. » Précédé de « en » (« en disparaissant »), c'est un **gérondif**.

EXERCICE COMMENTÉ

→ Énoncé

Jacques commença l'histoire de ses amours. C'était l'après-dînée : il faisait un temps lourd ; son maître s'endormit. La nuit les surprit au milieu des champs ; les voilà fourvoyés. [...]

Vous voyez, lecteur, que je suis en beau chemin, et qu'il ne tiendrait qu'à moi de vous faire attendre un an, deux ans, trois ans, le récit des amours de Jacques, en le séparant de son maître et en leur faisant courir à chacun tous les hasards qu'il me plairait. Qu'est-ce qui m'empêcherait de marier le maître et de le faire cocu ? d'embarquer Jacques pour les îles ? d'y conduire son maître ? de les ramener tous les deux en France sur le même vaisseau ? Qu'il est facile de faire des contes ! Mais ils en seront quittes l'un et l'autre pour une mauvaise nuit, et vous pour ce délai. L'aube du jour parut.

Diderot, *Jacques le Fataliste et son maître*, 1796.

a. Délimitez, dans ce passage, la partie qui concerne le récit, et celle qui concerne le discours du narrateur. Quels sont les modes et les temps principaux du récit ? Quels sont ceux du discours ?
b. Quelle valeur le mode des verbes « tiendrait », « plairait » et « empêcherait » donne-t-il au contenu des propos du narrateur ?

→ Corrigés

a. Le récit (premier paragraphe et dernière phrase du texte) est au passé : l'imparfait de l'indicatif (« c'était », « il faisait ») et le passé simple (« commença », « s'endormit », « surprit ») alternent.
Le discours (second paragraphe, à l'exception de la dernière phrase) est au présent de l'indicatif (« vous voyez », « je suis », « qu'il est facile ») et au conditionnel présent (« il ne tiendrait », « qu'il me plairait », « qu'est-ce qui m'empêcherait »).
b. Ces verbes au conditionnel présent placent les propos du narrateur sous le signe de la **condition**. Ce mode agit comme si le narrateur sous-entendait l'expression « si je voulais », déclarant ainsi ses pleins pouvoirs sur la teneur du récit à venir.

Chapitre 17

Les registres littéraires

1 Les registres comique, tragique et pathétique

Définition

Le **registre**, à ne pas confondre avec le genre, tout particulièrement au théâtre, est la **tonalité** d'un texte.

1. Le registre comique

• On rencontre le registre comique dans tous les genres littéraires. Il provoque **le rire ou le sourire** grâce à un écart vis-à-vis de la norme attendue. Au théâtre, c'est le **registre dominant** (mais non exclusif) de la comédie.

• Le comique se déploie à **différents degrés**. Il se rapproche en effet parfois de **l'humour ou de l'ironie**. L'humour donne une tonalité comique à un propos sérieux. L'ironie, en revanche, est une figure textuelle qui tourne le sujet en **dérision**.

• Le **burlesque** naît d'un niveau de langage inadapté à la situation : un sujet noble ou sérieux est traité en termes familiers, ou bien un sujet bas fait l'objet d'un langage précieux et doux (on parle parfois dans ce cas d'un ton héroï-comique). L'imitation d'Hitler par Charlie Chaplin dans *Le Dictateur* est par conséquent burlesque, tout comme, en général, les travestissements et les **situations grossières et contrastées**.

2. Le registre tragique

• Suscitant **la pitié et la terreur** du spectateur ou du lecteur, le registre tragique, porté par une façon de parler et un langage soutenus, s'exprime grâce à un vocabulaire se référant à **la mort et à la colère impuissante**. Exclamations, interjections, **imprécations**, **prières** et **supplications** marquent alors la douleur et le malheur endurés par le locuteur.

• De ce fait, les figures de style se rapportent à **l'intensité et à l'excès**. On note souvent, comme dans le poème ci-après, l'accumulation d'**antithèses** (« toujours la nuit/ jamais l'azur »), d'**hyperboles** (« une immense statue »), d'**allégories** inquiétantes (« la création flotte et fuit ») et d'**images violentes** (« La création […] des vents battue).

Toujours la nuit ! jamais l'azur ! jamais l'aurore !
Nous marchons. Nous n'avons point fait un pas encore !
Nous rêvons ce qu'Adam rêva ;
La création flotte et fuit, des vents battue ;
Nous distinguons dans l'ombre une immense statue
Et nous lui disons : Jéhovah !

(« Horror IV », *Les Contemplations*, Victor Hugo, 1856.)

3. Le registre pathétique

• Exprimant la douleur et cherchant à susciter la **pitié** et la **compassion** du lecteur et du spectateur, le registre pathétique est présent dans tous les genres, et notamment dans le **discours**. On pensera par exemple à l'*Oraison funèbre d'Henriette d'Angleterre* de Bossuet (chapitre 13).

• Pour qu'il se déploie, il faut une **situation malheureuse**. Les propos sont alors empreints de **regrets** et de tristesse : le lexique exprime **la souffrance, les sensations et les sentiments sombres**, et, la plupart du temps, des **phrases exclamatives et interrogatives** interpellent le destinataire.

• Zola l'utilise dans l'incipit de *L'Assommoir :* « Quand Gervaise s'éveilla, vers cinq heures, raidie, les reins brisés, elle éclata en sanglots. Lantier n'était pas rentré. [...] Elle resta assise au bord du lit, sous le lambeau de perse déteinte qui tombait de la flèche attachée au plafond par une ficelle. Et, lentement, de ses yeux voilés de larmes, elle faisait le tour de la misérable chambre garnie [...]. »

2 Les registres lyrique, épique et polémique

1. Le registre lyrique

• Étymologiquement, le terme « lyrisme » provient de la **lyre** utilisée par les **aèdes**. Aujourd'hui, on définit le lyrisme comme **l'expression des états d'âme et des sentiments personnels**.

• Il s'exprime par **l'omniprésence du « je »**, évoquant l'importance de ce que le poète ou le personnage **ressent**. Le **lexique des sentiments** et des **sensations** est fortement représenté. Des phrases **exclamatives** traduisent souvent **l'exaltation**, le bonheur, le chagrin ou le désespoir.

• Fréquent dans la **poésie romantique**, on le rencontre également au théâtre, particulièrement dans les tragédies. Ainsi, dans la scène 2 de l'acte II de *Phèdre* de Racine, Hippolyte déclare en ces termes sa flamme à la belle Aricie :

> Présente, je vous fuis ; absente, je vous trouve ;
> Dans le fond des forêts votre image me suit ;
> La lumière du jour, les ombres de la nuit,
> Tout retrace à mes yeux les charmes que j'évite ;
> Tout vous livre à l'envi le rebelle Hippolyte.

À retenir

Réservée au genre poétique, **l'élégie** se trouve à **la croisée des registres pathétique et lyrique**. À l'image du « Lac » (*Méditations poétiques*) de Lamartine, il s'agit d'une **plainte sentimentale** ayant pour thème la célébration de la **mort**. S'y déploient **harmonieusement** la tristesse, les lamentations et les regrets.

2. Le registre épique

• Le **registre épique**, dont le but est avant tout de **frapper l'imagination** du lecteur,

À retenir

À l'origine, **l'épopée** est un **long récit** en vers ou en prose, mêlant **histoire et légendes**, chantant les **exploits de héros** aux qualités extraordinaires, défendant les **valeurs et l'idéal** d'une société.

prend toujours la forme d'un discours narratif, dans lequel on retrouve les marques de la succession des actions et de l'inscription dans le temps.

• Le vocabulaire employé dénote l'outrance, grâce à l'utilisation de pluriels, de singuliers collectifs, d'adverbes d'intensité, de superlatifs et de répétitions. La référence aux éléments naturels ajoute également de la puissance et de la violence à la narration.

• Comme dans ce passage des *Misérables* de Victor Hugo, le ton est emphatique, et les phrases souvent longues et complexes :

> Cette barricade était forcenée ; elle jetait dans les nuées une clameur inexprimable ; à de certains moments, provoquant l'armée, elle se couvrait de foule et de tempête ; une cohue de têtes flamboyantes la couronnait ; un fourmillement l'emplissait [...].

3. Le registre polémique

• On utilise le registre polémique pour provoquer l'adversaire, bien souvent dévalorisé et interpellé en termes péjoratifs. Le polémiste s'implique très fortement dans ses propos, criant à l'injustice, s'adressant au lecteur, utilisant des hyperboles pour créer le scandale.

Définition

Le terme « polémique » vient du grec *polêmikôs* signifiant « **disposé à la guerre** ». Le registre polémique a donc trait au **combat** : il est très employé dans les textes argumentatifs, car il permet d'**attaquer,** de **défendre** ou de **dénoncer** un homme, une idée ou une cause.

• Dans la pièce de Jean-Claude Carrière, *La Controverse de Valladolid*, Las Casas prend ainsi position en faveur des Indiens, dénonçant les massacres perpétrés par les colons : « Oui, tout ce que j'ai vu, je l'ai vu se faire au nom du Christ ! J'ai vu les Espagnols prendre la graisse d'Indiens vivants pour panser leurs propres blessures ! Vivants ! Je l'ai vu ! »

Méthode

Récrire un texte en changeant son registre :
– respectez le plus possible la **succession des événements** et la structure du texte source ;
– ayez à l'esprit les **caractéristiques du registre** dans lequel doit s'inscrire votre production écrite (lexique, figures de style, tournures de phrases).

EXERCICE COMMENTÉ

→ Énoncé

Il entendit tirer deux coups de feu tout à côté de son arbre ; en même temps il vit un cavalier vêtu de bleu qui passait au galop devant lui, se dirigeant de sa droite à sa gauche. « Il n'est pas à trois pas, se dit-il, mais à cette distance je suis sûr de mon coup », il suivit bien le cavalier du bout de son fusil et enfin pressa la détente ; le cavalier tomba avec son cheval. Notre héros se croyait à la chasse : il courut tout joyeux sur la pièce qu'il venait d'abattre. Il touchait déjà l'homme qui lui semblait mourant, lorsque, avec une rapidité incroyable deux cavaliers prussiens arrivèrent sur lui pour le sabrer. Fabrice se sauva à toutes jambes vers le bois ; pour mieux courir il jeta son fusil.

Stendhal, *La Chartreuse de Parme*, 1839.

a. Ce texte évoque la bataille de Waterloo. Fabrice, le « héros », vous semble-t-il se comporter comme tel ? Quelle est l'attitude du narrateur vis-à-vis de ce personnage ?

Français

b. Montrez, en relevant les mots et expressions du texte, que le registre épique est constamment contrarié. Comment peut-on qualifier le comique qui se dégage de la scène ?
c. Écriture d'invention : récrivez le premier paragraphe sous la forme d'un récit épique.

→ Corrigés

a. Le « héros », ainsi que le nomme le narrateur, n'en possède aucun trait : il ne fait preuve ni de force physique, ni de force morale, ni de courage, ni de vaillance, ni de grandeur d'âme. Le narrateur est donc ironique lorsqu'il évoque son « héros » : il le tourne en dérision.

b. Le registre épique est constamment contrarié, car :

– le héros n'agit pas par courage mais par opportunisme, évaluant qu'à « cette distance », il est sûr « de son coup » ;

– il est lâche, il se sauve « à toutes jambes vers le bois », et, « pour mieux courir », il jette même « son fusil » ;

– la guerre qui, dans l'acception chevaleresque du terme, est une activité héroïque durant laquelle le soldat défend l'honneur et les valeurs de son pays, est comparée à la « chasse », une activité bassement nourricière.

La scène est donc burlesque : le ton et le langage employés ne sont pas en adéquation avec le sujet évoqué.

c. Tout à côté de l'arbre où il était posté, il entendit tirer deux coups de feu, rapidement suivis d'une salve de détonations dont ils avaient été le sombre prélude. Puis il vit plusieurs cavaliers vêtus de bleu passer au triple galop, et ses camarades tomber un à un dans la prairie, fauchés comme les blés dans une abominable moisson de sang sous la mitraille rugissante. Malgré la distance, et sachant que le bruit de son arme, dans le silence revenu, ne manquerait pas d'attirer à lui une patrouille entière, il n'écouta que son courage, leva son fusil, mit en joue le chef des cavaliers prussiens, et pressa la détente en criant : « Pour la France ! Pour l'honneur ! Pour l'Empereur ! »

Français

QCM

1 Le registre exprimant la douleur et cherchant à susciter la compassion ou la pitié du lecteur est le registre :

a. ☐ tragique. **b.** ☐ lyrique. **c.** ☐ pathétique.

2 Que signifie le terme « polémique », qui vient du grec *polêmikôs* ?

a. ☐ Disposé à la guerre. **b.** ☐ Disposé à la plainte. **c.** ☐ Disposé à l'amour.

3 Le burlesque est un degré du registre :

a. ☐ lyrique. **b.** ☐ comique. **c.** ☐ polémique.

CORRIGÉS

1 c. Le registre lyrique cherche à exprimer des sentiments personnels, et le registre tragique traduit l'impuissance du locuteur face à des forces qui le dépassent.

2 a. La plainte est liée au pathétique ou à l'élégie, et l'amour est l'un des thèmes de prédilection du registre lyrique.

3 b. Le burlesque est un type de comique consistant à évoquer un sujet noble en langage bas et populaire, ou l'inverse.

Chapitre 18

Les figures de style

1 Les figures d'analogie et de substitution

1. Les figures d'analogie : la comparaison

• La comparaison unit deux mots se référant à un même domaine, au moyen d'adverbes, de locutions (par exemple : « comme », « tel que » ou « pareil à »), ou, plus subtilement, par un comparatif ou des formes verbales « paraître », « sembler » ou « avoir l'air ».

Définition

On procède par analogie lorsque **l'on rapproche un terme d'un autre**, de façon à stimuler **l'imagination** du lecteur.

• Dans l'incipit de *Bel-Ami*, Maupassant écrit que le personnage principal, Georges Duroy, possède « un de ces regards de joli garçon, qui s'étendent comme des coups d'épervier ». Grâce à cette comparaison introduite par « comme », il sous-entend qu'il suffit à Duroy d'un coup d'œil pour séduire les femmes ou pour berner les hommes.

2. Les figures d'analogie : la métaphore, l'allégorie et la personnification

• La métaphore est un transfert de sens entre deux mots ou deux groupes de mots, sans utilisation de mots ou de structures comparatives, et selon un rapport de ressemblance plus ou moins évident.

• Dans *La Curée*, Saccard déjeune sur la butte Montmartre et s'extasie sur le panorama parisien. Zola crée alors une métaphore rapprochant la ville de la mer : « Et ses regards, amoureusement, redescendaient toujours sur cette mer vivante et pullulante, d'où sortait la voix profonde des foules. »

• Une allégorie est une image qui rend une idée concrète. On parle ainsi de la « Grande Faucheuse » pour évoquer la mort. Quant à la personnification, elle permet d'attribuer à des objets, des êtres inanimés ou des animaux, des comportements humains. Maupassant, dans *Le Père Mongilet*, humanise les plantes du jardin grâce à l'emploi du verbe « agoniser ». Il écrit ainsi : « Des pensées, des œillets, des ravenelles, quelques rosiers agonisaient au fond de ce puits sans air [...]. »

Définition

La métaphore filée en suggère d'autres et **s'étend** sur une ou plusieurs phrases : « L'amour, croyait-elle, devait arriver tout à coup, avec de grands éclats et des fulgurations, ouragan des cieux qui tombe sur la vie, la bouleverse, arrache les volontés comme des feuilles [...]. » (Flaubert, *Madame Bovary*)

3. Les figures de substitution : périphrases, métonymies et synecdoques

• Ces figures permettent de remplacer un mot par un autre selon une relation logique. Ainsi, pour former une périphrase, on remplace un mot par un groupe de mots ou une expression. Balzac sera par exemple nommé « l'auteur de *La Comédie humaine* » et Flaubert « le maître du réalisme ». La périphrase permet d'insister sur un trait particulier ou une qualité singulière de la personne ou de l'objet décrit.

• On parle de métonymie lorsque l'on utilise un mot ayant un rapport avec un objet pour désigner l'objet lui-même : on dira « boire un verre », pour désigner en réalité le contenu de ce verre. Cette figure de style permet souvent un raccourci dans l'expression.

À retenir

Forme particulière de la métonymie, la **synecdoque** apparaît lorsque l'on désigne un objet ou un sujet **par l'une de ses parties.** Hippolyte déclare ainsi, dans la scène 1 de l'acte I de *Phèdre* : « J'ignore le destin d'une tête si chère » (Racine). La « tête » désigne Thésée.

2 L'insistance et l'atténuation

Ces figures de style traduisent la volonté de celui qui parle d'agir sur le destinataire. Elles sont particulièrement utilisées dans le genre argumentatif, mais on les rencontre aussi dans les autres genres.

1. Insister : la répétition, la redondance et les procédés grammaticaux

• Si la répétition au théâtre est souvent comique, on se rappellera que le poème de Verlaine « Il pleure dans mon cœur » (*Romances sans paroles*, 1874) est bâti sur la répétition du mot « cœur », dont les sons récurrents forment une mélodie mélancolique et lancinante.

• Procédant de la même idée, la redondance est l'art de dire la même chose en employant une expression ou un mot différent. Dans le poème de Rimbaud « Le Buffet » (*Poésies*, 1870), le second vers s'appuie sur la redondance de l'idée de vieillesse : « C'est un large buffet sculpté ; le chêne sombre,/très vieux, a pris cet air si bon des vieilles gens ».

À retenir

Répéter un mot en **début de phrase ou de vers**, comme « Rome » dans la tirade de Camille dans *Horace* de Corneille (voir chapitre 8), c'est faire une **anaphore**.

• L'énumération est la juxtaposition de plusieurs éléments, souvent entre virgules, pour appuyer son propos. Dans « Le Loup et le Chien » (*Fables*, 1668), La Fontaine énumère ainsi les qualités du chien : « Ce Loup rencontre un Dogue aussi puissant que beau,/Gras, poli, qui s'était fourvoyé par mégarde. »

À retenir

La gradation est une forme particulière d'énumération. Elle juxtapose des termes ou des expressions selon leur **intensité de sens ou leur longueur**, à l'image de ce vers de Corneille : « Va, cours, vole, et nous venge. » (*Le Cid*, acte I, scène 5)

Français

• **L'hyperbole** est une **exagération** du propos, que l'on obtient à l'aide d'un lexique particulier, d'adverbes d'intensité, de structures superlatives ou d'énumérations.

• Balzac commence ainsi *La Fille aux yeux d'or* (1835) : « Un des spectacles où se rencontre le plus d'épouvantement est certes l'aspect général de la population parisienne, peuple horrible à voir, hâve, jaune, tanné. » Souvent, la **métaphore et la comparaison** sont employées de **manière hyperbolique**, pour augmenter ou minorer la réalité à l'excès, de façon imagée.

2. Les figures d'atténuation

• **L'euphémisme** est l'art d'atténuer un propos qui pourrait choquer. Pylade, dans le dénouement d'*Andromaque* de Racine, s'exprime ainsi : « Il faut partir, Seigneur. Sortons de ce palais,/Ou bien résolvons-nous de n'en sortir jamais ». « N'en sortir jamais » signifie « y mourir ».

• À ne pas confondre avec l'euphémisme, dont le **but est opposé**, la **litote** atténue la vigueur d'un énoncé pour au contraire le **renforcer**. Elle utilise ainsi souvent une formule de **négation du contraire**. Hippolyte, en parlant d'Aricie, dans la scène 1 de l'acte I de *Phèdre* (Racine), déclare : « Si je la haïssais, je ne la fuirais pas », sous-entendant ainsi qu'il l'aime.

3 Les figures d'opposition et l'ironie

1. Les figures d'opposition

• Les figures d'opposition soulignent les **contradictions**. Elles sont présentes dans les textes argumentatifs, mais aussi narratifs, poétiques et théâtraux. **L'antithèse** est une figure de style qui **rapproche deux termes contraires** à l'intérieur d'une même phrase. Elle souligne un **contraste**, une incompatibilité. Dans *Les Châtiments* (1853), Victor Hugo oppose ainsi le peuple à l'empereur :

> À César ton argent, peuple ; à toi, la famine.
> […]
> À lui la pourpre ; à toi la hotte et les guenilles.
> Peuple, à lui la beauté de ces femmes, tes filles.
> À toi leur déshonneur !

Définition

L'oxymore rapproche deux termes de **sens contraire** dans une même expression, provoquant une **image** surprenante. Dans *Aube*, Rimbaud évoque les « blêmes éclats ». Cette expression est un oxymore qui rend compte, en une image **synthétique**, de l'opposition du jour et de la nuit.

• **Le chiasme** est à la fois une figure **d'inversion grammaticale** et **d'opposition de termes.** Dans « Le Cimetière d'Eylau », extrait de *La Légende des siècles* de Victor Hugo, on peut lire :

Des cadavres	dessous	et	dessus	des fantômes
G. N.	Adv.		Adv.	G. N.

[…]

2. Les procédés de l'ironie

• **L'ironie** est en général utilisée pour **se moquer implicitement** d'un être ou d'une idée. Pour la repérer, il convient de s'appuyer sur le contexte : rompant l'unité du discours, elle crée la surprise.

• Un locuteur ironique dit une chose **en pensant le contraire**, et en parvenant à faire comprendre à ses lecteurs ce qu'il pense réellement. L'ironie est donc une **figure de pensée**, qui se sert de procédés stylistiques (comme les figures de style, et particulièrement l'antiphrase, ou une syntaxe particulière) pour se réaliser.

Définition

L'antiphrase consiste à **dire le contraire** de ce que l'on pense, en prenant en compte une relation de **connivence** entre le locuteur et l'auditeur. Dans *Candide*, Voltaire dénonce ainsi la guerre : « Rien n'était si beau, si leste, si brillant, si bien ordonné que les deux armées. »

EXERCICE COMMENTÉ

→ Énoncé

Il neigeait. On était vaincu par sa conquête.
Pour la première fois l'aigle baissait la tête.
[...]
Il neigeait. Les blessés s'abritaient dans le ventre
Des chevaux morts ; au seuil des bivouacs désolés
On voyait des clairons à leur poste gelés,
Restés debout, en selle et muets, blancs de givre,
Collant leur bouche en pierre aux trompettes de cuivre.
Boulets, mitraille, obus, mêlés aux flocons blancs,
Pleuvaient ; les grenadiers, surpris d'être tremblants,
Marchaient pensifs, la glace à leur moustache grise.
Il neigeait, il neigeait toujours ! La froide bise
Sifflait ; sur le verglas, dans des lieux inconnus,
On n'avait pas de pain et l'on allait pieds nus.

Victor Hugo, « L'Expiation », *Les Châtiments*, 1853.

a. Trouvez, dans ce texte : une répétition, une métaphore, une allégorie, une personnification, une énumération, une hyperbole, une métonymie.
b. Quel est le registre adopté ?

→ Corrigés

a. Dans ce texte, on trouve :
– une répétition → « il neigeait » ;
– des métaphores → « leur bouche en pierre », « Boulets, mitraille, obus [...] pleuvaient » ;
– une allégorie → l'« aigle » désigne l'Empereur ;
– des personnifications → « les bivouacs » sont « désolés », la « conquête » a vaincu ;
– une énumération → « boulets, mitraille, obus » ;
– des hyperboles → « Les blessés s'abritaient dans le ventre des chevaux morts », « Boulets, mitraille, obus, mêlés aux flocons blancs, pleuvaient », « On voyait des clairons à leur poste gelés, restés debout, en selle et muets, blancs de givre » ;
– une métonymie : « les clairons » désignent les « sonneurs de clairon ».
b. Il s'agit d'un texte pathétique : le poète souhaite susciter la pitié chez le lecteur.

Histoire des arts

Chapitre 1 L'œuvre d'art et le statut de l'artiste 212

Chapitre 2 Peinture, photographie et cinéma 216

Chapitre 3 L'image argumentative 220

Chapitre 1

L'œuvre d'art et le statut de l'artiste

1 L'œuvre d'art

1. L'œuvre et les domaines artistiques

Définition

Qu'il s'agisse d'une peinture, d'un film, d'une icône du design ou d'un bâtiment architectural, l'œuvre d'art est le fruit d'une **réflexion artistique**. Elle transmet un **message**, qu'il faut **analyser**.

• On distingue plusieurs domaines artistiques, eux-mêmes comportant plusieurs genres.

Arts du quotidien
- Arts décoratifs
- Design
- Mode
- Publicité...

Arts du son
- Chant
- Musique
- Bruitage...

Arts de l'espace
- Architecture
- Urbanisme
- Jardin...

Arts du spectacle vivant
- Danse
- Opéra
- Cirque
- Théâtre...

Arts visuels
- Peinture
- Photographie
- Dessin
- Affiche
- Collage
- Sculpture
- Installation
- Cinéma
- Performance...
- « Graffiti » ou *Street art*

• On doit savoir que l'auteur d'un film est un **réalisateur**, que le créateur d'un bâtiment est un **architecte**, et que le créateur d'un objet de la vie courante est un **designer**. En musique, on parle d'un **compositeur**, au théâtre, du **metteur en scène**, dans les arts de la danse, du **chorégraphe**, et dans le domaine de la mode, du **styliste**.

2. La contextualisation de l'œuvre

• Pour analyser une œuvre, il convient de la situer dans une **perspective historique.** En effet, aucune œuvre n'est créée ex nihilo : les artistes modernes connaissent ceux qui les ont **précédés**, et leurs travaux en portent les marques. Dans ***Guernica***, Picasso mêle l'héritage de la peinture d'histoire, et notamment la peinture de Goya (XIXe siècle), à une vision et une technique modernes.

Delacroix, *La Liberté guidant le peuple*, 1830.

• De plus, les œuvres artistiques s'inscrivent souvent dans un mouvement culturel, qui peut être transversal et qui peut toucher plusieurs formes d'art, à l'image du romantisme. L'œuvre *La Liberté guidant le peuple*, peinte par Eugène Delacroix en 1830, est ainsi marquée par l'élan et l'enthousiasme que l'on retrouve par exemple dans la musique de Berlioz. De la même façon, le classicisme, mis à l'honneur par Louis XIV, influence les compositions de Lully, les tableaux de Nicolas Poussin et les jardins de Le Nôtre.

• D'autres œuvres s'inscrivent dans des mouvements propres à un domaine. L'impressionnisme, initié au XIXe siècle par Manet, Monet et Pissaro, ne touche ainsi que l'art pictural. De même, le style haussmannien, popularisé à Paris dans la première moitié du XIXe siècle par le baron Haussmann, ne touche que l'architecture.

2 Le statut de l'artiste

1. De l'artisan à l'artiste

Définition

Au XVIIe **siècle**, un artiste est un individu qui pratique l'un des **beaux-arts**, c'est-à-dire l'architecture, la peinture, la sculpture ou la gravure. De nos jours, il s'agit plus généralement du **créateur d'une œuvre artistique**, quelque soit son domaine de prédilection.

• De l'Antiquité à la fin de la période médiévale, si l'on reconnaît la valeur du travail et l'habileté exceptionnelle de certains hommes, ils ne sont néanmoins considérés que comme des « maîtres de métiers » officiant dans une boutique, comme des artisans. En outre, jusqu'à la Renaissance, l'« invention » de l'œuvre, c'est-à-dire son projet, est souvent du ressort d'un intellectuel ou d'un commanditaire (autrement dit, d'un acheteur), tandis que la réalisation est confiée à un exécutant.

2. La Renaissance, période charnière pour la reconnaissance de l'artiste

• Trois éléments participent à la reconnaissance du statut de l'artiste : la signature apposée sur l'œuvre, l'autoportrait considéré comme une œuvre autonome, et les traces biographiques laissées par ses contemporains.

• La signature est peu courante jusqu'à la Renaissance italienne, car les artistes travaillent avec une équipe et un atelier qui imposent leur marque. Pour ce qui est de l'autoportrait, sa pratique se généralise à partir des tentatives d'Albrecht Dürer (1471-1528).

Définition

Un **esthète** est un amateur d'art et de belles choses.

• Enfin, les biographies d'artistes sont mises à l'honneur par l'Italien Vasari, un esthète qui dresse le panorama des *Vies des meilleurs peintres, architectes et sculpteurs* (1550, puis 1568). Michel-Ange, Raphaël et Léonard de Vinci acquièrent ainsi une renommée qui dépasse les cours européennes. On considère souvent Vasari comme le père fondateur de l'histoire de l'art.

3. Les académies

• Le changement du statut de l'artiste s'accélère aux XVIe et XVIIe siècles, avec la création des **académies**. Ces institutions permettent aux artistes et aux savants d'être **reconnus et rémunérés par le pouvoir royal**. Le processus s'engage en effet lorsque les monarques, **désireux de rayonner en Europe**, comprennent le rôle joué par les arts.

À savoir

L'Académie royale de peinture et de sculpture est fondée en 1648 à Paris, celle de **musique** en 1669, et celle **d'architecture** en 1671. Elles donneront elles-mêmes naissance à **l'Académie des beaux-arts** en 1816.

• Ces académies sont chargées de **réguler et d'enseigner** la discipline qu'elles représentent, et rendent leurs **membres influents**. Beaucoup d'artistes leur reprocheront cependant d'être, d'une part, à la **solde du pouvoir**, et d'autre part, de ne proposer qu'une **vision conservatrice** de l'art, refusant les innovations. Ainsi, en 1863, les **impressionnistes**, boudés par l'Académie, créeront le « **Salon des refusés** » pour exposer leurs toiles.

EXERCICE COMMENTÉ

Autoportrait de Nicolas Poussin, 1650.

→ Énoncé

a. Qui est Nicolas Poussin ? Dressez une biographie succincte de ce peintre.

b. À quel mouvement culturel appartient-il ? Quelles caractéristiques de ce mouvement retrouve-t-on dans ce tableau ?

c. Qu'est-ce qu'un autoportrait ? En quoi s'agit-il d'une œuvre montrant le changement historique du statut de l'artiste ?

→ Corrigés

a. Nicolas Poussin est un peintre français né en 1594 et mort en 1665. Influencé par Raphaël et Jules Romain, il voyage à Florence, avant de participer à la décoration du palais du Luxembourg. Il se rend

Histoire des arts

ensuite à Rome, en 1624. Il est rappelé en France par Louis XIII et Richelieu pour orner le Louvre. Il est alors nommé premier peintre du roi et directeur général des embellissements des maisons royales. Il rentre finalement à Rome, où l'attend sa famille, en 1642. Il influencera toutefois jusqu'à sa mort la peinture pratiquée en France, alors gouvernée par Louis XIV.

b. Poussin est un peintre appartenant au mouvement classique : ses compositions sont strictes, les lignes et les proportions harmonieuses. On note par exemple son attitude calme et digne, presque hiératique, ainsi que la position de son visage sur la toile, centré dans la moitié supérieure du tableau. En second plan, les lignes horizontales des encadrements soulignent symboliquement ses yeux, premier outil du peintre, et son front, représentant l'intelligence et la spiritualité. L'encadrement de la porte, que l'on aperçoit à l'arrière-plan, prolonge en outre la métaphore spirituelle en guidant le regard du spectateur vers le haut.

c. Un autoportrait est un portrait qu'un peintre réalise de lui-même, et qui devient une œuvre autonome. Le fait que les peintres réalisent leur autoportrait montre qu'ils considèrent leur art non plus comme un simple médium, comme une façon de représenter quelque chose pour gagner sa vie, mais comme un moyen d'expression présentant un intérêt supérieur.

QCM

1 Le design et la mode font partie :

a. ☐ des arts visuels. b. ☐ des arts de l'espace. c. ☐ des arts du quotidien.

2 Au Moyen Âge, les artistes sont considérés comme des artisans, « maîtres de métiers ».

a. ☐ Vrai b. ☐ Faux

3 Le père fondateur de l'histoire de l'art se nomme :

a. ☐ Boucher. b. ☐ Vasari. c. ☐ Dürer.

4 L'Académie royale de peinture a été fondée en :

a. ☐ 1550. b. ☐ 1648. c. ☐ 1863.

CORRIGÉS

1 c. On trouve également, dans les arts du quotidien, la publicité et les arts décoratifs.

2 a. Les artistes sont considérés comme tels seulement à partir de la Renaissance.

3 b. François Boucher (1703-1770) et Albrecht Dürer (1471-1528) sont des peintres.

4 b. Elle est fondée sur les ordres du cardinal Richelieu.

Chapitre 2

Peinture, photographie et cinéma

1 La peinture et la photographie

1. Le dessin, la peinture et la hiérarchie des genres

À retenir

Jusqu'au XIXe siècle, la **peinture allégorique** de scènes de la vie mythologique ou religieuse et la **peinture d'histoire** sont des **exercices académiques** obligés.

L'académisme a fortement hiérarchisé la peinture. Jusqu'au XIXe siècle, la **peinture allégorique** et la **peinture d'histoire**, qui représente des moments clés de l'histoire, comme le *Sacre de Napoléon* peint par Jacques Louis David (1805-1807), sont les genres les plus prisés. Le **paysage**, la **nature morte**, le **portrait** et la **scène de genre** sont par conséquent moins édifiants.

Définition

La **scène de genre**, célébrée par Van Eyck et les peintres hollandais du XVe siècle, puis portée au sommet au XIXe siècle, montre des personnages dans un **cadre familier**, accomplissant des **actes de la vie professionnelle ou de la vie familiale**.

2. 1859 : la peinture à l'épreuve du progrès

• Jusqu'au milieu du XIXe siècle, les peintres **broient les pigments** pour obtenir des couleurs. De ce fait, les artistes travaillent essentiellement en atelier. En **1859**, une industrie française commercialise **la peinture en tubes**. Quelques années plus tard, les peintres, et plus particulièrement les **impressionnistes**, popularisent le **travail en extérieur**. **Le format des toiles** se réduit, afin de les transporter plus facilement.

À retenir

Les essais pour mettre au point le procédé photographique commencent dès le XVe siècle. Cependant, on ne parle de photographie qu'à partir de **l'invention du daguerréotype**, en 1835.

• Nadar, devant l'objectif duquel s'assiéront complaisamment toutes les personnalités du siècle, ouvre son atelier de photographie en 1853. En **1859**, bien que Baudelaire ne voie dans la photo que « la servante idéale de la peinture », notamment concernant l'étude de la perspective, les photographes prétendent pour la première fois eux aussi au statut d'artiste, et créent la controverse, en exposant leurs œuvres au palais de l'Industrie, près des toiles peintes.

3. La photographie

• Dans un premier temps, on voit dans la photographie le moyen de représenter « objectivement » le monde, et d'en dresser l'inventaire. La peinture perd donc cette mission. Cependant, Man Ray et les surréalistes, dès les années 1920, montrent comment travestir le réel photographié, grâce au travail en laboratoire de la photo argentique.

• En outre, on s'aperçoit dans un second temps que, comme le peintre, le photographe choisit son cadrage, son sujet, son plan et son angle de vue. Par conséquent, comme tout artiste, il interprète le réel.

• Ainsi, à partir du XXe siècle, la photographie et la peinture suivent des cheminements artistiques différents, même si les interactions restent nombreuses. On citera par exemple l'expérience d'Andy Warhol, qui utilise le procédé de la photographie sérigraphiée sur toile dans son *Diptyque Marylin*, réalisé en 1962.

2 Le cinéma

1. Du « muet » aux années 1950

À retenir

Le procédé permettant la **projection d'images animées** est inventé en **France en 1895**, par les **frères Lumière**.

• Le procédé du cinématographe est popularisé par Georges Méliès, un propriétaire de théâtre qui tourne plus de huit cents films muets, puis par Charles Pathé et Léon Gaumont. Les années 1920 donnent naissance à l'impressionnisme français, dont les membres militent pour un cinéma qui ne soit ni du théâtre ni l'adaptation d'œuvres littéraires.

• En 1927, paraît à New York le premier film parlant, *The Jazz Singer*. Quelques années plus tard, Marcel Carné, le réalisateur de *Quai des brumes* et d'*Hôtel du Nord*, puis Jean Renoir, qui signe une adaptation d'*Une partie de campagne* de Maupassant, créent le mouvement réaliste, que la Seconde Guerre mondiale et le régime de Vichy viennent interrompre.

2. De la « Nouvelle Vague » aux années 2000

• En 1959, *Hiroshima mon amour* d'Alain Resnais et *Les Quatre Cents Coups* de François Truffaut attirent l'attention des critiques sur la « Nouvelle Vague » du cinéma français. Les scènes sont tournées dans des décors naturels, et non plus en studio, avec un matériel plus léger. Les thèmes sont apolitiques et le ton est insolent. *À bout de souffle*, de Jean-Luc Godard, modernise la technique narrative, en faisant fi des raccords jusque-là imposés entre les plans, pour obtenir un film **rythmé et syncopé**.

- À partir de la seconde moitié des années **1970**, **l'essor de la télévision** et la concurrence du **cinéma américain** modifient le **paysage audiovisuel**. Le cinéma commercial, dans lequel apparaissent Jean-Paul Belmondo et Louis de Funès, côtoie le cinéma d'auteurs issus de la « Nouvelle Vague ».

3. Le vocabulaire particulier de la narration cinématographique

- Si le cinéma reprend le vocabulaire de **l'analyse de l'image**, le **mouvement et le son** complexifient les choses. Ainsi, un **plan** est une **portion** de film dont les limites se situent entre le début et la fin d'une prise. Il peut être **fixe**, ou comporter des **mouvements de caméra** (travelling avant ou arrière, mouvement à la grue, etc.) ou des **mouvements de zoom**.

À retenir

Un film est composé de **différentes séquences.** Une séquence est une **unité narrative.** On parle de **plan-séquence** lorsqu'il y a coïncidence entre un plan et une séquence.

- **La scène** est une séquence en **temps réel**. La **séquence ordinaire** comporte **une alternance de plusieurs plans** se suivant chronologiquement. Le nombre de séquences et le rythme de leur **enchaînement** permettent de dissocier les films très **découpés** (on pensera par exemple à ceux d'Hitchcock) et ceux qui le sont moins. Entre deux plans, ou entre deux séquences, la **transition** se fait de plusieurs manières : soit par coupe, soit par fondu au noir, soit par fondu enchaîné, soit encore par enchaînement sonore.

- Il y a trois types **d'expression sonore** au cinéma : les paroles, le bruit et la musique. Si la source du son est visible à l'écran, on parle de **son « *in* »** ou **synchrone**. Si elle n'est pas visible, mais qu'elle peut être comprise comme provenant de la fiction, on parle de **son hors champ**. Enfin, si le son provient d'une source extérieure, on parle de **son « *off* »**.

EXERCICE COMMENTÉ

→ Énoncé

Philippe Halsman, « Dal.' Atomicus », photographie publiée dans *Life* en 1948.

a. Le tableau de Salvador Dalí représenté sur cette photo se nomme *Léda Atomica*. Cherchez des informations sur cette toile. Pourquoi selon vous figure-t-elle sur la photo d'Halsman ?
b. La photo vous semble-t-elle « retouchée » ou même « truquée » ? Pourquoi ?

→ Résolution

a. *Léda Atomica* est une peinture réalisée par Salvador Dalí en 1948. Léda est la reine de Sparte. Elle est séduite par Zeus, apparu sous la forme d'un cygne. Cette toile, peinte juste après l'explosion de la bombe atomique à Hiroshima, présente une réflexion sur la suspension de la matière : aucun élément dessiné ne touche les autres, de la même façon qu'aucune particule radioactive ne semble toucher la matière qu'elle détruit. La photo d'Halsman joue elle aussi sur la mise en suspension de tous les éléments, et la toile permet une mise en abyme.
b. La photo semble irréelle, « truquée » ou « retouchée ». Cependant, s'il n'est pas besoin de préciser que l'informatique n'avait pas atteint, en 1948, le niveau de performance auquel nous sommes habitués, plusieurs éléments attestant d'une prise du sujet « sur le vif » attirent l'œil : les fils qui suspendent le tableau et le chevalet, ou les mains d'un assistant tirant un câble qui apparaissent dans le champ. On sait également qu'il a fallu vingt-huit prises au photographe – dont sont nées vingt-sept photos non retenues – pour réunir tous les éléments.

QCM

1 Jusqu'au XIXe siècle, le genre pictural le plus prisé est :
a. ☐ la scène de genre. b. ☐ le portrait. c. ☐ la peinture d'histoire.

2 Au XIXe siècle, l'artiste célèbre pour avoir photographié les personnalités de son époque se nomme :
a. ☐ Nadar. b. ☐ Baudelaire. c. ☐ Monet.

3 Le procédé cinématographique a été inventé en France par :
a. ☐ les frères Lumière. b. ☐ Georges Méliès. c. ☐ Jean Renoir.

Histoire des arts

CORRIGÉS

1 c. La peinture d'histoire et de scènes allégoriques est requise pour entrer à l'Académie de peinture.
2 a. Baudelaire est poète et critique d'art. Monet est peintre.
3 a. Georges Méliès a utilisé le procédé pour tourner et projeter des films muets. Jean Renoir est un réalisateur.

Chapitre 3
L'image argumentative

1 Les particularités des images publicitaires et des images de propagande

1. Des images porteuses d'intention

À retenir

Les images publicitaires et de propagande sont des images **médiatiques**, qui ont pour **but de persuader ou de convaincre** quelqu'un d'effectuer un acte particulier. Ce sont donc des images **argumentatives**, qui ont une **intention**, et qui sont destinées à une **lecture publique**.

2. Le message dénoté

À retenir

Le **message iconique** qu'elles comportent, c'est-à-dire le message présenté sous la forme **d'une image**, peut faire l'objet d'une description à l'aide des outils **d'analyse traditionnels** : cadrage, plans, point de vue, lignes de force, etc.

- Il faut avoir à l'esprit que l'image est construite de façon à ce que le regard rencontre immédiatement les informations clés.

- L'affiche publicitaire pour la *Tournée du Chat noir*, imaginée en 1896 par Théophile Alexandre Steinlen, comporte en grosses lettres détachées le nom du cabaret, ainsi que celui de son fondateur, Rodolphe Salis. En contre-plongée pour figurer sa supériorité, envahissant les deux premiers tiers verticaux, l'emblème de la maison, un grand chat fin, robuste et osseux, est représenté surmonté d'une sorte d'auréole.

- La lecture de gauche à droite impose au regard de se poser d'abord sur le félin, avant de rencontrer le texte, qui reste ainsi le dernier élément inscrit dans la mémoire visuelle de l'observateur. En outre, le chat assis est présenté de profil, suggérant le mouvement. Son regard, direct et de face, pèse sur le spectateur, et amorce ainsi un dialogue.

3. Une image qui s'inscrit dans l'histoire de l'art

À retenir

Certaines images argumentatives subissent **l'influence d'un courant artistique**, ou y font **explicitement référence.** Ainsi, on trouvera par exemple des références aux scènes paysannes de Jean-François Millet (1814-1875) dans les publicités vantant les produits du terroir.

L'affiche de Théophile Alexandre Steinlen n'échappe pas à cette règle. L'auréole, les yeux étirés du félin, les contours crayonnés du dessin, sa technique sans relief, la texture « tissu » reproduite artificiellement grâce à la couleur ocre du fond, les « A » en forme de pagode : tout évoque l'influence japonaise alors à l'honneur. Les estampes d'Hokusai (on pensera par exemple à *La Grande Vague de Kanagawa*, peinte en 1831) et d'Hiroshige inspirent, il est vrai, les impressionnistes, et notamment Monet.

2 Le message connoté par l'image

1. La symbolique

Une **deuxième lecture** de l'affiche de la *Tournée du Chat noir* laisse apparaître plusieurs éléments importants, et notamment la symbolique démoniaque du chat noir. L'animal, en effet, est l'allégorie du Montmartre des artistes-peintres et des poètes vivant en marge de la société et fréquentant l'établissement.

À retenir

Si l'image argumentative comporte un **message littéral**, qui **dénote** une réalité que l'on peut décrire, elle comporte également un **message connoté**, symbolique, qui fait appel à un ensemble de **références** : la culture, la mode, les usages socioculturels, etc.

2. La mode et la transgression

De plus, la culture orientale, arrivée en France grâce à l'Exposition universelle de 1870, fascine les bourgeois de l'époque. Le style rejaillit sur le cabaret, lieu à la mode s'il en est. En effet, la publicité **s'adresse au plus grand nombre**, et **flatte** toujours le consommateur : ceux qui se rendent au cabaret s'identifient à ce que leur promet l'affiche.

3 Le message connoté par le texte

1. Le texte

• Le message iconique est souvent doublé d'un **message textuel** prenant la forme d'un **slogan**. Pas de slogan toutefois sur l'affiche de la *Tournée du Chat noir* : le seul nom qui importe est celui de son **fondateur**. Il est en effet **l'inventeur** même du cabaret de Montmartre tel que nous l'avons à l'esprit. Son nom est donc considéré comme **une marque**.

2. L'art du slogan

À retenir

Un slogan est en général très travaillé. **Concis,** il manie les **figures de style**. Répétitions, anaphores, métaphores, allitérations, personnifications : tout est bon pour marquer la mémoire du consommateur.

Ainsi, on lira : « Choisissez bien, choisissez la marque x », et on remarquera l'anaphore verbale. On entendra encore : « Faites des économies, achetez ici », et on notera l'antiphrase.

EXERCICE COMMENTÉ

→ Énoncé

Amnesty International, *Quelque part partout*, 1978.

a. Quelles sont les lignes de force qui structurent cette image ? Quels éléments, dans le message iconique et dans le message textuel, fonctionnent de manière antithétique ?
b. Pourquoi avoir seulement représenté un casque et la structure d'un visage de soldat ? Que connotent ces images ?
c. Quel sentiment cette affiche déclenche-t-elle chez le spectateur ? Justifiez votre réponse.

→ Résolution

a. L'affiche est structurée de deux façons. Tout d'abord, le texte et le dégradé de couleurs la divisent en deux parties horizontales : le tiers inférieur contraste avec les deux tiers supérieurs, sur lesquels se détache le casque. En outre, les lignes courbes formées par le contour du casque évoquent une sphère tronquée, dans laquelle s'encastre une forme triangulaire agressive.
Plusieurs éléments fonctionnent de manière antithétique : le slogan, « quelque part »/«partout » ; les barbelés/le ciel bleu ; la sphère formée par le casque, évoquant un astre flottant dans le ciel/le fil qui la relie à un élément hors champ ; l'échelle de représentation de la tête du soldat/celle des hommes emprisonnés ; la modernité du visage « robotisé » (ou de l'armure) du soldat/l'aspect médiéval

de la cage, suspendue à la manière de celles que l'on trouvait dans les châteaux forts ; l'unicité du visage « robotisé » du soldat/la multiplicité des hommes emprisonnés ; la robustesse du visage « robotisé » du soldat/la fragilité des hommes emprisonnés ; la transparence de la cage/l'opacité de la foule qui s'y trouve.

b. Le casque symbolise le fait que le soldat est la tête pensante (d'une dictature, d'un mouvement, etc.), et connote deux réalités qui fonctionnent sur le mode de l'inclusion ou de l'exclusion.

– Sur le mode inclusif : les hommes sont en prison dans une idée, une culture, une représentation.

– Sur le mode exclusif : un seul homme, le tyran, arrive à imposer sa pensée unique et à gouverner tous les hommes.

c. C'est une image destinée à choquer le spectateur. Les barbelés rappellent indéniablement les camps d'extermination, la dictature militaire, la torture, la mort et la guerre. En outre, le slogan, polysémique, invite les spectateurs de « partout » à regarder « quelque part », comme il invite chaque citoyen à regarder « partout », et pas seulement « quelque part », là où la tyrannie ne ternit pas le bleu du ciel.

QCM

1 L'image publicitaire ou de propagande a une vocation argumentative.

a. ☐ Vrai b. ☐ Faux

2 Le message véhiculé par l'image est un message :

a. ☐ iconique. b. ☐ textuel. c. ☐ significatif.

3 Dans le slogan utilisé par le Conseil de l'Europe dans sa campagne contre l'intolérance, « *Tous différents, tous égaux* », on remarque :

a. ☐ une métaphore et une allitération.

b. ☐ une anaphore et une antiphrase.

c. ☐ une allitération et une personnification.

4 Le message symbolique délivré par une image se nomme le message :

a. ☐ connoté. b. ☐ dénoté. c. ☐ annoté.

CORRIGÉS

1 a. C'est une image qui cherche à convaincre le spectateur d'adopter un certain comportement.

2 a. Le message textuel est porté par le slogan ou le texte écrit. « Significatif » n'est pas le terme d'analyse adéquat.

3 b. On note une anaphore avec « tous », ainsi qu'une antiphrase composée de termes pouvant être antonymes selon le contexte, « égaux » et « différents ».

4 a. Les connotations d'une image font référence à la culture du spectateur.

Histoire – Géographie

Histoire

Chapitre 1 Les Européens dans le peuplement de la Terre 226

Chapitre 2 L'invention de la citoyenneté dans le monde antique 230

Chapitre 3 Sociétés et cultures de l'Europe médiévale du XIe au XIIIe siècle ... 235

Chapitre 4 Nouveaux horizons géographiques et culturels des Européens à l'époque moderne 240

Chapitre 5 Révolutions, libertés, nations, à l'aube de l'époque contemporaine 246

Géographie

Chapitre 6 Les enjeux du développement : du développement au développement durable 252

Chapitre 7 Gérer les ressources terrestres 256

Chapitre 8 Aménager la ville 263

Chapitre 9 Gérer les espaces terrestres 268

Chapitre 1

Les Européens dans le peuplement de la Terre

1 Les populations d'Europe dans les grandes phases de la croissance de la population et du peuplement de l'Antiquité au XIXe siècle

À savoir

Le terme « **peuplement** » désigne l'occupation d'un territoire donné par un groupe humain.

1. L'Europe, un ancien foyer de peuplement touché par différents évolutions

L'Europe devient un centre démographique du monde

- Entre l'Antiquité et le début du XXe siècle, la part des Européens dans la population mondiale est **croissante** : 17 % au Ier siècle après J.-C. ; 18 % à la fin du Moyen Âge et au début de l'époque moderne ; plus de 26 % en 1900.
- Au début du XXe siècle, l'Europe représente donc près d'**un être humain sur quatre**.

Une évolution différente en fonction des époques : une faible croissance de l'Antiquité au XVIIIe siècle…

Jusqu'au XVIIIe siècle, la population européenne connaît une progression graduelle, mais lente :

– **La fin de l'Antiquité** enregistre une baisse de la population européenne, baisse liée aux guerres et troubles incessants qui accompagnent la chute de l'Empire romain.

– **Du VIe au XIe siècle** (de l'année 500 à l'année 1000), la croissance de la population s'avère, réelle mais de faible ampleur.

– **Du XIe siècle au XIVe siècle** (de l'année 1000 à l'année 1300), la population européenne double en raison de la forte croissance économique, d'abord agricole, puis commerciale, artisanale et urbaine.

– **Au XIVe siècle**, la population, arrivée au sommet, replonge. Les années 1300-1400 enregistrent un effondrement démographique (entre un tiers et la moitié de la population). La Grande Peste, les famines et les guerres frappent à coups redoublés.

– **Entre 1400 et 1700**, récupération démographique. La population augmente modérément. Il faut attendre les années 1500 pour que l'Europe retrouve son niveau d'avant la peste et reprenne son essor.

En conclusion, la population européenne a **à peine triplé en 1200 ans**.

■ ... à laquelle succède une croissance forte à partir du XVIIIe siècle

• La croissance s'accélère alors à l'échelle mondiale. La population du globe passe de 458 millions d'habitants à 968 millions en 1800. Le nombre de 1.6 milliard d'habitants est atteint en 1900.

• La population européenne connaît la même tendance haussière, mais plus marquée encore. Si en 1700 l'Europe comptait 125 millions d'habitants, en 1800, elle en dénombre 195 millions, pour finir par englober plus de 420 millions de personnes en 1900.

2. Un changement de structures démographiques

• Selon les démographes, les sociétés présentent des comportements différents face à la vie et à la mort.

La transition démographique

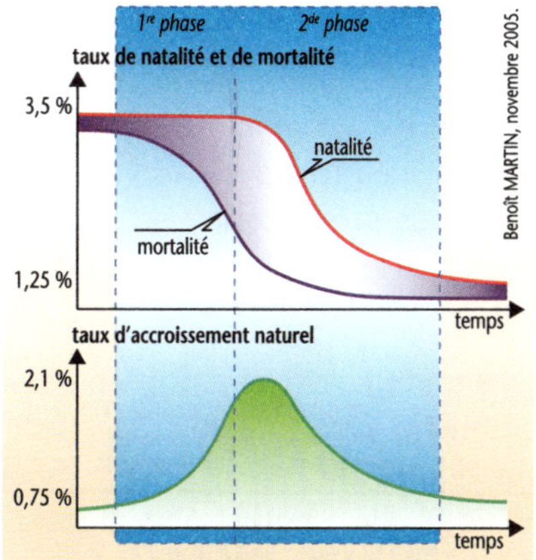

Source : J.-C. CHESNAIS, *La transition démographique. Étapes, formes, implications économiques*, 1986.

In Marie-Françoise DURAND, Benoît MARTIN, DelphinE PLACIDI, Marie TÖRNQUIST-CHESNIER. Atlas de la mondialisation, *Presses de Sciences Po, Paris, 2007, 2de édition.*

• Les phases de croissance lente correspondent à un « ancien régime » démographique. Le taux de natalité était élevé (absence de contraception, modèle chrétien, progrès agricoles...), mais il était régulé par un taux de mortalité tout aussi important (insuffisance de l'hygiène ou de structures médicales, épidémies ravageuses, pauvreté économique, guerres...). En temps normal, il y a « autant de berceaux que de tombeaux » (Henry).

• Les phases de croissance rapide correspondent à une modification de ces règles démographiques. Le taux de mortalité connaît un fléchissement précoce (réduction du nombre de guerres, diffusion de la médecine...). Dans un premier temps, le taux de natalité se maintient à un haut niveau. Le différentiel (l'accroissement naturel en %) produit une explosion démographique. Ce moment, qui n'est qu'un passage entre un système démographique et un autre (le « nouveau régime démographique » qui s'imposera aux XXe et XXIe siècles), constitue la transition démographique (Alfred Sauvy).

Pour approfondir

Malthus et la Bombe D (la bombe démographique)

Longtemps a dominé la thèse de Malthus (économiste anglais du XIXe siècle), selon laquelle la population croît toujours plus vite que les ressources. La croissance effrénée du XXe siècle semble lui avoir donné raison. Toutefois, la famine n'est pas arrivée. Au contraire, le XXIe siècle connaît une « révolution démographique » qui voit les taux de fécondité baisser partout (même en Afrique) et promet une stabilisation de la population aux alentours de 9 à 10 milliards en 2050-2150.

2 L'Europe : terre d'émigration au XIXe siècle

1. Étude de cas : l'Irlande au XIXe siècle

- L'émigration irlandaise en direction des États-Unis est massive après 1845. Elle représente près de **16 % des migrants** en partance pour le Nouveau Monde.

- L'événement déclencheur est **la crise agricole** qui touche la pomme de terre en Europe en 1847. Cette crise est démultipliée en Irlande, où les inégalités sociales dans le partage des terres (accaparées par les grands propriétaires, souvent anglais) renforcent les effets de la famine. L'une des conséquences est l'émigration : 1 million d'Irlandais partent entre 1847 et 1851.

- Cette émigration s'inscrit dans un mouvement européen plus général vers les États-Unis (surtout des Allemands et des Italiens) avec, toutefois, des spécificités concernant la migration irlandaise. Constante tout au long du XIXe siècle (à la différence de la migration allemande, davantage liée à la famine), elle est aussi plus précoce (la migration italienne est surtout un phénomène à la fin du siècle).

- L'émigration irlandaise s'entretient et s'alimente toute seule : enracinés, les premiers migrants invitent et insèrent sur place les différentes vagues d'émigrés.

- **L'insertion est difficile** : aux difficultés économiques et sociales (concurrence entre mains-d'œuvre migrantes bon marché, conditions insalubres dans les « ghettos » urbains) s'ajoutent les phénomènes de rejet de la part des populations anciennement installées (le mouvement « nativiste » dans les années 1830-1860 autour d'une société secrète, les « Know Nothing », et d'un mouvement politique, l'« American Party »). Par le biais de manifestations, d'affiches et de slogans, s'impose dans les mentalités collectives l'image de la menace irlandaise, population catholique (soumise au pape) sujette à l'alcoolisme et à la violence.

- L'émigration/immigration irlandaise devient **une question politique**. Son poids dans l'électorat des villes et son importance au sein des partis par le biais des « machines » (structures locales d'entraide servant à convaincre les électeurs pendant les campagnes) en font un enjeu politique, surtout pour le parti démocrate.

2. Pourquoi l'Europe est-elle devenue terre d'émigration ?

• Les causes économiques et les structures sociales (accès ou non à la terre).

• Le jeu des communautés déjà installées et rassemblées en quartiers, dans le maintien du flux migratoire et dans son accueil.

• Les difficultés d'intégration et, parfois, le rejet.

• Enfin, le rôle du travail et du vote politique dans l'intégration sociale.

QCM

1 En 1900, quel continent représente un quart de la population mondiale ?

a. ☐ L'Asie. b. ☒ L'Europe. c. ☐ L'Afrique.

2 De quoi la population mondiale du XXIe siècle a-t-elle peur ?

a. ☒ De son accroissement démesuré.

b. ☐ De sa baisse inquiétante.

c. ☐ De son vieillissement accéléré.

3 La famine et l'émigration irlandaises sont le produit :

a. ☐ d'une crise agricole.

b. ☐ d'une crise agricole et d'une répression politique britannique.

c. ☒ d'une crise agricole renforcée par une inégalité sociale.

4 La transition démographique désigne le passage d'une société à forte mortalité et natalité à une société à faible natalité et mortalité.

a. ☒ Vrai. b. ☐ Faux.

5 L'émigration irlandaise est en tous points semblable aux autres émigrations européennes, et notamment à l'émigration allemande ou italienne.

a. ☐ Vrai. b. ☒ Faux.

CORRIGÉS

1 b. ; 2 c. ; 3 c. ; 4 a. ; 5 b.

Histoire

Chapitre 2

L'invention de la citoyenneté dans le monde antique

1 Citoyenneté et démocratie à Athènes (Ve-IVe siècle avant J.-C.)

Définitions

- **Les citoyens** sont les individus qui ont le droit de participer aux affaires relevant de la cité. Eux seuls peuvent voter les lois et désigner les magistrats. L'ensemble constitue le *dêmos*, racine du mot « démocratie » (gouvernement de ceux qui sont citoyens).
- **La communauté civique** est composée de tous ceux et de toutes celles qui assurent le maintien et le renouvellement du groupe des citoyens, c'est-à-dire les citoyens eux-mêmes, leurs femmes (mères des citoyens) et leurs enfants (les futurs citoyens).

1. Une cité-État dans la Grèce de l'époque classique

Athènes, un modèle de cité-État à l'époque classique

- Athènes est une cité-État (*polis*), comme plus de 700 villes en Grèce au Ve siècle.

- L'indépendance des cités-États ne les empêche pas d'entretenir entre elles un sentiment de solidarité. Le fait de partager la même religion, la même langue et la même culture (un patrimoine mental commun, comme la lecture des livres d'Homère, et un système de valeurs communs) leur donne un sentiment de communauté qui les distingue des autres peuples, alors qualifiés de « Barbares ».

Athènes, une communauté humaine

- Communauté géographique et politique, la cité est aussi une communauté d'individus (400 000 habitants environ au Ve siècle avant J.-C.).

- L'extrême majorité de la population n'est pas citoyenne. Aux côtés des femmes, exclues de la participation politique, et de leurs enfants, la cité compte un nombre important d'esclaves (40 % de la population) et d'étrangers acceptés et intégrés (les métèques et leur famille, soit 15 % de la population). Ces deux derniers groupes assument un rôle fondamental dans la cité en fonction de la répartition des tâches : si les citoyens sont aussi des producteurs (petits paysans surtout, artisans, grands propriétaires terriens), la plupart des fonctions économiques sont confiées aux groupes non citoyens. Les esclaves s'occupent principalement des tâches ingrates et difficiles dans les exploitations et les mines. Les métèques se spécialisent dans le commerce et la banque (activités jugées dégradantes pour un « citoyen producteur »).

Comment devient-on citoyen ?

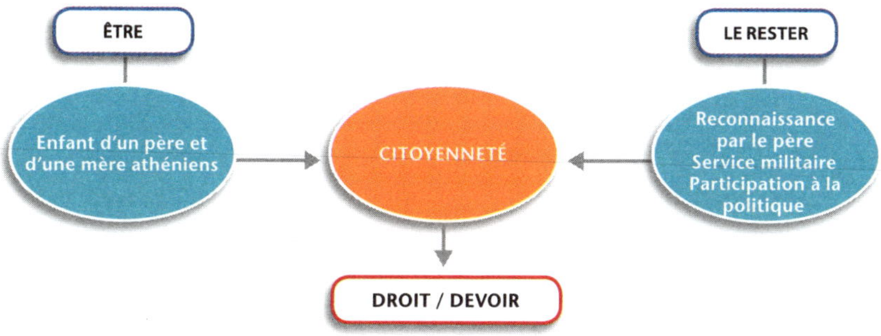

Athènes, une démocratie directe...

• Athènes est une démocratie directe, mais **limitée**.

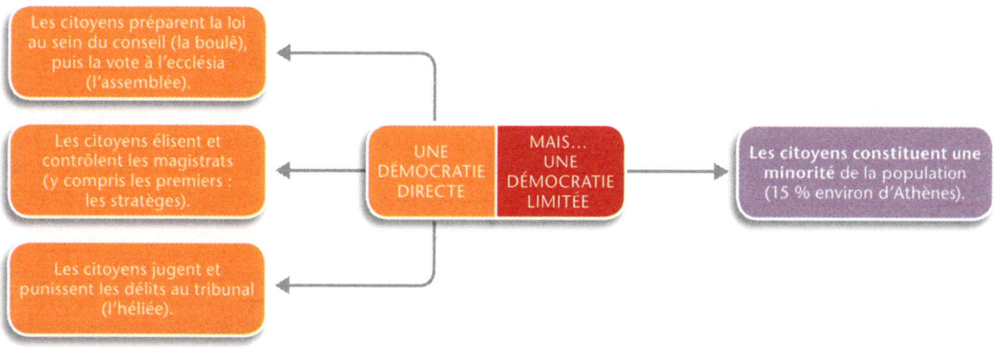

• La volonté de limiter le nombre de nouveaux entrants dans le groupe des citoyens s'explique par **les droits et privilèges** que détiennent ces derniers. Les citoyens sont les seuls à avoir le droit de **posséder la terre**, les seuls à bénéficier des **distributions de blé** et des **aides de l'État**.

2. Une cité-État à la fois garantie et menacée par la guerre

La guerre, condition de la démocratie athénienne

• La formation pour la guerre est l'une des conditions et l'une des justifications des privilèges des citoyens. Même si, à Athènes, des métèques peuvent combattre pour la cité, la guerre est un devoir absolu des citoyens.

• C'est aussi **grâce à la guerre et à ses profits** (terres, butins, tribut imposé aux cités vaincues, puis aux alliés) **que la démocratie athénienne finance ses dépenses de fonctionnement et sa politique de grands travaux** (Parthénon), politique qui enrichit la cité en donnant du travail au peuple urbain et renforce le prestige culturel qu'exerce Athènes, « l'école de la Grèce » (Périclès), sur les autres cités.
Impérialisme et **démocratie** sont donc inextricablement liés à Athènes.

■ Pourtant, la guerre finit par fragiliser la démocratie athénienne

• Les défaites successives d'Athènes, d'abord contre Sparte lors d'une guerre longue de plus de trente ans (guerre du Péloponnèse de 431 à 404 avant J.-C.), puis contre la Macédoine de Philippe et de son fils Alexandre (357-338 avant J.-C.), frappent durement la cité : elles l'appauvrissent économiquement, sonnent le glas de sa domination symbolique sur les cités grecques et remettent en cause son système politique.

• Fragilisée par les chocs extérieurs, sapée à l'intérieur par les dissensions et les discordes, la démocratie athénienne se disloque avant de disparaître en 322 avant J.-C., avec la mise en place d'un système censitaire. Le pouvoir appartient alors aux classes aisées, et non plus au peuple citoyen tout entier.

2 Citoyenneté et démocratie à Rome (Ier-IIIe siècle après J.-C.)

1. Un empereur à la tête d'un immense empire

■ Un prince…

• La disparition officielle de la République romaine (Ve-Ier siècle avant J.-C.) coïncide avec la montée en puissance d'un jeune homme, **Octavien** (fils adoptif de Jules César), qui devient *princeps* (prince) en 27 avant J.-C.

• Sa légitimité lui vient de **la dignité** de sa famille adoptive, les *Julii* (noblesse romaine), de **ses pouvoirs politiques** (il est consul, magistrature suprême) et de **son contrôle des légions romaines**. Elle lui permet de se faire accorder le titre d'*Augustus* (chargé d'une mission divine), titre qui deviendra son nom : **Auguste**.

■ … à la tête d'un immense empire

• Cet empire a connu **une dilatation formidable** : au sommet de sa puissance sous Trajan, la *pax romana* (paix romaine) s'étend des îles Britanniques aux bords de la Mésopotamie. La mer Méditerranée devient romaine : elle est *mare nostrum* (« notre mer »).

• Cet empire est réorganisé en **provinces** par Auguste : leur gouvernement ne dépend que de Rome, la fiscalité qui leur est imposée est lourde. Les villes sont administrées par des magistrats locaux, qui, du fait de leur statut, sont reconnus comme citoyens romains. Ces villes ont des statuts différents : soit de droit romain (*municipes*), soit de droit local, avec des institutions particulières (cités pérégrines).

2. Le citoyen romain dans l'Empire

■ Sous l'Empire, la citoyenneté devient un privilège

• L'Empire **change la définition du citoyen** : ce dernier perd toute initiative politique et doit accepter les lois et les magistrats que lui propose l'empereur.

• **La citoyenneté se réduit à un privilège**. Le citoyen jouit d'une **protection judiciaire** (interdiction d'user de la torture contre lui). Il dispose d'avantages dans le droit public (héritages). Enfin, il est libéré de plusieurs impôts, comme la capitation (impôt par tête), considérée comme dégradante.

• **Le statut de citoyen est nécessaire pour accomplir une carrière politique à Rome** (les magistrats doivent être citoyens romains).

• Enfin, le citoyen ne perd pas toute possibilité d'influer sur la vie politique romaine. Sous l'Empire, l'**organisation des jeux** (les jeux du cirque romain) permet à la population de manifester son approbation ou son mécontentement. Ces manifestations sont scrutées par les élites en place, qui s'efforcent d'en tenir compte afin de restaurer le consensus.

Comment devenir citoyen romain ?

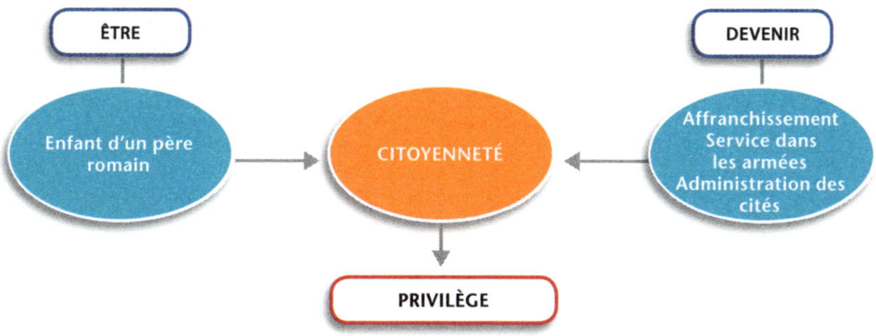

La souplesse dans l'acquisition de la citoyenneté romaine explique **l'accroissement du nombre de citoyens au sein de l'Empire** : 4 millions de citoyens sous Auguste (un quart des citoyens sont à Rome), près de 6 millions sous Claude, troisième empereur après Auguste.

3. Une romanisation de l'Empire

À savoir

La romanisation correspond au **processus d'insertion des populations soumises dans l'univers romain à une politique d'intégration.** Quand cette intégration s'accompagne de l'abandon d'une culture au profit d'une autre jugée supérieure, elle prend la forme d'**une acculturation.**

Une intégration culturelle

• Les **villes** et les **élites** sont donc les **vecteurs de cette romanisation**. Par le biais du **luxe des monuments** et des bienfaits qui y sont liés (bains, thermes, cirque), elles diffusent le mode de vie romain ; par le biais des **magistrats**, elles assurent la *pax romana* et l'ordre romain ; par le biais des **élites**, intermédiaires culturels, ruisselle la culture romaine, qui percole jusqu'aux classes inférieures, dans des proportions cependant variables.

Une extension de la citoyenneté

• L'Empire, à partir du Ier siècle, accélère le processus d'accession des pérégrins à la citoyenneté. Ainsi, nombre de magistrats locaux et de militaires y accèdent.

• **Ces nouveaux citoyens accèdent aux positions les plus élevées**. Claude, dans un discours prononcé en 48 après J.-C. (discours gravé sur une plaque de bronze désormais connue sous le nom de « Table claudienne »), autorise les élites originaires d'Italie et de Gaulle à intégrer le sénat.

• Symbole même de cette intégration, **l'empereur lui-même peut se recruter dans les provinces**, et non plus dans la seule Italie. **Trajan** (53-117), fils d'un soldat romain et originaire d'Espagne, finit par être adopté par l'empereur. Il lui succède en 98 après J.-C.

• Cette politique d'extension du droit à la citoyenneté atteint son apogée avec l'**édit de Caracalla**, empereur lui-même provincial (membre d'une aristocratie africaine et orientale). En février 212, Caracalla octroie le titre de citoyen à tous les hommes libres. Désormais, **la citoyenneté coïncide avec la liberté**.

• Si cette extension peut cacher des arrière-pensées fiscales (augmentation des revenus impériaux, tirés de l'impôt qui pèse sur tous les citoyens), l'essentiel est politique et religieux. Accroître le nombre de citoyens, c'est amener davantage de fidèles à la religion romaine, mais aussi au culte impérial ; c'est donc **renforcer le lien de dépendance entre l'empereur et ses sujets.** Quand, au IVe siècle, Constantin fera du christianisme une religion admise à Rome, il agira pour les mêmes raisons.

• Cette intégration demeure toutefois **limitée**. En effet, la romanisation est souvent **inégale** suivant les provinces (davantage en Gaule qu'en Espagne ou en Afrique) et les populations (les classes pauvres demeurent davantage fidèles à leurs traditions et à leur mode de vie). De plus, cette intégration aux limites de l'Empire porte en elle **le germe des difficultés futures**. Le long du limes (frontière entre l'Empire et les peuples « non romanisés), elle met Rome au contact de peuples qui déséquilibreront fortement l'Empire à partir du IIIe siècle.

QCM

1 Au Ve siècle, Athènes est :

a. ☐ une nation. b. ☐ une cité-État. c. ☐ un empire.

2 À Rome, l'institution que représente le cirque joue un rôle :

a. ☐ de paix sociale → elle fait oublier les misères du temps.

b. ☐ de forum politique → elle permet aux oppositions de se manifester.

c. ☐ de lieu de distraction → elle procure du plaisir au peuple remuant de Rome.

3 Quels sont les vecteurs de la romanisation ?

a. ☐ Les villes. b. ☐ L'économie. c. ☐ La religion.

4 À Rome, plus la citoyenneté s'étend, plus elle donne droit à des privilèges.

a. ☐ Vrai. b. ☐ Faux.

5 À Athènes, la communauté civique est uniquement composée de citoyens.

a. ☐ Vrai. b. ☐ Faux.

CORRIGÉS

1 b ; 2 a, b, c ; 3 a et c ; 4 b ; 5 b.

Chapitre 3

Sociétés et cultures de l'Europe médiévale du XIe au XIIIe siècle

1 La chrétienté médiévale

Entre le XIe et le XIIIe siècle, la grande majorité de la population européenne est chrétienne (présence d'une minorité juive et d'une minorité musulmane).

À savoir

Le christianisme médiéval est une **religion globale** : elle dit la norme **religieuse** (les croyances) et culturelle (les valeurs). Elle est aussi **une structure sociale** (elle participe à l'organisation de la société médiévale) et une structure favorisant la **sociabilité** (les messes et les fêtes sont des occasions de réunions et de rencontres entre individus). Enfin, la religion est **un pouvoir terrestre :** le pape et les évêques exercent une influence sur l'autorité du roi et des noblesses.

1. Une société qui vit au rythme du christianisme

La question du salut

• La vie après la mort : **enfer** ou **paradis** ? Le christianisme croit en l'immortalité de l'âme. La religion est donc consacrée au sauvetage de cette dernière. Selon les principes chrétiens, le règlement des comptes se fera lors du **Jugement dernier** (le retour du Christ). Pour les âmes pures, **les élus**, le paradis est garanti. L'enfer, lieu de tortures et de supplices, est réservé aux **damnés**, âmes dominées par le péché. Un espace intermédiaire (le purgatoire) est destiné à recevoir les êtres qui, sans être élus, ne méritent pas la damnation.

• Le difficile **chemin du salut**. Le salut est acquis par la grâce, protection que Dieu donne sans contrepartie. Toutefois, les bonnes actions (les œuvres) peuvent racheter une âme, celle des vivants comme celle des morts.

L'apparition de nouvelles pratiques religieuses

• **Le culte des saints.** La croyance populaire en fait des intermédiaires entre Dieu et les hommes. Ils sont capables d'obtenir pour ces derniers la grâce divine.

• **Le pèlerinage.** Ce rituel est lié au culte des saints. Il valorise l'attachement à leurs reliques (fragments du corps d'un saint ou objets associés à sa vie). Le XIe siècle voit le développement de grands centres de pèlerinage (Rome, Jérusalem, Saint-Jacques-de-Compostelle).

L'encadrement des fidèles

• La vie rythmée par **les sacrements**. L'Église reconnaît sept rites. Afin de recevoir le pardon, le pécheur doit se repentir de ses péchés (la confession devient obligatoire une fois par an).

• Le découpage de l'espace et du temps. L'Église structure l'organisation et l'identité des espaces. La paroisse réunit chaque communauté autour d'une église, animée par un prêtre (le curé). Structure favorisant la sociabilité, la paroisse est, pour les membres de la communauté, le cadre de tous les rassemblements et de tous les moments festifs (messe, baptême, communion...). Le calendrier religieux fixe les jours de fête et de marché. La paroisse est aussi, par l'intermédiaire du prêtre, un lieu de transmission des informations et un lieu de contact entre le village et le monde extérieur. En échange, les fidèles doivent payer à l'Église la dîme (un dixième des productions de la terre).

2. L'organisation du clergé dans l'Occident chrétien

L'Église fonde et légitime une organisation sociale hiérarchisée de la société médiévale : clercs et laïcs. Les clercs ont des devoirs qui les distinguent des laïcs (célibat). En retour, ils ont des droits : proximité avec Dieu, perception de la dîme. Collectivement, ils forment l'institution (l'Église), qui est pyramidale.

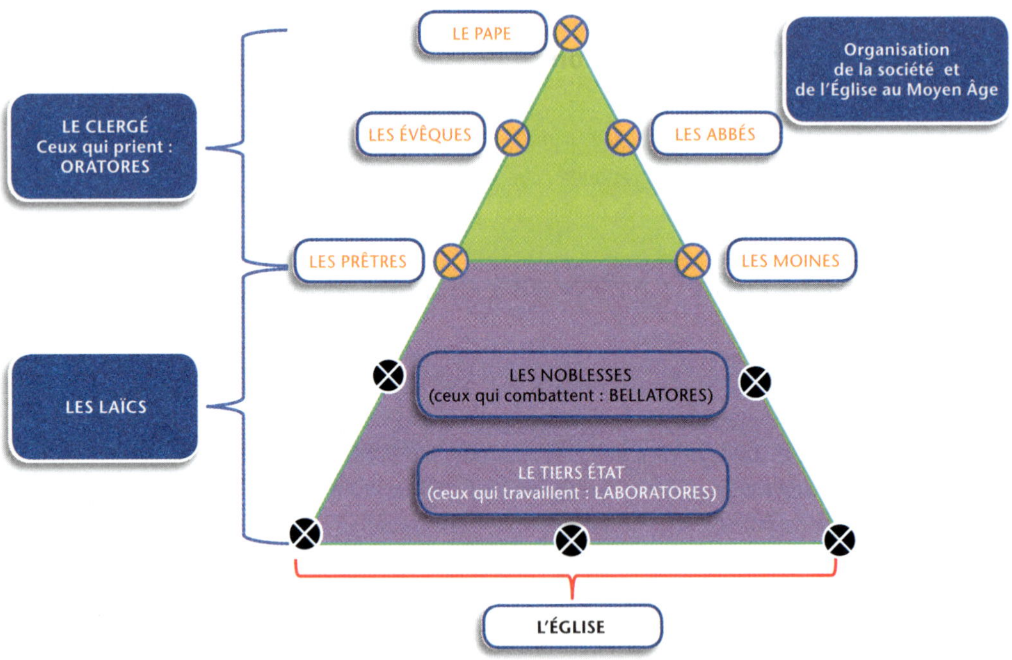

3. L'expansion du christianisme

L'Église chrétienne va chercher à affermir son contrôle sur la société par trois moyens : la Paix de Dieu, la lutte contre les hérésies et la croisade.

La Paix de Dieu

• La lecture de certains textes de moines ou de prêtres ont répandu l'idée d'une peur globale que le passage à l'an mil (années 950-1000) aurait provoquée, dans l'attente de l'apocalypse.

• Certains historiens croient en trouver la preuve dans les manifestations exaltées en faveur de la Paix de Dieu. Ce mouvement s'explique davantage par l'anarchie causée par l'effondrement des monarchies. Il cherche surtout à codifier les règles qui doivent s'imposer dans une société en recomposition politique et sociale (effondrement des monarchies) et à réaffirmer le contrôle de l'Église sur cette société.

• Parce qu'elle pouvait donner lieu à des contestations révolutionnaires, la Paix de Dieu est transformée par l'Église en « Trêve de Dieu » : une paix absolue pendant les fêtes et certains jours (notamment le dimanche).

La lutte contre l'hérésie

L'hérésie est un discours contraire à la doctrine diffusée par l'Église. Au Moyen Âge, elle est d'abord méditerranéenne, puis européenne (l'Aquitaine et l'Italie en sont les bastions). Si leurs fidèles appartiennent majoritairement aux catégories modestes (*humiliores*), les cadres des mouvements hérétiques sont issus de classes sociales dominantes (*potentes*). Face à ces mouvements, les classes dominantes font front commun et répondent par la répression (création de l'Inquisition en France par le pape en avril 1233, croisade contre les « albigeois », ou « cathares », dans le Midi toulousain entre 1208 et 1244).

Les croisades assurent l'expansion géographique de la chrétienté latine

• Les croisades en Terre sainte (XIe siècle) sont motivées par les obstacles que les Turcs musulmans placent sur la route des fidèles pour rendre l'accès aux Lieux saints de Palestine (Jérusalem) difficile. Elles puisent aussi leur justification dans la croyance partagée en la guerre sainte (guerre pour une juste cause, cautionnée par Dieu). En 1095, à Clermont, Urbain II lance le premier appel : « Parce que Dieu le veut. »

• La *Reconquista* vise à récupérer les territoires conquis par les musulmans (émirat de Cordoue) en Espagne depuis le VIIIe siècle. La Reconquête s'adhère en 1492, avec la prise de Grenade, dernier bastion musulman. La Reconquête enregistre une importante victoire au XIIIe siècle (bataille de Las Navas de Tolosa).

• Dans les frontières orientales de la chrétienté, Slaves et Russes résistent à l'influence chrétienne. Les papes lancent plusieurs appels à la croisade, auxquels répondent des chevaliers d'origine germanique (les chevaliers Teutoniques). Ils participent à l'extension du christianisme et à la colonisation des terres (Drang nach Osten).

2 Étude de cas : société et cultures urbaines, l'essor urbain

Minoritaires au XIe siècle, les villes jouissent d'un vrai dynamisme qui éclipse les campagnes, espace politique et économique majeur du VIe siècle au Xe siècle après J.-C. Le XIIIe siècle est le siècle des marchands et des villes.

1. Les pouvoirs dans la ville, les pouvoirs de la ville

Le lieu du pouvoir seigneurial

• Les seigneurs se partagent souvent l'autorité sur les habitants des villes.

Histoire

• En Italie ou en Espagne, ils s'installent en ville et bâtissent des tours, qui deviennent un lieu de rassemblement pour leur clientèle et une affirmation symbolique de leur emprise sur la ville.

• Enfin, les seigneurs, portés par leur système de valeurs (la largesse, signe extérieur de leur puissance), dépensent sans compter. Pour se procurer des moyens, ils commencent au Xe siècle à mieux encadrer, à mieux outiller leurs paysans, afin de mieux les ponctionner (impôts seigneuriaux en nature). Les produits récoltés sont stockés et vendus sur les marchés urbains pour se doter d'une monnaie d'échange et de dépense.

S'autonomiser vis-à-vis des seigneurs

Un compromis s'instaure avec l'obtention d'une **charte de franchise** (franc = libre), qui accorde à la ville un statut spécifique et des **privilèges** (absence de taxes commerciales et/ou d'impôts). Dans certains cas, les villes deviennent leur propre seigneurie, se donnent le nom de « commune » et gouvernent leur espace rural environnant comme le font les autres seigneurs.

2. Les fonctions de la ville au Moyen Âge

Centre commercial et économique

À l'origine de la renaissance des villes, il y a l'**essor du commerce**, engourdi depuis le IXe siècle. En Italie, le fondement de la puissance des villes marchandes est le contrôle par les Italiens du commerce avec l'Orient (Empire byzantin, califats musulmans). En Europe du Nord, le commerce profite des invasions normandes (diffusion des trésors volés aux églises) et d'une complémentarité économique entre l'Angleterre (production de laine), la Flandre (transformation de la laine en draps) et la Russie (achat de draps). L'axe Londres-Bruges-Novgorod est le deuxième axe commercial d'Europe.
Par ses achats et ses besoins en main-d'œuvre (travailleurs saisonniers), la ville anime l'arrière-pays rural environnant.

Centre militaire

La ville joue un **rôle de protection** des populations, à l'abri des murailles en cas de danger.

Centre administratif

La ville abrite les cours et les conseils des puissants. Cette puissance est symbolisée par l'érection de nombreux palais (épiscopaux, princiers ou royaux). Afin d'être présents dans toutes les villes de leur juridiction, les seigneurs, évêques et rois délèguent leur pouvoir en ville à des représentants : respectivement vicomtes, avocats et baillis.

3. « La ville, laboratoire du changement social » (T. Dutour)

• La ville produit une **diversification des élites**. En marge des catégories traditionnelles (nobles, seigneurs…), apparaissent des « hommes (et des familles) nouveaux » : élite financière, commerciale et marchande (les Visconti à Milan). Ces élites se font même concurrence : au sein de la cour des rois capétiens (Philippe Auguste), les officiers, souvent bourgeois, les représentants des villes, ainsi que les clercs de l'Église l'emportent sur les membres de la grande noblesse. Toutefois, ces nouvelles élites, par reproduction sociale, finissent par singer et intégrer les aristocraties traditionnelles.

• La ville promet de nouvelles valeurs sociales : le **mérite** et la **compétence**. Apparaissent également de **nouvelles institutions sociales** centrées sur un besoin de sécurité, de solidarité (hôpital) et de savoir (universités qui regroupent initialement des communautés de maîtres et d'étudiants obtenant du pouvoir leur indépendance intellectuelle et juridique, comme l'Université de Paris en 1213).

• Se modèle une **nouvelle société médiévale et urbaine fluide** (montée et descente des groupes et des familles au sein de la pyramide sociale), mais aussi fortement **hiérarchisée**. Au peuple des élites, qui représente seulement 10 % de la population, s'oppose le peuple misérable, que les textes évoquent souvent pour l'inférioriser. Si l'ordre médiéval est stabilisé par les rituels sociaux (carnaval), religieux (églises et cathédrales) et politiques (conseil communal élu là où la ville est autonome) et est consolidé du fait de la croissance économique du « beau Moyen Âge » (XIIe et XIIIe siècles), il peut toutefois y avoir des tensions qui éclatent en émeutes. Le XIVe siècle, le « siècle de fer », le siècle des fléaux politiques (guerre de Cent Ans), épidémiques (peste) et économiques (la « dépression médiévale »), déstabilisera et détruira cet ordre dans un fracas de guerres et de révoltes populaires (Guy Bois).

QCM

1 En quoi la religion chrétienne est-elle une religion globale au Moyen Âge ?

a. ☐ Elle englobe la grande majorité de la population européenne.

b. ☐ Elle ne recèle aucune différence en son sein.

c. ☐ Elle est à la fois un dogme, un ensemble de règles juridiques et un pouvoir.

2 Au Moyen Âge, les espaces les plus urbanisés se trouvent :

a. ☐ en Île-de France. b. ☐ en Italie du Nord. c. ☐ dans le Saint-Empire romain germanique.

3 La ville au Moyen Âge est d'abord un centre :

a. ☐ économique. b. ☐ religieux. c. ☐ politique.

4 Au Moyen Âge, la Ville est une société hiérarchisée et fermée interdisant toute promotion sociale.

a. ☐ Vrai. b. ☐ Faux.

5 La Trêve de Dieu est une manière de découper le temps selon le calendrier chrétien et d'affirmer l'autorité du clergé.

a. ☐ Vrai. b. ☐ Faux.

CORRIGÉS

1 a et c ; 2 b ; 3 a et c ; 4 b ; 5 a.

Histoire

Chapitre 4

Nouveaux horizons géographiques et culturels des Européens à l'époque moderne

1 L'élargissement du monde (xve siècle-xvie siècle)

À savoir

Au xve siècle, les régions moteurs se situent au départ en dehors de l'Europe.
– La première mondialisation part d'Asie centrale (Tamerlan).
– La Chine des Ming envoie des navires vers l'Afrique. Le mouvement se brise subitement avec l'arrêt des navigations chinoises en 1433.

1. Une mondialisation européenne

■ Le partage du « Nouveau Monde » : les expéditions portugaises et espagnoles

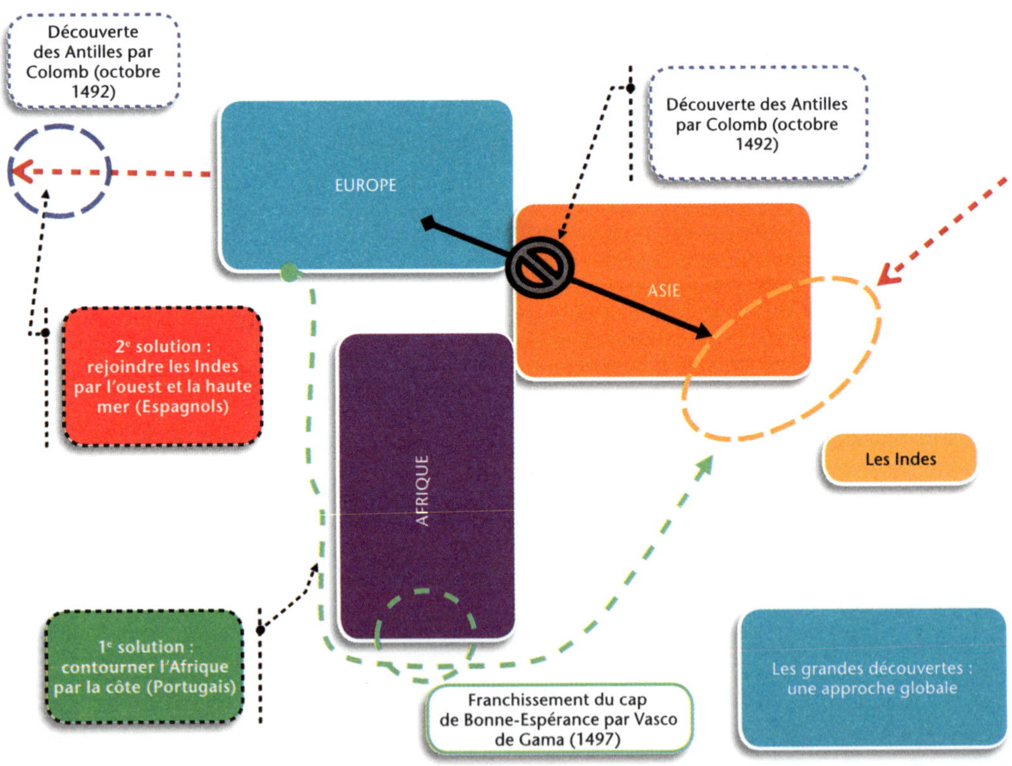

• La conquête portugaise est la plus précoce. À partir du XVe siècle, les Portugais entreprennent la découverte des côtes africaines. En 1488, Bartolomeu Dias atteint ce cap de Bonne-Espérance. Vasco de Gama (1469-1524) pousse plus avant et, en 1497, franchit ce cap, ouvrant ainsi la route des Indes. En 1498-1500, les Portugais s'installent sur la côte orientale des Indes, mais aussi au Brésil.

• La conquête espagnole est une riposte à la conquête portugaise. Devancés par cette dernière sur la route orientale, les rois catholiques soutiennent le projet de l'Italien Christophe Colomb (1451-1506) : rejoindre les Indes par l'ouest et la grande mer. Parti le 3 août 1492, il découvre les Antilles (Saint-Domingue, Cuba) le 12 octobre 1492. Le Nouveau Monde est découvert, mais Colomb l'ignore ! Tout à son projet, il est persuadé qu'il a rejoint les Indes, qualifiant les indigènes d'« Indiens ». L'un de ses anciens lieutenants, l'Italien Amerigo Vespucci, révèle, grâce à une nouvelle expédition, que derrière les îles découvertes par Colomb, se situe un nouveau continent, auquel il donne le nom - son nom – d'« Amériques ». Le mot apparaît sur des cartes dès 1507.

• Afin d'éviter une guerre entre puissances chrétiennes, le pape, arbitre suprême, trace, par le traité de Tordesillas (juin 1494), une délimitation des zones d'influence dans le Nouveau Monde : à l'est de la ligne tracée à partir du Cap-Vert, les Portugais ; à l'ouest, les Espagnols.

Les vecteurs de la conquête européenne

• Les facteurs économiques et techniques ont longtemps été mis en valeur. L'Europe est le berceau des innovations économiques, industrielles et commerciales : révolution dans les transports (développement de la caravelle) et dans le commerce (la lettre de change, ancêtre du chèque, apparaît en Italie au XIVe siècle et se diffuse en Europe au XVe siècle). Pour Jared Diamond, si les Européens l'ont emporté, c'est parce qu'ils disposaient d'armes plus puissantes (les premières armes à feu apparaissent au XIVe siècle, pendant la guerre de Cent Ans), de technologies industrielles supérieures (acier) et d'une plus grande résistance aux maladies (la variole et la grippe introduites par les Espagnols en Amérique). Bref, « *Guns, Germs and Steel* » sont les trois piliers de la colonisation européenne au XVe siècle.

• Les facteurs culturels sont aujourd'hui davantage soulignés par les historiens. L'imprimerie et les armes à feu avaient déjà été inventées par d'autres civilisations (la civilisation chinoise en particulier). Les Européens ont excellé dans leur utilisation.
Leur supériorité provient aussi des représentations que se faisaient les Occidentaux du monde : cela leur a donné un avantage majeur. Les Européens l'ont emporté dans la maîtrise de l'espace et des cartes (C. Grataloup). Cette aptitude au maniement des nouvelles techniques et cette interrogation sur le monde proviennent au final de la profonde crise qui a traversé l'Europe au XIVe siècle (le siècle de fer). Tel est le paradoxe du XVe siècle et du XVIe siècle : ce n'est pas l'optimisme mais, au contraire, la fragilité et l'inquiétude qui ont été un puissant moteur de découverte et d'exploitation du monde (P. Boucheron).

2. Déroutement de l'histoire et européocentrisme

• Les XV-XVIe siècles correspondent au moment du déroutement de l'histoire du monde, c'est-à-dire le moment où une province du monde (l'Europe) s'est détachée des autres (J. Delumeau).

• La domination réelle s'accompagne d'une **domination symbolique**. Le XVᵉ siècle et le XVIᵉ siècle voient la naissance des premières cartes modernes. Les cartes du mathématicien hollandais Gerard Mercator en 1569 affirment la supériorité de l'Europe, centre du monde connu.

3. Étude de cas : l'effondrement des civilisations amérindiennes

Les Empires face à la conquête espagnole

• La promesse de l'or et de l'argent attise les convoitises des *conquistadores*, hommes du peuple souvent dirigés par de petits nobles désargentés en quête de fortune et de gloire. Deux individus sont l'incarnation de ce groupe social : Hernán Cortés et Francisco Pizarro.

• L'un et l'autre triomphent des empires en peu de temps : Cortés met deux ans pour s'emparer de l'Empire aztèque (il débarque au Mexique en 1519, soumet la capitale Tenochtitlán en 1521 et met à mort son empereur Moctezuma II). Quant à Pizarro, il débarque au Pérou en 1531, s'empare du souverain inca (Atahualpa) en 1532 et rentre à Cuzco (1534), capitale abandonnée aux pillages et aux meurtres.

Les ressorts de la conquête : malentendu culturel, déséquilibre technologique et division politique

• Les Européens mettent à profit un **malentendu culturel** total (N. Wachtel). Les Amérindiens regardent l'arrivée des Blancs à travers le prisme du mythe annonçant le retour des dieux. Accueillis comme tels, les Européens se comportent comme des fauves : ils capturent les empereurs (Atahualpa par Pizarro), pillent et massacrent.

• À cela s'ajoute un **facteur technologique**. Les Européens « deviennent les meilleurs quand il s'agit de tuer » (Jared Diamond).

• Enfin, les Européens jouent à merveille des **divisions politiques** qui minent les deux empires, fragiles ensembles multiethniques.

La destruction des civilisations amérindiennes

• En soixante-dix ans, la colonisation européenne a causé la disparition de 80 % de la communauté indienne. Cela est bien évidemment la **conséquence des massacres**, mais aussi et surtout du **choc microbien** : l'unification du monde a mis les civilisations au contact de nouvelles maladies. Grippe et variole, que les Espagnols transportent avec eux, font des ravages parmi les indigènes (elles sont à l'origine de deux tiers des décès au sein de la communauté indienne).

• La mortalité est d'autant plus violente qu'elle s'abat sur une population traumatisée (N. Wachtel) par la défaite et la ruine de sa civilisation.

2 Les hommes de la Renaissance

À savoir

Le mot « Renaissance » est contemporain de l'époque qu'il désigne. Pétrarque (1304-1374) est le premier à le diffuser : « Rinascita » (Canzoniere, 1327). Dans son esprit, l'expression désigne la période qui s'ouvre au XIVe siècle (*Quattrocento*), période qui aspire à retrouver les arts hérités de l'Antiquité, arts que les « siècles barbares » (Ve-XIVe siècle) ont dénaturés. Les historiens élargissent cette définition pour faire de la Renaissance une période où des innovations techniques provoquent des bouleversements culturels majeurs.

1. Un contexte favorable à l'émergence du courant réformateur

La diffusion du protestantisme s'explique par certaines « préconditions » (Pierre Chaunu).

• L'**humanisme** est un courant culturel, qui s'épanouit surtout dans l'Europe du XIVe siècle. Il affirme sa passion pour l'écrit, qui permet de revenir à l'essence des textes religieux tel que la Bible et de l'homme.

• Mise au point du **papier** et de l'**imprimerie**. Le papier, plus souple et plus économique, l'emporte sur le parchemin à partir du XIe siècle. Vient ensuite l'imprimerie ; innovation mise en place par Johannes Gutenberg en 1450.

2. Une contestation contre la papauté et la religion chrétienne imposée par Rome…

• La critique originelle porte moins sur la papauté que sur ses dérives. En Allemagne, ce sont les indulgences qui font hurler les hommes de foi. Achetées par les fidèles, ces lettres signées de la main du pape lavent les péchés. Pour Luther, moine allemand, ces pratiques trahissent le message de la Bible : seule la foi en Dieu sauve (**la justification par la foi**).

• Son excommunication par le pape radicalise les positions de Luther, qui veut abattre les trois murailles derrière lesquelles s'abrite la papauté (supériorité de la condition des religieux sur celle des laïcs/prétention du pape à être le seul interprète de la Bible/affirmation que seul le pape a le droit de convoquer des conciles pour réformer l'Église).

3. … qui s'étend comme un feu de brousse en Europe

• Du fait du soutien de plusieurs princes, et surtout du pouvoir multiplicateur que représente l'imprimerie, la prédication de Luther porte au-delà du cercle réduit de sa parole. C'est ce qui explique que l'Église ne parviendra pas à le réduire au silence, à la différence des autres hérésies médiévales.

• En Allemagne, la noblesse est rapidement divisée entre tenants du catholicisme (autour de l'empereur Charles Quint) et princes « protestants ». Luther lance même un appel à la noblesse allemande (1520). Son discours pénètre dans les milieux populaires et paysans.

• En France, la publication de tracts contre les « horreurs de la messe papale » (1534) marque la progression du protestantisme et le début de la répression (1540), qui débouchera sur les guerres de religion (1562-1598).

• Aux Pays-Bas (sous domination espagnole) et en Angleterre, le luthéranisme prépare le terrain pour la prédication du français Jean Calvin (1509-1564), qui s'inspire de Luther tout en apportant des éléments doctrinaux nouveaux (le calvinisme). Aux Pays-Bas, une partie du pays se révolte contre la domination espagnole et parvient à devenir indépendante (les Provinces-Unies). En Angleterre, la monarchie, par souci d'indépendance vis-à-vis de Rome, se déclare chef d'une nouvelle religion nationale (l'anglicanisme), qui mêle catholicisme et protestantisme.

3 Un artiste de la Renaissance, dans la société de son temps : Léonard de Vinci (1452-1519)

1. Un homme de la Renaissance par son ambition scientifique

• Esprit curieux, Léonard de Vinci est un remarquable touche-à-tout. Peintre, il se fera ingénieur militaire au service des princes Sforza et Borgia [1490-1511], avant de laisser libre cours à son imagination et à sa réflexion dans les arts techniques (machine à voler) et dans les sciences naturelles (anatomie de l'homme).

• Cette science sous la Renaissance se fonde sur l'expérience et l'observation (vol des oiseaux), mais aussi sur le savoir hérité des Anciens redécouverts ou relus.

2. Un artiste de la Renaissance : l'art du portrait

• Léonard de Vinci participe à l'efflorescence du portrait par une science accomplie de la peinture : le *sfumato*. Il s'agit d'un « effet vaporeux » qui atténue les contours et permet de donner de la profondeur au portrait tout en fondant l'individu dans l'arrière-plan.

• L'un des tableaux les plus représentatifs de cette technique est *La Joconde* (1503-1507), une commande faite par le riche marchand Francesco del Giocondo.

3. Le rôle du portrait dans la société du XVe siècle

• Le portrait se veut le miroir de l'âme de la personne, personne dévoilée par l'expression de son visage. Le portrait de Mona Lisa illustre cette ambition. Tout en cherchant la ressemblance, Léonard de Vinci veut y apporter un trouble : ses yeux et son sourire sont un mystère. Mona Lisa est unique, et en même temps elle pourrait être toutes les femmes.

• La mode du portrait est aussi une manifestation de l'individualisation de la société. Elle accompagne l'affirmation des individus, qui tendent à exister pour eux-même, en dehors des groupes sociaux.

• Enfin, la culture légitime les positions et les dominations sociales. Les créations des artistes reforcent le prestige et l'éclat des souverains qui en sont les protecteurs, à l'image de François 1er, de Henri VIII (Angleterre) ou des princes italiens (les Médicis à Florence).

Le saviez-vous ?

• Léonard de Vinci, un moderne ?

Personnage brillant, Léonard de Vinci ne doit cependant pas être trop modernisé : ses inventions n'ont jamais fonctionné. L'époque demeure dominée par le religieux. Elle est aussi un siècle d'intolérance (on brûle les sorcières et on tue les hérétiques ou les Indiens païens), de croyances surnaturelles (l'astrologie de Nostradamus) et de pessimisme (le siècle est traversé par la crainte de la fin des temps, l'apocalypse).

QCM

1 Les Espagnols atteignent la Chine et l'Inde par :

a. ☐ les routes terrestres d'Asie centrale.

b. ☐ la mer vers l'orient, via l'Afrique.

c. ☐ la mer vers l'ouest.

2 À quelle religion le protestantisme appartient-il ?

a. ☐ À la religion catholique. b. ☐ À la religion chrétienne. c. ☐ À la religion hérétique.

3 La dépopulation amérindienne s'explique par :

a. ☐ un phénomène d'exode et d'émigration.

b. ☐ un effondrement de la natalité au sein des populations traumatisées.

c. ☐ l'effet dévastateur de maladies importées d'Europe.

4 La Renaissance est une période d'optimisme qui considère l'homme comme le centre de toute chose.

a. ☐ Vrai. b. ☐ Faux.

5 Les artistes de la Renaissance sont utilisés par les pouvoirs politiques afin d'accroître leur légitimité auprès des populations.

a. ☐ Vrai. b. ☐ Faux.

CORRIGÉS

1 c ; 2 b ; 3 b et c ; 4 b ; 5 a.

Chapitre 5
Révolutions, libertés, nations, à l'aube de l'époque contemporaine

1 La Révolution française : l'affirmation d'un nouvel univers politique

1. Une révolution par l'esprit

Les Lumières

• Il s'agit de l'un des grands courants de pensée du XVIIIe siècle. Les Lumières posent un objectif commun : « renverser les barrières que la raison n'aura point posées » (Diderot, dans l'*Encyclopédie*). Les Lumières sont l'affirmation de la supériorité de la raison (rationalisme).

• Le philosophe des Lumières est aussi un citoyen. Il s'engage dans les débats politiques. Il cherche à définir ce qui fait la légitimité du pouvoir politique. Montesquieu, favorable à une monarchie tempérée, en fait un produit du climat et de la civilisation. Diderot va plus loin : un pouvoir n'est légitime que quand il s'appuie sur le consentement des peuples. Ce consentement est défini par Rousseau (Du *contrat social*) : les hommes concluent entre eux un pacte (le contrat social) afin de se défaire de la violence primitive. Toute décision est légitime quand elle vient de la volonté générale. Tout autre pouvoir est illégitime et usurpateur.

• La monarchie absolue est visée par ces trois auteurs. Elle est doublement « despotique » : elle concentre tous les pouvoirs dans les mains d'un homme en violant la liberté et l'égalité.

• La diffusion des Lumières. Le mouvement est essentiellement porté par les élites nobiliaires (Lafayette, Mirabeau) et bourgeoises. Il transite par les salons, où les beaux esprits conversent et s'influencent, mai aussi par le média de masse que représentent les livres et par la guerre d'Indépendance américaine (1775-1782), qui voit les Américains, aidés par le corps expéditionnaire français dirigé par La Fayette mettre à bas le despotisme de Georges III d'Angleterre. L'idéal américain d'un gouvernement du peuple, par le peuple et pour le peuple inspirera l'élite française.

Pour approfondir

Un dictionnaire est rédigé pour « éclairer » l'esprit nouveau, l'***Encyclopédie***, qui, coordonnée par Diderot, jouera des interdits de la censure pour produire dix-sept volumes en vingt ans (1750-1770) et qui connaîtra un vrai succès de librairie : près de 5 000 lecteurs dès la première édition.

L'Ancien Régime en décrépitude

Incarnée par un roi indécis et incertain, Louis XVI (1774-1792), la monarchie absolue s'enfonce dans les années 1780 du fait de son déficit et de son manque de représentativité politique. Toutes les réformes de la monarchie sont battues en brèche par les privilégiés (Parlement), seul corps représentatif toléré par la monarchie. Les mauvaises récoltes de

1789 et les tensions sociales créent un climat insurrectionnel. Pour lever les obstacles, Necker convainc le roi de réunir les États généraux (institution temporaire qui réunit les représentants des trois ordres pour résoudre les problèmes essentiellement financiers). La réunion a lieu le 5 mai 1789, à Versailles. La Révolution est en marche.

2. La Révolution de 1789

La convergence de trois révolutions (1789-1791)

La Révolution est le produit de trois révolutions ayant chacune ses acteurs et ses buts spécifiques. « C'est en croisant leurs eaux que ces révolutions deviendront un torrent révolutionnaire qui emportera l'Ancien Régime » (G. Lefebvre).

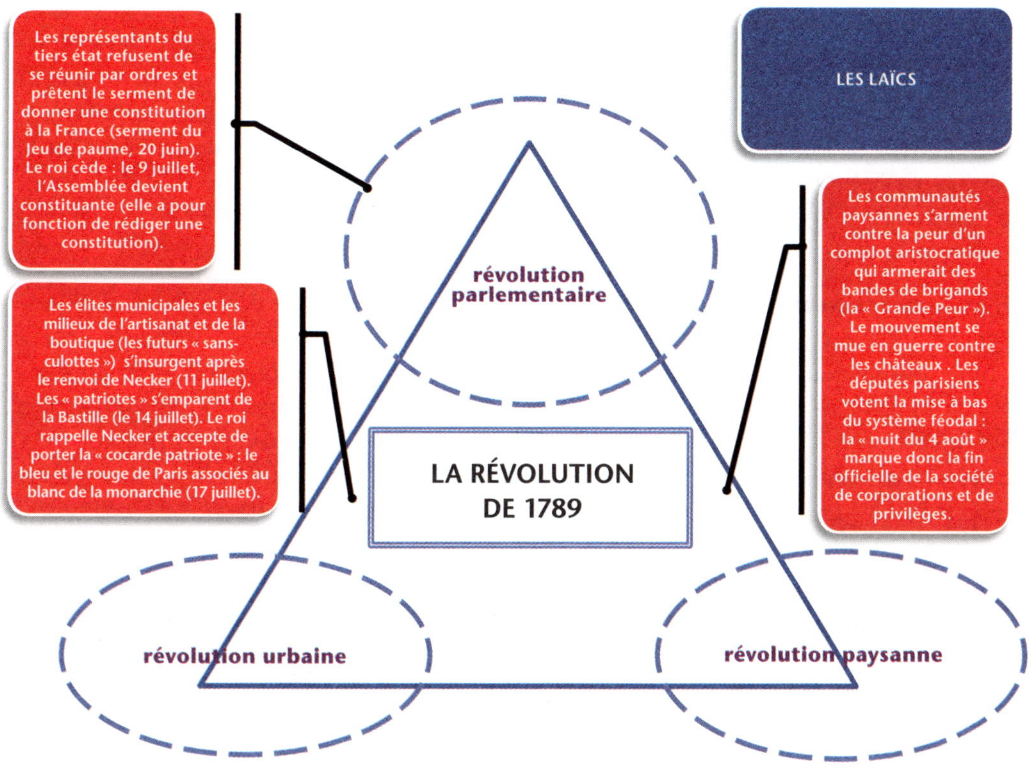

Le régime révolutionnaire : un nouvel univers politique

- Un nouvel imaginaire politique se met en place : la nation est fêtée. Les citoyens détiennent la légitimité politique et de nouveaux acteurs politiques apparaissent (paysans et artisans des villes, jusqu'alors exclus de la décision). Cet univers s'incarne dans un texte fondateur : la Déclaration des droits de l'homme et du citoyen (26 août 1789). Voir chapitres EMC sur site Internet.

- L'Ancien Régime continue toutefois d'imprégner le régime révolutionnaire. Formés politiquement avec le modèle de la monarchie absolutiste, les révolutionnaires auront du mal à accepter et à intégrer l'expression des contradictions. En lieu et place de l'absolutisme royal, les révolutionnaires installeront bientôt l'absolutisme de l'Assemblée (« dictature jacobine de salut public » entre juin 1793 et juillet 1794).

3. Les journées révolutionnaires

Les développements et soubresauts révolutionnaires peuvent se lire comme la recherche d'un équilibre socialement acceptable entre deux valeurs : la liberté et l'égalité.

Une journée révolutionnaire : le 2 juin 1793

• Un contexte insurrectionnel : l'année 1793 est marquée par le développement des oppositions à la Révolution (révolte des paysans vendéens et chouans en mars 1793, défaites à l'extérieur face aux armées royales). À Paris, la situation radicalise les sans-culottes, qui dénoncent un complot aristocratique qui se tiendrait non plus à la cour (le roi Louis XVI, destitué après la prise des Tuileries par les militants révolutionnaires le 10 août 1792, a été condamné et décapité en janvier 1793), mais au sein de l'Assemblée, parmi les leaders modérés de la Convention (assemblée élue en 1792) appelés « Girondins ».

• Les événements : une partie de la bourgeoisie révolutionnaire plus avancée (les « Montagnards ») décide donc d'une alliance avec les sans-culottes, non seulement par calcul politique, mais aussi et surtout pour appliquer un programme audacieux de réformes économiques et de refonte du corps social. Cette alliance fonde le jacobinisme. Les sans-culottes assiègent donc l'Assemblée pendant les « journées révolutionnaires », du 31 mai au 2 juin 1793. L'Assemblée, sous peine d'être envahie, accepte d'arrêter et de juger les leaders girondins (Brissot, Vergniaud), qui finiront à la guillotine.

• Les conséquences : les journées révolutionnaires aboutissent au triomphe de la Montagne (Robespierre, Saint-Just), mais aussi à la reconnaissance de la supériorité de la « rue » comme instance de décision sur l'Assemblée nationale. Les Montagnards, tout en s'appuyant sur les sans-culottes, vont tenter de les satisfaire et de les soumettre. La Convention met la Terreur à l'ordre du jour (5 septembre 1793) : elle vise à vaincre les résistances et les adversaires afin de remodeler la société française (la Terreur fera 17 000 victimes, dont Robespierre lui-même, guillotiné le 10 thermidor an II [28 juillet 1794]).

Histoire

2 Libertés et nations en France et en Europe dans la première moitié du XIXe siècle

À savoir

Libéralisme et nationalités en Europe

Au début du XIXe siècle, des courants défendent l'instauration de plus de droits et de libertés (ils se qualifient de « libéraux », au sens politique du terme). Ces courants font naître, dans les espaces qui ne se sont pas constitués en nations (Allemagne, Italie), un sentiment national favorable au regroupement dans une entité nationale. Le XIXe siècle est donc marqué par cet immense affrontement entre deux principes : la légitimité (monarchique) et le mouvement des nationalités (J.-B. Duroselle).

Un mouvement libéral et national en Europe (1800-1850)

Ce qu'il faut sourtout retenir du XIXe siècle, c'est qu'il est le « siècle des révolutions ». Révolutions au pluriel, mais qui toutefois ont un but commun : elles luttent toutes contre l'ordre établi, qu'il soit ordre monarchique « ancestral » ou de domination étrangère.

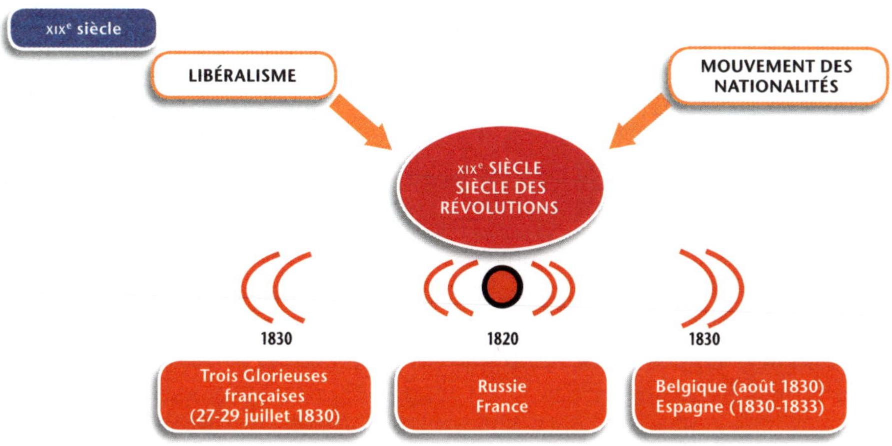

1. 1848, le printemps des peuples en Europe

Le « printemps » débute à Paris, le 22 février 1848

• Un rassemblement de républicains hostiles à la monarchie de Louis-Philippe, qui devait avoir lieu à Paris le 22 février, est interdit. Les manifestants refusent de se soumettre et sont plusieurs fois repoussés par les forces de l'ordre. Le 23 février, l'émeute s'empare de Paris : il y a plusieurs morts. Le roi Louis-Philippe abdique le 24 février. Le poète Lamartine, l'une des figures des révolutionnaires, promet le retour du suffrage universel. « Le peuple à la place du trône. » (A. Garrigou) La révolution parisienne est l'étincelle qui enflamme les revendications démocratiques des états autoritaires européens.

• D'abord, dans l'empire multinational d'Autriche-Hongrie. En mars 1848, Lajos Kossuth, un journaliste, prononce un discours à l'Assemblée de Hongrie pour demander une constitution démocratique et l'indépendance de la Hongrie. Dans la capitale, à Vienne, la révolte s'embrase (12 mars), obligeant l'homme fort du régime, le prince von Metternich, à fuir (13 mars). L'empereur Ferdinand Ier accepte de nommer un réformateur, Premier ministre de Hongrie. Il décrète la liberté de la presse et la mise en place d'une constitution (25 avril 1848), rédigée par une assemblée constituante élue au suffrage universelle (15 mai 1848).

• En Prusse, ensuite. Le roi Frédéric-Guillaume tente de freiner le mouvement révolutionnaire qui embrase Berlin (18 au 21 mars 1848). Alarmé par les événements de Vienne, il décrète la liberté de la presse et convoque une assemblée (18 mars). La foule, sentant sa victoire, veut pousser plus loin son avantage et manifeste dans les rues de Berlin. L'armée fait feu. Pour obtenir le retour au calme, le roi accepte une constitution démocratique.

Après le « printemps des peuples » de 1848, l'« hiver » de 1849 ?

• À Paris, le poète Lamartine tente de rassurer les monarques en dissociant la IIe République de la Terreur de 1793. « La proclamation de la République française n'est un acte d'agression contre aucune forme de gouvernement dans le monde […]. La guerre n'est donc pas le principe de la République Française, comme elle devint la fatale et glorieuse nécessité en 1792. ». En juin 1848, la République française se ferme davantage aux réformes : les élections législatives de mai 1848 donnent une majorité aux conservateurs, très hostiles aux ouvriers remuants et revendicatifs. La mise au pas se réalise par la suppression des ateliers nationaux (20 juin 1848), pourvoyeurs de travail pour les ouvriers et artisans au chômage (120 000 personnes employées à Paris). Cette décision met le feu aux poudres. La journée du 23 juin 1848 est une journée d'émeutes : 20 000 ouvriers descendent dans les rues et élèvent près de 400 barricades. Les émeutes sont réprimées dans le sang par le régime républicain (6 000 morts, dont 4 000 parmi les insurgés), qui se coupe d'une partie des soutiens populaires.

• Les monarchies absolutistes se reprennent. Elles ont toutes la même stratégie : elles quittent les capitales, lieux majeurs des contestations. Elles s'appuient sur l'armée et sur « ce remède universel qu'est l'état de siège » (K. Marx). Enfin, elles jouent des haines ethniques et nationalistes : à Vienne, les troupes royales font appel aux Croates, qui entrent alors dans la ville, livrée aux pillages.

• Après 1848 et 1849 : **la réaction**. Les monarchies absolutistes récusent leurs promesses : les chefs révolutionnaires sont exécutés, les assemblées constituantes sont dispersées par la force, les libertés sont comprimées.

2. L'abolition des traites et de l'esclavage

Une abolition progressive en Europe

• **L'abolition de la traite** arrive en premier. Le mouvement est initié par les Anglais, qui abolissent la traite en 1806-1807. Ils sont suivis par les États-Unis. En 1815, le congrès de Vienne, qui doit redessiner la carte de l'Europe après la chute de Napoléon, enjoint les puissances européennes à mettre fin à la traite négrière. En 1817, une première loi (renouvelée en 1827, puis en 1831) l'interdit en France.

• **L'abolition de l'esclavage** vient dans un second temps. D'abord portée par les nouveaux États d'Amérique du Sud (Pérou, Bolivie), puis par les puissances occidentales : le Royaume-Uni en est, à nouveau, à l'origine (1833-1838 par l'Abolition (Bill). En France, l'abolition de l'esclavage est votée en 1848, sur proposition du député de Guadeloupe et de Martinique Victor Schoelcher (1804-1893). L'esclavage devient un « crime de lèse-humanité ». Le décret d'application est publié le 27 avril 1848.

Des facteurs moraux, économiques et politiques à l'œuvre

• **Les facteurs économiques** : l'abolition de l'esclavage est née du remplacement du système esclavagiste par une économie capitaliste, qui substitue à la main-d'œuvre servile une main-d'œuvre salariée plus productive. Cette idée doit cependant être nuancée : l'esclave était parfois plus rentable que le salarié. De plus, le coût de l'abolition a pesé en Angleterre plus lourd que ce que rapportait la traite.

• **Les facteurs moraux** : le grand réveil religieux issu du monde protestant au début du XIXe siècle a incité nombre de fidèles à constituer des associations et des groupes de pression (congrès et conventions antiesclavagistes) et à signer des pétitions abolitionnistes. Dans la France déchristianisée du XIXe siècle, l'idéal républicain d'égalité a ouvert la voie à l'abolition de la traite, puis de l'esclavage (le vote de Schoelcher intervient au moment de la révolution de février 1848, qui institue la IIe République, voir ci-dessus).

• **Les facteurs politiques et géopolitiques** : la répression de la traite mise en place par la Royal Navy britannique a permis à cette dernière de s'ériger en gendarme des mers au nom de la morale, renforçant ainsi son emprise commerciale, militaire (contrôle des océans) et culturelle. Les puissances coloniales, la France en tête, ont justifié leur intervention dans les terres africaines (Algérie en 1830, Afrique noire dans les années 1870-1880) en mettant en avant la lutte contre « l'horrible commerce des hommes » (J. Frémeaux).

Une application graduelle et heurtée

• La mise en place de l'abolition est lente. En ce qui concerne la traite occidentale, les interdictions doivent être renouvelées, preuve des résistances (en France, l'abolition a été prononcée trois fois). La traite orientale se poursuit : elle connaît même son apogée au moment où décline la traite occidentale au XIXe siècle (les premières abolitions apparaissent dans cet espace dans les années 1920).

• L'abolition de l'esclavage rencontre les mêmes difficultés, surtout dans les colonies, du fait du maintien d'un système esclavagiste interne à l'Afrique. En 1900, en Afrique-Occidentale française (A-OF), on dénombre encore plus de 7 millions d'esclaves.

• Enfin, l'abolition de l'esclavage laisse place à des formes d'exploitation humaine plus subtiles. En effet, apparaît dans les colonies françaises et anglaises le travail forcé. Si ce dernier se distingue de l'esclavage (l'homme reste un sujet, et non un objet ; il n'appartient en aucun cas à l'exploitant), il s'agit bien d'une forme de travail subie et non rémunérée. Il trouve sa justification dans le discours colonial selon lequel le Noir n'aime pas travailler : il convient donc de le moraliser par le travail, afin de lui inculquer le goût de l'effort (M'Bokolo).

QCM

1 L'Ancien Régime s'est effondré en raison :

a. ☐ d'une défaite militaire.

b. ☐ d'une révolution culturelle et psychologique.

c. ☐ d'une crise économique.

2 Quels sont les pays touchés par les révolutions de 1830 ?

a. ☐ La France. b. ☐ La Belgique. c. ☐ L'Italie.

3 La victoire de la réaction de 1849 sur les révolutionnaires de 1848 en Europe s'explique :

a. ☐ par un meilleur contexte économique.

b. ☐ par les réformes que les souverains concèdent aux populations.

c. ☐ par la force et par la volonté de monter les différentes catégories sociales les unes contre les autres.

4 Les traites négrières ont été abandonnées en raison de son rendement de plus en plus bas.

a. ☐ Vrai. b. ☐ Faux.

5 « Ce sont les privilégiés qui ont porté le premier coup à l'Ancien Régime. » (Chateaubriand)

a. ☐ Vrai. b. ☐ Faux.

CORRIGÉS

1 b et c ; 2 a et b ; 3 c ; 4 b ; 5 a.

Chapitre 6

Les enjeux du développement : du développement au développement durable

À savoir

- **Développement :** processus global qui fait converger la croissance des richesses et l'amélioration des conditions de vie.
- **Développement durable :** le rapport Brundtland pour l'ONU le définit comme **« un mode de développement qui répond aux besoins du présent sans compromettre les capacités des générations futures à répondre aux leurs »** (1987).

1 Un développement inégal et déséquilibré à toutes les échelles

1. Comment mesurer le développement ?

■ L'IDH (indice de développement humain)

L'IDH répartit le monde en trois catégories : les pays au développement élevé (entre 1 et 0.8), les pays au développement moyen (entre 0.8 et 0.5), et enfin, les pays au développement faible (entre 0.5 et 0.3). L'IDH révèle **la frontière séparant les pays du Nord des pays du Sud.**

■ L'IPH (indice de pauvreté humaine)

L'IPH mesure **la proportion de la pauvreté humaine** au sein d'une société donnée. L'indice témoigne de la concentration de la pauvreté dans les PED (pays en développement), et tout particulièrement en Afrique subsaharienne et en Asie du Sud.

■ L'IPM (indice de pauvreté multidimensionnelle)

L'IPM est un indice composite, prenant en compte les données de l'IDH et de l'IPH avec les aspects purement monétaires. La pauvreté est estimée à 2 dollars par jour et par personne, la pauvreté extrême à 1.25 dollar. L'IPM est l'instrument de mesure le plus perfectionné parce qu'il prend en compte les différents aspects de la pauvreté.

2. À l'échelle du monde, les pays du Nord contrastent avec les pays du Sud

■ Les inégalités sociales et économiques distinguent les pays du Nord des pays du Sud

Les pays du Nord concentrent les plus forts taux d'IDH et les proportions de pauvreté les plus faibles. Les pays du Sud polarisent en revanche les IDH les plus fragiles et les taux de pauvreté les plus importants.

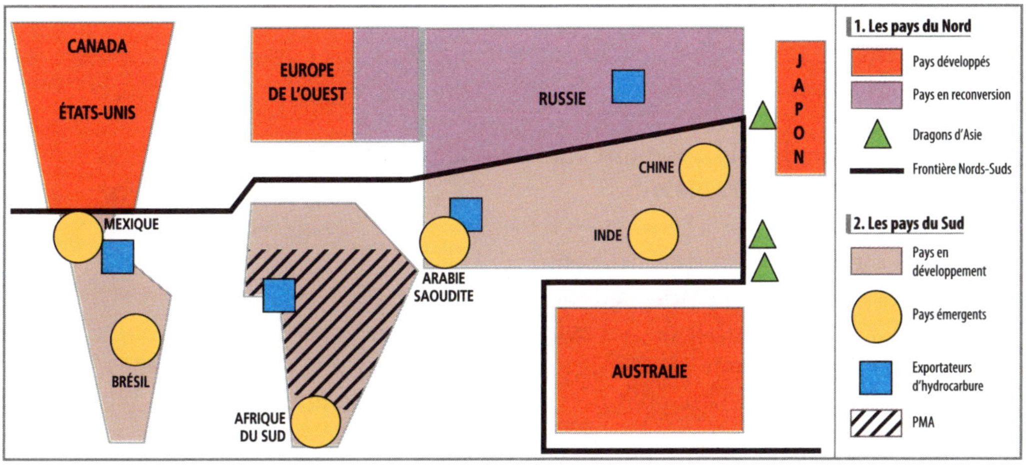

2 De nouveaux besoins pour plus de 9 milliards de personnes en 2050

1. Une croissance de la population mondiale

■ Trois vagues de croissance démographique (Dollfus)

• La première a touché le continent européen (XVIIIe-XIXe siècle).

• La deuxième a atteint le continent latino-américain et le continent asiatique (milieu et fin du XXe siècle).

• La troisième que connaît le début du XXIe siècle concerne l'Afrique.

Ces vagues expliquent la croissance de la population mondiale : 1 milliard en 1800, près de 7 milliards en 2010. Les projections prévoient 10 à 12 milliards d'habitants dans les 80 prochaines années, avant un déclin à partir de 2100.

■ Des situations démographiques très contrastées

• Les pays qui ont connu le plus précocement la transition démographique sont marqués par le vieillissement de leur population (un tiers de la population aura plus de

60 ans dans les pays du Nord en 2050) associé à une contraction de leur démographie (Russie, Allemagne, Japon), sauf cas contraires localisés (France, États-Unis).

• Les pays affectés plus récemment connaissent des **progressions importantes**, voire spectaculaires (l'Afrique doit doubler sa population en 2030). Certains pays sont parvenus à briser leur croissance démographique (politique de l'enfant unique en Chine à partir de 1978) ce qui a toutefois abouti à des déséquilibres.

2. Des besoins accrus en 2050

Une pression sur les besoins

La généralisation du mode de vie occidental est impossible : elle exigerait l'équivalent des ressources de cinq planètes Terre.

Nécessité d'un développement soutenable pour la planète : le développement durable ou...

• **La commission Brundtland (1983-1987)** évoque un développement qui pour durer doit être durable c'est-à-dire soutenable dans la durée. Soutenable : le développement doit prendre en compte la dimension sociale (partage équitable des richesses), économique (la production de richesse) et environnemental (la protection de l'environnement). Dans la durée : le PIB doit prendre en compte le temps long en anticipant les coûts engendrés par la dépollution ou les crises climatiques.

• Cette prise de conscience devient planétaire à **Rio (1992)**. La question du réchauffement climatique prend une place centrale dans cette politique (**protocole de Kyoto** en 1997).

... des développements durables ?

• Les pays du Nord mettent plus l'accent sur la durabilité. Les pays du Sud (et pour cause) insistent davantage sur le développement.

• Enfin, le développement durable met en jeu des **acteurs de taille géographique différente** : de l'échelle mondiale (OIG, firmes et ONG), à l'échelle locale (collectivités territoriales, villes, associations de citoyens), en passant par l'échelle nationale (l'État-nation).

ENTRAÎNEMENT

1 Qu'est-ce que l'IDH ?

a. ☐ L'indice de démocratie humaine.

b. ☐ L'indice de développement humain.

c. ☐ Un indicateur de densité humaine.

2 Quel est le premier sommet consacré à la planète Terre et au développement durable ?

a. ☐ Le protocole de Kyoto (1997).

b. ☐ La conférence de Rio (1992).

c. ☐ Le Sommet de la Terre à Johannesburg (2002).

3 Les PMA se situent majoritairement en Afrique subsaharienne.

a. ☐ Vrai.

b. ☐ Faux.

4 Tous les pays du Sud connaissent une explosion de leur population.

a. ☐ Vrai.

b. ☐ Faux.

CORRIGÉS

1 b ; 2 b ; 3 a ; 4 a.

Chapitre 7

Gérer les ressources terrestres

1 L'eau, ressource essentielle

À savoir

Eau, ressource à la fois abondante et rare
La Terre est la « planète bleue » : près de **deux tiers** de sa superficie sont recouverts d'eau. Pourtant, l'eau est une ressource rare. **Un humain sur trois n'a pas accès à l'eau** et 1,5 milliard vit en phase de « stress hydrique » (tension liée à l'eau). Deux facteurs expliquent ce paradoxe : seulement 2,5 % de l'eau présente est potable (110 000 km^2). De plus, elle est très mal répartie géographiquement.

1. Une ressource rare et précieuse : « l'or bleu »

Une rareté dans la quantité

- L'eau potable est en grande partie liée aux précipitations. Les pluies varient en fonction des aires climatiques. Une dizaine de pays reçoivent près de trois quarts des ressources, quand se dessine en contrepoint le « triangle de la sécheresse » (Tunisie-Soudan-Pakistan).
- Cela vient de l'inadéquation entre le lieu où les précipitations tombent et le lieu où les hommes en ont le plus besoin.
- Les prévisions sont pessimistes pour l'avenir. Les différents sommets consacrés à l'eau estiment qu'en 2025, 3 milliards d'humains seront en stress hydrique et 400 millions en pénurie.
- La disponibilité en eau se mesure également à la capacité d'une société à capter les sources d'eau sur son territoire.

Deux stratégies s'individualisent

- L'eau en surface : Les plus anciennes techniques sont apparues au Moyen-Orient et au Maghreb pendant l'Antiquité (citernes, barrages de dérivation). L'époque contemporaine a ajouté de nouvelles techniques, notamment le barrage-réservoir (ex. : le barrage des Trois-Gorges sur le Yangzi, en Chine.).
- L'eau souterraine : Les techniques sont dans ce cas-là des techniques anciennes (puits) souvent modernisées (prélèvement par motopompe). Elles visent à puiser soit dans les sources de ruissellement souterraines (nappes phréatiques), soit dans les nappes fossiles, piégées lors de séquences climatiques humides.

Évolution des ressources en eau entre 2000 et 2025

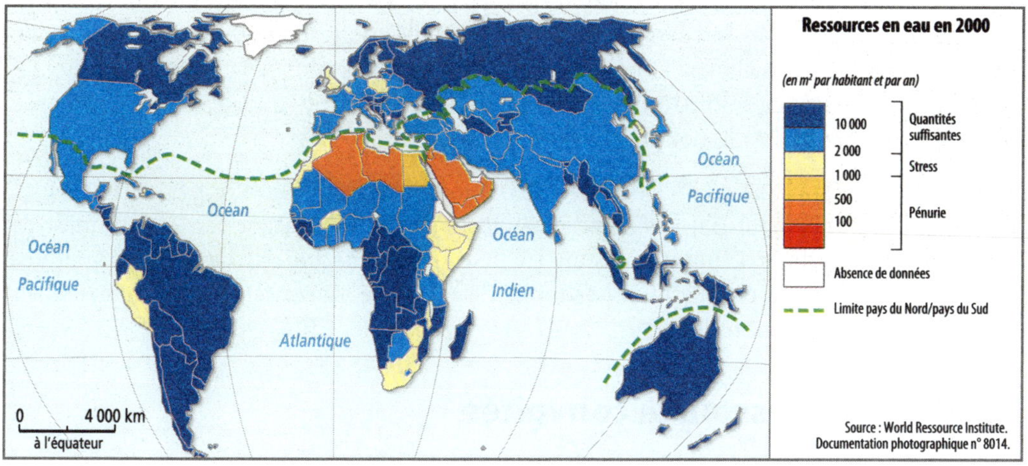

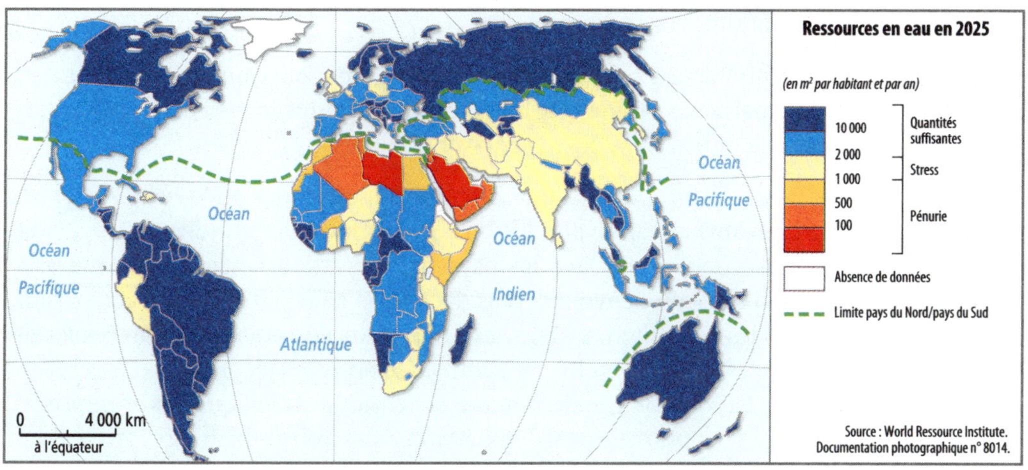

Des techniques innovantes

Des nouvelles techniques, telles que le dessalement de l'eau de mer et le recyclage de l'eau, apparaissent depuis trente ans.

- Le **dessalement** est réalisé par des usines qui filtrent le sel de la mer pour donner une eau potable. Ce procédé est efficace et se diffuse surtout au Moyen-Orient (Koweït, Arabie Saoudite, Irak). Toutefois, le coût reste trop élevé pour les pays pauvres. Et cette solution pourrait se révéler contre-productive : les usines produisent des GES (gaz à effet de serre), et donc… renforcent à leur tour l'aridité.

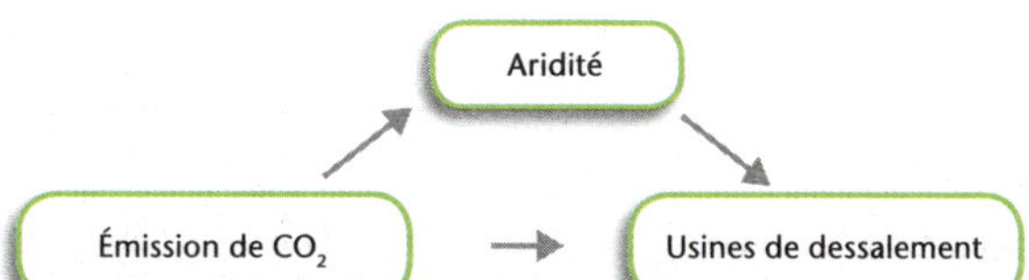

- Le **recyclage de l'eau** est plus prometteur et plus durable.

La rareté de l'eau de qualité

• La qualité de l'eau est menacée par trois types de pollutions. La **pollution agricole** (engrais) et la **pollution industrielle** sont responsables d'un fort taux de phosphates et du développement des algues. La moitié des cours d'eau des pays développés est touchée (le Rhin et la Seine). La **pollution domestique**, celle des individus et des ménages, représente la troisième forme de pollution.

• Ces pollutions sont plus graves dans les PED que dans les pays développés. Ces derniers voient le développement d'un système généralisé d'égouts (séparant eau consommée et eau usée) et de stations d'épuration d'eau. Ce luxe est impensable dans les PED (Mexique, Inde). 40 % cent de la population consomme de l'eau sale. Avec son cortège de maladies mortelles, l'eau est responsable d'une mort sur trois dans les PED.

2. Gérer une ressource convoitée

Une graduelle prise de conscience

• Depuis 1997, s'organise tous les trois ans le Forum mondial de l'Eau (*World Water Forum*) pour analyser la situation et les progrès.

• La solution la plus durable est celle du **recyclage de l'eau**. Les eaux urbaines sont en effet de plus en plus malsaines. Toutefois, le recyclage exige des investissements économiques, investissements impossibles à réaliser pour nombre de PED.

• Gérer l'eau, c'est aussi **l'économiser**. L'une des propositions faites à Mexico (2004) est de transformer l'eau en une valeur (valorisation). L'eau, devenue une denrée, inciterait les consommateurs à l'économiser. Dans les pays riches, cette orientation conduit à la création d'une facture d'eau (qui s'envole depuis dix ans) et à un système pollueur/payeur pour les entreprises et les agriculteurs. Dans les PED, la « valorisation de l'eau » aboutit cependant à la **privatisation du marché** : les entreprises privées reçoivent pour mission la distribution de l'eau. La solution génère nombre de tensions : la logique des entreprises, qui recherchent le profit, s'oppose parfois aux attentes des consommateurs, aux faibles moyens financiers.

3. Les tensions liées à l'eau

Les conflits d'usage à l'intérieur des sociétés

Ces conflits opposent principalement campagnes et villes. L'agriculture intensive opère des ponctions importantes (environ trois quarts de la consommation en Grèce ou en Catalogne). Les villes sont elles aussi de plus en plus gourmandes en eau (triplement de leur demande en 20 ans), du fait de leur forte croissance des besoins industriels, mais aussi des nouvelles habitudes de consommation (piscines, golfs).

De plus, dans l'espace méditerranéen, le conflit est renforcé par la venue de nombreux touristes, qui accroissent les demandes en eau.

Les guerres liées à l'eau

• Les tensions internationales concernant l'eau s'expliquent en partie par la difficulté de contrôler une ressource est liquide, donc par définition incontrôlable. C'est au Moyen-Orient que la situation est la plus explosive.

• Deux facteurs expliquent cette polarisation : tous les pays dépendent d'autres pays pour leurs besoins en eau (liés souvent à des cours d'eau) ; tous ces pays connaissent une situation de stress hydrique.

• La question du contrôle de la source (l'amont) du fleuve et celle du partage de ses eaux alimentent ces tensions internationales. Le cas de l'Euphrate et du Tigre (Proche-Orient) est à ce titre très révélateur. Ces fleuves prennent leur source dans les montagnes, à l'est de la Turquie. Ils alimentent en aval la Syrie et l'Irak. La décision du gouvernement turc de mettre en place un vaste réseau de 22 barrages (le GAP) a intensifié les craintes des pays situés en aval du fleuve de se voir privés d'eau.

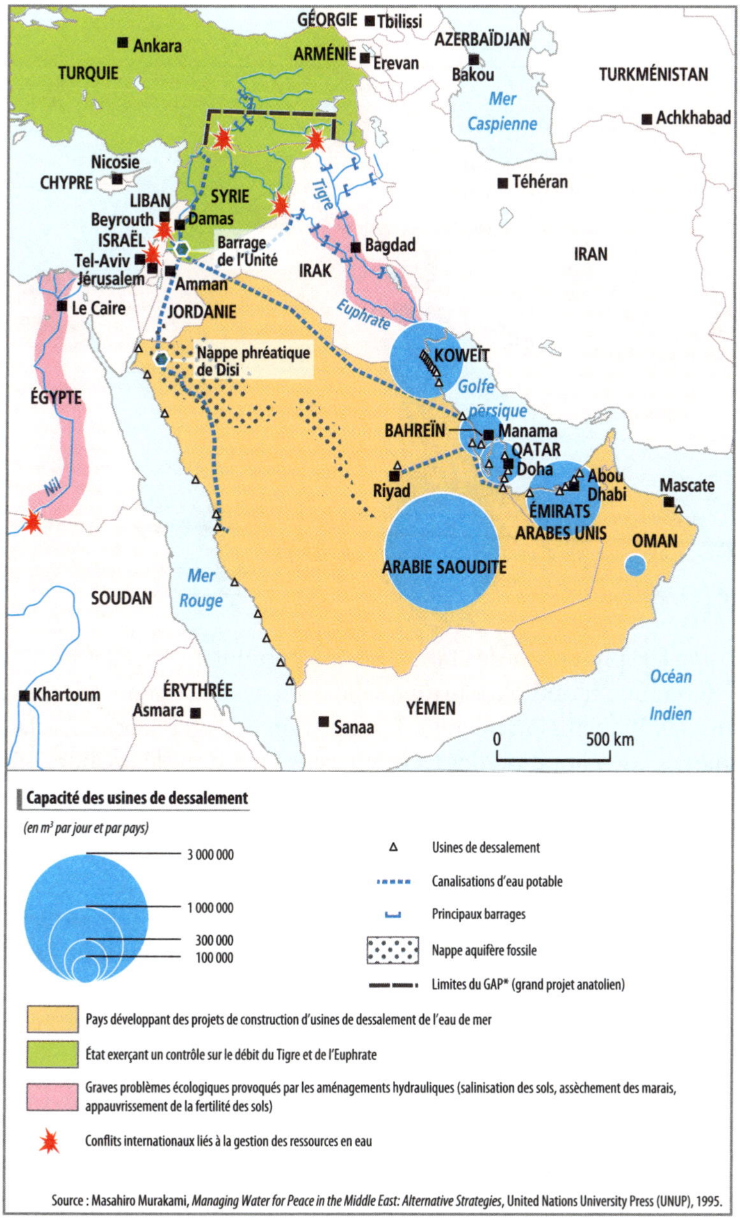

Source : Masahiro Murakami, *Managing Water for Peace in the Middle East: Alternative Strategies*, United Nations University Press (UNUP), 1995.

2 L'enjeu énergétique

1. Une civilisation gourmande en énergie

Une consommation croissante à l'entrée du XXIe siècle

• La consommation en énergie a explosé à partir du XXe siècle : de 1 milliard de tonnes d'équivalent pétrole (1900) elle est passée à 12 milliards de tonnes (2010).

• Si les pays développés et industrialisés sont toujours les premiers consommateurs (près de 45 % des énergies fossiles), les pays en développement concentrent, au XXIe siècle, 55 % des consommations (ex. : la Chine, avec plus de 15 % des consommations à elle seule).

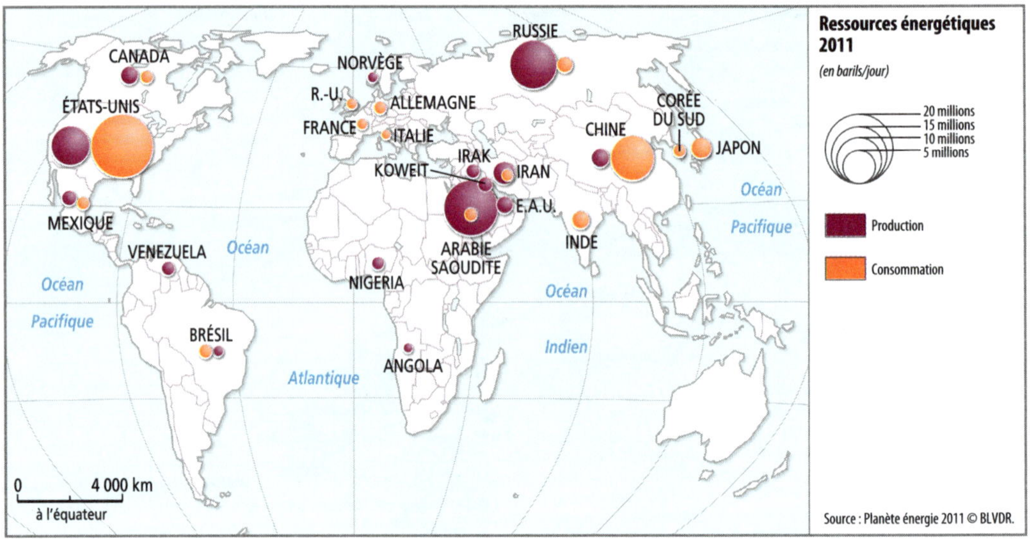

• Cette explosion s'explique par des raisons démographiques, sociales et économiques (la croissance économique mondiale, surtout celle des pays émergents comme la Chine, est très gourmande en matières premières). L'acquisition de ces énergies est facilitée par les progrès techniques : amélioration des techniques d'extraction (le offshore, gisement sous-marin, représente près de 30 % de la production mondiale de pétrole) et des techniques de transport (réseaux de pipelines, navires gros porteurs ou supertankers).

La primauté des sources d'énergie fossile

• La consommation est majoritairement celle de ressources non renouvelables : les **énergies fossiles** (charbon, pétrole, gaz naturel). Le pétrole représente un tiers de l'énergie consommée (les transports en dépend fortement). Le charbon (27 %) et le gaz naturel (21 %), bien que secondaires, occupent une place importante dans les consommations énergétiques.

• Leur répartition géographique est inégale. Les bassins houillers sont présents sur de nombreux points du globe : États-Unis, Europe, Sibérie, Chine et Australie. Les hydrocarbures (pétrole et gaz) sont plus localisés : Moyen-Orient (60 % des ressources), Russie (le « carburant du monde »), Afrique et Amérique du Sud (Venezuela, Brésil) disposent des réserves et des gisements les plus importants.

Géographie

2. Impacts sur l'environnement et tensions géopolitiques

Risques terrestres et climatiques

• L'extraction est génératrice de risques naturels : affaissement des terrains, contamination des sols et des eaux. C'est notamment le cas de l'exploitation nouvelle du gaz et du pétrole de schiste ; cette exploitation rendra certaines puissances autosuffisantes comme les États-Unis.

• Le stockage et le transport des énergies fossiles peuvent provoquer de graves problèmes technologiques : explosion d'entrepôts, fuites et marées noires. De par leur concentration autour des sites urbains ou des espaces fragiles (mer, littoraux), ils sont parfois générateurs d'un effet domino (→ voir Chapitre 9).

• La combustion des énergies fossiles est également source de problèmes. Elle est responsable des émissions de GES (gaz à effet de serre) qui participent au réchauffement climatique.

• Les premiers pollueurs sont les premiers consommateurs. Les États-Unis et la Chine concentrent à eux seuls 50 % des émissions des GES.

Les énergies, facteurs de tensions géopolitiques

• L'accès aux gisements ou le maintien de leur contrôle peuvent justifier des tensions, et parfois des guerres (en août 1990, invasion du Koweït par Saddam Hussein, à l'origine de la première guerre du Golfe). Les guerres sont aussi le fait des pays consommateurs et de leurs FTN, qui cherchent à contrôler les approvisionnements (République démocratique de Congo).

• Le pétrole est aussi une **arme diplomatique** aux mains des pays producteurs. Il permet de conserver une influence sur des États voisins (« **politique du robinet** » russe vis-à-vis de l'Ukraine et de la Biélorussie) ou de frapper économiquement les pays hostiles (la décision de l'OPEP de faire flamber les prix du pétrole – décision qui a entraîné le choc pétrolier de 1973, visait à atteindre les pays occidentaux qui avaient soutenu l'armée israélienne pendant la guerre du Kippour).

3. Quel avenir énergétique ?

Économiser les ressources

• Les technologies propres (technologies vertes) permettent de produire autant avec moins d'énergie.

• Dans le cadre de l'**Agenda 21**, États, régions et villes participent aussi à la réduction énergétique en adoptant des normes d'habitation moins consommatrices et des transports verts (transports en commun, vélo…)

Réduire les pollutions

Lors de la conférence de Kyoto (Japon, 1997), les pays industrialisés se sont engagés à baisser leurs émissions de GES. Mais les résultats tardent à s'inscrire dans les faits. De plus, les pays en développement ont donné la priorité au développement économique.

Développer les nouvelles énergies

• L'énergie nouvelle fut d'abord, dans les années 1970, **le nucléaire**. Énergie non renouvelable (elle utilise l'uranium, dont les ressources sont encore immenses, en Afrique principalement), elle est aussi non combustible. Elle est particulièrement développée en France, mais aussi dans d'autres pays (Japon, États-Unis). Ses atouts sont connus : production d'une énergie électrique bon marché ; vente de la technologie pour les pays la maîtrisant (principal rôle d'Areva, en France). Toutefois, il ne s'agit pas d'une énergie inoffensive : la radioactivité rend les accidents au sein des centrales (Fukushima, au Japon, en mars 2011) dévastateurs, et le transport-stockage de ses déchets, dangereux.

• Les **énergies vertes** sont les moins dangereuses et les seules réellement renouvelables. Énergie éolienne, énergie solaire et énergie hydraulique prennent une part grandissante (un sixième de la consommation énergétique à l'horizon 2030). Pour l'heure, elles ne sont que des énergies de complément.

ENTRAÎNEMENT

1 Combien de personnes souffriront de graves pénuries d'eau vers 2025 ?

a. ☐ 40 millions de personnes.
b. ☐ 100 millions de personnes.
c. ☐ 400 millions de personnes.

2 Quels sont les trois pays traversés par l'Euphrate et le Tigre, « fleuves de la discorde » ?

a. ☐ Liban, Palestine, Israël.
b. ☐ Turquie, Syrie, Irak.
c. ☐ Turquie, Liban, Palestine.

3 Le choc pétrolier en partie décidé par l'OPEP a eu lieu en :

a. ☐ 1968. b. ☐ 1973. c. ☐ 1997.

4 Les hydrocarbures sont majoritairement situés au Moyen-Orient et au Proche-Orient.

a. ☐ Vrai. b. ☐ Faux.

5 Les énergies renouvelables vertes sont actuellement capables de prendre le relais des énergies fossiles

a. ☐ Vrai. b. ☐ Faux.

CORRIGÉS

1 c ; 2 b ; 3 b ; 4 a ; 5 b.

Chapitre 8

Aménager la ville

1 Un monde de villes

À savoir

Distinguer villes, mégapoles et métropoles
- **La ville** est une concentration de population agglomérée. La limite varie selon les pays (un minimum de 2 000 habitants en France).
- **La mégapole** désigne une ville géante d'au moins 10 millions d'habitants.
- **La métropole** met l'accent sur le pouvoir de la ville qui, par son rayonnement, irrigue en capitaux, hommes et technologies les espaces environnants (métropole = ville-mère).

1. Un nouveau cycle urbain

Le phénomène urbain en extension

Minoritaire depuis l'Antiquité (30 % de la population mondiale en 1950), la population urbaine est devenue majoritaire en 2007 (50 %), et devrait atteindre 60 % de la population mondiale en 2030.

Une distribution urbaine sélective dans l'espace

La croissance urbaine concerne aujourd'hui davantage les pays du Sud que les pays du Nord. Les pays du Nord anciennement urbanisés voient leur taux d'urbanisation stagner entre 75 et 80 % de leur population. C'est dans les pays du Sud que l'on comptera la majorité des villes millionnaires du globe (Asie, Afrique).

À l'intérieur de la ville : gigantisme et étalement urbain

Les XXe et XXIe siècles sont les siècles du gigantisme urbain. Les croissances urbaines sont toujours supérieures à la croissance démographique des pays. Les villes concentrent toujours plus de population, ce qui explique la multiplication des mégapoles (23 sont supérieures à 10 millions d'habitants, dont une sur deux en Asie). La croissance est plus nette dans les pays du Sud (100 % en moyenne) que dans les pays du Nord (50 %, au mieux).

Les métropoles mondiales et leur croissance

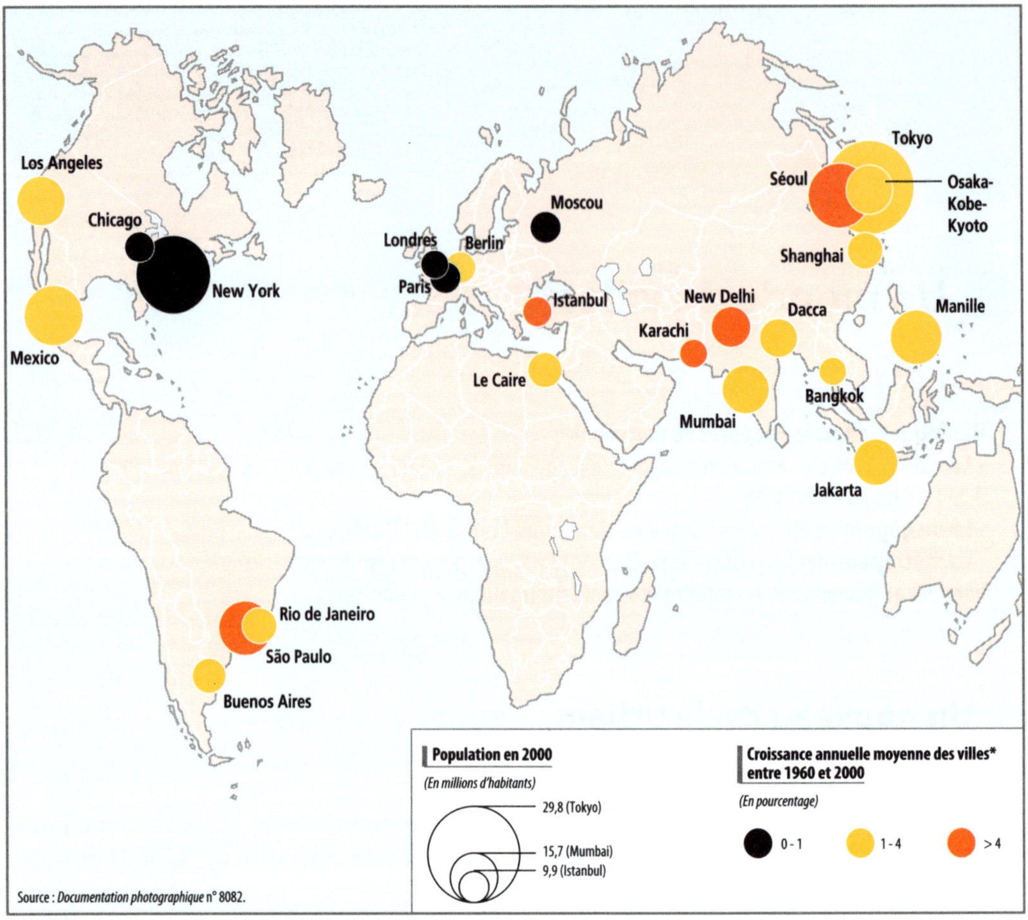

Source : *Documentation photographique* n° 8082.

Quels sont les facteurs qui expliquent ces fortes croissances urbaines ?

• Dans les pays du Sud jouent deux facteurs en faveur des villes. Un facteur économique : lié à l'espoir d'une vie meilleure. L'exode rural en direction des villes est massif. En Chine, près de 200 millions de ruraux (les mingong) alimentent aujourd'hui la population urbaine. Ils constituent la main-d'œuvre d'entreprises étrangères et de sous-traitants. À ce facteur s'ajoute le facteur démographique : ces populations connaissent une forte natalité (meilleures conditions de vie et meilleur encadrement médical).

• Dans les pays du Nord, le facteur qui joue est surtout économique. C'est souvent la perspective de bonnes conditions de vie et de travail (dynamisme économique, métiers, services) qui fait l'attractivité des villes.

L'extension spatiale de la ville

• Los Angeles en est un exemple exacerbé. Cette ville est une immense agglomération de 200 km (soit 1 300 km²). Mais le phénomène est général.

• Cet étalement modifie la ville, sa forme et sa définition. Il fait déborder la ville des limites administratives : il crée le périurbain, espace hors de la ville mais qui lui appartient par son mode de vie, ses loisirs et ses fonctions. L'extension spatiale peut aboutir à un *continuum* urbain par association de plusieurs villes entre elles (mégalopole).

2 Une nouvelle organisation de l'espace urbain dans le monde

1. Une spécialisation des espaces urbains

En s'étendant, les espaces urbains connaissent une redistribution des activités et des fonctions au sein de tel ou tel quartier, ou de telle ou telle agglomération.

Les périphéries et leurs fonctions

• Fonction résidentielle (logement) : soit pour la classe moyenne et la classe supérieure qui fuient les centres (suburbs nord-américains, ouest de Paris), soit pour les populations fragilisées, rejetées à la périphérie (Le Mirail à Toulouse, les quartiers nord de Marseille).

Définition

Périphéries : Villes secondaires autour de la ville « centre » et espaces autour du centre-ville.

• Fonction industrielle. Il s'agit d'activités à la recherche de terrains bon marché et dotés d'une bonne accessibilité : activités de haute technologie (les technopôles, comme la Silicon Valley à proximité de San Francisco), activités de fabrication (usines) ou liées aux transports (aéroports, comme JFK, dans le Queens, et Roissy au nord de Paris ; les ports à conteneurs).

Les centres ont encore un avenir

• Le centre demeure le lieu de concentration des fonctions de pouvoir. Sièges sociaux, banques et services spécialisés s'y retrouvent du fait de la proximité de la clientèle fortunée et des services dont ils ont besoin (économie d'agglomération). Le centre connaît donc à son tour une spécialisation : il tend à devenir un CBD (*Central Business District*), c'est-à-dire un centre des affaires (Manhattan à New York, la Défense à Paris…).

• Cette polarisation fait pression sur les quartiers environnants, qui sont peu à peu conquis par les classes moyennes aisées et les classes privilégiées. La gentrification (ou embourgeoisement) exerce son emprise à Londres (Docklands), à New York (Harlem), ou encore à Paris (canal Saint-Martin).

2. Les liens entre le centre et la périphérie

• La spécialisation des fonctions entraîne des migrations pendulaires. Ces dernières sont de plus en plus coûteuses en temps et en énergie.

• La multiplication des axes de communication cherche à répondre à une telle demande. Ces axes sont tellement attractifs pour les populations qu'ils peuvent donner naissance à des centres secondaires (*edge cities*) venant concurrencer les centres-villes.

3 Dysfonctionnements et villes durables

1. Les ségrégations socio-spatiales

• La ville a tendance à renforcer **les inégalités sociales** en distribuant les catégories différemment dans l'espace, on parle d'**inégalités socio-spatiales**.

• Le modèle que constitue Los Angeles (J. Lévy) quoique « caricatural » (les quartiers dorés et blancs de Beverly Hills s'opposent aux quartiers pauvres, à majorité noire, comme South Central, ou hispanique, de San Andreas), traduit bien une tendance générale : un processus d'**homogénéisation/exclusion**. Ces coupures socio-spatiales se retrouvent avec une plus grande brutalité encore dans les agglomérations géantes des pays du Sud. Ces **fractures socio-spatiales** peuvent aboutir à des **renfermements communautaires** (quartiers aisés fermés : *gated communities*), à des tensions, mais aussi à des conflits ouverts et violents.

• Le modèle « L.A. » (extension spatiale/ségrégation) menace donc l'existence même de la ville. Cette tendance rend toute son importance au modèle « Amsterdam » (J. Lévy), propre aux villes européennes, qui associe **densité du bâti** et **mixité sociale**.

2. Risques urbains et ville durable

La ville, créatrice de risques

• Les risques liés aux **modifications des équilibres naturels.** Les pollutions menacent la ville. L'air des grandes villes est de plus en plus irrespirable. C'est tout particulièrement le cas dans les villes des PED (Chine). Mais les villes des pays du Nord sont également touchées, ce qui explique certaines mesures autoritaires (péage, circulation alternée). Les cours d'eau sont eux aussi atteints. Les fleuves et les littoraux urbanisés sont parmi les plus pollués au monde (Rhin, baie de Tokyo).

• S'ajoutent à cela **les risques technologiques**, c'est-à-dire les accidents potentiels liés à la technologie humaine. C'est le cas des fuites nucléaires (Fukushima en mars 2011) ou des accidents chimiques (usine AZF à Toulouse, en septembre 2001).

La ville aggrave les risques déjà existants

Par son extension et sa présence sur des secteurs vulnérables, la ville accroît les risques naturels. Les cas d'inondations urbaines plus ou moins tragiques (Nouvelle-Orléans en 2005 et Montpellier en 2014) s'expliquent par un aléa climatique qui, démultiplié par une vulnérabilité, aboutit à des faits parfois catastrophiques (→ voir Chapitre 9).

Une réflexion sur la ville durable

• **Une réduction des déplacements par une nouvelle centralité urbaine.** Il s'agit de s'attaquer aux déplacements humains. En lieu et place d'une périurbanisation « sauvage », il conviendrait de mettre en place, en périphérie et dans la ville « centre », des

Définition

La **ville durable** consiste en un développement urbain prenant en compte la qualité de vie et la protection de l'environnement. Elle cherche à bâtir des modalités nouvelles d'urbanisation.

noyaux denses, à l'aide de logements à prix modéré connectés à des réseaux de communication collectifs et verts (tram, bus, vélo).

• L'objectif est de **développer une gamme complète de moyens de transport** et de décourager la prise de la voiture. La mode des tramways urbains relève de cette problématique. Toutefois, la part du transport collectif ne cesse de baisser en France (de 50 à 35 % du trafic voyageur à Paris en 30 ans).

ENTRAÎNEMENT

1 En quelle année la population mondiale est-elle devenue majoritairement une population d'urbains ?

a. ☐ En 1950. b. ☐ En 2000. c. ☐ En 2007.

2 Qu'est-ce qu'une mégapole ?

a. ☐ Une grande conurbation urbaine.

b. ☐ Une très grande ville mondiale.

c. ☐ Une ville de commandement et de pouvoir.

3 Quel mot français équivaut au sigle anglo-saxon « CBD » ?

a. ☐ Banlieue. b. ☐ Quartier central. c. ☐ Quartier des affaires.

4 Toutes les périphéries urbaines sont pauvres.

a. ☐ Vrai. b. ☐ Faux.

5 Les plus grandes villes se situent et se situeront davantage dans les pays du Nord que dans les pays du Sud.

a. ☐ Vrai. b. ☐ Faux.

CORRIGÉS

1 c ; 2 b ; 3 c ; 4 b ; 5 b.

Géographie

Chapitre 9

Gérer les espaces terrestres

1 Les mondes arctiques, une nouvelle frontière

À savoir

L'Arctique, un « continent liquide »
L'Arctique désigne les eaux des hautes latitudes, situées autour du cercle polaire Nord. Le froid, qui est leur dénominateur commun, se matérialise en une banquise permanente, longue de 7 millions de km^2, et qui s'élargit à 15 millions de km^2 (soit l'équivalent de la Russie) pendant les mois d'hiver.

1. Un espace de conquête, ancien et nouveau

Un espace anciennement découvert

• L'occupation humaine du littoral arctique remonte aux environs de 8000 avant J.-C. Les communautés originaires de Sibérie (les Esquimaux ou les Inuits) développent un mode de vie adapté aux contraintes (le nomadisme, la pêche et la chasse).

• L'Arctique est exploité aux XVIe et XVIIIe siècles par les Européens, attirés par les ressources, la christianisation des peuples païens, puis par le commerce et les recherches scientifiques.

Un espace partagé entre plusieurs États et plusieurs zones d'influence

• Transnational, l'espace arctique se découpe en plusieurs zones d'influence : Canada, Danemark (souveraineté sur le Groenland, qui a toutefois obtenu une grande autonomie à partir de 1979), Norvège et Russie.

• Les populations pré-européennes ont connu au XXe siècle de profonds bouleversements, du fait de la sédentarisation et de la déstructuration de leur culture par l'influence occidentale. Elles ne représentent plus que 10 % des 4 millions d'habitants des mondes arctiques. On assiste toutefois à une résurgence identitaire de ces communautés.

Le réchauffement climatique change la donne dans la compétition de force internationale

• L'espace était peu exploitable, du fait de la profondeur de la banquise (près de 4 m, en moyenne). Or, le réchauffement particulièrement marqué aux pôles provoque une fonte accélérée de la banquise.

• Océan de plus en plus libéré des glaces, l'Arctique suscite les intérêts et les rivalités entre puissances côtières. Les Russes l'ont manifesté avec fracas : le 2 août 2007, deux sous-marins de poche ont planté un drapeau russe en titane à la verticale du pôle Nord.

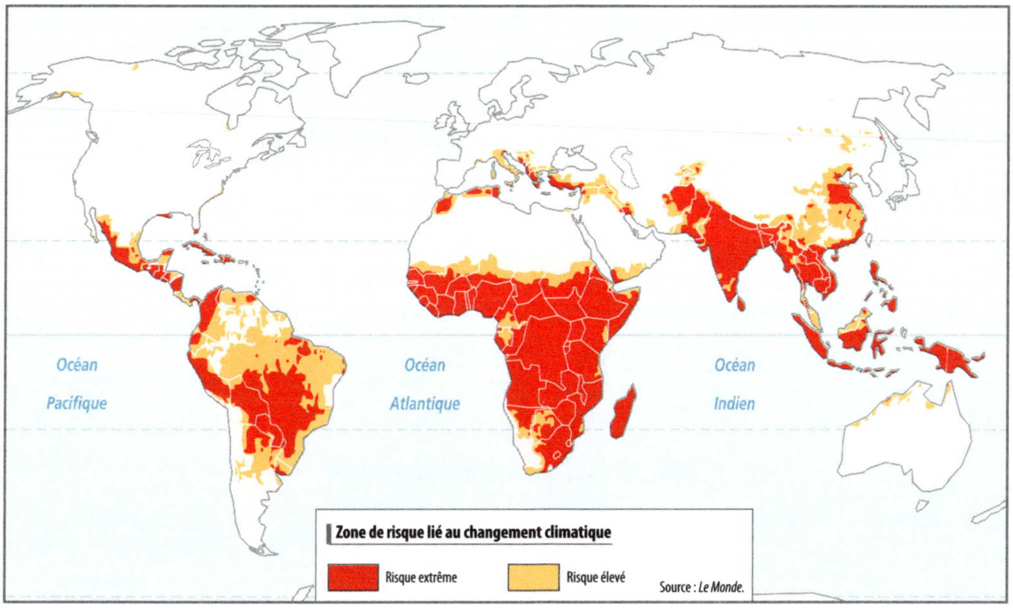

2. Un nouvel enjeu énergétique et commercial

Un eldorado énergétique

• L'Arctique est l'une des régions les plus riches en hydrocarbures. Plusieurs experts ont estimé que la zone abriterait 25 % des réserves de pétrole et 30 % des réserves de gaz naturel du monde.

• Le plateau arctique recèle également de multiples minerais, notamment du charbon (Norvège), de l'or, des rubis, des diamants (Canada), du nickel, ou encore du zinc.

Une route commerciale en devenir

• Depuis 2014-2015, une nouvelle route maritime est ouverte : elle relie l'Atlantique et l'Asie par le passage du Nord-Ouest et par le passage du Nord-Est.

• L'enjeu est de taille. La circulation à travers l'Arctique fera gagner dix jours de trajet (entre Amsterdam et Tokyo) sur la voie commerciale majeure par le canal de Panamà. Ces nouvelles routes maritimes pourraient devenir les autoroutes principales de l'échange après 2050 (R. Labévière). Toutefois, les échanges maritimes en Arctique ont de multiples inconvénients (éclairage permanent, double ou triple coque pour protéger les navires).

Un enjeu environnemental

• Du fait du réchauffement climatique, les différents écosystèmes de la région sont menacés. De plus, l'augmentation du trafic pétrolier va accroître les menaces sur l'environnement, qui existent déjà (risque d'accidents, de fuites et de marées noires).

• En réponse à ces risques, le Conseil de l'Arctique (organisation politique de coopération depuis 1996) a mis en place plusieurs plans de protection et de dépollution.

3. L'appropriation des espaces liquides en question

L'Arctique, un révélateur de la gouvernance mondiale sur la mer…

L'exploitation/occupation de l'Arctique renvoie à la territorialisation de la mer garantie par le droit international, lui-même défini par la **convention de Montego Bay** (Jamaïque) en 1982. Celle-ci **territorialise la mer en zones distinctes** : une mer territoriale jusqu'à 200 milles nautiques des côtes, dont la traversée et les ressources appartiennent aux États côtiers (la ZEE : zone économique exclusive), et une mer internationale qui appartient à tous.

L'Arctique, un espace convoité

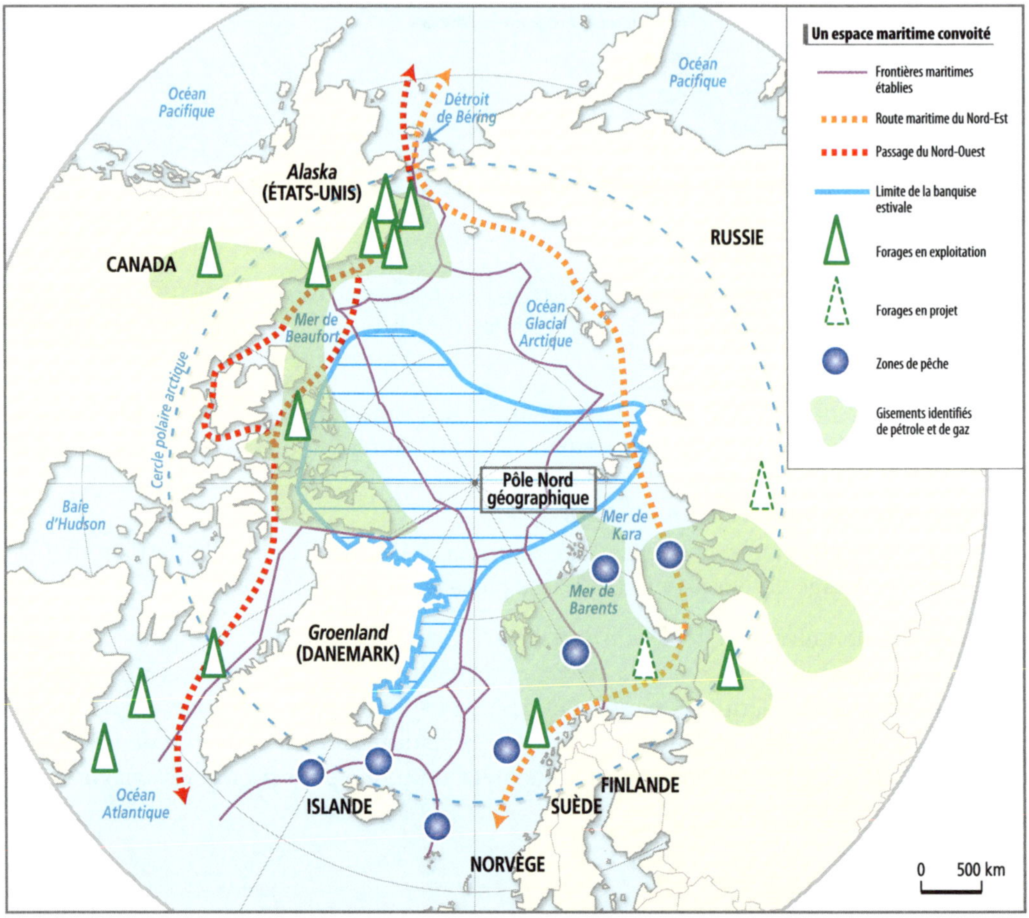

… et de ses limites

• En revanche, l'Arctique soulève la question de l'extension possible de ces zones territoriales. En effet, la convention de Montego Bay permet à un état d'étendre sa mer territoriale jusqu'à 350 milles nautiques s'il démontre que les fonds marins appartiennent au même plateau continental que le sien. Chaque puissance tente ainsi d'aménager les frontières liquides à son avantage.

• Au-delà, l'Arctique pose le problème des eaux internationales. Les rivalités dans le contrôle des ressources ou des routes maritimes sont attisées par le droit acquis du premier arrivant. La situation met donc en lumière les limites de la gouvernance mondiale actuelle sur la mer.

2 Les espaces exposés aux risques majeurs

À savoir

La notion de risque en géographie
Le risque est un aléa naturel : en clair, c'est la probabilité qu'un événement naturel ou technologique touche une collectivité humaine.
Le risque est la résultante d'un aléa sur une vulnérabilité (soit la possibilité de subir des dommages) : $R = A*V$.

1. Une exposition aux risques naturels et technologiques

Les gammes de risques

• Les risques naturels : risques géologiques (glissements ou effondrements de terrain, avalanches, séismes), risques hydrologiques et climatiques (tempêtes, cyclones…).

• Les risques technologiques correspondent aux risques dont l'origine est liée à l'activité humaine (risques industriels, nucléaires…).

Le risque, un objet de la société

• Le risque tient une place plus grande qu'auparavant dans les sociétés humaines. Cela est d'abord dû au fait que leur impact (le nombre de victimes et le coût des dommages ont été multipliés par 15 depuis 1950) et leur fréquence s'accroissent (entre 500 et 1 000 catastrophes naturelles par an). La médiatisation des risques et des catastrophes en démultiplient les effets dans l'opinion publique.

• Les risques affectent les sociétés dans le long terme. Les catastrophes sont aussi à l'origine de flux de réfugiés climatiques (ou éco-réfugiés), qui ont doublé depuis les années 1990 (de 25 à 50 millions de personnes entre 1995 et 2012).

Les territoires du risque

• Les espaces littoraux et les vallées. Leur vulnérabilité aux inondations et aux tempêtes est grande. Cette vulnérabilité est autant liée à la fréquence de plus en plus répétée des aléas qu'à l'axialisation des populations qui se fixent de plus en plus le long des littoraux et des fleuves.

• Les zones situées au-dessus des failles et des frontières entre les plaques tectoniques. Elles sont vulnérables aux séismes, moins nombreux que les inondations, mais aux effets autrement plus dévastateurs. La « ceinture de feu » du Pacifique et la chaîne montagneuse des Alpes et de l'Himalaya sont des espaces particulièrement concernés par cet aléa.

• Les espaces urbains et industriels sont les lieux privilégiés des risques technologiques. Les pays du Nord en rassemblent la majorité, du fait de la concentration urbaine et de la multiplication des installations industrielles et nucléaires. Toutefois, les dégâts les plus massifs sont enregistrés dans les pays du Sud, où les techniques de construction sont souvent défaillantes.

Séisme de la côte Pacifique du Tōhoku et accident nucléaire de Fukushima au Japon en 2011

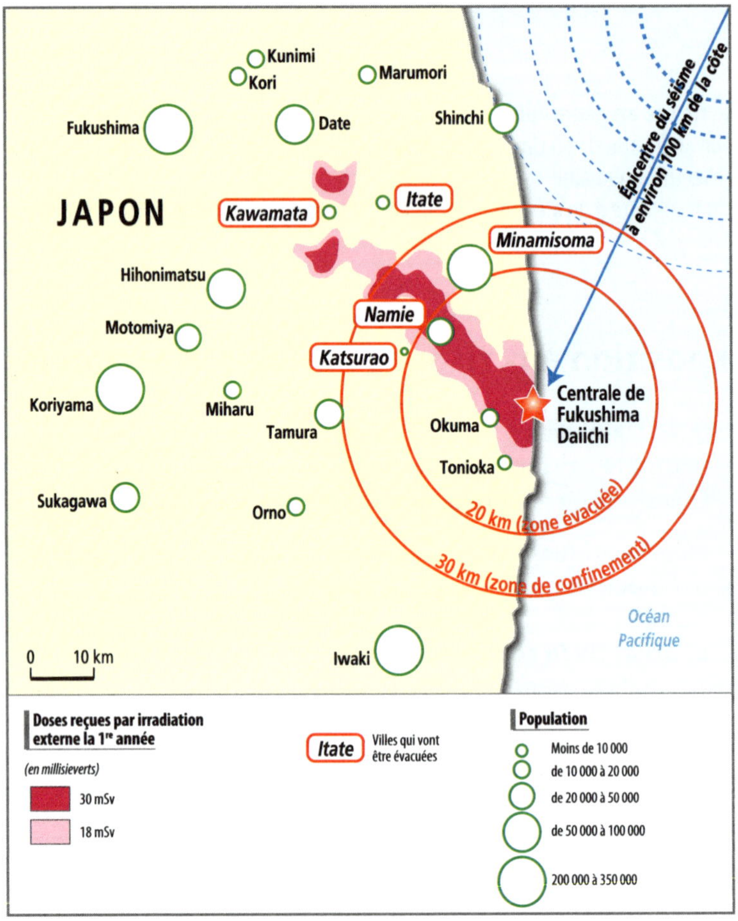

2. Une vulnérabilité différente des sociétés en fonction de leur développement et de leur concentration

■ Une vulnérabilité différente en fonction du développement économique et social

• La pauvreté est un facteur aggravant de vulnérabilité (Y. Veyret). Les PMA (pays les moins avancés), qui ne sont concernés que par 20 % des catastrophes naturelles, concentrent 60 % des victimes.

• Cette vulnérabilité se mesure également au niveau des dégâts économiques. Si la sophistication et la multiplication des installations touchées rendent le coût des catastrophes dans les pays développés astronomique, celui-ci pèse toutefois moins lourd dans le PIB des États que lorsque ce sont les PED qui sont frappés.

■ Un risque différentiel en fonction de la concentration

Les villes sont aussi les lieux privilégiés des réactions en chaîne (Y. Veyret). L'inondation qui frappa Paris en 1910 entraîna des dégâts considérables, mais aussi, du fait de sa position de métropole, des perturbations dans toute l'Île-de-France (coupures d'eau, électricité, métro), dans l'espace national (perturbation des services publics, arrêt temporaire des entreprises nationales, baisse de la croissance économique) et dans l'espace mondial en raison de son statut de ville globale.

■ Un risque différentiel en fonction de la mémoire et de la résilience des sociétés

• La différence économique ne peut expliquer, à elle seule, la plus ou moins grande vulnérabilité. La capacité des sociétés à amortir le choc de l'aléa (la résilience) dépend de son niveau de tolérance au risque et à la manière dont les risques précédents ont été enregistrés dans la mémoire collective (Massard-Guilbaud).

• L'absence de culture du risque et la perte de la mémoire des dangers des tempêtes atlantiques expliquent en partie le désastre humain et économique causé par le passage de la tempête Xynthia en février 2010 (59 morts, 1 milliard d'euros de dommage).

• À l'inverse, l'intégration du risque par la société et les décideurs politiques explique la grande résilience de la société japonaise vis-à-vis des séismes (éducation, normes parasismiques).

3. Prévention et résilience des sociétés face aux risques

■ Une culture du risque

La culture du risque est une intégration du risque par la société et la mise en place par cette dernière de solutions pour en réduire les éventuels effets. Son élaboration est lente et heurtée. Elle est le produit d'un consensus entre les experts, les populations, les décideurs politiques et les acteurs économiques dont les priorités et les agendas peuvent différer (J.-C. Thouret).

■ Prévention et gestion du risque

• La prévention de certains risques a été améliorée par les technologies modernes de détection. Les ouragans sont modélisables par ordinateur (force, trajectoire) quelques jours avant leur arrivée sur le point d'impact. Toutefois, tout risque ne peut être anticipé.

• Elle passe également par l'éducation des populations (gestes à reproduire) et par l'adoption de normes nouvelles dans la construction des bâtiments.

• Enfin, elle se concrétise par le zonage, c'est-à-dire la désignation de zones susceptibles de connaître un risque. En France, le PPR (plan de prévention des risques), établi par le préfet et obligatoire depuis 1995, cherche à évaluer l'extension et l'intensité de l'aléa, la vulnérabilité différente en fonction des territoires et les mesures de prévention des risques.

ENTRAÎNEMENT

1 Quel traité régule les frontières et l'exploitation des océans ?

a. ☐ Le traité de Montego Bay.

b. ☐ Le traité de Panamé.

c. ☐ Le Conseil de l'Arctique.

2 Quelles catastrophes ont démontré les risques de l'effet domino ?

a. ☐ L'ouragan Katrina.

b. ☐ L'accident de Fukushima.

c. ☐ La tempête Xynthia.

3 En matière de catastrophes naturelles ou technologiques, la résilience d'une société désigne :

a. ☐ sa vulnérabilité.

b. ☐ sa méconnaissance des risques.

c. ☐ sa capacité à amortir le choc des crises.

4 L'Arctique, à la différence de l'Antarctique, est un continent gelé.

a. ☐ Vrai. b. ☐ Faux.

5 Les destructions causées par les catastrophes naturelles se situent davantage dans les pays du Nord que dans les pays du Sud.

a. ☐ Vrai. b. ☐ Faux.

Géographie

CORRIGÉS

1 a ; 2 c ; 3 c ; 4 b ; 5 a.

SES

Ménages et consommation

Chapitre 1 Comment les revenus et les prix influencent-ils les choix des consommateurs ? 276

Chapitre 2 La consommation : un marqueur social ? 280

Entreprises et production

Chapitre 3 Qui produit des richesses ? 283

Chapitre 4 Comment produire et combien produire ? 287

Marchés et prix

Chapitre 5 Comment se forment les prix sur un marché ? 290

Chapitre 6 La pollution : comment remédier aux limites du marché ? 293

Formation et emploi

Chapitre 7 Le diplôme : un passeport pour l'emploi ? 296

Chapitre 8 Le chômage : des coûts salariaux trop élevés ou une insuffisance de la demande ? 300

Individus et cultures

Chapitre 9 Comment devenons-nous des acteurs sociaux ? 303

Chapitre 10 Comment expliquer les différences de pratiques culturelles ? 305

Chapitre 1

Comment les revenus et les prix influencent-ils les choix des consommateurs ?

1 Qu'est-ce que le revenu disponible des ménages ?

1. Les ressources d'un ménage

Définition

Un ménage est l'ensemble des occupants d'une même résidence principale, qu'ils aient ou non des liens de parenté. Les personnes vivant en communauté (maisons de retraite, résidences universitaires, maisons de détention, etc.) sont considérées comme vivant hors ménage.

• Les revenus que procure l'activité professionnelle ne sont pas la seule source de revenu d'un ménage. On distingue en général les **revenus primaires** des **revenus secondaires**.

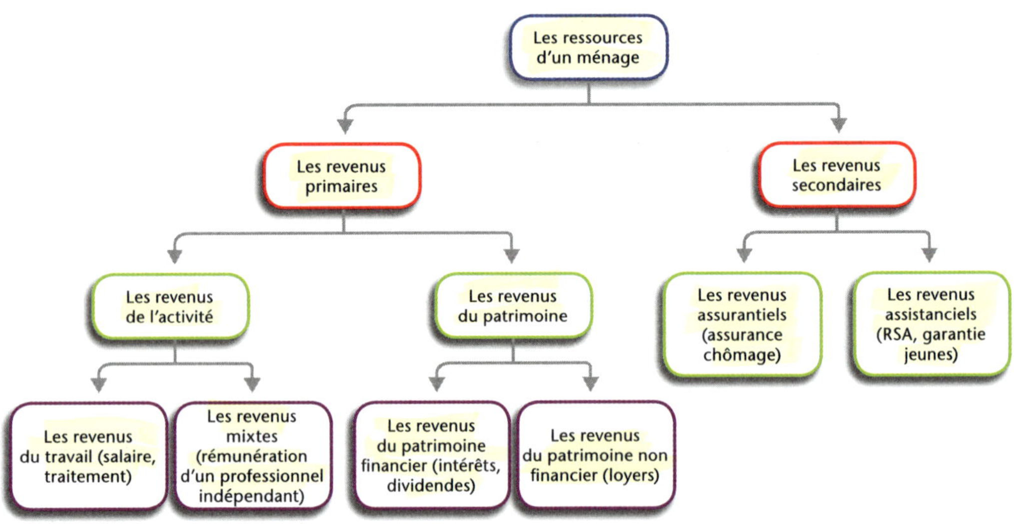

• Ces revenus ne sont pas entièrement disponibles pour les ménages. Pour qu'ils le soient, il faut leur retrancher **les impôts directs**, qui servent à financer les dépenses des administrations publiques centrales et locales, et les **cotisations sociales** perçues par les administrations publiques de sécurité sociale, qui servent à financer les risques sociaux comme la maladie.

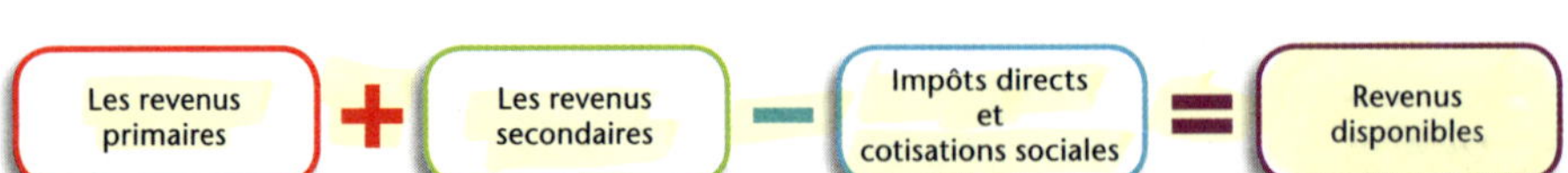

2. Les usages de ce revenu disponible

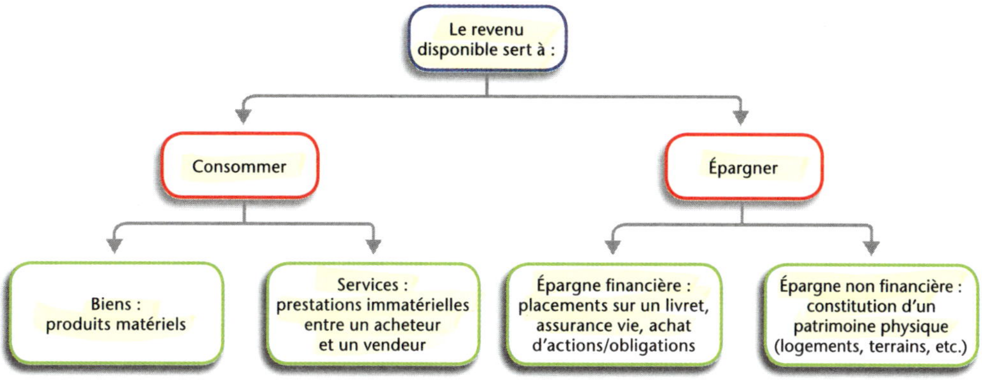

2 Comment le pouvoir d'achat détermine-t-il la consommation ?

Le pouvoir d'achat désigne la quantité de biens et de services que le consommateur peut se procurer avec son revenu disponible. Il dépend de deux variables : le revenu disponible et le prix des biens et des services.

- Si la croissance des prix est **supérieure** à la croissance du revenu, alors il y a **baisse** du pouvoir d'achat.
- Si la croissance des prix est **inférieure** à la croissance du revenu, alors il y a **hausse** du pouvoir d'achat

1. L'influence du revenu sur la consommation

La consommation de la plupart des biens et des services augmente lorsque le revenu augmente. Néanmoins, la part de certains postes de consommation régressera (alimentation) au profit d'autres postes de consommation (loisirs). L'économiste a mis au point un instrument statistique pour mesurer l'influence précise du revenu sur la consommation : c'est l'élasticité-revenu (→ voir Méthode, p. 278).

2. L'influence du prix sur la consommation

La consommation de la plupart des biens et des services régresse lorsque les prix augmentent. Néanmoins, certains biens comme les biens de luxe (grands crus, voitures de luxe) ne sont pas concernés en raison d'un principe de distinction. L'économiste a mis au point un instrument statistique précis pour mesurer l'impact des prix sur la consommation : c'est l'élasticité-prix (→ voir Méthode, p. 278).

3. Les transformations récentes de la consommation

Dès le milieu du XIXe siècle, la part des dépenses alimentaires dans le budget des ménages diminue avec l'augmentation du revenu (loi d'Engel). La crise économique a transformé nos modes de consommation.

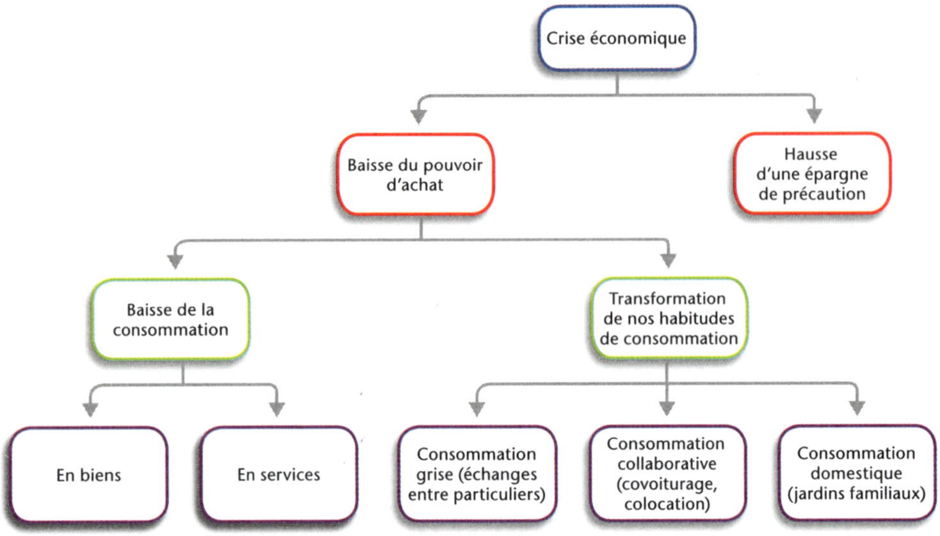

D'après « Consommer en temps de crise », *sciences humaines*, fév. 2013.

Méthode

Calculer l'élasticité-prix, l'élasticité-revenu de la demande

• Élasticité-prix

Il suffit d'effectuer un rapport entre l'évolution de la demande et l'évolution des prix.

$$[(D2 - D1)/D1] / [(P2 - P1/P1]$$

Le résultat **n'a pas d'unité**. Si $-1 \leqslant E \leqslant 0$, la demande est **peu élastique**. Si $E < -1$, la demande est **sensible** au prix.

• Élasticité-revenu

$$[(D2 - D1)/D1] / [(R2 - R1/R1]$$

– Si $E > 1$, la demande augmente quand le revenu augmente (il s'agit de **biens supérieurs**, tels que les biens de luxe ; exemple : une voiture de sport onéreuse).
– Si $0 \leqslant E \leqslant 1$, la demande augmente peu quand le revenu augmente (**biens normaux**, tels que les vêtements).
– Si $E < 0$, la demande diminue quand le revenu augmente (**biens inférieurs**, tels que les pommes de terre).

ENTRAÎNEMENT

1 Le revenu disponible est le revenu restant après :

a. ☐ paiement des impôts directs et indirects.
b. ☒ paiement des impôts directs et des cotisations sociales.
c. ☐ paiement des impôts et des cotisations salariales.

2 Le revenu primaire, c'est :

a. ☒ le revenu avant redistribution.
b. ☒ le revenu avant impôts.
c. ☐ le revenu disponible.

SES

3 Relier chaque mesure économique à son effet probable sur le pouvoir d'achat.

1. « Le salaire minimum interprofessionnel de croissance (SMIC) est revalorisé de 0,8 % à partir du 1er janvier 2015. Le nouveau montant est porté à 9,61 euros. » Service-Public.fr

Site Internet Travail-emploi.gouv.fr

2. « Suite aux baisses d'impôts consenties par le gouvernement, 4,2 millions de ménages bénéficieront de la réduction de 350 ou 700 euros. »

Cécile Crouzel, « Plus de 4 millions de ménages ont bénéficié de baisses d'impôts en 2014 », *Le Figaro*, 19/08/2014.

3. Un influent économiste, proche du pouvoir, appelle le Premier ministre japonais à abandonner son idée de relever, une nouvelle fois, le taux de TVA.

Gabriel Grésillon, « Cette nuit en Asie : au Japon, début de révolte contre la hausse de la TVA », *Les Échos*, 09/09/2014.

4. Les prix à la consommation ont baissé de 0,3 % en février. Cette baisse est marqué par un recul de 5,3 % des prix de l'énergie (dont une chute de 12,1 % pour le pétrole) et de 1,7 % du prix des produits manufacturés.

***AFP*, 12/02/2015**

- Hausse du pouvoir d'achat
- Baisse du pouvoir d'achat

SES

CORRIGÉS

1 b.

2 a et b.

3 1. Hausse. 2. Hausse. 3. Baisse. 4. Hausse.

Chapitre 2

La consommation : un marqueur social ?

1 Les déterminants sociaux de la consommation : l'exemple de l'alimentation

Les revenus et les prix ne sont pas les seuls déterminants de la consommation de biens et de services. Les pratiques alimentaires sont influencées par d'autres facteurs.

Facteurs	Exemples
La PCS	En 2012, parmi les cadres supérieurs, 8,7 % étaient obèses, alors que parmi les ouvriers, 16,7 % étaient obèses.
Le niveau de diplôme	– La consommation de poisson, de fruits et de légumes augmente avec le diplôme. – Les ménages dont le niveau d'éducation le plus élevé parmi les conjoints est le certificat d'études primaires consomment en moyenne 10,9 kg de graisses végétales par personne et par an, contre 5 kg pour les titulaires d'un bac+3 et plus.
L'âge	– Les plus jeunes mangent plus fréquemment à l'extérieur du domicile. – Le budget alimentaire s'accroît avec l'âge. – Les jeunes consomment davantage de boissons sucrées.
Le type de ménage	Les couples sont ceux qui font le plus de plats dont la préparation dure plus d'une heure, tandis que les célibataires, suivis des familles monoparentales, sont ceux qui en font le moins.
Le lieu de résidence	Près d'un quart des dépenses alimentaires des Parisiens sont réalisées dans les commerces de détail, dits « de proximité ». Inversement, la part des achats en maxidiscompte, et surtout en hypermarché « classique », y est largement inférieure à la moyenne.

Définitions

- **Les PCS** sont des regroupements d'individus ayant le même statut professionnel et social, selon des principes de classement élaborés par l'INSEE.
- **Le niveau de vie** : quantité de biens et de services qu'un ménage, une catégorie sociale, un pays peut se procurer.

2 Les comportements de consommation sont soumis aux effets d'imitation et de distinction

1. L'imitation génère le conformisme

Le besoin de se conformer aux habitudes de son groupe d'appartenance ou à un groupe de référence conduit à un effet d'imitation qui entraîne un certain conformisme.

Définition

- **Groupe d'appartenance :** groupe auquel appartient l'individu en fonction de critères objectifs (revenu, âge, position sociale, etc.).
- Le **groupe de référence** est le groupe auquel l'individu s'identifie, auquel il souhaite appartenir.

2. La distinction génère l'ostentation

Le besoin d'indiquer aux autres notre statut social conduit à des effets de distinction. On retrouve ici la thèse de Thorstein Veblen (1857-1929), sociologue américain, auteur d'une *Théorie de la classe de loisir* (1899). La consommation n'est pas uniquement mue par la satisfaction des besoins. Elle peut l'être également par le désir d'impressionner et d'affirmer son statut. C'est la consommation ostentatoire.

3 La publicité influence-t-elle les consommateurs ?

La publicité influence les consommateurs	L'influence de la publicité est relative
Selon Galbraith, économiste canadien, les entreprises créent des besoins. C'est ce qu'il appelle « **la filière inversée.** »	**Messages contradictoires** provenant des administrations publiques. Exemple : « Mangez cinq fruits et légumes par jour. »
Les **budgets publicitaires** sont colossaux. Exemple : plus d'un milliard pour la firme Apple.	Les **initiatives des administrations publiques** pour lutter contre la publicité. Exemple : l'interdiction de la publicité à Grenoble en 2015.
Les **stratégies** sont efficaces. Exemple : marketing sensoriel, et notamment auditif et olfactif, utilisé par Nature et Découvertes, Abercrombie & Fitch…	Les **initiatives de la société civile** pour lutter contre l'inflation publicitaire. Exemple : l'association Casseurs de pub.
Communication sur des enjeux de **développement durable.** Exemple : Sushi Shop communique sur l'utilisation de thon albacore et non de thon rouge, menacé d'extinction.	**Écoblanchiment** (utiliser des arguments environementaux à des fins commerciales). Exemple : GDF Suez, Shell et Samsung ont remporté le prix Pinocchio du développement durable 2014. Ce prix récompense les campagnes publicitaires les plus trompeuses en matière de développement durable.

EXERCICE COMMENTÉ

→ Énoncé

Calculer des pourcentages de répartition

En milliards d'euros.

Intitulés	2007	2013
Produits alimentaires et boissons non alcoolisées	137,1	143,9
Boissons alcoolisées, tabac et stupéfiants	36.7	34,4
Articles d'habillement et chaussures	50.7	40.6
Logement, eau, gaz, électricité et autres combustibles	269,2	284,3
Meubles, articles ménagers et entretien courant du foyer	60,1	58,2
Santé	40,3	48,6
Transports	151,3	136,5
Communications	29,4	43,4
Loisirs et culture	92,3	94,2
Enseignement	9,6	9,6
Restaurant et hôtel	72,2	68,5
Biens et services divers	122,7	128
Solde territorial	– 12,4	– 12,9
Dépense de consommation finale des ménages	1 058,2	1 084,1

Source : d'après les comptes nationaux, Insee.

Dans le tableau ci-dessus, 34,4 représente le sous-ensemble, et 1084, l'ensemble. Effectuer un calcul de répartition revient à évaluer la part des boissons alcoolisées, du tabac et des stupéfiants (34,4 milliards d'euros) dans la dépense de consommation finale des ménages. Cette donnée pourrait par exemple être utile au décideur pour mettre en place, ou non, une campagne de prévention.

→ Résolution

Étape 1 : connaître la formule

Sous-ensemble / ensemble × 100

On obtient un résultat en %.

Étape 2 : appliquer la formule

34,4 / 1084,1 × 100 = 3 % (arrondi à l'unité)

Étape 3 : lecture

En France, en 2013, la part des boissons alcoolisées, du tabac et des stupéfiants représentait près de 3 % du total de la dépense de consommation finale des ménages.

Chapitre 3

Qui produit des richesses ?

1 Qu'est-ce qu'une organisation productive ?

1. Toute organisation produit des biens et/ou des services

Un bien est un produit **matériel** qui peut être stocké (exemples : une automobile, une paire de baskets). Un service est un produit **immatériel** non stockable (exemples : une projection de film, un cours de SES).

2. Il existe de nombreuses organisations productives aux missions variées

Organisations productives						
Production marchande			Production non marchande			
Entreprises			Administrations publiques			Associations
Entreprises privées à but lucratif GO SPORT	Entreprises privées à but non lucratif Coopératives agricoles INVIVO	Entreprises publiques La Française des jeux	Administrations publiques centrales (État, universités)	Administrations publiques locales (mairies, lycées)	Administrations de sécurité sociale (caisses régionales de sécurité sociale, hopitaux)	ONG
Profit	Assurer des services de prévoyance, d'indemnisation, de mises en commun de savoirs et/ou de matériels	Mission de service public (satisfaction de l'intérêt général)		Répondre à des besoins collectifs et distribuer des revenus secondaires		Défendre une cause Satisfaire les intérêts de ses membres

À savoir

- **La production marchande** est une production de biens et de services s'échangeant sur un marché à un prix couvrant au moins 50 % des coûts de production.
- **La production non marchande** est une production de biens ou de services gratuits ou quasi gratuits (prix inférieur à 50 % des coûts de production).

2 Qu'est-ce qu'une entreprise ?

1. La responsabilité économique et sociale des entreprises

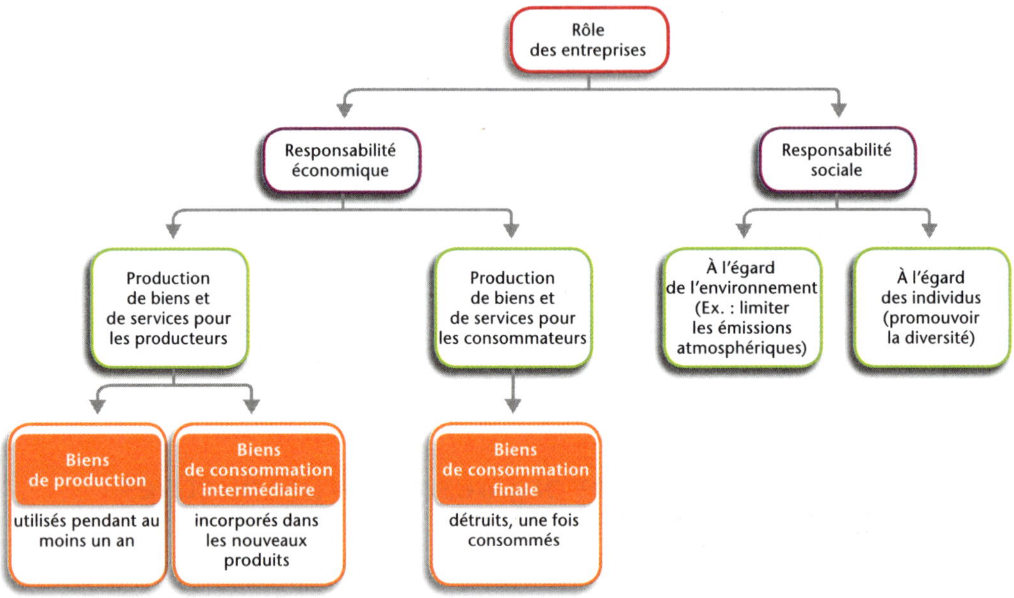

2. Les entreprises selon leur statut juridique et leur taille

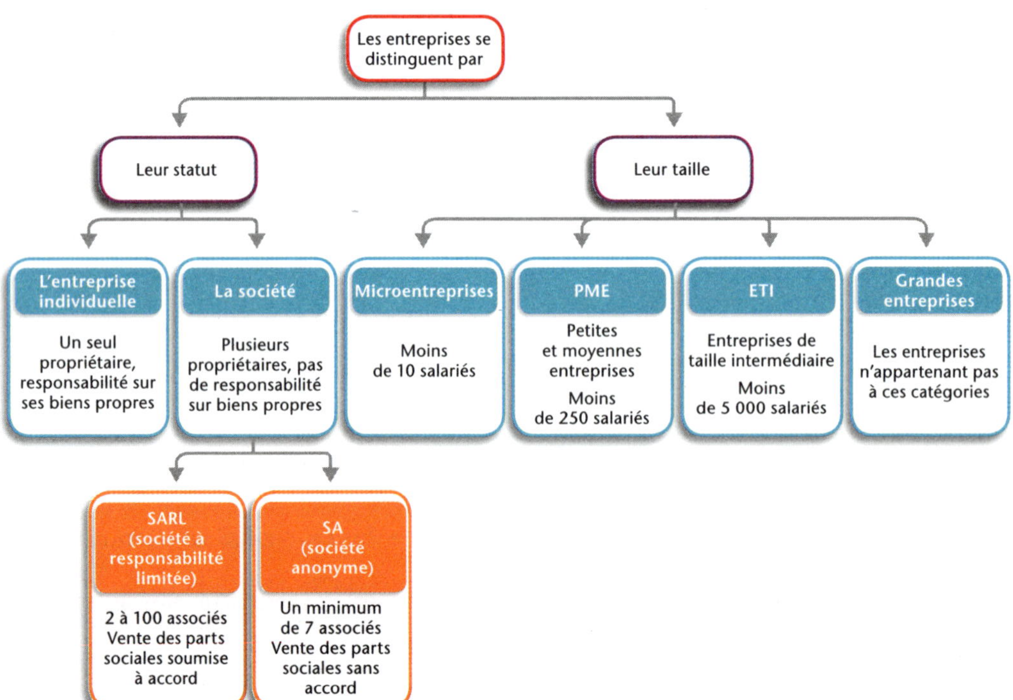

3 Qu'est-ce que la valeur ajoutée et à quoi sert-elle ?

1. Le calcul de la valeur ajoutée

La valeur ajoutée est la **richesse** créée par l'entreprise. Elle s'obtient **à partir** du **chiffre d'affaires** (quantités vendues × prix).

Chiffre d'affaires − Consommations intermédiaires = Valeur ajoutée

2. Son utilisation à l'échelle microéconomique

Le partage de la valeur ajoutée en 2013

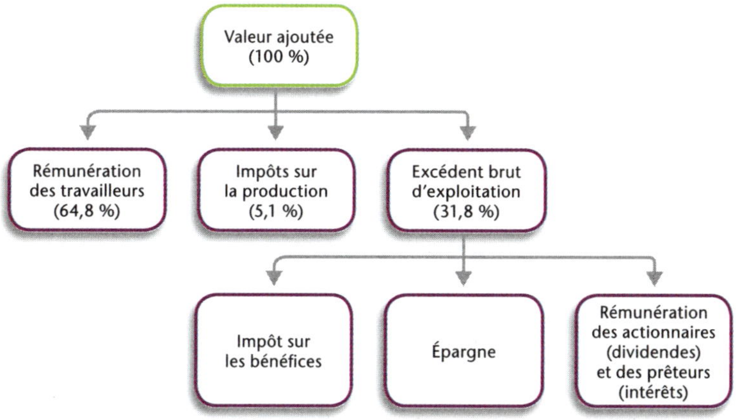

D'après l'Insee, comptes nationaux. Champ : France.

3. Son utilisation à l'échelle macroéconomique

Valeurs ajoutées marchandes + Valeurs ajoutées non marchandes = Produit intérieur brut (PIB)

Définitions

- **PIB :** principalement constitué de la somme des valeurs ajoutées, son évolution, d'une année à l'autre, permet de mesurer la croissance économique.
- **La microéconomie** est l'étude des comportements et des choix économiques effectués par les agents individuels (consommateurs, entreprises, etc.). **La macroéconomie** est l'étude des quantités globales (la production, l'emploi, l'investissement, la consommation) agrégées au niveau d'une région, d'un pays ou d'un groupe de pays.

ENTRAÎNEMENT

Le calcul du profit de la société SkateWars

Une entreprise, SkateWars, constituée de huit associés ayant décidé la libre cession des parts, fabrique des skateboards qui reproduisent le son de la célèbre saga. Son **chiffre d'affaires** pour l'année 2014 est de 10 millions d'euros. Pour produire, l'entreprise a acheté des biens de **consommation intermédiaire** auprès d'autres entreprises : acier (650 000 euros), plastique (780 000 euros), peinture (250 000 euros), cordes spéciales (100 000 euros), composants électriques (900 000 euros). Son **coût du travail** s'élève à 4 millions (2 millions seront reversés à l'ingénieur turc qui a inventé un instrument aux sonorités originales, le « yaybahar », qui fonctionne grâce à des vibrations de cordes, transmises à des membranes et des ressorts ; cet ingénieur a trouvé un procédé pour le reproduire en miniature et l'incorporer au skateboard), et **les impôts** qu'elle doit au titre de la production, soit de 300 000 euros.

1 Quel est le statut de l'entreprise ?

2 Calculer sa valeur ajoutée et son excédent brut d'exploitation pour l'année 2014.

3 SkateWars projette de s'installer dans la province de Sichuan en Chine car la main-d'œuvre y est réputée flexible. Est-ce une stratégie responsable ?

SES

CORRIGÉS

1 Société anonyme.

2 VA = 10 000 000 – 2 680 000 = 7 320 000 millions ;
EBE = 7 320 000 – (4 000 000 + 300 000) = 3 020 000 millions.

3 Fermer une unité de production pour en ouvrir une autre en dehors du territoire national dans le seul but de bénéficier d'une main-dœuvre flexible (capable d'effectuer des heures supplémentaires la nuit par exemple) va à l'encontre de la responsabilité sociale de l'entreprise (RSE), puisque cela crée du chômage sur le territoire national et favorise l'emploi dans des conditions précaires sur le territoire d'accueil.

Chapitre 4

Comment produire et combien produire ?

1 De quoi a-t-on besoin pour produire ?

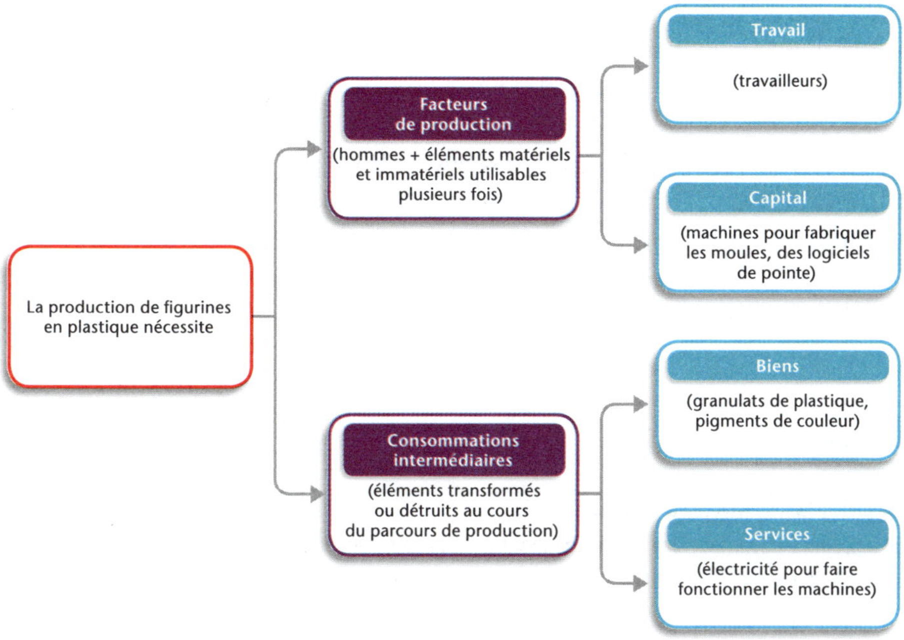

2 Quelle est la combinaison de facteurs de production la plus efficace ?

Pour produire, l'entreprise a besoin de travail, de matières premières et de machines. Elle doit **combiner**, c'est-à-dire associer, ces différents facteurs de production de la façon la plus efficace possible.

1. Les facteurs de production peuvent être complémentaires ou substituables

• Si l'entreprise doit augmenter la quantité d'un facteur de production dans la même proportion que celle d'un autre facteur de production, on dit que ces facteurs de production sont **complémentaires**.

Exemple : si l'on augmente le nombre de bûcherons, il faut augmenter le nombre de tronçonneuses.

• À l'inverse, si l'on peut remplacer une quantité donnée d'un facteur de production par une quantité supplémentaire d'un autre facteur, tout en produisant la même quantité, on dit que ces facteurs de production sont **substituables**.

Exemple : la terre et l'engrais sont substituables ; en effet, on peut soit utiliser des surfaces importantes recevant peu d'engrais, soit utiliser beaucoup d'engrais sur une surface réduite.

2. Quelle combinaison productive choisir ?

• Afin de réaliser une production, l'entrepreneur choisit une combinaison particulière de facteurs de production parmi l'ensemble des combinaisons possibles. Ce choix dépend **du coût relatif** des facteurs de production. L'entreprise choisira la combinaison productive qui correspond au coût de production le plus **faible**. L'entrepreneur peut ainsi décider de **substituer du capital au travail**, c'est-à-dire de remplacer le travail des hommes par des machines, si le coût du travail est plus **élevé** que celui du capital.

3. La productivité mesure l'efficacité de la combinaison productive

• La productivité est le **rapport** entre **la production** et **les facteurs mis en œuvre pour la réaliser**. On peut calculer la productivité d'un salarié, d'une machine, d'une entreprise, d'une économie.

Exemple : la **productivité du travail** = $\dfrac{\textit{la production}}{\textit{les effectifs ou le n}^{bre}\textit{ d'heures travaillées}}$

À retenir

Augmenter la productivité consiste :
– soit à produire davantage avec la même quantité de facteurs de productions ;
– soit à produire autant avec une moindre quantité de facteurs.

• **Le progrès technique** permet d'améliorer la productivité. Il revêt plusieurs formes :

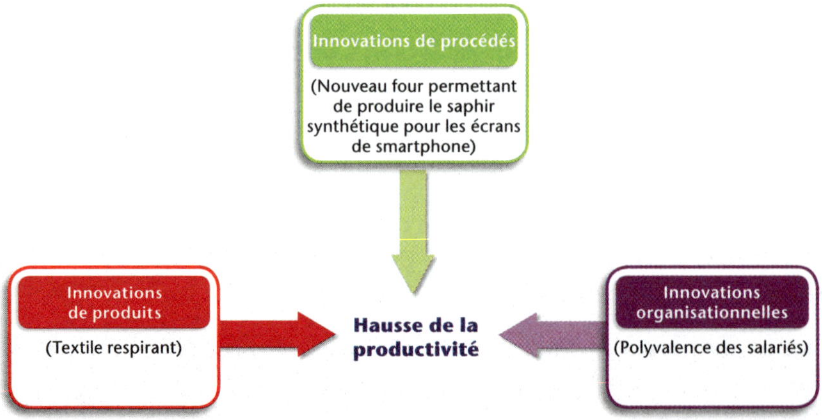

• Si la combinaison productive est plus efficace, alors les gains économiques sont multiples :

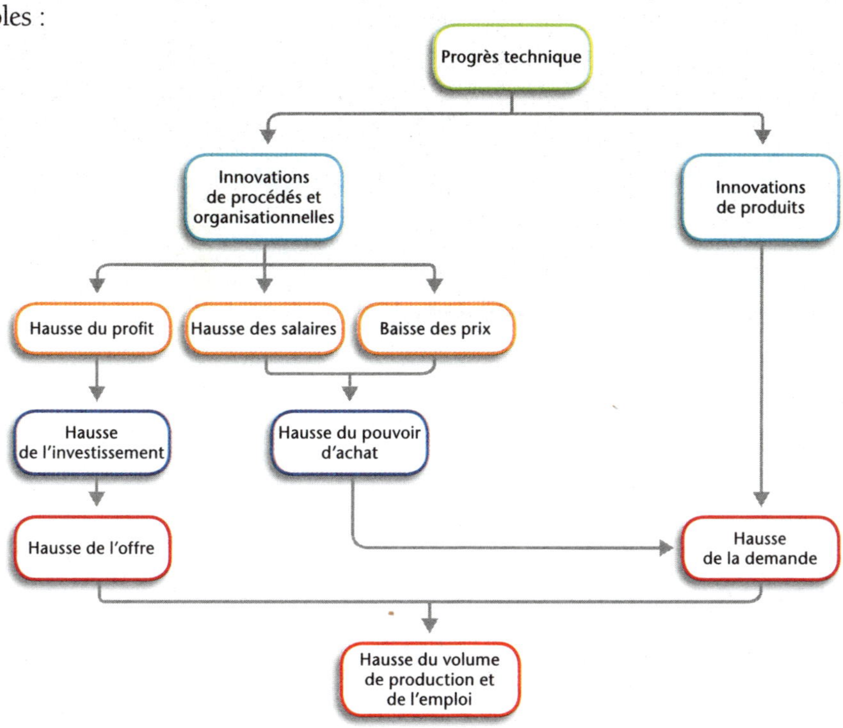

ENTRAÎNEMENT

Entourer les situations qui génèrent des gains de productivité.

- Utiliser une coupeuse laser pour découper du tissu et ne plus se servir de ciseaux.
- Employer dix salariés supplémentaires et produire plus.
- Délocaliser en Ukraine parce que la main-d'œuvre y est moins chère.
- Accorder une prime à l'ensemble des salariés pour les motiver.
- Produire autant, mais avec cinq salariés de moins.
- Au sein d'un fast-food, l'équipier peut enregistrer les commandes, nettoyer la salle, préparer les frites.

CORRIGÉS

Orange, bleu clair, bleu foncé, violet.

Chapitre 5
Comment se forment les prix sur un marché ?

1 Qu'est-ce qu'un marché ?

Le marché est un lieu d'échange de biens et de services, lieu où se rencontrent de nombreux acheteurs (**demandeurs**) et de nombreux vendeurs (**offreurs**). Il peut être **réel** (exemple : la Boqueria, marché alimentaire couvert à Barcelone) ou **virtuel** (exemple : eBay).

2 Comment l'offre et la demande se déterminent-elles sur un marché ?

1. La demande

- La demande se définit comme la **quantité de biens ou de services** que les acheteurs sont prêts à acquérir à un prix donné.

- De nombreux facteurs peuvent l'influencer, **la déterminer** :

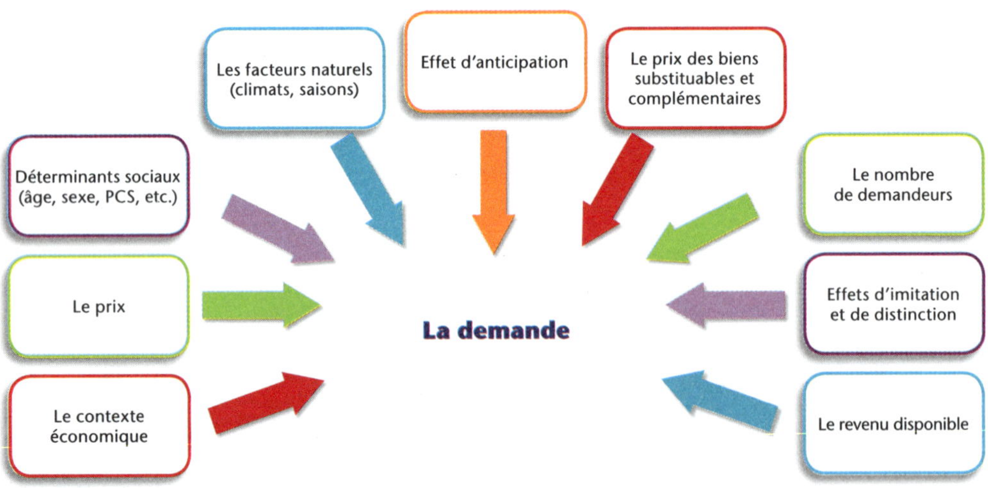

À retenir

Deux biens sont **substituables** lorsqu'ils sont aptes à satisfaire le même besoin (ex. : eau minérale et eau pétillante). Ce sont des biens **complémentaires** si leur consommation simultanée est nécessaire pour satisfaire un besoin (ex. : l'essence et la voiture).

• En prenant pour hypothèse que le demandeur est rationnel et ne cherche pas à se distinguer, la loi de la demande stipule que si le prix augmente, la demande diminue. Cette loi se vérifie si les déterminants autres que le prix restent inchangés. Exemple : le nombre de demandeurs doit être le même.

2. L'offre

• De nombreux facteurs peuvent influencer et déterminer l'offre.

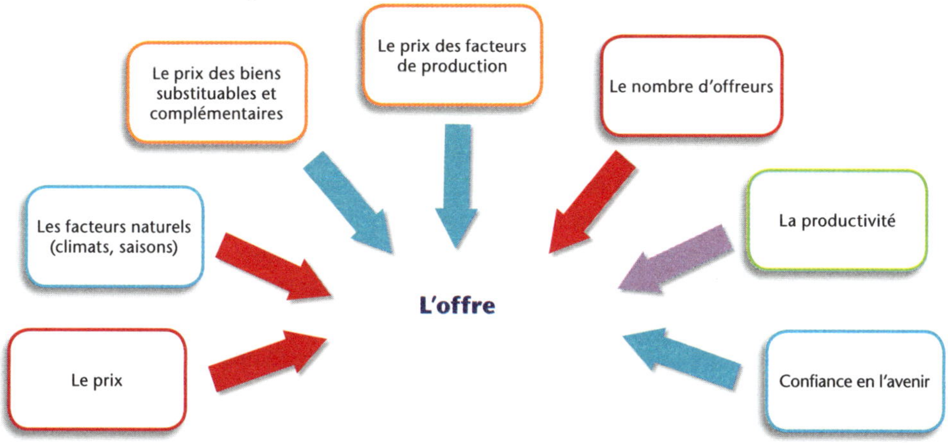

• La loi de l'offre stipule que si le prix augmente, l'offre augmente.

3 Comment les prix se fixent-ils sur un marché ?

1. Qu'est-ce que le prix d'équilibre ?

Quand l'offre et la demande sont égales, c'est que les acheteurs et les offreurs se sont mis d'accord sur un prix. C'est le prix d'équilibre. Ils vont donc échanger une quantité appelée quantité d'équilibre.

2. Comment arrive-t-on au prix d'équilibre ?

• Sur un marché en concurrence pure et parfaite, si un certain nombre d'hypothèses est vérifié et notamment celui de l'atomicité : nul ne peut influencer le prix, alors le prix se fixe à la rencontre de l'offre et de la demande.

• Quand le prix est supérieur au prix d'équilibre, la demande est inférieure à l'offre. Dans ce cas, il y a excédent.

Retour à l'équilibre

• Quand le prix est inférieur au prix d'équilibre, l'offre est inférieure à la demande. Dans ce cas, il y a pénurie.

Retour à l'équilibre

ENTRAÎNEMENT

Pourquoi les prix du pétrole ont-ils autant baissé et si rapidement ? La baisse des cours de 50 % depuis septembre résulte de la convergence de plusieurs facteurs. Le plus important est l'accroissement de l'offre, dû principalement à la révolution du pétrole de schiste aux États-Unis. Grâce à la fracturation hydraulique et à d'autres techniques de forage, ce pays a contribué pour 80 % à l'augmentation de la production mondiale de ces cinq dernières années. […] Parallèlement, la demande faiblit. L'économie stagne en Europe et au Japon et elle ralentit en Chine, premier consommateur de pétrole dans le monde. Combien de temps cela va-t-il durer ? Il est fort probable que le prix remontera à partir du second semestre. <u>Ce scénario se base sur les prévisions d'évolution de l'offre et de la demande, en tenant compte du fait que la faiblesse actuelle des prix pousse à la consommation et devrait donc stimuler la demande. […] Mais d'autres facteurs pourraient entrer en jeu. La chute des cours commence à freiner les projets de prospection et de forage, qui ne sont plus aussi rentables qu'auparavant. Théoriquement, cela devrait faire baisser l'offre et pousser les prix à la hausse.</u>

« À qui profite la chute ? », *Courrier international*, 12-18 février 2015.

1 Quels sont les déterminants de l'offre et de la demande qui expliquent la baisse du prix du pétrole ?

2 Peut-on parler d'excédent ?

3 Expliquer le passage souligné en utilisant un schéma d'implication.

CORRIGÉS

1 Les gains de productivité expliquent l'augmentation de l'offre de pétrole. En effet, une innovation de procédé (nouvelle technique de forage) permet d'augmenter l'offre. Le contexte économique permet d'expliquer la baisse de la demande. Les achats sont annulés ou reportés en raison d'une moindre confiance en l'avenir.

2 On peut parler d'excédent, car l'offre est supérieure à la demande.

3

Chapitre 6

La pollution : comment remédier aux limites du marché ?

La pollution désigne la dégradation de l'environnement liée à l'introduction de substances chimiques, de déchets industriels et ménagers, ou au rejet de gaz à effet de serre. Elle entraîne la perturbation de l'écosystème et le réchauffement climatique. Prenons l'exemple de ce dernier.

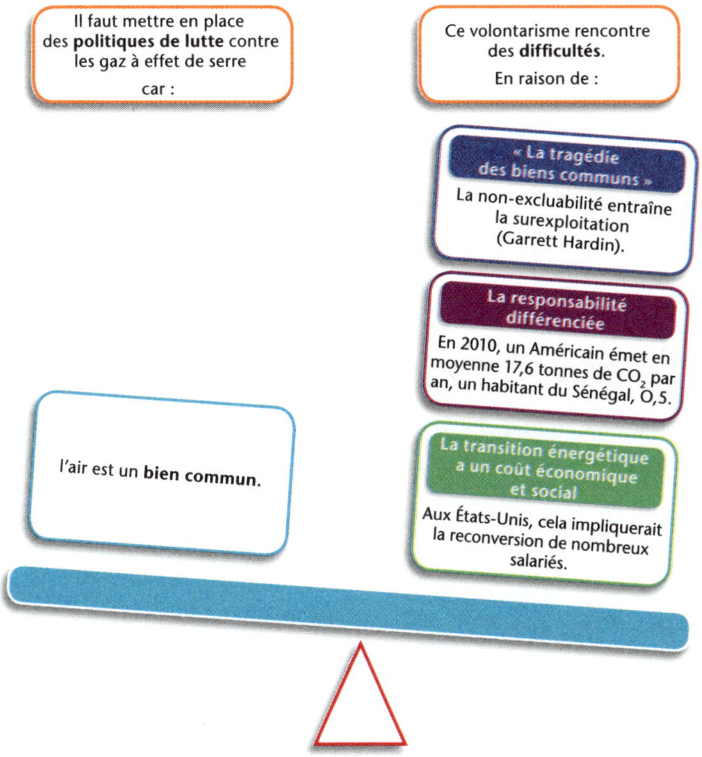

Notion

Bien commun : c'est un bien **non excluable** (on ne peut en priver personne) **et rival** (sa consommation par un agent économique entraîne une moindre consommation par d'autres agents économiques).

Comment faire basculer de l'autre côté de la balance ?

1 Le marché peut-il lutter contre le réchauffement climatique ?

1. Les défaillances du marché

Les activités économiques (production, consommation) génèrent des gaz à effet de serre à l'origine du réchauffement climatique. Cette nuisance peut être considérée comme un effet **externe négatif** dans la mesure où elle entraîne des désagréments pour d'autres agents qui ne les ont pas souhaités. **Le coût social** engendré (hausse des maladies respiratoires, hausse des dépenses des administrations de sécurité sociale pour faire face à ce phénomène) n'est pas pris en charge par les entreprises. Le coût de **production** reste alors inchangé, ce qui n'incite pas les entreprises à réduire cette dernière ; en ce sens, on peut parler de **défaillance du marché**.

2. Le marché semble être également défaillant concernant la proposition de solutions efficaces

Pour faire face à cela, un marché du carbone a été créé. Basé sur le principe du **pollueur-payeur**, les entreprises sont incitées à vendre les droits à polluer qu'elles n'ont pas utilisés. Or on observe que le prix de la tonne de CO_2 sur le marché du carbone est extrêmement bas et incite les mauvais élèves, qui ont utilisé tous leurs droits, à en acheter d'autres au lieu d'investir dans des procédés moins polluants.

2 Quelles sont les autres solutions possibles ?

Solutions	Avantages	Inconvénients
Réglementation Ensemble de normes juridiques pour limiter ou interdire une activité polluante.	– Réduction des gaz à effet de serre. **Exemple** : la circulation alternée.	Caractère répressif.
Incitation Moyens mis en œuvre par la puissance publique pour influencer le comportement des agents économiques (taxes, subventions).	– Réduction des gaz à effet de serre. – La taxe permet d'internaliser les effets externes et génère des recettes pour l'État. **Exemple** : l'écotaxe. – Responsabilité des acteurs. **Exemple** : le crédit d'impôt permet aux ménages de déduire de l'impôt sur le revenu certains travaux, comme la pose d'une double-fenêtre.	Risque d'une baisse de l'offre en raison d'une hausse des coûts dans le cas de la taxe.

ENTRAÎNEMENT

Compléter le texte avec les termes suivants :
le principe du pollueur-payeur – des ménages – coût des dommages – coûts sociaux – intégrer – la rareté – coût supporté par chacun – modifier.

Les comportements des entreprises, ... et du secteur public n'intègrent pas spontanément le .... qu'ils causent à l'environnement, et très imparfaitement .... future des énergies et des matières premières. La fiscalité environnementale vise à ...., dans le .... des acteurs économiques, les .... et environnementaux qu'ils occasionnent. Elle est de ce fait un moyen économiquement efficace de .... ces comportements. Le recours est justifié en droit français par .... qui figure dans la Charte de l'environnement.

Source : d'après le Commissariat général au développement durable, « La fiscalité environnementale en France, un état des lieux », avril 2013.

SES

CORRIGÉS

Les comportements des entreprises, **des ménages** et du secteur public n'intègrent pas spontanément le **coût des dommages** qu'ils causent à l'environnement, et très imparfaitement **la rareté** future des énergies et des matières premières. La fiscalité environnementale vise à **intégrer**, dans le **coût supporté par chacun** des acteurs économiques, les **coûts sociaux** et environnementaux qu'ils occasionnent. Elle est de ce fait un moyen économiquement efficace de **modifier** ces comportements. Le recours est justifié en droit français par **le principe du pollueur-payeur** qui figure dans la Charte de l'environnement.

Chapitre 7

Le diplôme : un passeport pour l'emploi ?

1 Plus on est diplômé, plus la chance d'occuper un emploi est importante

1. Qu'est-ce que l'emploi ?

• **L'emploi** est une activité professionnelle déclarée qui permet d'obtenir **un revenu** et des **droits sociaux** (perception d'un revenu secondaire en cas de chômage, par exemple).

• À l'inverse, **le chômage** représente l'ensemble des personnes de 15 ans et plus **privées d'emploi et en recherchant un**. Il y a en France deux sources statistiques principales sur le chômage : les statistiques mensuelles du ministère du Travail, élaborées à partir des fichiers des demandeurs d'emploi enregistrés par Pôle Emploi, et l'enquête Emploi de l'Insee, qui mesure le chômage au sens du BIT.

2. La corrélation entre l'emploi et le diplôme

Taux de chômage selon le diplôme, le sexe et la durée écoulée depuis la formation initiale en 2013 (en %)

Formation initiale	Sortis depuis 1 à 4 ans de formation initiale	Sortis depuis 5 à 10 ans de formation initiale	Sortis depuis 11 ans et plus de formation initiale
Ensemble	20,3	12,5	7,8
Enseignement supérieur	10,5	6,1	4,3
Bac, CAP-BEP et équivalents	24,7	15,1	7,6
Dont baccalauréat	22,5	12, 3	7,1
Dont CAP-BEP	28,3	18,7	7,9
Brevet, CEP et sans diplôme	48,9	33,2	13,0

Lecture : en 2013, le taux de chômage (au sens du BIT) des hommes sortis depuis un à quatre ans de formation initiale est de 21,7 %.
Champ : actifs sortis de formation initiale en France métropolitaine depuis un an ou plus
Source : d'après l'Insee, enquête Emploi.

On observe que plus le **niveau de diplôme** est **élevé**, plus **le taux de chômage** est **faible**. En effet, en 2013, le taux de chômage des individus ayant un diplôme de l'enseignement supérieur et sortis depuis un à quatre ans de formation initiale est de 10,5 %, tandis que celui des individus ayant un brevet, un CEP ou qui sont sans diplôme est de 48,9 %, soit une différence de 38,4 points !

Définitions

- **Le taux de chômage** est le pourcentage de chômeurs dans la population active (actifs occupés et actifs inoccupés).
- **La qualification** est l'ensemble des savoirs et savoir-faire acquis par un individu pendant la **formation initiale** et la **formation continue** requis pour un emploi.

2 Le diplôme est un investissement

- On retrouve ici la thèse de Gary Becker. La théorie du capital humain précise qu'un individu investit dans la formation tant que les avantages (niveau de salaire attendu) sont supérieurs aux coûts (coût de la formation, coût des fournitures requises, par exemple des livres, pour cette formation renonciation à un revenu immédiat, etc.).

- L'accumulation du capital humain n'est pas seulement profitable à un individu ; l'État a également intérêt à investir dans la formation initiale et continue :

Auteur

Gary Becker (1930-2014), économiste américain et Prix Nobel d'économie en 1992, souligne que l'accumulation du capital humain obéit à un principe de rationalité.
Ouvrage principal : *Human capital. A Theoretical and Empirical Analysis, with Special Reference to Education*.

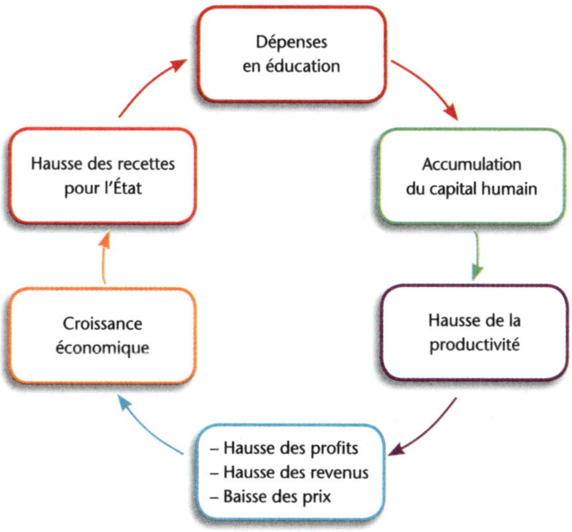

- En 2013, la dépense intérieure d'éducation (DIE) a atteint 144,8 milliards d'euros, soit 6,8 % de la richesse nationale (PIB). Pour l'éducation, les administrations publiques réalisent un effort financier à hauteur de 8 320 euros par élève ou étudiant !

3 Le diplôme est un marqueur social

1. Le constat

Les étudiants selon leur origine sociale (en %)

PCS	Université	Institut universitaire de technologie (IUT)	Section de technicien supérieur	Classes préparatoires aux grandes écoles
Agriculteurs, artisans, commerçants et chefs d'entreprises	9,2	11,4	**11,6**	10,5
Cadres et professions intellectuelles supérieures	**30,4**	**28,4**	13,9	**49,8**
Professions intermédiaires	12,8	16,8	12,7	12,1
Employés	12,3	15,3	15,5	9,4
Ouvriers	**10,7**	14,9	**20,0**	**6,3**
Retraités et inactifs	13,1	8,9	12,0	6,2
Non renseignés	11,5	**4,3**	14,4	5,7

Source : ministère de l'éducation, rentrée 2012, 2013.
Note : le total des lignes n'est pas égal à 100 %, dans la mesure où toutes les formations ne sont pas représentées.

On observe que 49,8 % des étudiants en classe préparatoire ont un père appartenant à la PCS **Cadres et professions intellectuelles supérieures**, tandis que seulement 6,3 % des étudiants ont un père **ouvrier**. Soit une différence de 43,5 points ! L'écart se resserre dans des filières moins sélectives, telles que l'université, mais il reste important.

2. Deux facteurs explicatifs

- Une explication **économique**

Inégalités du revenu parental → Inégalités d'accès au logement, à la santé, etc. Inégalités de l'aide pour les frais de formation et annexes (logement) → Inégalités scolaires

- Une explication **sociale**

Inégalités du capital culturel parental → Inégalités en termes de dispositions scolaires (culture générale, langage) → Inégalités scolaires

On retrouve ici la thèse de Pierre Bourdieu.

Auteur

Pierre Bourdieu (1930-2002) est un sociologue français et un auteur engagé.
Dans ses ouvrages, il a notamment dévoilé les mécanismes de domination à l'œuvre dans notre société. Principales œuvres, en collaboration avec Jean-Claude Passeron, *Les Héritiers : les étudiants et la culture* (1964), en collaboration avec Jean-Claude Passeron, *La Reproduction : éléments pour une théorie du système d'enseignement* (1970), *La Domination masculine* (1998).

EXERCICE COMMENTÉ

→ Énoncé

Calculer un taux de variation et un coefficient multiplicateur

En milliards d'euros.

Intitulés	2007	2013
Produits alimentaires et boissons non alcoolisées	137,1	143,9
Boissons alcoolisées, tabac et stupéfiants	36,7	34,4
Articles d'habillement et chaussures	50,7	40,6
Logement, eau, gaz, électricité et autres combustibles	269,2	284,3
Meubles, articles ménagers et entretien courant du foyer	60,1	58,2
Santé	40,3	48,6
Transports	151,3	136,5
Communications	29,4	43,4
Loisirs et culture	92,3	94,2
Enseignement	9,6	9,6
Restaurant et hôtel	72,2	68,5
Biens et services divers	122,7	128
Solde territorial	– 12,4	– 12,9
Dépense de consommation finale des ménages	1058,2	1084,1

Source : d'après les comptes nationaux, base 2010, Insee.

→ Résolution

Étape 1 : comprendre l'utilité

Un rapport de variation permet d'évaluer une **évolution** entre **deux périodes.**

Exemple : dans le document ci-dessus, le pourcentage d'évolution permet de caractériser l'évolution entre 2007 et 2013.

Étape 2 : connaître la formule

$$\frac{\text{Valeur d'arrivée-valeur de départ} \times 100}{\text{Valeur de départ}}$$

Étape 3 :

$$\frac{34{,}4 - 36{,}7 \times 100}{36{,}7} = -6\ \%\ \text{(arrondi à l'unité)}$$

Étape 4 : selon l'Insee, la consommation de boissons alcoolisées, de tabac et de stupéfiants a diminué de 6 % entre 2007 et 2013.

SES

Chapitre 8

Le chômage : des coûts salariaux trop élevés ou une insuffisance de la demande ?

1 Qu'est-ce que le chômage ?

1. Le taux de chômage aujourd'hui en France

Le taux de chômage est le pourcentage de chômeurs dans la population active (actifs occupés et actifs inoccupés). En moyenne, sur le troisième trimestre 2014, le taux de chômage au sens du BIT s'élevait à 10,4 % de la population active en France.
Il pourrait atteindre 10,6 % mi-2015 selon les prévisions de l'INSEE.

2. Le chômage selon le BIT et le chômage selon Pôle Emploi

Le chômage selon	le BIT	Pôle Emploi
Définition	– Être **sans emploi**, ne pas avoir travaillé, ne serait-ce qu'une heure durant la semaine de référence. – **Rechercher activement** un emploi. – **Disponible** pour travailler dans les deux semaines.	– Être **sans emploi,** mais possibilité d'avoir une **activité réduite** (moins de 78 h). – **Rechercher activement** un emploi (être inscrit sur les listes de Pôle Emploi). – **Disponible pour travailler.**
Conception	**Restrictive** Une personne sans emploi qui effectue deux heures de ménage chez une personne âgée n'est pas considérée comme étant au chômage.	**Large** Cette personne est considérée comme étant au chômage.

2 Une insuffisance de l'offre ?

1. Une insuffisance de l'offre explique le chômage

• Les facteurs de variation de l'offre sont multiples (→ voir Chapitre 5, p. 290). Parmi ces facteurs, le coût des facteurs de production et le coût du facteur travail constituent une explication importante du chômage.

Définition

L'offre est l'ensemble des biens et services proposés sur le marché par les **producteurs.**

• Le coût du facteur travail ne se limite pas au salaire brut versé par l'employeur.

2. Un exemple de solution

Le pacte de responsabilité français

« "Le pacte de responsabilité a un principe simple : c'est **d'alléger les charges des entreprises**, de réduire les contraintes sur leurs activités et, en contrepartie, de permettre plus d'embauches et davantage de dialogue social", a déclaré le président de la République, François Hollande, lors de la présentation du pacte en janvier 2014. Le 1er janvier 2015, le coût du travail au niveau du SMIC sera réduit. »

Source : www.gouvernement.fr

3 Une insuffisance de la demande ?

Définition

La demande est l'ensemble des biens et des services demandés par les **ménages**, **les entreprises** et **l'extérieur** (exportations).

1. Une insuffisance de la demande explique le chômage

2. Un exemple de solution

L'Allemagne entend instaurer un minimum, les États-Unis et le Royaume-Uni veulent l'augmenter

C'est la chancelière allemande, Angela Merkel, qui a remis le sujet dans l'actualité. En novembre 2013, elle a annoncé vouloir **instaurer** un salaire minimum généralisé dans le pays. Mi-janvier, au Royaume-Uni, le chancelier de l'Échiquier, George Osborne, s'est quant à lui déclaré favorable à une **augmentation de près de 11 % du salaire horaire minimum** – de 6,31 livres à 7 livres (7,6 à 8,4 euros) – pour le rétablir à son niveau d'avant la récession. Aux États-Unis, le 28 janvier, Barack Obama, dans son discours sur l'état de l'Union, a confirmé son intention de relever le salaire minimum fédéral de près de 40 % en deux ans. [...] **La volonté affichée est de donner du pouvoir d'achat.**

« Pourquoi le salaire minimum s'impose », *Le Monde.fr*, 09/02/2014.

ENTRAÎNEMENT

1 La population active correspond à l'ensemble des personnes en âge de travailler qui occupent effectivement un emploi.

a. ☐ vrai b. ☐ faux

2 Les cotisations sociales sont versées par l'employeur aux administrations de sécurité sociale.

a. ☐ vrai b. ☐ faux

3 En augmentant ou en instaurant le SMIC (salaire minimum), les décideurs publics mènent une politique dite « de l'offre ».

a. ☐ vrai b. ☐ faux

4 La baisse du coût du travail est nécessairement bénéfique pour l'emploi, dans la mesure où elle permet de stimuler la compétitivité des entreprises.

a. ☐ vrai b. ☐ faux

5 Les critères de définition du chômage font l'objet d'un consensus auprès des institutions de comptabilité.

a. ☐ vrai b. ☐ faux

SES

CORRIGÉS

1 b. La population active correspond à l'ensemble des actifs occupés (ceux qui occupent effectivement un emploi) et des actifs inoccupés (les chômeurs).

2 b. Elles sont également versées par les salariés.

3 b. Ils mènent une politique de demande, dans la mesure où la hausse du SMIC, tout comme son instauration, est censée revaloriser le pouvoir d'achat et soutenir la demande en biens de consommation finale.

4 b. Il peut également entraîner une baisse du revenu disponible, et donc une baisse de la demande.

5 b. Les critères de définition sont différents pour le BIT et pour Pôle Emploi.

Chapitre 9

Comment devenons-nous des acteurs sociaux ?

1 La socialisation est un processus continu

1. La socialisation débute pendant l'enfance...

• La socialisation est le processus par lequel les **valeurs** et les **normes** sont **transmises**.

• Cette transmission intervient très tôt durant l'enfance : c'est la **socialisation primaire**. Durant cette période, plusieurs instances jouent un rôle essentiel : l'école, les pairs, les médias, la famille.

• Cette transmission revêt **plusieurs formes** :

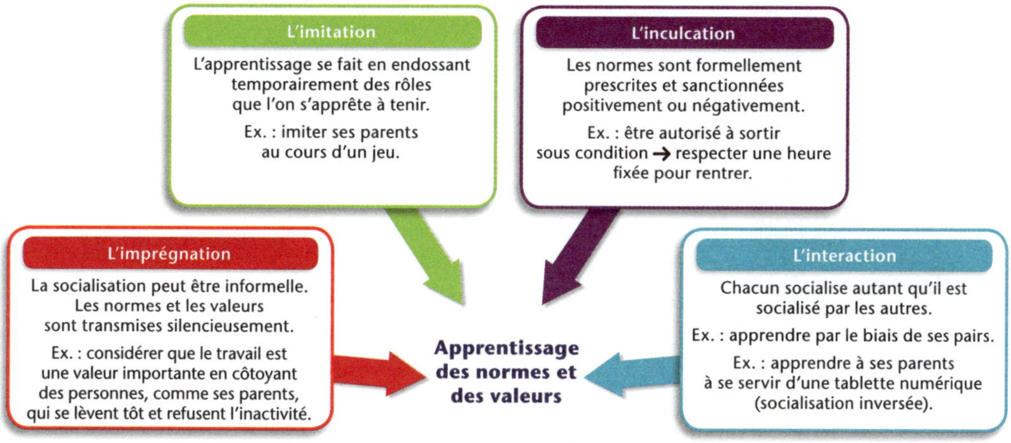

À retenir

• **Les valeurs** sont des **idéaux** auxquels les membres d'une société adhèrent et qui se manifestent concrètement dans leur manière de penser et d'agir. Exemple : l'égalité entre les hommes et les femmes.
• **Les normes** sont des **règles de conduite** qui découlent des valeurs. Exemple : ne pas discriminer à l'embauche.

2. ... et se poursuit à l'âge adulte

• L'apprentissage ne s'arrête pas à l'âge adulte. Il se poursuit tout au long de la vie. C'est ce que l'on appelle la **socialisation secondaire**.

• **D'autres instances de socialisation** interviennent alors dans le processus, comme le conjoint ou des collègues de travail.

2 La socialisation est un processus différencié

1. En fonction du milieu social

La transmission des normes et des valeurs dépend du milieu social. Des inégalités en termes d'alimentation en sont une bonne illustration (→ voir Chapitre 2, p. 280).

2. En fonction du sexe

- La transmission des valeurs et des normes peut varier en fonction du sexe de l'enfant. On associe naturellement certaines caractéristiques à un sexe, comme la préférence des garçons pour le bricolage. Au cours de la socialisation, les parents renforcent cette croyance : en 2010, selon le ministère de la Culture et de la Communication, la pratique du bricolage par le chef de famille était le plus souvent effectuée avec un garçon (64,5 %).
- Si ces croyances tendent à s'estomper, des inégalités s'observent à l'âge adulte en raison de discriminations et des effets de cette socialisation différenciée.

Sphère scolaire

Les parcours demeurent différenciés dans les classes préparatoires, elles sont majoritaires dans les prépas littéraires (73 %) mais ne présentent que 30 % des prépas scientifiques.

Sphère privée

Selon l'Insee (enquête Emploi du temps 2009-2010), les femmes consacrent 182 minutes au ménage par jour, contre 74 minutes pour les hommes.

Sphère professionnelle

Selon l'Insee, l'écart salarial entre les hommes et les femmes est de 25 %.

Sphère politique

À l'issue des élections départementales de mars 2015, sur 101 présidents du département seulement 8 sont des femmes.

ENTRAÎNEMENT

1 Apprendre à ne pas tricher lors d'une partie de cartes avec ses amis, c'est une socialisation :

a. ☐ par imprégnation b. ☐ par imitation c. ☐ inversée d. ☐ liée à l'interaction

2 Ne pas tricher c'est :

a. ☐ une norme b. ☐ une forme de socialisation

c. ☐ une valeur d. ☐ un mécanisme de socialisation

3 Parmi ces personnes, quelles sont celles qui peuvent nous socialiser ?

a. ☐ un ami b. ☐ un professeur c. ☐ un employeur d. ☐ une cousine

CORRIGÉS

1 d ; 2 a ; 3 a, b, c, d.

Chapitre 10

Comment expliquer les différences de pratiques culturelles ?

1 Les pratiques culturelles sont variées, en constante évolution ...

1. Les pratiques culturelles

Les pratiques culturelles correspondant à l'ensemble des activités culturelles que constituent la lecture, l'écoute de la musique, de la radio, ou encore la fréquentation des équipements culturels (musée, théâtre, cinéma, etc.).

2. L'évolution des pratiques culturelles

Deux évolutions sont notoires.

- On observe l'apparition d'une « culture d'écran » (L. Fleury). La généralisation de l'équipement des ménages en ordinateurs et de l'internet haut débit modifie le rapport à la culture.

- Par ailleurs, on observe que la quantité de livres lus diminue continuellement, de même que la proportion de forts lecteurs : en 2008, 12% des Français avaient lu 25 livres et plus au cours des douze derniers mois, contre 22% en 1973, soit une diminution de 10 points !

2 ...et socialement différenciées

1. Selon le milieu social

En 2009, 70 % des cadres déclaraient être allés dans un musée au cours des douze derniers mois, contre 20 % des ouvriers. Le sociologue Pierre Bourdieu explique les inégalités par des inégalités de capital culturel. Si la famille dispose, par exemple, d'œuvres d'art ou d'une bibliothèque, qu'elle consulte régulièrement alors un rapport précoce à la culture est institué et sera réinvesti à l'âge adulte.

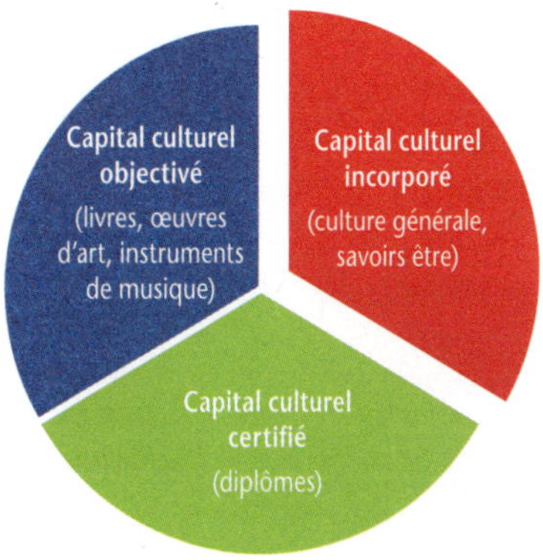

2. L'échec de la démocratisation des pratiques culturelles ?

• La définition la plus communément acceptée est **l'égalisation progressive des conditions d'accès à la culture**. Laurent Fleury nuance l'idée *d'échec de la démocratisation* en soutenant une vision optimiste après avoir présenté des arguments pessimistes.

• La démocratisation **n'a pas eu lieu** :

L'inefficacité des politiques	L'illégitimité des politiques	L'iniquité des politiques
(Les inégalités persistent.)	(L'intervention étatique induit une hiérarchisation des pratiques culturelles.)	(Prélèvement d'impôts destinés à l'égalisation des pratiques, mais ne profitant qu'à une minorité.)

• L'échec de la démocratisation n'est qu'un **discours politique.** Les institutions culturelles telles que les musées, les théâtres, etc., ont **une réelle influence** sur un public de **non-habitués**. Pour Laurent Fleury, ce sont des instances de socialisation culturelle au même titre que la famille.

Instances de socialisation classiques	Instances de socialisation non classiques
(Exemple : la famille transmet des habitudes culturelles.)	(Exemple : le théâtre s'adapte à ces habitudes → suppression des pourboires, vestiaire gratuit, avancement des horaires.)

ENTRAÎNEMENT

Un(e) jeune chargé(e) de mission à L'Opéra national de Paris a pour consigne de rédiger une courte note d'intention au directeur. Note dans laquelle il/elle doit énumérer des solutions pour atténuer les effets du milieu social sur la fréquentation d'un tel équipement culturel et pour attirer un public de non-initiés.

Présenter cette note.

SES

CORRIGÉS

Baisse du prix, baisse du prix de l'abonnement, démarche pour proposer des abonnements aux lycées de banlieue, avancement des horaires, lipdub présentant les codes culturels de l'Opéra.

Anglais

Civilisation

Chapitre 1 La photographie aux États-Unis : l'instant et la mémoire 308
Chapitre 2 L'Inde : du joyau de l'Empire britannique à l'indépendance 311
Chapitre 3 Traditions sportives anglo-saxonnes : compétition, division et solidarité 314
Chapitre 4 La conquête de l'Ouest : mémoire collective et vision d'avenir ? ... 316

Grammaire

Chapitre 5 Le groupe nominal 319
Chapitre 6 Les temps grammaticaux 322
Chapitre 7 La modalité 324
Chapitre 8 Le discours indirect 326
Chapitre 9 La voix passive...... 328

Chapitre 1

La photographie aux États-Unis : l'instant et la mémoire

1 Le photojournalisme : le récit d'une nation à travers les conflits

1. Définitions

• Aux États-Unis, la photographie passe assez vite du portrait de ses débuts, tout en pose et en gestuelle, au cliché pris sur le vif qui aura valeur de **document historique** et qui montrera un instant de vérité. C'est le photographe qui rendra compte, par ses clichés, de l'étendue et des particularités du territoire lors de **la conquête de l'Ouest**. C'est également lui qui offrira le meilleur témoignage historique de **la guerre de Sécession.**

• **Photojournalisme** (*photojournalism*) : le photojournaliste est proche de l'action, du danger et son engagement physique lui permet de prendre des clichés de moments décisifs.

• Le photojournalisme américain se développe de plus en plus avec **le reportage de guerre**, notamment pendant **la guerre d'Espagne** et **la guerre du Vietnam**. Grâce à la maniabilité des nouveaux appareils photographiques et à la qualité des pellicules sensibles, la photo sera le médium qui diffusera et représentera le mieux la guerre civile espagnole.

2. Le premier photojournaliste américain : Matthew Brady (1822-1896)

• Matthew Brady fut l'un des meilleurs photographes de **la guerre de Sécession.** Ses clichés eurent un immense retentissement à l'époque et sont encore étudiés aujourd'hui lors de l'écriture de films, par exemple.
"My greatest aim has been to advance the art of photography and to make it what I think I have, a great and truthful medium of history."
Matthew B. Brady.

3. L'agence Magnum – Robert Capa (1913-1954)

• C'est Robert Capa qui eut, en 1947, l'idée de créer la célèbre agence Magnum en regroupant des journalistes du monde entier.

• Lui-même a couvert **les plus grands conflits armés** de son époque. Lors du **débarquement du 6 juin 1944 en Normandie**, il est le seul photojournaliste présent dans la première vague d'assaut. L'un de ses clichés fait encore la une du magazine américain *Time* 60 ans plus tard.

2 Human interest photography: the Americans

1. Definitions

• **Human interest**: human interest photography is a movement of photographers concerned about **the human being in his everyday life with a sense of immediacy and sincerity**, which is quite powerful.

• **Human interest photography** is about people and their relationships with their **culture** and **surroundings**.

2. Gordon Parks (1912-2006)

• In the 1950s, during **segregation**, Gordon Parks followed three families in Mobile, Alabama.

He took pictures of them going about in their daily routine in a town separated by race.

• Gordon Parks was the first African-American photographer for *Life* magazine. His collection was called The Restraints: Open and Hidden and was published just as the United States was starting its long difficult struggle to redress centuries of racial inequity. His photographs exposed the broader American public to a discriminatory system, revealing its cruelty but also the resilience of those who struggled to rise above circumstances and go on with their everyday lives.

3. Richard Avedon (1923-2004)

• He was best known for his portraits that explored the identity of society and reflected dreams and desires.

• Avedon was able to capture Marilyn Monroe with her public façade down, thus giving a glimpse of her inner life.

• He painted with light, either using it to bring out the desired features in the subject in a soft focus or to show every pore and flaw of his subject's face.

4. Diane Arbus (1923-1971)

• Extremely controversial till the eighties, her talent was to catch everybody unmasked, at the moment of transition between unconscious repose and practised, social self-representation.

• Her subjects always posed facing straight-eyed and unblinking toward the centre of her camera lens.

• Famous for her portraits of people from the edges of society, she said: *"Photography implies that we know about the world if we accept it as the camera records it. But this is the opposite of understanding, which starts from not accepting the world as it looks."*

5. Vocabulary

a camera: un appareil photo(graphique)
a close-up: un gros plan
a photo(graph): une photo(graphie)
a photographer: un photographe
a self-portrait: un auto-portrait
in the background: à l'arrière-plan
in the foreground: au premier plan
in the top right-hand corner: dans le coin en haut à droite
on the right, on the left: à droite, à gauche
picture angle: angle de prise de vue
the caption: la légende (d'une photo)
the focus: la mise au point
to take a picture, a photograph: prendre une photo

ENTRAÎNEMENT

Présentez la photo ci-dessous en anglais. (*200 mots*)

At a Ferguson rally in Portland, Oregon, Nov 2014.
Photographer: Johnny Nguyen.

CORRIGÉS

→ **This picture was taken** at a rally in Ferguson, a couple of months after **Michael Brown**, an unarmed black teenager was shot and killed by a white policeman (Aug. 2014).
→ **In the foreground**, a white police officer and a black boy are hugging each other.
→ The boy's anguished face is streaming with tears.
→ The grand jury decided not to indict the officer, which caused a lot of protests.
→ The photograph is giving us **a sign of togetherness**.
→ Can this photograph play a role in **strengthening a fragmented nation**?

Chapitre 2

L'Inde : du joyau de l'Empire britannique à l'indépendance

1 L'Inde indépendante

1. L'œuvre de Gandhi

La protestation non violente

Peu après la Seconde Guerre mondiale, Gandhi lance la « résistance non-violente » et organise une série de mouvements de contestation à l'échelle nationale. La première d'entre elles, en 1919, s'achève par le massacre des manifestants par les troupes britanniques à **Amritsar** (au Pendjab).

La non-coopération

- La Compagnie des Indes Orientales (l'*East India Company*) qui s'était vu reconnaître le monopole du négoce entre l'Angleterre et l'ensemble de l'Asie avait fait commerce d'épices et de tissus.
- En 1920, Gandhi lance le mouvement dit de « **non-coopération** », c'est-à-dire notamment le **boycott des tissus britanniques** dont l'importation est responsable de **la ruine de l'artisanat textile indien**.
- C'est le gouvernement travailliste d'après-guerre qui procèdera à la décolonisation. L'Inde devient indépendante en 1947.

2. La littérature indienne contemporaine et la langue anglaise

- Quel dialogue peut-on imaginer alors entre l'Inde et le Royaume-Uni ? La littérature nous en donne peut-être les clés.
- **L'Inde compte le plus grand nombre d'écrivains de langue anglaise**. Ceci tient à la taille du pays, à ses liens privilégiés avec l'Angleterre, mais aussi à une fascination grandissante pour les États-Unis.
- La Constitution indienne de 1950 prévoyait que **l'anglais ne serait la langue officielle que temporairement**, mais les Indiens qui ne parlent pas le hindi, notamment ceux du Sud, préfèrent utiliser l'anglais plutôt que le **hindi**, perçu comme la langue de l'impérialisme culturel du Nord.
- Les écrivains indiens de langue anglaise des premières générations après l'indépendance, tels que R.K. Narayan ou V.S. Naipaul, emploient un anglais très britannique. Plus tard, A. Ghosh et S. Rushdie utiliseront eux des mots venant des langues indiennes et du vocabulaire mêlé des anciens comptoirs asiatiques.

2 British India

1. The East India Company

- At the end of the 19th century, **the British Empire** was at its zenith ruling over four hundred million people all around the world. The jewel of the Crown was India.
- How did it all start?

– In 1600, Elisabeth I allowed **a large body of merchants** to travel to India with **monopoly privileges** on all trade.
– This trading adventure developed so greatly that **the East India Company** soon became a ruling enterprise exercising **political sovereignty** over a largely unknown land and people.
– India remained under the control of The East India Company until 1858 when a new law passed the Company's possessions over to **the British Crown** in the person of **Queen Victoria**.

2. The British Raj

- The British Raj – *raj* meaning rule in Hindi – was set up after the East India Company was abolished.
- In 1876 Queen Victoria became Empress of India.
- The British claimed that the Indians had to be civilized and that the British rule would bring an end to despotism and anarchy, and set up a reliable system of justice, as well as the notion of 'fair play'. Some Indian social or religious practices were outlawed, such as *sati* – a funeral ritual during which a woman committed suicide by throwing herself on her husband's funeral pyre.
- As for the Indians, the British Raj mostly meant humiliation, the suppression of democratic political movements and the supplanting of its indigenous cultures to create a servile Indian elite, and massacres.

3. Ruyard Kipling: a controversial Nobel laureate

- George Orwell called Kipling a "*prophet of British imperialism*". Indeed, Kipling truly believed in the civilizing mission that required every Englishman to bring European culture to the heathen natives of the uncivilized world.
- Yet, when European empires receded, he was considered an incomparable, although still controversial, interpreter of how the British empire had been experienced.
- And…who hasn't heard of *The Jungle Book* today? Kipling's extraordinary narrative gift survived his own controversial views.

4. Vocabulary

a pyre: un bûcher
colony: colonie
controversial (adj.): critique (adj.)
independence: indépendance
independent: indépendant
monopoly: monopole
to abolish: abolir
to rule: gouverner
trade: commerce

ENTRAÎNEMENT

Voici un extrait de *Sea of Poppies* du romancier indien Amitav Ghosh, publié en 2008. Lisez le passage attentivement avant de répondre aux 4 questions de compréhension.

Soon a squeaking wheel announced the arrival of the ox-cart that would take Hukam Singh to the factory where he worked, in Ghazipur, three miles away. Although not far, the distance was too great for Hukam Singh to cover on foot, for he had been wounded in the leg while serving as a sepoy in a British regiment. The disability was not so severe as to require crutches, however, and Hukam Singh was able to make his way to the cart without assistance. Deeti followed a step behind, carrying his food and water, handing the cloth-wrapped package to him after he had climbed in.

Kalua, the driver of the ox-cart, was a giant of a man, but he made no move to help his passenger and was careful to keep his face hidden from him: he was of the leather-workers' caste and Hukam Singh, as a high-caste Rajput, believed that the sight of his face would bode ill for the day ahead. Now, on climbing into the back of the cart, the former sepoy* sat facing to the rear, with his bundle balanced on his lap, to prevent its coming into direct contact with any of the driver's belongings. Thus they would sit, driver and passenger, as the cart creaked along the road to Ghazipur – conversing amicably enough, but never exchanging glances.

**Sepoy* : un soldat sans grade, servant dans l'infanterie.

1 How does Hukam Singh go to work?

a. ☐ on foot   b. ☐ by car   c. ☐ by cart

2 When was Hukam Singh wounded?

a. ☐ As he was serving in a British regiment.

b. ☐ As he was working in the factory.

3 Why does Kalua hide his face from Hukam?

a. ☐ Because he's disgraceful.

b. ☐ Because he belongs to the lower caste of the leather-workers.

4 What do the two men along the way?

a. ☐ They chat and share food.

b. ☐ They chat.

c. ☐ They neither chat nor share food.

CORRIGÉS

1 c ; 2 a ; 3 b ; 4 b.

Chapitre 3

Traditions sportives anglo-saxonnes : compétition, division et solidarité

1 Le sport, facteur de cohésion ou de division

1. Le sport et la lutte pour l'égalité des droits aux États-Unis

- Lors des **Jeux olympiques de Mexico de 1968**, les athlètes Tommie Smith et John Carlos (américains) et Peter Norman (australien) lèvent un poing ganté noir et baissent la tête quand retentit l'hymne américain qui accompagnent leur remise de médailles.
- Avec ce **geste symbolique**, retransmis par la presse et la télévision dans le monde entier, la lutte des Noirs des États-Unis **contre la discrimination raciale** s'affiche devant des millions de téléspectateurs. Le sport a donc constitué en cette occasion **un moyen d'action politique**.

2. Le sport et les divisions sociales

- En Irlande du Nord, le football étant pratiquement le seul sport commun aux protestants et aux catholiques, il fait régulièrement l'objet d'affrontements.
- Les **protestants** ne pratiquent généralement pas les sports gaéliques tels que le ***hurling*** et le football gaélique.
- **La majorité des catholiques** ne jouent ni au cricket ni au hockey sur gazon.

3. Le sport et l'identification collective

- Le meilleur exemple d'identification collective à un sport d'équipe est sans doute le moment où le stade de **Liverpool** se lève pour entonner *You'll Never Walk Alone*.
- *You'll Never Walk Alone*, composée pour une comédie musicale américaine en 1945, est un succès immédiat et est très vite jouée partout en Europe avant d'être reprise par le groupe de rock britannique Gerry and the Peacemakers, originaire de Liverpool. En 1963, *You'll Never Walk Alone* est adoptée par les supporters du **Red**, **l'équipe de Liverpool**. Elle est depuis également entonnée par d'autres clubs.

When you walk through a storm
Hold your head up high
And don't be afraid of the dark
At the end of the storm
There's a golden sky
And the sweet silver song of a lark
Walk on through the wind
Walk on through the rain
Though your dreams be tossed and blown
Walk on walk on with hope in your heart
And you'll never walk alone…

2 From play to fair play

1. Sports and the English Industry

- In the course of the Victorian period, factory owners grew more and more worried about their employees getting injured while practising sports and thus being unable to work. As a consequence, they increased the number of working hours to reduce the opportunities for them to play and encouraged rules and regulations.
- Therefore, the emphasis changed from manly physical pursuits to moral and spiritual exercises with disciplinary value as well as a spirit of fair play.
- So, the modern games of football and rugby were born. They were portrayed as healthy rather than destructive.
- The factory owners changed their views and encouraged the building up of teams to develop feelings of solidarity among the workforce.

2. British sports pioneers

- Great Britain has definitely originated many of the sports that are popular round the world today. But by codifying them, Great Britain has also pioneered modern sporting competitions.
- English boxing champion Mendoza is a good example of the setting of new rules and strategies. At the end of the 18th century, Mendoza introduced new boxing moves based on a better knowledge of the body. He used speed and foot movement and not just brute strength.
- Boxing became a gentleman's sport.
- *Gentleman Jim*, starring Errol Flynn, is a 1942 Hollywood film paying homage to one of these gentlemen: the American boxing champion Jim Corbett. It is interesting to note that Corbett was one of the first white boxers to take on black opponents. In times of racial discrimination that was a remarkable posture.

3. Vocabulary

a sportsman: un sportif
a supporter, a fan: un supporter, un fan
a team: une équipe
an athlete: un athlète
an Olympic gold medallist: un médaillé d'or aux Jeux olympiques
athletics: l'athlétisme
the Olympic spirit: l'esprit Olympique
to be keen on sport: être passionné de sport
to practice sport: faire du sport
to train: s'entraîner

ENTRAÎNEMENT

Why are the lyrics of *You'll Never Walk Alone* so moving? (*200 words*) See the lyrics on page 314.

CORRIGÉS

- *You'll never walk alone* conveys a message of **optimism** and **brotherhood**.
- It is about **endurance** and **struggle**, through **adversity** and **hardship** (*rain, wind*), towards **better days** (*the lark, the golden sky*).
- Everybody feels **lonely** and **sad** at one point in their lives and the words in *You'll Never Walk Alone* express a sense of shared struggle and faith, which makes the song very moving.

Anglais

Chapitre 4

La conquête de l'Ouest : mémoire collective et vision d'avenir ?

1 De l'Ouest historique à l'Ouest mythologique : le récit national remis en question

1. La conquête de territoires

Dans l'histoire des États-Unis, la conquête de l'ouest fut **une période déterminante** pour la construction géographique, économique mais également patriotique, culturelle et symbolique du pays. Le mythe de la frontière apparaît alors comme **mythe fondateur** des États-Unis, un mythe dont l'interprétation évolue encore aujourd'hui.

2. Le récit national de la conquête

Une fois l'expansion territoriale achevée (en 1890), que devint l'idée de frontière ?
Avant tout **une épopée nationale**, dont les valeurs sont restées inhérentes à la société américaine :
– la compréhension d'**une nature hostile** dont il faut vaincre les contraintes,
– l'**individualisme** et la **mobilité**,
– la **confiance en soi** et en un **système démocratique**,
– le **pragmatisme** et la foi dans l'**idée de progrès**.

3. L'idéal de la frontière fortement remis en question

- ***The Great Depression*** : avec la crise des années 30, les Américains ne croient plus aux idéaux de la frontière. Les temps sont durs et les conditions économiques catastrophiques. Difficile de croire que les États-Unis soient encore *a land of opportunities*.
- ***The Vietnam War*** : de 1955 à 1975, les Américains combattent au Vietnam.
La population est divisée et cette guerre qui n'en finit pas déclenche de nombreux mouvements protestataires aux États-Unis.

4. La Nouvelle Frontière

- Le Président **John F. Kennedy** lance ***The New Frontier*** : c'est la conquête de l'espace et la course contre les Russes pour être les premiers à « marcher sur la Lune ».
- Les Américains ne cessent de poursuivre une politique d'innovation technologique.
Le vocabulaire utilisé dans ce domaine fait constamment référence au mythe de la frontière comme vision d'avenir. Ex. : *the Pionner Awards*, récompenses décernées par *the Electronic Frontier Awards*.

2 The Conquest of the West: building up a nation's collective memory

1. Definitions

- At the beginning, the American colonies were situated along the Atlantic coast.
The Appalachian Mountains were **the natural frontier of the country**.
- **The conquest** : The conquest of the West started about 1800. The frontier became a **moving line**.
- The pioneers were European immigrants travelling to the new territories to find a place where to settle.

- Frontier : a line that separates two countries.

→ **The European idea of the frontier is that of a fortified boundary line running through populated spaces.**

→ **The American idea of the frontier is that of the discovery and the conquest of what lies beyond, of what is wild and unknown.**

2. The storytelling of the conquest

- The 'frontier' only existed for about 100 years, but the notion of the frontier definitely shaped **American values** such as **individualism**, **self-reliance**, and **equality of opportunity**.
- The popular image of the frontier that was usually conveyed was about cowboys (heroes) fighting Indians (villains). The actual story is that Native Americans were basically mistreated, abused, displaced into reservations or slaughtered.
- With time, more and more people grew better aware of what really happened during the settlement of the frontier and **revisited the national storytelling** of the conquest of the West.

→ **The United States' collective memory is based upon individual stories of people who pursued *the American dream*, trying their best to make their dream of a better life come true. They had fled hardships or persecutions in Europe and the United States stood for a second chance to have a better life, a *Promised Land* for *pioneers.***

→ **However, during the conquest of the West, few Western national heroes actually met with the promise of the bounty over the horizon.**

3. The King of the Wild Frontier

- **Davy Crockett** was an American frontiersman. Nicknamed **the King of the Wild Frontier**, he was a great American legend his own lifetime. He took part in the massacre of an Indian village in Alabama. Yet, he later changed his views and opposed the forced removal of American Indians from their tribal lands.

4. Vocabulary

a frontiers man: un homme de la frontière
a legend: une légende
a mobile frontier line: une frontière mobile
a myth: un mythe
a pioneer: un pionnier
historical: historique, adj. (fait historique)
hostile nature: une nature inhospitalière
individualism: l'individualisme
legendary: légendaire, adj.
the conquest: la conquête
the legacy of the frontier: l'héritage de la frontière
the West: l'Ouest
to debunk: démythifier
westward expansion: l'expansion vers l'Ouest

ENTRAÎNEMENT

Présentez en anglais l'idée de l'exploration et de la conquête à l'aide des documents ci-dessous (*200 mots*).

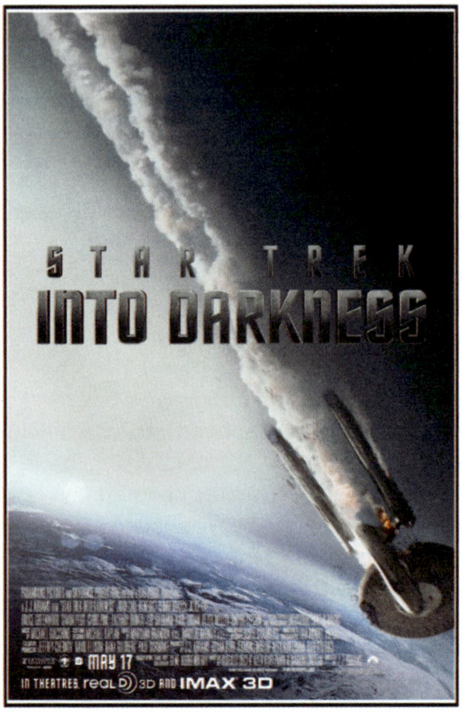

CORRIGÉS

- *El Dorado* is a 1966 American western, starring John Wayne and Robert Mitchum, playing a gunfighter and a drunken Sheriff.
- Released in 2014, *Into Darkness* is based on the original *Star Trek* series that dates back to 1966.

→ These 2 posters are showing us how the idea of space and frontier has evolved: from two cowboys riding horses in the West to an organised crew in a spacecraft living interstellar adventures.

Chapitre 5

Le groupe nominal

1 Les dénombrables

■ Ils peuvent être précédés de *a*, *the* ou d'un chiffre.

À retenir

Un dénombrable est un nom que l'on peut **compter** !
Ex : *She spent **two months** in **a** charming **cottage**.*

Exemples :
Michael Pye argues that the North Sea rivals with the Mediterranean as the cradle of European civilisation.
The latest trial of Ebola vaccine included 72 adult volunteers in Oxford University.
A growing desire to avoid gluten is changing the food industry.

■ *a* ou *an* ? Devant un « son » voyelle, on emploie *an*.
Ex. : *an honest opinion, an ideal job…*

Attention

Un mot peut commencer par une voyelle écrite mais se prononcer en débutant par une consonne.
Ex. : ***a** university, **a** European citizen.*

2 Les indénombrables

■ Ils peuvent être précédés de *the* ou de l'article Ø.

À retenir

Un indénombrable est un nom que l'on ne peut pas compter en unités concrètes distinctes !
Ex. : les concepts (*knowledge*), les sentiments (*love, hatred*), les aliments (*milk…*)

■ Un indénombrable singulier ne peut pas se mettre au pluriel.
Ex. : *My hair is a bit dry these days.* ▸ Mes cheveux sont un peu secs ces jours-ci.

Attention

hairs signifie les poils.

■ Un indénombrable singulier se quantifie à l'aide de *much*.
Ex. : *How much meat do you eat a week ?*

■ Un indénombrable peut être précédé d'un « dénombreur », c'est-à-dire d'une expression telle que : *a piece of* ou *an element of.*
Ex. : *a piece of advice* (un conseil) ; *an element of information* (un renseignement).

Attention

Dénombrables en français, mais indénombrables en anglais !
des informations = ***information*** / une info = ***a piece of information***
des conseils = ***advice***/un conseil = ***a piece of advice***

3 Les adjectifs : règles principales

■ L'adjectif se place avant le nom qu'il qualifie.
Ex. : *My sister has ginger hair.* ▸ Ma sœur a les cheveux roux.

■ L'adjectif ne s'accorde ni en genre ni en nombre.
Ex. : *My sister has big blue eyes.* ▸ Ma sœur a de grands yeux bleus.

Au comparatif et au superlatif

- **Adjectifs réguliers**

	Adjectifs courts (1 à 2 syllabes)	Adjectifs longs
Comparatif de supériorité	Adj-er/-ier + than	more + adj + than
Superlatif de supériorité	the + adj-est	the most + adj-est
Comparatif d'infériorité	less + adj + than	less + adj + than
Superlatif d'infériorité	the least + adj	the least + adj
Comparatif d'égalité	as + adj + as	as + adj + as

- **Adjectifs irréguliers**

Adjectifs	Adj. au comparatif	Adj. au superlatif
good	better	the best
bad	worse	the worst
far (espace concret)	farther	the farthest
far (espace abstrait, sens temporel)	further	the furthest

L'adjectif possessif

Il s'accorde avec le possesseur (et non avec ce que l'on possède comme en français !)
Ex. : *My big brother has put on his new jacket.* (sa veste)

4 a/an, the et l'article Ø

On emploie *the* pour :

- désigner précisément une personne ou une chose que l'on connaît ;
Ex. : *Apple started selling the Mac in 1984.*

- désigner un groupe ;
Ex. : *This current deflation in the euro zone is extremely dangerous.*

- dans la structure avec *of*.
Ex. : *"Always look on the bright side of life", a hit by Monty Python.*

On emploie *a*/*an* pour :

- désigner quelque chose d'indéterminé ;
Ex. : *That story took place in a very different age and time.*

- désigner quelque chose d'abstrait qualifié par un adjectif ;
Ex. : *Britain is an island nation, with a deep-seated fear of invasion.*

- pour traduire le pronom indéfini « un » ;
Ex. : *A bird in the hand is better than two in the bush.* ▸ un tiens vaut mieux que deux tu l'auras.

- pour indiquer le métier ;
Ex. : *George Clooney is an actor.*

- dans certaines structures, notamment.
Ex. : *What a pity!* ▸ Quel dommage !

On emploie l'article Ø notamment pour :

- désigner un genre plutôt qu'un élément précis ;
Ex. : *My students are all fond of Ø cinema.*

- pour exprimer une institution ;
Ex. : *The wounded were taken to Ø hospital.*

- pour indiquer un nom de pays au singulier ;
Ex. : *Ø England has always had a love-hatred relationship with Ø France.*

- pour indiquer certains marqueurs de temps.
Ex. : *Everybody was deeply shocked by the attacks Ø last week.*

ENTRAÎNEMENT

1 The injured will soon get out of… hospital.

a. ☐ the b. ☐ a c. ☐ an d. ☐ Ø

2 …England has some very good football teams!

a. ☐ the b. ☐ a. c. ☐ an d. ☐ Ø

3 … iMac is a world-wide success, I believe.

a. ☐ the b. ☐ a. c. ☐ an d. ☐ Ø

4 Une phrase est entièrement juste. Laquelle ?

a. ☐ This is a school for the deaf that was built last year to welcome students older than 12.

b. ☐ This is a school for deaf that was built last year to welcome students older than 12.

c. ☐ This is an school for the deaf that was built last year to welcome students older than 12.

d. ☐ This is a school for the deaf that was built last year to welcome students more older than 12.

CORRIGÉS

1 d ; 2 d ; 3 a ; 4 a.

Anglais

Chapitre 6

Les temps grammaticaux

1 Construire selon le temps et l'aspect

Construire au présent				Construire au passé			Construire au futur		
Present simple	Present continuous	Present perfect simple	Present perfect + ing	Simple past	Past continuous	Past perfect	Present continuous	Be + going to + BV	Futur simple
BV à toutes les pers. ***SAUF*** à la 3e pers. du sing. = **BV-s/BV-es**	Aux. **BE** conjugué à toutes les pers. **+ BV-ing**	Aux. **HAVE** conjugué à toutes les pers. **+ part. passé du verbe (=BV-ed *OU* 3e col.** des verbes irrég.)	Aux. **HAVE** conjugué + **BEEN + BV-ing**	**BV-ed** à toutes les pers. ***OU* 2e col.** des verbes irrég., également à toutes les pers.	Aux. **BE** au passé = **WAS /WERE + BV-ing**	Aux. **HAVE** au passé = **HAD** à toutes les pers. **+ part. passé du verbe = BV-ed *OU* 3e col.** des verbes irrég.	Aux. **BE** conjugué au présent à toutes les pers. **+ BV-ing**	Aux. **BE** conjugué au présent à toutes les pers. **+ going to + BV**	Aux. Modal **WILL** à toutes les personnes **+ BV**
Aux. **DO** + **not + BV** à toutes les pers. = DON 'T + BV SAUF à la 3e pers. du sing. = **DOESN'T + BV**	Aux. **BE** conjugué à la forme négative à toutes les pers. = **am not/aren't/ isn't + BV-ing**	Aux. **HAVE** conjugué à la forme nég. à toutes les pers. = **haven't / hasn't (3e pers. sing. + part. passé du vb (= BV- ed *OU* 3e col.** des verbes irrég.)	Aux. **HAVE** conjugué à la forme nég. à toutes les pers. = **haven't / hasn't (3e pers. sing.) + BEEN + BV-ing**	Aux. **DO au passé = didn't** à toutes les pers. **+ BV**	Aux. **BE** à la forme nég. au passé = **WASN'T / WEREN'T + BV-ing**	Aux. **HAVE** à la forme nég. au passé = **HADN'T** à toutes les pers. **+ part. passé du vb (= BV-ed OU 3e col.** des verbes irrég.)	Aux. **BE** conjugué à la forme nég. au présent à toutes les pers. **+ BV-ing**	Aux. **BE** conjugué à la forme nég. au présent à toutes les pers. **+ going to + BV**	Aux. Modal **WILL à la forme négative** = **WON'T** à toutes les personnes **+ BV**
Aux. **DO** + **BV** à toutes les pers. ***SAUF*** à la 3e pers. du sing. = **DOES + sujet + BV + ?**	Aux. **BE** conjugué à toutes les pers. = **are/ is** + sujet + **BV-ing + ?**	Aux. **HAVE** conjugué à toutes les pers. = **have /has (3e pers. sing)** + sujet + **part. passé du vb (= BV-ed ou 3e col.** des verbes irrég.) + ?	Aux. **HAVE** conjugué à toutes les pers. = **have / has (3e pers. sing). + BEEN** + sujet + **BV-ing + ?**	Aux. **DO au passé = DIDN'T** à toutes les pers. + sujet **+ BV + ?**	Aux. **BE** au passé = **WAS/ WERE + sujet + BV-ing + ?**	Aux. **HAVE** au passé = **HAD** à toutes les pers. **+ sujet + part. passé du vb (= BV-ed ou 3e col.** des verbes irrég.) + ?	Aux. **BE** conjugué à toutes les pers. **+ sujet + BV-ing + ?**	Aux. **BE** conjugué à toutes les pers. **+ sujet + going to + BV + ?**	Aux. Modal **WILL** à toutes les personnes **+ sujet + BV + ?**

2 Employer les temps et les aspects

situations	temps et aspects
habitude, sentiments, opinion, généralité, vérité scientifique, horaire, commentaire sportif, informations sur l'identité	présent simple
action en cours, projet d'avenir	présent en BE + BV-ing
habitude, sentiments, opinion, généralité, vérité scientifique, horaire, commentaire sportif, informations sur l'identité	présent simple
lien entre présent et passé, bilan de situation, insistance sur le ressenti ou sur les conséquences	present perfect continu
action en cours, projet d'avenir	prétérit simple
déroulement de l'action dans le passé	prétérit en WAS/WERE + BV-ing
action antécédente dans le passé	past perfect
événement qui ne dépend pas de la situation présente, croyance, requête, détermination, promesse	futur WILL + BV
rapport direct avec la situation présente, événement absolument prévisible	futur en BE GOING TO + BV
décision déjà prise, point de vue personnel	présent en BE + BV-ing

ENTRAÎNEMENT

1 ***They cut down their budget. (Some of us had to stop our business.)***

a. ☐ présent simple
b. ☐ simple past
c. ☐ present continuous
d. ☐ futur en be + BV-ing.

2 ***Don't you get a copy of The Time everyday? (I thought you did!)***

a. ☐ présent simple
b. ☐ simple past
c. ☐ present continuous
d. ☐ futur en be + BV-ing.

3 ***She's lived with him for four years.***

a. ☐ action en cours
b. ☐ durée + ressenti
c. ☐ action achevée
d. ☐ durée

4 ***My parents went to the cinema every Saturday evening.***

a. ☐ action en cours
b. ☐ durée + ressenti
c. ☐ durée
d. ☐ habitude passée

CORRIGÉS

1 b ; 2 a ; 3 d ; 4 d.

Chapitre 7

La modalité

1 Construire l'expression de modalité

- L'auxiliaire modal ne prend jamais de « s » à la troisième personne du singulier.
Ex. : *In India, the caste system, among other things, dictates the type of occupations a person can pursue and the social interactions that this person may have.*

- L'auxiliaire modal ne peut être suivi que d'une base verbale sans « *to* ».
Ex. : *The name Bollywood* **may make** *this part of the Indian film industry look like a poor cousin to Hollywood.*

→ **Certains modaux ont des équivalents qui se conjuguent à tous les temps et qui permettent d'exprimer une « notion équivalente ».**
Have to **devient l'équivalent de** ***must*** **au passé et au futur.**
Ex. : *I got a job offer in India so I had to know better about the caste system still pervading relationships over there before leaving my home country.*

2 Employer les expressions de modalité

1. Exprimer une notion

- De capacité ou d'incapacité = ***can, can't*** – ***could, couldn't***
Ex. : *Before, in India, the lower castes couldn't aspire to climb the social scale.*

- De permission = ***can*** – ***may***
Ex. : *In India, if you're good at languages you may apply for a position in a call centre.*

- D'obligation = ***must***
Ex. : *If you're eager to understand Indian society you must know about the caste system.*

- D'absence d'obligation = ***needn't***
Ex. : *In India, if you're cultivating a reasonable patch of land, you needn't pay income tax, as agriculture is exempt.*

- D'interdiction, de refus d'une permission = ***can't*** – ***mutsn't***
Ex. : *You can't be discriminated against because of your caste any more. It's against the law.*

- De conseil, de reproche = ***should, might*** – ***shouldn't***
Ex. : *If you're so uncomfortable with writing you might as well call her!*

- De volonté = ***will, won't***
Ex. : *I'm so shocked by the violence of their latest video that I won't surf on their site any longer.*

2. Exprimer une probabilité

- Très forte = ***will***
Ex. : *We are January the 14th today, the copies of the Charlie Hebdo issue will sell out.*

- Forte = ***must*** – ***should***
Ex. : *Wintry weather should be causing travel disruption and school closures across parts of the UK again today.*

- Moyenne = ***may*** – ***could***
Ex. : *She never wears new clothes on Saturdays. That may be because she's Indian and very traditional.*

- Faible = ***might***
Ex. : *You might be living in England and know nothing about dreary weather ... but I would be amazed!*

- Nulle = ***can't***
Ex. : *You can't expect people to stay quietly home after what happened at Ferguson.*

SCHÉMA-BILAN

	présent	passé	Tous les temps
Capacité	can	could	to be able to/to manage to
Devoir/obligation	must/have to	had to	to have to
Absence d'obligation	needn't	didn't have to	not to have to
Interdiction	can't/mustn't	couldn't	to be able to/to be allowed to
Permission (de + en + polie)	can…could…may		
Conseil (de + en + fort)	could…might… should….had better…. ought to		
Probabilité (de + en + forte)	can't….might….may…. could….can….must/ should….will		

ENTRAÎNEMENT

1 ***He can't swim fast.***

a. ☐ volonté **b.** ☐ capacité **c.** ☐ permission **d.** ☐ incapacité

2 ***You can have your lunch pause a bit earlier if you like.***

a. ☐ volonté **b.** ☐ conseil **c.** ☐ capacité **d.** ☐ permission

3 ***They should check their elements before posting them!***

a. ☐ volonté **b.** ☐ conseil **c.** ☐ interdiction **d.** ☐ capacité

4 **Quelles sont les bonnes traductions de la phrase suivante ?** ***"10 things you might not know about India."***

a. ☐ « 10 choses que vous devriez savoir sur l'Inde. »
b. ☐ « 10 choses que vous ignorez sur l'Inde. »
c. ☐ « 10 choses que vous ne savez sûrement pas sur l'Inde. »
d. ☐ « 10 choses que vous ignorez sans doute sur l'Inde. »

CORRIGÉS

1 d ; **2** d ; **3** b ; **4** d.

Chapitre 8

Le discours indirect

1 Sa construction

■ On utilise le discours indirect pour **rapporter des paroles prononcées**. La première chose à faire est donc de **supprimer les guillemets** !

• **Phrase de départ** au discours direct :
British Premier David Cameron told Indian Prime Minister Narendra Modi: "Our relations with India are the top priorities of the UK's foreign policy."

• **Phrase d'arrivée** au discours indirect :
British Premier David Cameron told Indian Prime Minister Narendra Modi **that** ✕ **their** *relations with India* **were** *the top priorities of the UK's foreign policy*✕.

■ Rapporter des paroles implique plusieurs autres changements dans la construction de la nouvelle phrase.

■ Les verbes introducteurs

Les verbes de parole les plus courants sont ***say*** et ***tell***.

to say (that) (dire que)	*to tell somebody to do something* (dire à quelqu'un de faire quelque chose)
David Cameron said that the massacre of Amritsar was a deeply shameful event in British history. ▸ DC <u>a dit que</u> le massacre d'Amritsar était un événement marqué par la honte dans l'Histoire britannique.	*Our teacher told us to google Mahatma Gandhi.* ▸ Notre professeur <u>nous a demandé de</u> chercher Mahatma Gandhi sur Internet.

■ Les temps

Il y a en général un **décalage temporel** entre le moment où les paroles sont prononcées et le moment où elles sont rapportées. C'est pourquoi, on recule d'un temps !

Discours direct	Discours indirect
They said: "This <u>is</u> a scoop."	*They said (that) that <u>was</u> a scoop.*
She said: "I'<u>ve just been</u> lucky."	*She said (that) she <u>had just been</u> lucky.*
He said: "<u>I'm</u> sorry about <u>this</u> misunderstanding."	*He said (that) he <u>was</u> sorry about <u>that</u> misunderstanding.*
They said: "We <u>will</u> be at the airport at 5pm."	*They said (that) they <u>would</u> be at the airport at 5pm.*
She said: "I <u>can't</u> give you the details."	*She said (that) she <u>couldn't</u> give us the details.*

■ Les pronoms et les adjectifs possessifs

Discours direct	Discours indirect
*She said: "**I**'<u>m studying</u> the history of Indian independence".*	*She said (that) **she** <u>was</u> studying the history of Indian independence.*
*He said: "**My** parents <u>sent</u> **me** to Europe."*	*He said (that) **his** parents <u>had sent</u> **him** to Europe.*
*They said: "**Your** abstract <u>is</u> quite interesting."*	*They said (that) **my** abstract <u>was</u> quite interesting.*
*He said: "**I**'<u>ve met</u> <u>wonderful people</u>."*	*He said (that) **he** <u>had met</u> wonderful people.*
*You said: "**I**'<u>m</u> not really satisfied with **my** results."*	*You said (that) **you** <u>were</u> not really satisfied with **your** results.*
*She said: "**You** will all pass with flying colours."*	*She said (that) **we** <u>would</u> all pass with flying colours.*

Attention

La modification du pronom peut entraîner un changement de conjugaison !

Les marqueurs de temps et d'espace

Discours direct	Discours indirect
*They said: "We started expanding the search area **yesterday**."*	*They said (that) they had started expanding the search area **the day before**.*
*You said: "**Last year** was marked by a sad record of plane crashes."*	*You said (that) **the year before** had been marked by a sad record of plane crashes.*
*She said: "I've an appointment with my dentist **today**."*	*She said (that) she had an appointment with her dentist **on that day**.*
*He said: "We'll study the **next** chapter **tomorrow**."*	*He said (that) they would study the **following** chapter **the day after**.*
*They said: "We can meet **here**."*	*They said (that) they could meet **there**.*

2 Ses emplois

Rapporter une phrase affirmative ou négative

- Avec un **décalage temporel** :

The reporter: "The latest trial of Ebola vaccine included 72 adult volunteers in Oxford University."

qu'a dit le journaliste ?

The reporter said that the latest trial of Ebola vaccine had included 72 adult volunteers in Oxford University.

- Sans décalage temporel : on répète **immédiatement** ce que la personne vient de dire.

Exemples :

– *The maths teacher: "So, the result is 267.76."*

comment ?

– *"I'm sorry, you say the result is…?"*

Rapporter une question

On accorde une grande vigilance au nouvel ordre des mots dans la phrase.

- une question affirmative : *"What's the matter?"*

→ *She asked me what the matter was.*

- une question fermée : "Are you from Scotland?"

→ *They asked me if I was from Scotland.*

(Dans un cadre plus formel, on peut utiliser *whether* à la place de *if*).

ENTRAÎNEMENT

1 **They asked him: "What was your life like before you immigrated?"**
= They asked him what his life had been like before you had immigrated.
a. ☐ phrase indirecte correcte b. ☐ phrase indirecte incorrecte

2 **He said: "I've seen a very good film starring Richard Attenborough."**
= He said that he had seen a very good film starring Richard Attenborough.
a. ☐ phrase indirecte correcte b. ☐ phrase indirecte incorrecte

3 **You claimed: "First of all, what I want is a feeling of belonging."**
= You said that what I wanted is a feeling of belonging.
a. ☐ phrase indirecte correcte b. ☐ phrase indirecte incorrecte

CORRIGÉS

1 b ; 2 a ; 3 b.

Chapitre 9

La voix passive

1 Sa construction

- On utilise très fréquemment la voix passive pour s'exprimer en anglais, car elle sert notamment à exprimer le « on » français.
- On construit la voix passive à l'aide de l'auxiliaire *be* et du participe passé du verbe.

Exemple :

On a découvert le virus Ebola en 1976. → Ebola virus was discovered in 1976.

Exemple :

Voix active *They* *gave* *the photojournalist a new assignment.*

auxiliaire *be* au simple past — participe passé du verbe *to give*

Voix passive *The photojournalist* *was* *given* *a new assignment.*

- Quand on passe de la voix active à la voix passive en anglais, le temps grammatical et l'aspect ne changent pas.

voix active	voix passive
présent simple = base verbale	présent simple = auxiliaire be au présent + participe passé du verbe
Refugees build makeshifts camps in the port of Calais.	*Makeshifts camps are built in the port of Calais.*

voix active	voix passive
Présent be + BV-ing = Auxiliaire be au présent + BV-ing	Présent be + BV-ing = Auxiliaire be au présent + being + participe passé du verbe
The Republicans are now controlling the Senate.	*The Senate is now being controlled by the Republicans.*

2 Ses emplois

Signifier le peu d'importance du sujet réel de l'action

Exemples :

- *It's reported in the papers that migrants believe there's a better prospect of finding work in the UK than in France.* ▸ Les journaux disent / On dit dans les journaux que les migrants pensent qu'il y a davantage d'opportunités de travail au Royaume-Uni qu'en France.
- *The perpetrators will feel the full weight of justice the minute they are found.* ▸ Les criminels sentiront tout le poids de la justice dès qu'on les aura trouvés.

Indiquer que l'auteur de l'action est soit évident, soit inconnu

Exemples :

- *The votes are still being counted in many States.* ▸ Le décompte des votes est encore en cours dans beaucoup d'États.
- *The serial killer has been arrested.* ▸ Le tueur en série a été arrêté.

Mettre en valeur un élément en le plaçant en tête de phrase

Exemple :

***Car-pooling** is seen as a great way for people to get to know one another.* ▸ **Le co-voiturage** est considéré comme une façon formidable pour les gens d'apprendre à se connaître.

Traduire le pronom indéfini « on »

Exemples :

- *Ebola screening is being enhanced at NY's JFK international airport.* ▸ **On** renforce le dépistage Ebola à l'aéroport JFK de New York.
- *We haven't been asked for our opinion.* ▸ **On** ne nous a pas demandé **notre avis.**

ENTRAÎNEMENT

1 Quand on passe de la voix active à la voix passive, le sujet grammatical change.

☐ vrai ☐ faux

2 Quand on passe de la voix active à la voix passive, le sujet réel de l'action peut être ignoré.

☐ vrai ☐ faux

3 Quand on passe de la voix active à la voix passive, l'auxiliaire doit s'accorder avec le sujet grammatical de la phrase.

☐ vrai ☐ faux

4 Quand on passe de la voix active à la voix passive, le sujet de l'action doit absolument figurer dans la nouvelle phrase.

☐ vrai ☐ faux

5 Dans quel cas la voix passive s'emploie-t-elle ?

a. ☐ L'auteur de l'action n'est pas important.
b. ☐ On souhaite exprimer le « on » français.
c. ☐ On souhaite mettre l'auteur de l'action en avant.

CORRIGÉS

1 vrai ; 2 vrai ; 3 vrai ; 4 faux ; 5 a et b.

Anglais

Espagnol

Chapitre 1 Rappels de cours 332
Chapitre 2 L'art de vivre ensemble 340

Chapitre 1

Rappels de cours

1 Les pronoms personnels

1. Formes et emplois

Sujet	COD	COI	réfléchi	avec les prépositions *a, de, para, por*	avec la préposition *con*
yo	me	me	me	mí	conmigo
tú	te	te	te	ti	contigo
él, ella, usted	le (*pers.*) lo, la (*chose*)	le	se	sí, él, ella, usted	consigo, con él, con ella, con usted
nosotros, as	nos	nos	nos	nosotros, as	con nosotros, as
vosotros, as	os	os	os	vosotros, as	con vosotros, as
ellos, ellas, ustedes	les *(pers.)* los, las *(chose)*	les	se	sí, ellos, ellas, ustedes	consigo, con ellos, con ellas, con ustedes

2. Le pronom personnel sujet, quelques remarques

■ En espagnol, l'accent écrit est important pour distinguer les mots homonymes.
Ex. : ***mi :*** mon, ma ; ***mí :*** me, moi

■ Il n'est pas obligatoire d'indiquer le pronom sujet sauf pour préciser ou insister.

Attention aux traductions

C'est moi. ▸ *Soy yo.*

■ Pour vouvoyer, on utilise *usted* (3ᵉ pers. singulier) et *ustedes* (3ᵉ pers. pluriel). Le pronom personnel « vous » en français peut se traduire en espagnol par trois pronoms sujets différents : *vosotros* (tutoiement pluriel : 2ᵉ pers. pluriel), *usted* (vouvoiement singulier) et *ustedes* (vouvoiement pluriel).

3. L'ordre des pronoms

■ **Cas de proclise**

Lorsque le verbe est accompagné de deux pronoms compléments, le pronom COI est placé devant le pronom COD.
Ex. : *Mi hermano **te lo** ofrece.* ▸ Mon frère te l'offre.

Attention

Les pronoms COI « le » ou « les » deviennent *se*, lorsqu'ils sont accompagnés des pronoms COD *la(s)* ou *lo(s)*.

Ex. : *Mi hermano ofrece **un libro a mis padres.*** ▸ Mon frère offre un livre à mes parents.
*Mi hermano **se lo** ofrece.* ▸ Mon frère le leur offre.
(*se* = leur)

Cas d'enclise

Lorsque le verbe est à l'infinitif, au gérondif, à l'impératif, les pronoms COI et COD se placent après le verbe et forment avec lui un seul mot.
Ex. : *No puedo dártelo.* ▸ Je ne peux pas te le donner.

2 Les prépositions

1. La préposition *a*

Elle est obligatoire devant un COD représentant des personnes ou des choses identifiées.
Ex. : *Ayer vi a mis amigos en el cine.* ▸ Hier, j'ai vu mes amis au cinéma.

Attention

La présence ou l'absence de la préposition *a* peut modifier le sens de certains verbes.
Ex. : **querer a :** aimer, **querer :** vouloir

Elle exprime le déplacement d'un endroit vers un autre, la destination.
Ex. : *Bajamos al puerto.* ▸ Nous descendons au port.

2. La préposition *de*

Elle indique :

- **l'endroit d'où l'on vient, l'origine ou la provenance ;**

Ex. : *Viene de Málaga.* ▸ Il vient de Malaga.

- **la matière ;**

Ex. : *Una mesa de madera.* ▸ Une table en bois.

- **l'appartenance ;**

Ex. : *Son los libros de mi abuelo.* ▸ Ce sont les livres de mon grand-père.

- **une caractéristique ;**

Ex. : *Es un hombre de pelo oscuro y de ojos azules.* ▸ C'est un homme aux cheveux foncés et aux yeux bleus.

Elle relie un adjectif et un infinitif et correspond à la préposition « à » en français.
Ex. : *Un problema fácil de resolver.* ▸ Un problème facile à résoudre.

3. La préposition *en*

Elle désigne le lieu où l'on se trouve quand il n'y a pas d'indication de mouvement.
Ex. : *Estoy en Andalucía.* ▸ Je suis en Andalousie.

Elle situe dans le temps, dans une époque.
Ex. : *Estamos en el siglo XXI.* ▸ Nous sommes au XXIe siècle.

Elle indique :

- **la durée de l'action ;**

Ex. : *Llegaremos en diez días.* ▸ Nous arriverons dans dix jours.

- **le moyen de locomotion ;**

Ex. : *A los niños les gusta andar en bicicleta.*
▸ Les enfants aiment faire du vélo.

Remarque

Les expressions *a pie* (à pied) et *a caballo* (à cheval) constituent des exceptions à retenir.

4. La préposition *para*

Elle exprime :

- **le but ;**

Ex. : *Trabajo para ganarme la vida.* ▸ Je travaille pour gagner ma vie.

- **le destinataire ;**

Ex. : *Esta carta es para vosotros.* ▸ Cette lettre est pour vous.

- **le point de vue ;**

Ex. : *Para ella, lo más importante es la amistad.*
▸ Pour elle, le plus important c'est l'amitié.

- **la direction**, l'endroit vers lequel on se dirige (complément de lieu) ;

Ex. : *Se fueron para el norte.* ▸ Ils sont partis vers le nord.

- **un moment précis dans le futur** (complément de temps) ;

Ex. : *Vendrán a visitarme para las Navidades.*
▸ Ils viendront me rendre visite à Noël.

Elle peut également indiquer **l'aptitude**.
Ex. : *Sirves para los trabajos manuales.* ▸ Tu es fait pour les travaux manuels.

No sirves para nada. ▸ Tu ne sers à rien.

5. La préposition *por*

■ Elle exprime :

• **la cause ou la raison ;**
Ex. : *Te lo digo por tu bien.* ▸ Je te le dis pour ton bien.

• **le lieu par où l'on passe ou un déplacement à l'intérieur d'un endroit donné ;**
Ex. : *Viajamos por el mundo entero.* ▸ Nous voyageons à travers le monde entier.

• **la durée ;**
Ex. : *Te vas por un mes al extranjero.* ▸ Tu pars un mois à l'étranger.

• **une période ou une époque de façon approximative ;**
Ex. : *Nos volveremos a ver por Pascua.* ▸ Nous nous reverrons vers Pâques.

• **la périodicité ;**
Ex. : *Hago las compras una vez por semana.*
▸ Je fais les courses une fois par semaine.

• **le prix, le service, l'échange ;**
Ex. : *Compras lo que necesitas por sólo diez euros.*
▸ Tu achètes ce dont tu as besoin pour dix euros seulement.

• **le goût, l'adhésion, l'intérêt ;**
Ex. : *Se interesa por su porvenir.* ▸ Il s'intéresse à son avenir.

■ Elle introduit :

• **le complément d'agent ;**
Ex. : *América fue descubierta por Cristobal Colón.*
▸ L'Amérique fut découverte par Christophe Colomb.

• **un complément de temps ;**
Ex. : *Por la manaña, me iré de compras.*
▸ Le matin, je partirai faire des courses.

3 Durée

• ***Estar*** **+ gérondif : être en train de**
Ex. : *Ayer los niños estaban jugando en el parque.*
▸ Hier, les enfants étaient en train de jouer dans le parc.

• ***Seguir, continuar*** **+ gérondif indique la continuité : continuer à, toujours**
Ex. : *No me desalenté y seguí buscando trabajo.*
▸ Je ne me suis pas découragé et j'ai continué à chercher du travail.

Sigo estando enamorado de ti. ▸ Je suis toujours amoureux de toi.

• ***Quedar(se)*** **+ gérondif peut exprimer une durée prolongée**
Ex. : *Como llovía, nos quedamos viendo la tele.*
▸ Comme il pleuvait, nous sommes restés à regarder la télé.

• ***Llevar*** **+ gérondif indique le laps de temps écoulé : cela fait**
Ex. : *Llevan dos años buscando trabajo.* ▸ Cela fait deux ans qu'ils cherchent du travail.

• ***Ponerse*** **+ adjectif indique un changement accidentel ou temporaire**
Ex. : *Cuando se lo dije se puso furiosa.* ▸ Quand je le lui ai dit, elle est devenue furieuse.

• ***Volverse*** **+ substantif ou adjectif peut indiquer un changement définitif ou de courte durée mais significatif**
Ex. : *Se volvió un hombre rico a los sesenta años.*
▸ Il est devenu un homme riche à soixante ans.

Me volví loco cuando supe lo que sucedió. ▸ Je suis devenu fou quand j'ai su ce qui s'était passé.

4 Emplois des verbes *ser* et *estar*

1. Le verbe *ser*

■ Il attribue une propriété, une qualité qui définit quelqu'un ou quelque chose. On emploie la construction : *ser* + un nom, un attribut, un pronom ou un infinitif.
Ex. : *Pedro es alegre.* ▸ Pierre est joyeux.

■ Il indique :

• **l'heure ;**
Ex. : *Es la una en punto.* ▸ Il est une heure pile.

• **la provenance, l'origine, l'appartenance ;**
Ex. : *Los estudiantes son del sur de Francia.*
▸ Les étudiants viennent du sud de la France.

• **la destination, la possession ;**
Ex. : *Este cuaderno es para ti.* ▸ Ce cahier est pour toi.

- **la matière ;**

Ex. : *Esta puerta es de vidrio.* ▸ Cette porte est en verre.

- **la situation dans l'espace (avoir lieu ou se dérouler) ;**

Ex. : *La entrevista es en la calle.* ▸ L'interview se déroule dans la rue.

■ Il accompagne les nombres et les adverbes de quantité ;
Ex. : *Son dos nada más.* ▸ Ils sont seulement deux.

■ Il s'emploie dans les constructions impersonnelles *es fácil, es interesante, es extraño, es necesario*, etc. ainsi que dans les constructions emphatiques.
Ex. : *Es ella quien me llama.* ▸ C'est elle qui m'appelle.

2. Le verbe *estar*

■ Il indique :

- **la situation dans le temps ;**

Ex. : *Hoy estamos a viernes catorce de julio.*
▸ Nous sommes le vendredi quatorze juillet.

- **la situation dans l'espace (= « se trouver ») ;**

Ex. : *La catedral está en la Plaza Mayor.*
▸ La cathédrale se trouve sur la place principale.

- **le résultat d'une action antérieure : « estar » + participe passé ;**

Ex. : *La ventana estaba abierta cuando entramos.*
▸ La fenêtre était ouverte lorsque nous sommes entrés.

■ Il est obligatoire pour attribuer une propriété, une qualité ou un caractère liés à des contingences de temps ou d'espace temporaires ou provisoires.
Ex. : *Estoy enferma.* ▸ Je suis malade.
La comida está demasiado salada. ▸
La nourriture est trop salée.

■ Il peut exprimer un point de vue, une opinion :
estar a favor de : être en faveur de,
estar en contra de : être contre,
(no) estar de acuerdo con : ne pas être d'accord avec.

■ Il accompagne les expressions impersonnelles : *está bien, está mal.*

■ Dans certains cas, le choix de *ser* ou *estar* permet de nuancer la pensée. Un même adjectif peut prendre un **sens différent** selon qu'il est employé avec *ser* ou *estar.*

- **Adjectifs qui changent complètement de sens :**

ser atento: être attentionné ; **estar atento:** être attentif
ser bueno: être généreux ; **estar bueno:** être en bonne santé, être bon (en goût)
ser listo: être intelligent ; **estar listo:** être prêt
ser malo: être mauvais ; **estar malo:** être malade
ser moreno: avoir la peau mate ; **estar moreno:** être bronzé

- **Adjectifs qui ont deux acceptions :**

ser ciego: être aveugle ; **estar ciego:** ne pas vouloir voir
ser joven: être jeune en âge ; **estar joven:** paraître jeune, avoir l'esprit jeune
ser loco: être fou ; **estar loco:** devenir fou (au sens figuré)
ser rico: être riche ; **estar rico:** être bon

- **Participes passés qui changent de sens :**

ser aburrido: être ennuyeux ; **estar aburrido:** être ennuyé
ser callado: être discret ; **estar callado:** être silencieux

5 Emplois du subjonctif

Remarque

Le mode subjonctif indique que l'action est considérée comme non réalisée ou irréalisable tandis que le mode indicatif indique que l'action est considérée comme réalisée ou réalisable.

1. Emplois principaux

- Le doute, la possibilité : *tal vez, quizá(s), puede que, acaso, es posible que.*
- La crainte, le doute : *(no) temer que, (no) tener miedo de que ; (no) dudar que.*
- Le souhait, la volonté, le regret : *(no) querer que, (no) desear que, (no) esperar que, ojalá que.*

Ex. : *¡Ojalà que venga!* ▸ Pourvu qu'il vienne !

- L'ordre direct (vouvoiement) et la défense (*cf.* 6).
- Les ordres et les conseils indirects : *(no) aconsejar que, (no) pedir que, (no) exigir, (no) ordenar que, prohibir que.*
- Les sentiments, les appréciations, les points de vue : *(no) gustar que, encantar que, odiar que, no creer que, no pensar que, preferir que.*

Attention

Les verbes *pensar* et *creer* à la forme affirmative sont suivis de l'indicatif.

- L'obligation personnelle : *(no) es necesario que, (no) es menester que, (no) es preciso que, (no) es importante que, (no) hace falta que.*
- Le but : *para que, a fin de que, con el fin de que.*
- La concession : *aunque* (même si), *pese a que, a pesar de que* (malgré, en dépit de).

2. La concordance des temps

L'espagnol applique **systématiquement la règle de la concordance des temps** alors que le français n'est plus si rigoureux en la matière.

Verbe de la principale	Verbe de la subordonnée
présent de l'indicatif passé composé futur impératif	**subjonctif présent** Ex. : *Mi padre quiere/ha querido/querrá que sea el mejor alumno.* ▶ Mon père veut/voudra que je sois le meilleur élève. Ou : mon père a voulu que je fusse le meilleur élève. (le français emploie l'imparfait du subjonctif) *Haz lo que quieras.* ▶ Fais ce que tu veux.
imparfait de l'indicatif passé simple conditionnel présent ou passé plus-que-parfait de l'indicatif	**subjonctif imparfait** Ex. : *Mi padre quería/quiso/querría/había querido que fuera el mejor alumno.* ▶ Mon père voulait/voulut/voudrait/avait voulu que je fusse le meilleur élève.

6 L'ordre et la défense : emplois de l'impératif et du subjonctif présent

Personnes	Ordres et conseils	Défense
Tutoiement :		
Tú	**Impératif :** 2e pers. singulier *Habla màs alto!* ▶ Parle plus fort.	**Subj. Prés. :** 2e pers. singulier *No hables en vozalta.* ▶ Ne parle pas à haute voix.
Vosotros	**Impératif :** 2e pers. pluriel *Hablad màs alto!*	**Subj. Prés. :** 2e pers. pluriel *No habléis en vozalta.*
Vouvoiement :		
Usted	**Subj. Prés. :** 3e pers. singulier *Hable màs alto.*	**Subj. Prés. :** 3e pers. singulier *No hable en vozalta.*
Ustedes	**Subj. Prés. :** 3e pers. pluriel *Hablen màs alto.*	**Subj. Prés. :** 3e pers. pluriel *No hablen en vozalta.*

■ **Pour interdire**, l'espagnol utilise, quelque soit le traitement (tutoiement ou vouvoiement), le **subjonctif présent**.
Ex. : *¡No comas con la boca abierta! (tú)*
▶ Ne mange pas la bouge ouverte !

■ Pour **donner des ordres et des conseils**, selon le traitement choisi (tutoiement ou vouvoiement), l'espagnol utilise l'**impératif** ou le **subjonctif présent**. Le français n'a pas ce choix :
– tutoiement : Ex. : *¡Hablad más alto!* ▶ Parlez plus fort !
– vouvoiement : Ex. : *¡Hablen más despacio!*
▶ Parlez plus lentement !

■ À la 1re personne du pluriel, on utilise dans tous les cas (ordre et défense) le **subjonctif présent**.
Ex. : *¡Huyamos!* ▶ Fuyons ! Attention : pour le verbe *ir*, on utilise le présent de l'indicatif : *¡vamos!*

Voir les cas d'enclise et de proclise pages 332-333.

ENTRAÎNEMENT

1 Remplacer les mots soulignés par les pronoms compléments d'objet correspondants.

a. Mis padres han ofrecido a mi hermano un videojuego. Mis padres ....

b. Está devolviendo el libro a la bibliotecaria. Está ....

c. ¡No digas a mis compañeros nuestro secreto! ¡No .... !

d. Sofía no miente a su hermana. Sofia no ....

2 Traduire en espagnol en utilisant *para/por*.

a. **Pour** ton anniversaire, je t'offrirai des fleurs.

b. Je voyage **par** plaisir mais aussi **pour** connaître des gens d'autres cultures.

c. Je ferai tout **pour** toi : j'ai acheté une maison **pour** toi !

3 Compléter avec *ser* ou *estar*.

a. Pablo está muy enamorado de Graciela : .... tan ciego que no le ve ningún defecto.

b. Mi hijo ha ganado un concurso importante : .... orgullosa de él.

c. Mi padre .... joven todavía.

d. El pastel..................... riquísimo : ¿qué le has puesto ?

4 Transformer ces phrases affirmatives en phrases impératives.

a. Tú pones la mesa rápido. ¡.. !

b. Ellos dicen la verdad. ¡... !

c. Vosotros hacéis los deberes. ¡.. !

CORRIGÉS

1 a. **se lo** ; b. **se lo** ; c. **se lo** ; d. **le**.

2 a. **Para** tu cumpleaños te ofrecere unas flores.

b. Yo viajo **por** placer pero también **para** conocer a gente de otras culturas.

c. Lo haré todo **por** ti : ¡he comprado una casa **para** ti !

3 a. **está** ; b. **estoy** ; c. **es** ; d. **está**.

4 a. ¡**Pon** la mesa ! b. ¡ **Digan** la verdad ! c. ¡ **Haced** los deberes !

7 Tableau des conjugaisons

Les verbes réguliers

Infinitif	Indic. Prés.	Passé simple	Imparfait	Futur	Conditionnel	Impératif	Subj. Prés.	Subj. Imp.	Gérondif	Part. Passé
Hablar	hablo	hablé	hablaba	hablaré	hablaría	habla, hablad	hable	hablara	hablando	hablado
Comer	como	comí	comía	comeré	comería	come, comed	coma	comiera	comiendo	comido
Vivir	vivo	viví	vivía	viviré	viviría	vive, vivid	viva	viviera	viviendo	vivido

Les verbes à diphtongue : i-ie, o-ue

Pensar	pienso	pensé	pensaba	pensaré	pensaría	piensa, pensad	piense	pensara	pensando	pensado
Contar	cuento	conté	contaba	contaré	contaría	cuenta, contad	cuente	contara	contando	contado

Les verbes à affaiblissement : e-i

Pedir	pido	pedí	pedía	pediré	pediría	pide, pedid	pida	pidiera	pidiendo	pedido

Les verbes à alternance : e-ie et i, o-ue et u

Sentir	siento	sentí	sentía	sentiré	sentiría	siente, sentid	sienta	sintiera	sintiendo	sentido
Dormir	duermo	dormí	dormía	dormiré	dormiría	duerme, dormid	duerma	durmiera	durmiendo	dormido

Les verbes en -acer, -ecer, -ocer, -ucir, type conocer : c-zc

Conocer	conozco	conocí	conocía	conoceré	conocería	conoce, conoced	conozca	conociera	conociendo	conocido

Les verbes en -ducir, type deducir : c-cz et z-j

Deducir	deduzco	deduje	deducía	deduciré	deduciría	deduce, deducid	deduzca	dedujera	deduciendo	deducido

Les verbes irréguliers

Infinitif	Indic. Prés.	Passé simple	Imparfait	Futur	Conditionnel	Impératif	Subj. Prés.	Subj. Imp.	Gérondif	Part. Passé
Dar	doy, *tú* das	di	daba	daré	daría	da, dad	dé	diera	dando	dado
Decir	digo, *tú* dices	dije	decía	diré	diría	di, decid	diga	dijera	diciendo	dicho
Estar	estoy	estuve	estaba	estaré	estaría	está, estad	esté	estuviera	estando	estado
Haber	he	hube	había	habré	habría		haya	hubiera	habiendo	habido
Hacer	hago, *tú* haces	hice, *él* hizo	hacía	haré	haría	haz, haced	haga	hiciera	haciendo	hecho
Ir	voy, *tú* vas	fui	iba	iré	iría	ve, id	vaya	fuera	yendo	ido
Oír	oigo, *tú* oyes	oí, *él* oyó	oía	oiré	oiría	oye, oíd	oiga	oyera	oyendo	oído
Poder	puedo	pude	podía	podré	podría		pueda	pudiera	pudiendo	podido
Poner	pongo, *tú* pones	puse	ponía	pondré	pondría	pon, poned	ponga	pusiera	poniendo	puesto
Querer	quiero	quise	quería	querré	querría	quiere, quered	quiera	quisiera	queriendo	querido
Saber	sé, *tú* sabes	supe	sabía	sabré	sabría	sabe, sabed	sepa	supiera	sabiendo	sabido
Salir	salgo, *tú* sales	salí	salía	saldré	saldría	sal, salid	salga	saliera	saliendo	salido
Ser	soy, *tú* eres	fui	era	seré	sería	sé, sed	sea	fuera	siendo	sido
Tener	tengo, *tú* tienes	tuve	tenía	tendré	tendría	ten, tened	tenga	tuviera	teniendo	tenido
Traer	traigo, *tú* traes	traje	traía	traeré	traería	trae, traed	traiga	trajera	trayendo	traído
Venir	vengo, *tú* vienes	vine	venía	vendré	vendría	ven, venid	venga	viniera	viniendo	venido
Ver	veo	vi	veía	veré	vería	ve, ved	vea	viera	viendo	visto

Chapitre 2

L'art de vivre ensemble

La notion du programme de seconde se décline en **trois objets d'études :**
1. Mémoire : héritages et rupture
2. Sentiment d'appartenance : singularités et solidarités
3. Visions d'avenir : créations et adaptations
Ces trois axes sont étudiés selon des **perspectives variées** : famille, communautés, villes, territoires.

Lexique

1. Famille et relations sociales

amistoso/a: amical(e)
ayudar a…en….: aider *quelqu'un à …*
desdichado/a (ser)/infeliz: être malheureux (euse)
caprichoso/a (ser): être capricieux(euse)
casado/a (estar): être marié(e)
compartir: partager
contento/a (estar): être content(e)
conflictivo, a: conflictuel(le)
enfadarse: se fâcher
felicidad, n. f.: le bonheur
feliz (ser): être heureux(euse)
hacer las paces: se rabibocher
hogar, n.m.: le foyer
llevarse bien/mal/fatal: s'entendre bien/mal/pas du tout
llevarse como perro y gato: s'entendre comme chien et chat
mandón (a) (ser): être autoritaire
novio/a (tener): petit(e)-ami(e) (avoir un/une)
parecerse a: ressembler à
pareja, n.f.: le couple
participar en: participer à
pedir ayuda a: demander de l'aide à
pesado/a (ser): pénible
riña, n.f. (v. reñir)/la pelea: la dispute
salir con: sortir avec

2. Espace urbain

acera, n. f.: le trottoir
asfalto, n. m. *(v. asfaltar)*: le bitûme
atasco, n. m.: l'embouteillage
atropellar a: renverser *quelqu'un*
banco, n. m.: la banque
barrio, n. m.: le quartier
buscar/encontrar, v.: chercher/trouver
calle, n. f.: la rue
cemento, n. m.: le ciment
coche, n. m.: la voiture
chabola, n. f.: le bidonville
desarraigo, n. m.: le déracinement
dinero, n. m.: l'argent
edificio, n. m.: le bâtiment
estar en paro: être au chômage
estar solo: être seul
las afueras, n. f.: les alentours
los papeles, n. m. pl.: les pièces d'identité
los sin techo: ≃ les sans abris
miedo, n. m.: la peur
olor, n. m.: l'odeur
plaza, n. f.: la place, le square
quedarse/irse, v.: rester/partir
raíces, n. f. pl.: les racines
rascacielo, n. m.: le gratte-ciel
ruido, n. m.: le bruit
soledad, n. f.: la solitude
tener prisa: être pressé
tarjeta, n. f.: la carte de crédit
tráfico, n. m.: la circulation
transeúnte, n. m.: le piéton

3. Environnement

a orillas de: au bord de
acogedor: accueillant
agua: eau
ahorar: économiser
aprovechar: tirer profit
arrancar: arracher
caluroso: chaud
ciudadano: citoyen
consumo, n.f. (v. consumir): la consommation
contaminación, n. f. (v. contaminar): la pollution
crecer: grandir
derrochar: gaspiller
disfrutar: profiter
entorno, n. m.: l'environnement
frío: froid
hospitalario/inhospitalario, adj.: hospitalier/inhospitalier
humo, n. m.: la fumée
llover: pleuvoir
mar, n.m.: la mer
mejorar/empeorar: améliorer/empirer
mejora, n. f.: l'amélioration
naturaleza, n.f.: la nature
proteger: protéger
respeto, n.m. (v. repetar): respecter
respetar *algo*/repetar *a alguien*: respecter *quelque chose*/respecter *quelqu'un*
salvaguardar: sauvegarder

ENTRAÎNEMENT

1 Compréhension de texte

Mi ciudad, Joan Ferrés (poeta español), *El otro cantar*, 1975.

Mi ciudad la hicieron de cristal y cemento,
Arrancan flores y plantan faroles,
Ensanchan calles,
Asfaltan valles.

Mi ciudad la hicieron de ruidos y olores.
Son horizontes de rascacielos,
Nubes de humo negro,
Anuncios de colores.

Si pudiera haber soluciones,
Respirar sin pulmones,
Crecer sin jugar,
No estaría mal vivir en mi ciudad,
No estaría mal vivir en mi ciudad.

Mi ciudad la hicieron con asfalto y sin aire,
Con bancos de viejos al sol,
Niños jugando al fútbol
En medio de la calle.
Si pudiera haber soluciones…

a. Completa : El poeta habla de...

b. Relleva el cuadro con los adjetivos que mejor califican la ciudad e ilustra con indicios sacados del documento :

contaminada / agradable / ideal / moderna / acogedora / inhospitalaria / gris

Adjetivos	Indicios sacados del documento

c. La visión que nos da el poeta de su ciudad es pesimista. Justifica esta afirmación.

2 Compréhension orale

***En la ciudad*, Amparanoia, A solas, 2002.**

Escucha la canción de la cantante española.

Vous trouverez la chanson sur youtube https://www.youtube.com/watch?v=gWUU12D40y4 ou en tapant « En la ciudad Amparanoia ».

Pour comprendre un document audio, il faut tenir compte des critères suivants :

Nature du document	Voix et autres indices sonores pertinents	Thème principal / message véhiculé	Structure : parties du document	Identification des mots clés illustrant le thème principal

En procédant par 3 ou 4 écoutes successives de la chanson proposée, complétez le tableau. Vous pouvez le compléter en français et insérer les indices en espagnol (dernière colonne).

CORRIGÉS

1 a. El poeta habla de **su ciudad y de su transformación.**

b. Los adjetivos que mejor califican la ciudad del poeta son :

Adjetivos	Indicios sacados del documento
contaminada	« sin aire » ; « ruidos y olores » ; « nubes de humo negro »
moderna	« horizontes de rascacielos »
inhospitalaria	« con bancos de viejos al sol » ; « niños jugando al fútbol en medio de la calle »
gris	« ensanchan calles » « asfaltan valles »

c. La visión que nos da el poeta de su ciudad es pesimista porque en las dos útlimas estrofas el poeta piensa en las soluciones para mejorar la vida en su ciudad y estas soluciones son imposibles « respirar sin pulmones » ; « crecer sin jugar ».

2

Nature du document	Voix et autres indices sonores pertinents	Thème principal / message véhiculé	Structure : parties du document	Identification des mots clés illustrant le thème principal
Chanson	– voix féminine ; – instruments qui imitent le bruit de la rue et de la ville comme la trompette ; – rythme répétitif qui imite le train train de vie en ville.	Les inconvénients de la ville moderne : pollution, monde inshopitalier et matérialiste.	La chanson se compose de plusieurs strophes avec la répétition du vers « en la ciudad » qui illustre le thème principal.	– Pollution : « atasco, coche » – Monde inhospitalier : « por la calle no te van a mirar » « todo es prisa, ruido » « te atropellan » « la soledad se apodera de la ciudad » « miedo » – Monde matérialiste : « mucho banco » « todo se paga con tarjeta » « consumo, oferta, derroche » « templos de dinero, barrios de cartón »

Espagnol

Allemand

Chapitre 1 Rappels de conjugaison 346

Chapitre 2 Rappels de grammaire 353

Chapitre 3 Vocabulaire 360

Chapitre 4 Civilisation 362

Chapitre 1

Rappels de conjugaison

1 Les temps

1. Présent de l'indicatif

sein	haben	werden
ich bin	ich habe	ich werde
du bist	du hast	du wirst
er ist	er hat	er wird
wir sind	wir haben	wir werden
ihr seid	ihr habt	ihr werdet
sie sind	sie haben	sie werden

verbes réguliers	verbes irréguliers *
ich spiele	ich trage
du spielst	du trägst
er spielt	er trägt
wir spielen	wir tragen
ihr spielt	ihr tragt
sie spielen	sie tragen

* La voyelle du radical de certains verbes irréguliers change aux deuxième et troisième personnes du singulier.

2. Le prétérit

Le prétérit équivaut à l'imparfait et au passé simple du français. Pour les verbes réguliers, on ajoute les terminaisons « -te, -test,-te, -ten, -tet, -ten » au radical. Les verbes irréguliers sont à apprendre par cœur.

sein	haben	werden
ich war	ich hatte	ich wurde
du warst	du hattest	du wurdest
er war	er hatte	er wurde
wir waren	wir hatten	wir wurden
ihr wart	ihr hattet	ihr wurdet
sie waren	sie hatten	sie wurden

verbes réguliers	verbes irréguliers
ich spielte	*cf. liste page 347-349*
du spieltest	
er spielte	
wir spielten	
ihr spieltet	
sie spielten	

3. Le futur

- En général, on utilise plutôt un présent pour exprimer le futur, accompagné éventuellement d'un complément de temps (*nächste Woche, morgen, in zwei Tagen…*).
Ex. : *Nächste Woche **fahre** ich nach Berlin.*
- Le futur formé avec ***werden*** **(conjugué au présent) + l'infinitif du verbe** sert souvent à exprimer une supposition, une probabilité
Ex. : *Es **wird** noch heute **regnen.***

4. Le parfait

Ce temps correspond au **passé composé** du français. Il se compose d'**un auxiliaire conjugué au présent et d'un participe passé**.

■ **Choix de l'auxiliaire :**

• *haben*: verbes transitifs (qui peuvent avoir un COD), verbes réfléchis (*sich…*), verbes de position (*stehen, liegen…*) + d'autres verbes.
• *sein*: verbes exprimant un changement de lieu (*fahren, fliegen, reisen, schwimmen…*) ou d'état (*werden, sterben, einschlafen, umziehen…*) + *sein, bleiben, geschehen, passieren, folgen, begegnen, gelingen*.

■ **Formation du participe passé**

• verbes réguliers : *ge-mach-t*.
• verbes irréguliers : il faut les apprendre par cœur.

Remarque

Ne prennent pas ***ge-*** au participe passé les verbes suivants :
– les verbes en *-ieren* ;
– les verbes à particule toujours inséparable (*be, emp, ent, er, ge, miss, ver, zer*)
Ex. : *Ich **bin** nach Berlin **gefahren**. – Ich habe ein Haus **gekauft**. – **Ich habe** mein Haus **verkauft**. – Es **hat** mich **interessiert**.*

2 Les principaux verbes irréguliers à la troisième personne du singulier

Infinitif	Présent	Prétérit	Parfait	Traduction
anbieten	bietet an	bot an	hat angeboten	offrir, proposer
anfangen	fängt an	fing an	hat angefangen	commencer
anziehen	zieht an	zog an	hat angezogen	mettre (vêtement)
ausgeben	gibt aus	gab aus	hat ausgegeben	dépenser (argent)
aussehen	sieht aus	sah aus	hat ausgesehen	avoir l'air
ausziehen	zieht aus	zog aus	ist ausgezogen	déménager, se déshabiller
befehlen	befiehlt	befahl	hat befohlen	donner un ordre
sich befinden	befindet sich	befand sich	hat sich befunden	se trouver
beginnen	beginnt	begann	hat begonnen	commencer
beschreiben	beschreibt	beschrieb	hat beschrieben	décrire
binden	bindet	band	hat gebunden	attacher
bitten	bittet	bat	hat gebeten	prier, demander (poliment)
bleiben	bleibt	blieb	ist geblieben	rester
einladen	lädt ein	lud ein	hat eingeladen	inviter
empfangen	empfängt	empfing	hat empfangen	recevoir
empfinden	empfindet	empfand	hat empfunden	ressentir
sich entschließen	entschließt sich	entschloss sich	hat sich entschlossen	se décider
erfahren	erfährt	erfuhr	hat erfahren	apprendre (une nouvelle)
ertragen	erträgt	ertrug	hat ertragen	supporter (un problème)
erziehen	erzieht	erzog	hat erzogen	éduquer
essen	isst	aß	hat gegessen	manger
fahren	fährt	fuhr	ist gefahren	aller (en véhicule)

Infinitif	Présent	Prétérit	Parfait	Traduction
fallen	fällt	fiel	ist gefallen	tomber
fangen	fängt	fing	hat gefangen	attraper
fernsehen	sieht fern	sah fern	hat ferngesehen	regarder la télévision
finden	findet	fand	hat gefunden	trouver
fliegen	fliegt	flog	ist geflogen	voler (avion, oiseau)
fliehen	flieht	floh	ist geflohen	fuir
fließen	fließt	floß	ist geflossen	couler
geben	gibt	gab	hat gegeben	donner
gefallen	gefällt	gefiel	hat gefallen	plaire
gehen	geht	ging	ist gegangen	aller (à pied)
gelingen	gelingt	gelang	ist gelungen	réussir
geschehen	geschieht	geschah	ist geschehen	arriver, se passer
gewinnen	gewinnt	gewann	hat gewonnen	gagner
gleichen	gleicht	glich	hat geglichen	ressembler
halten	hält	hielt	hat gehalten	tenir ; arrêter
hängen	hängt	hing	hat gehangen	être suspendu, accroché
heißen	heißt	hieß	hat geheißen	s'appeler
helfen	hilft	half	hat geholfen	aider
kommen	kommt	kam	ist gekommen	venir
lassen	lässt	ließ	hat gelassen	laisser
laufen	läuft	lief	ist gelaufen	aller, courir
leiden	leidet	litt	hat gelitten	souffrir
leihen	leiht	lieh	hat geliehen	prêter
lesen	liest	las	hat gelesen	lire
liegen	liegt	lag	hat gelegen	être allongé, posé, situé
lügen	lügt	log	hat gelogen	mentir
mitnehmen	nimmt mit	nahm mit	hat mitgenommen	emmener
nehmen	nimmt	nahm	hat genommen	prendre
raten	rät	riet	hat geraten	conseiller, conseiller
reiten	reitet	ritt	hat geritten	faire du cheval
riechen	riecht	roch	hat gerochen	sentir (odeur)
rufen	ruft	rief	hat gerufen	appeler, crier
scheinen	scheint	schien	hat geschienen	briller ; sembler
schießen	schießt	schoss	hat geschossen	tirer (un projectile)
schlafen	schläft	schlief	hat geschlafen	dormir
schlagen	schlägt	schlug	hat geschlagen	frapper, battre, taper
schließen	schließt	schloss	hat geschlossen	fermer
schreiben	schreibt	schrieb	hat geschrieben	écrire
schreien	schreit	schrie	hat geschrien	crier (fort)

Infinitif	Présent	Prétérit	Parfait	Traduction
schwimmen	schwimmt	schwamm	ist geschwommen	nager
sehen	sieht	sah	hat gesehen	voir
singen	singt	sang	hat gesungen	chanter
sitzen	sitzt	saß	hat gesessen	être assis
sprechen	spricht	sprach	hat gesprochen	parler
springen	springt	sprang	ist gesprungen	sauter
stehen	steht	stand	hat gestanden	être debout
steigen	steigt	stieg	ist gestiegen	monter
sterben	stirbt	starb	ist gestorben	mourir
(sich) streiten	streitet (sich)	stritt (sich)	hat (sich) gestritten	se disputer
tragen	trägt	trug	hat getragen	porter
(sich) treffen	trifft (sich)	traf (sich)	hat (sich) getroffen	(se) rencontrer
treiben	treibt	trieb	hat getrieben	faire (du sport)
treten	tritt	trat	ist getreten	donner un coup de pied
trinken	trinkt	trank	hat getrunken	boire
tun	tut	tat	hat getan	faire (familier)
umziehen	zieht um	zog um	ist umgezogen	déménager
unternehmen	unternimmt	unternahm	hat unternommen	entreprendre
verbieten	verbietet	verbot	hat verboten	interdire
verbringen	verbringt	verbrachte	hat verbracht	passer (du temps)
vergessen	vergisst	vergaß	hat vergessen	oublier
verlassen	verlässt	verließ	hat verlassen	quitter
verlieren	verliert	verlor	hat verloren	perdre
verschwinden	verschwindet	verschwand	ist verschwunden	disparaître
verzeihen	verzeiht	verzieh	hat verziehen	pardonner
vorschlagen	schlägt vor	schlug vor	hat vorgeschlagen	proposer
wachsen	wächst	wuchs	ist gewachsen	pousser, grandir
waschen	wäscht	wusch	hat gewaschen	laver
werben	wirbt	warb	hat geworben	faire de la publicité
werfen	wirft	warf	hat geworfen	lancer, jeter
zwingen	zwingt	zwang	hat gezwungen	contraindre, obliger

Verbes	faibles	irréguliers		
bringen	bringt	brachte	hat gebracht	apporter
denken	denkt	dachte	hat gedacht	penser
kennen	kennt	kannte	hat gekannt	connaître
nennen	nennt	nannte	hat genannt	appeler (par un nom)
rennen	rennt	rannte	ist gerannt	courir (vite)
wissen	weiß	wusste	hat gewusst	savoir

3 Les emplois de « werden »

À retenir

Werden est un auxiliaire qui sert à exprimer **le futur, le passif** et **l'hypothèse**. Employé tout seul, il signifie « devenir ». Ex. : *Er will Arzt werden* ▸ Il veut devenir médecin.

1. Le futur

(*Cf.* p. 346)

2. Le passif

• Le passif n'est pas un temps mais une voix. On change de perspective, on ne raconte plus l'histoire du point de vue du sujet, de l'acteur, mais on la raconte du point de vue du complément d'objet direct.

Ex. : *die Katze* *frisst* *die Maus*.
sujet COD (accusatif)
▸ Le chat mange la souris.

Die Maus *wird* *von der Katze* *gefressen*
sujet complément d'agent
▸ La souris est mangée par le chat.

• Le sujet de la phrase active devient le complément d'agent introduit par *von* à la voix passive. Le COD devient le sujet dans la phrase passive.

• L'auxiliaire du passif est *werden*. Cet auxiliaire est conjugué au temps voulu et il est suivi en fin de proposition par le participe passé.
Ex. : *Die Maus wird von der Katze gefressen.* (au présent) – *Die Maus wurde von der Katze gefressen.* (au prétérit) – *Die Maus ist von der Katze gefressen worden.** (au parfait)
* *: pas de ge- : c'est juste* worden *car on n'enchaîne pas deux participes passés.*

3. L'hypothèse

• Pour exprimer une hypothèse, on utilise la forme : *würde* + infinitif du verbe.
Ex. : *sie würde kommen.*

• Pour les verbes forts, on peut remplacer cette forme par le subjontif II présent.
Ex. : *sie käme* ▸ elle viendrait

• Pour les auxiliaires, on préfère utiliser le subjonctif II présent : *sie wäre* (elle serait), *sie hätte* (elle aurait), *sie könnte* (elle pourrait), *sie möchte* (elle voudrait), *sie sollte* (elle devrait), *sie müsste* (il faudrait qu'elle…).

4 Les auxiliaires de mode

1. Le sens des verbes de modalité

Ce sont des verbes utilisés pour exprimer une opinion, une capacité, une obligation, une possibilité avec plus ou moins de nuance. Ils ont une conjugaison irrégulière et sont souvent accompagnés d'un verbe à l'infinitif.

Devoir	avoir l'obligation absolue de : *müssen* Ex. : *Ich muss in die Schule gehen.* ▸ Je dois aller à l'école.
	avoir l'obligation morale : *sollen* Ex. : *Ich soll nicht so viel sprechen.* ▸ Je ne dois pas autant parler.
Pouvoir	avoir la capacité, la possiblité de : *können* Ex. : *Heute kann ich nicht kommen.* ▸ Je ne peux pas venir aujourd'hui.
	avoir l'autorisation de : *dürfen* Ex. : *Ich darf ins Kino gehen.* ▸ J'ai la permission d'aller au cinéma.
Vouloir	vouloir de façon déterminée : *wollen* Ex. : *Ich will nicht kommen.* ▸ Je ne veux pas venir.
	expression d'un souhait : *mögen* sous la forme *möchte*. Dans les autres cas *mögen* a le sens de « aimer » Ex. : *Ich möchte Klavier spielen.* ▸ Je voudrais jouer du piano. *Ich mag Schockolade.* ▸ J'aime le chocolat.

2. La conjugaison des verbes de modalité

Temps	müssen	sollen	können	dürfen	wollen	mögen
Présent	ich muss du musst er muss wir müssen ihr müsst sie müssen	ich soll du sollst er soll wir sollen ihr sollt sie sollen	ich kann du kannst er kann wir können ihr könnt sie können	ich darf du darfst er darf wir dürfen ihr dürft sie dürfen	ich will du willst er will wir wollen ihr wollt sie wollen	ich mag du magst er mag wir mögen ihr mögt sie mögen
Prétérit	ich musste du musstest er musste wir mussten ihr musstet sie mussten	ich sollte du solltest er sollte wir sollten ihr solltet sie sollten	ich konnte du konntest er konnte wir konnten ihr konntet sie konnten	ich durfte du durftest er durfte wir durften ihr durftet sie durften	ich wollte du wolltest er wollte wir wollten ihr wolltet sie wollten	ich mochte du mochtest er mochte wir mochten ihr mochtet sie mochten
Part. passé	gemusst	gesollt	gekonnt	gedurft	gewollt	gemocht
Présent subj. II	ich müsste	ich sollte	ich könnte	ich dürfte	ich wollte	ich möchte

ENTRAÎNEMENT

1 Traduire.

a. Demain, j'irai chercher ma sœur à la gare.

b. Tu verras que j'ai raison.

c. Je suis allée à Londres la semaine dernière.

d. Il est resté à l'hôtel.

e. Ils mangèrent très vite et partirent.

2 Mettre au passif.

a. Die Schüler haben das Mädchen ausgelacht.

b. Die Lehrer unterstützen dieses Mädchen.

c. Der Buddy verteidigte das Mädchen.

d. Die Schüler mobben die Schülerin.

3 Traduire les phrases suivantes.

a. Les professeurs résoudraient les problèmes si …..

b. Il est devenu professeur.

c. Les élèves sont aidés par les Buddys.

d. Je te défendrai.

e. Nous avons été soutenus par les parents.

4 Remplacer les pointillés par un verbe de modalité.

a. In der Schule …….. man nicht laufen.

b. Ich gehe ins Schwimmbad, ….. du mit mir kommen?

c. Ich …. sehr gut italienisch sprechen.

d. ….. ich dich morgen anrufen?

e. Ich ….. sehr schnell weggehen.

CORRIGÉS

1 a. Morgen hole ich meine Schwester vom Bahnhof ab. b. Du wirst sehen, dass ich Recht habe. c. Letzte Woche bin ich nach London gefahren. d. Er ist im Hotel geblieben. e. Sie aßen sehr schnell und gingen weg.

2 a. Das Mädchen ist von den Schülern ausgelacht worden.

b. Dieses Mädchen wird von den Lehrern unterstützt.

c. Das Mädchen wurde von dem Buddy verteidigt.

d. Die Schülerin wird von den Schülern gemobbt.

3 a. Die Lehrer würden die Probleme lösen, wenn ….(*hypothèse*)

b. Er ist Lehrer geworden.(*devenir*)

c. Die Schüler werden von den Buddys geholfen. (*passif présent*)

d. Ich werde dich verteidigen. (*futur*)

e. Wir sind von den Eltern unterstützt worden. (*passif passé*)

4 a. darf; b. möchtest/willst; c. kann; d. Soll; e. muss.

Chapitre 2

Rappels de grammaire

1 Les pronoms

1. Les pronoms personnels

Nominatif	Accusatif	Datif
ich	mich	mir
du	dich	dir
er	ih<u>n</u>	ih<u>m</u>
sie	sie	ihr
es	es	ihm
wir	uns	uns
ihr	euch	euch
sie, Sie	sie, Sie	ihnen, Ihnen

Ex. : *Ich sehe* ***den Mann****: ich sehe* ***ihn.***
Ich spreche ***mit dem Mann****: ich spreche* ***mit ihm****.*
Ich treffe ***meine Freunde****: ich treffe* ***sie.***

2. Les pronoms relatifs

- ce que : *was*

Ex. : *Ich mache,* ***was*** *ich will.* ▸ Je fais ce que je veux.

- où : *wo*

Ex. : *Ich wohne,* ***wo*** *ich geboren bin.* ▸ J'habite où je suis né.

qui	que / avec qui		dont
sujet : nominatif	accusatif	datif	génitif
	(en fonction du verbe et / ou de la préposition)		
der	den	dem	dessen
die	die	der	deren
das	das	dem	dessen
die	die	denen	deren

Ex. : *Der Mann,* ***der*** *hier wohnt, ist ein Freund.* (qui habite ici)
Der Mann, ***dem*** *ich ein Buch gebe, ist ein Freund.* (à qui je donne un livre)
Der Mann, ***dessen*** *Sohn Hans heißt, ist ein Freund.* (dont le fils s'appelle Hans).

2 Les questions globales et partielles

jdm eine Frage stellen ▸ poser une question à quelqu'un
On distingue deux formes de question.

1. Les questions globales

Il suffit d'inverser le verbe et le sujet comme en français et on répond par *ja* ou *nein.*
Ex. : *Hast du Lust, ins Kino zu gehen?* ***Ja****, ich habe Lust, ins Kino zu gehen.*
Willst du mich besuchen? ***Nein****, ich will dich nicht besuchen*

2. Les questions partielles

Les questions partielles s'appellent en allemand ***die W-Fragen*** parce que les pronoms interrogatifs commencent par un **« w »**.
Ces questions se construisent comme les questions globales avec **une inversion sujet-verbe** (le pronom interrogatif occupe la première place, le verbe la deuxième).

Les pronoms interrogatifs

- Les questions se référant à **une personne :**

wer ▸ qui nominatif	*wer ist das?*	*das ist Herr Schmidt.*
accusatif	*wen siehst du?*	*ich sehe Herrn Schmidt.*
datif	*wem gibst ein Buch?*	*dem Lehrer.*
génitif	*wessen Frau ist das?*	*das ist Peters Frau.*

- Les questions se référant **aux choses :**

was ▸ que, quoi	*was machst du gerade?* *was ist das?*	*ich höre Musik.* *das ist mein Auto.*

- **Les questions se référant au temps :**

wann ▸ quand	*wann hast du frei?*	*am Wochenende*
wie alt ▸ quel âge	*wie alt bist du?*	*ich bin 15 (Jahre alt).*
um wieviel Uhr?	*um wieviel Uhr hast du Unterricht?*	*um 10 vor 10.*
wie oft ▸ la fréquence	*wie oft gehst du ins Schwimmbad?*	*jeden Tag*
wie lange ▸ la durée	*wie lange dauert der Film?*	*er dauert 2 Stunden.*

- **Les questions se référant au lieu :**

wo ▸ lieu où l'on est	*wo wohnst du?* *wo sind die Schüler?*	*in Frankreich.* *im Hof, in der Schule.*
wohin ▸ lieu où l'on va	*wohin fährst du morgen?*	*nach Deutschland*
woher ▸ lieu d'où l'on vient	*woher kommst du?*	*aus der Schweiz*

- **Les questions pour étudier un document :**

Wer sind die Figuren? ▸ Qui sont les personnages ?
Wo spielt die Szene? ▸ Où se passe la scène ?
Wann spielt die Szene? ▸ Quand se passe la scène ?
Was machen die Personen? ▸ Que font les personnes ?
Warum machen sie das? ▸ Pourquoi font-elles cela ?

■ Les pronoms interrogatifs *wie* et *wo* sont à la base d'autres pronoms interrogatifs composés :

- ***wie* + adjectif / adverbe**

wie alt…? quel âge… ?
wie groß…? quelle taille … (combien mesure …) ?
wie lange…? combien de temps … ?
wie viel…? combien … ?

- **wo + préposition**

Wofür interessierst du dich? ▸ À quoi t'intéresses-tu?
Woran denkst du? ▸ A quoi penses-tu ?
Wovor hast du Angst? ▸ De quoi as-tu peur ?
Worauf bist du stolz? ▸ de quoi es-tu fier ?
(Pour des raisons de prononciation, on rajoute le « r » dans « *wo-r-auf* », « *wo-r-an* » et « *wo-r-über* ».)

3 Le nom : le genre des noms ; les déclinaisons

1. Le genre des noms

■ Masculin : *der*

Les mots se terminant par **-en, -er, -or, -ling, -ig, -ich, -el, -ismus, -ant** sont masculins SAUF *das Restaurant, das Bowling…*
Ex. : *der Lehrer, der König, der Moderator.*

■ Féminin : *die*

Les mots se terminant par **-heit, -keit, -ei, -ung, -ion, -tät, -ik** sont féminins SAUF *das Ei, das Benzin* ..
Ex. : *die Freiheit, die Information, die Qualität.*

■ Neutre : *das*

Les mots se terminant par **-chen, -lein, -tel, -um, -em, -ma, -nis** sont neutres SAUF *der Reichtum, die Erlaubnis.*
Ex. : *das Mädchen, das System, das Ergebnis.*

2. Les déclinaisons

L'allemand est une langue à déclinaisons c'est-à-dire que **le mot change de déterminant selon son genre et sa fonction** dans la phrase.

Il y a quatre cas :
- **nominatif** : sujet / attribut du sujet ;
- **accusatif** : COD + prépositions *durch, für, gegen, ohne, um* ;
- **datif** : COI + prépositions : *aus, bei, mit, nach, seit, von, zu* ;
- **génitif** : complément du nom + prépositions *wegen, dank, während, trotz* ;

Tableau de la déclinaison article défini

	masculin	féminin	neutre	pluriel
Nominatif	der alte Mann	die alte Dame	das schöne Dorf	die netten Leute
Accusatif	den alten Mann	die alte Dame	das schöne Dorf	die netten Leute
Datif	dem alten Mann	der alten Dame	dem schönen Dorf	den netten Leuten
Génitif	des alten Mannes	der alten Dame	des schönen Dorfs	der netten Leute

Tableau de la déclinaison article indéfini

	masculin	féminin	neutre	pluriel
Nominatif	ein alter Mann	eine alte Dame	ein schönes Dorf	keine netten Leute
Accusatif	einen alten Mann	eine alte Dame	ein schönes Dorf	keine netten Leute
Datif	einem alten Mann	einer alten Dame	einem schönen Dorf	keinen netten Leuten
Génitif	eines alten Mannes	einer alten Dame	eines schönen Dorfs	keiner netten Leute

4 Expression du lieu

1. Les prépositions

Certaines prépositions – *in, an, auf, vor, hinter, neben, zwischen, über, unter* – sont mixtes. Elles peuvent être suivies du datif ou de l'accusatif.

À retenir

Lorsque **le sujet se déplace** d'un point A à un point B, on utilisera **l'accusatif**, on répond à la question « ***wohin...?*** ». Lorsqu'il n'y a **pas de changement de lieu**, on utilisera **le datif**, on répond à la question « **wo...?** ».

Wohin gehst du...? lieu où l'on va	préposition	***Wo bist du...?*** lieu où l'on est :
Petra fährt ans Meer.	an	Petra erholt sich am Meer.
Kai geht ins Kino.	in	Kai sitzt im Kino.
Die Mutter geht auf den Markt.	auf	Der Vater ist schon auf dem Markt.
Die Kinder gehen vor die Tür.	vor	Die Eltern stehen vor der Tür.
Der Hund geht hinter das Haus.	hinter	Der Hund schläft hinter dem Haus.
Die Mädchen gehen zwischen die Bäume und setzen sich hin.	zwischen	Die Mädchen sitzen zwischen den Bäumen.
Nebel zieht über das Feld.	über	Nebel hängt über dem Feld.

Wohin gehst du...? lieu où l'on va	préposition	*Wo bist du...?* lieu où l'on est :
Sie bauen ein Haus neben die Kirche.	**neben**	Das Haus ist neben der Kirche.
Das Kind geht unter den Tisch.	**unter**	Das Kind liegt unter dem Tisch.

2. Les verbes de déplacement ou de séjour les plus utilisés

verbes de déplacement + accusatif *Wohin ...?*	verbes de séjour + datif *Wo ...?*
fahren: aller (moyen de transport) *fliegen*: voler *gehen*: aller à pied *hängen* (verbe faible): accrocher *(sich) legen*: (se) coucher, mettre *(sich) setzen*: (s') asseoir *(sich) stellen*: (se) mettre debout	*bleiben* : rester *hängen* (verbe fort : *hing hat gehangen*) : être accroché *leben* : vivre *liegen* : être couché *sein* : être *sitzen* : être assis *stehen* : être debout *wohnen* : habiter

5 La comparaison

À retenir

gleichen (glich, hat geglichen): ressembler
vergleichen(verglich, hat verglichen) mit + datif: comparer
der Vergleich: la comparaison

1. Le comparatif

■ De supériorité : [adjectif + **er**] (+ parfois *Umlaut*) + **als**
Ex. : *groß* → *Er ist größer als ich / intelligent* → *Er ist intelligenter als ich / dumm* → *Er ist dümmer als du.* ▸ Il est plus grand que moi. / Il est plus intelligent que moi. / Il est plus bête que toi.

Attention

Ne jamais écrire « *mehr* + adjectif » pour traduire « plus + adjectif ».

■ D'égalité : **so** [adjectif] + **wie**
Ex. : *Er ist so groß wie ich.* ▸ Il est aussi grand que moi.

■ D'infériorité : **nicht so** [adjectif] + **wie** ou **weniger** [adjectif] + **als**
Ex. : *Er ist nicht so groß wie du.* ▸ Il n'est pas aussi grand que toi.
Du bist weniger groß als er ▸ Tu es moins grand que lui.

2. Le superlatif

adjectif + *ste* (+ *umlaut* le cas échéant)
Ex. : *groß* → *der/die größte* ▸ le/la plus grand(e)
klein → *der/die Kleinste* ▸ le/la plus petite

3. Les exceptions

gut	→	besser	→	der/die beste
gern	→	lieber	→	der/die liebste
viel	→	mehr	→	der/die meiste
hoch	→	höher	→	der/die höchste
nah	→	näher	→	der/die nächste

6 La phrase

1. La proposition indépendante ou principale

Le verbe conjugué se trouve en **deuxième** position.
Ex. : *Wir* ***sind*** *heute Nachmittag zu Hause.* = *Heute Nachmittag* ***sind*** *wir zu Hause.*
« *und, aber, denn, oder, sondern* » et « *ja* » et « *nein* » ne comptent pas.

2. La subordonnée

■ **Généralités**

• Verbe conjugué en dernière position.
Principale séparée de la subordonnée par une virgule.
Ex. : *Die Eltern fragen die Kinder, wo sie heute Nachmittag* ***waren***.

Allemand

• Si la subordonnée est en tête : Subordonnant + sujet + (complément) + verbe, verbe + sujet + (complément)

→ règle des 3V

Ex. : *Wenn er in die Schule geht, trifft er seine Freundin.*

Les différentes subordonnées

• La subordonnée interrogative est introduite par la conjonction *ob* (si). Lorsqu'on rapporte un discours, il faut accorder le verbe avec le nouveau sujet et éventuellement changer de pronom.

Ex. : *Antje fragt ihre Mutter: »Kannst du mir bei der Aufgabe helfen? »*

Antje fragt ihre Mutter, ob sie ihr bei der Aufgabe helfen kann.

• La subordonnée énonciative est introduite par la conjonction *dass*. Elle est souvent complément d'un verbe comme : *sagen, antworten, finden, glauben, denken, wissen…*

Ex. : *Ich glaube, dass er nicht kommen will.*

• La subordonnée de cause est introduite par la conjonction *weil*. Elle répond à la question : *warum*.

Ex. : *Warum kommst du nicht mit ins Kino? Ich komme nicht mit, weil ich keine Zeit habe.*

• La subordonnée infinitive est introduite par certains verbes comme *aufhören* (arrêter), *beginnen* (commencer), *versuchen* (essayer), *vergessen* (oublier), *hoffen* (espérer) … et certaines expressions comme *Zeit haben* (avoir le temps de), *Lust haben* (avoir envie de), *Angst haben* (avoir peur de)…

Remarques

• Le verbe à l'infinitif est à la fin de la proposition et est précédé de ***zu***. L'infinitive est séparée de la principale par **une virgule** SAUF si elle n'est constituée que de l'infinitif.

Ex. : *Hans versucht zu kommen. / Er versucht, auf die Party zu kommen.*

• Certaines propositions subordonnées infinitives sont introduites par ***um*** (pour, dans le but de), ***ohne*** (sans), ***anstatt*** (au lieu de).

Ex. : *Er lernt die Lektion, um gute Noten zu haben. / Er bleibt im Geschäft, ohne etwas zu kaufen. / Er schläft, anstatt zu arbeiten.*

• La subordonnée circonstancielle de temps peut être introduite par wenn (quand) et als (lorsque). On emploie *als* lorsque l'action est passée et ne s'est produite qu'une fois. Dans les autres cas, on utilise *wenn*.

Ex. : *Als er die Tür öffnete, war sie schon tot. / Wenn ich sie traf, lächelte sie mich immer an.*

À retenir

• ***Bevor*** (avant que) exprime l'antériorité.

Ex. : *Bevor du fernsiehst, schreibst du einen Brief.*

• ***Nachdem*** (après que) exprime l'antériorité, elle impose la concordance des temps :

Ex. : *Nachdem du deinen Brief **geschrieben hast**, **siehst** du **fern**. / Nachdem du deinen Brief **geschrieben hattest**, **sahst** du **fern**.*

• ***Bis*** (jusqu'à ce que…), ***seitdem*** (depuis que…), ***sobald*** (dès que), ***solange*** (aussi longtemps que), ***während*** (pendant que).

• L'expression de la condition est introduite par *wenn* (si) :

Ex. : *Wenn es regnet, nehme ich meinen Regenschirm. / Wenn ich Geld hätte, würde ich ein Haus kaufen. (cf.* chapitre 1.3)

7 Les confusions les plus fréquentes

Das ou *dass*

À retenir

Lorsque ***das*** est un pronom relatif, on peut le remplacer par *welch-*

Ex. : *Das Mädchen, **welches** einen Roman liest, ist in meiner Schule.*

• *das* est soit un article défini soit un pronom relatif.

Ex. : *das* dans sa fonction d'article : *Das Mädchen ist sehr schön.*

das dans sa fonction de pronom relatif : *Das Mädchen, das einen Roman liest, ist in meiner Schule.*

• *dass* est une conjonction de subordination, elle introduit une proposition subordonnée. Cette

Allemand

subordonnée peut être en début de phrase (ex. 1) mais le plus souvent, elle est après la proposition principale (ex. 2).
Ex. 1 : *Dass mein Bruder jetzt in den USA lebt, will ich nicht glauben.* / Ex. 2: *Ich denke, dass es interessant ist, Deutsch zu lernen.*
Dans l'ex. 2, on peut ne pas utiliser la conjonction *dass*: *Ich denke, es ist interessant, Deutsch zu lernen.*

Attention

Attention à la place du verbe !

Derselbe ou der gleiche: le même

- Si l'objet dont on parle est **seul et unique**, nous utiliserons : *der/die/das/dieselb-*.
Ex. : *Mein Mann und ich fahren dasselbe Auto.* ▸ Nous n'avons qu'une seule et même voiture que nous utilisons à tour de rôle.
- Si on parle de **deux objets identiques**, on utilisera *der/die/das/die gleich-*.
Ex. : *Meine Nachbarin und ich fahren das gleiche Auto.* ▸ Ma voisine et moi avons deux voitures de même marque, il y a donc deux voitures identiques.

Attention à l'orthographe

der/die/das/dieselb- s'écrit en **un seul mot**. *der/die/das/die gleich-* s'écrit en **deux mots**. Dans les deux cas, il faut **décliner le déterminant**.

La place de *nicht*

- *Nicht* se place en général **devant un élément nié**, un complément prépositionnel, devant les adjectifs et devant certains adverbes. Il se place devant la seconde partie du groupe verbal. **Tout ce qui suit** *nicht* est **nié**.
Ex. : *Nicht meine Mutter putzt das Haus, sondern mein Vater. / Frau Schmidt fährt nicht mit dem Bus. / Die Schüler sind nicht sehr fleißig. / Der Zug fährt nicht sehr schnell. / Dieses Jahr sind wir nicht nach Deutschland gefahren.*
- *Nicht* se place **derrière un complément sans préposition** et **derrière un complément de temps** avec préposition.
Ex. : *Wir machen die Übung nicht. / Er läuft am Wochenende nicht.*

Früher ou vorher ou bevor : avant

- *Früher* est un adverbe qui signifie « avant » au sens de « autrefois ».
Ex. : *Früher wohnte ich in Hamburg.*
- *Vorher* est un adverbe qui signifie « avant » au sens de « antérieurement ». Il sert à décrire une action qui se passe avant (antérieurement) une autre.
Ex. : *Ich fahre nach Berlin mit dem Zug aber vorher muss ich mich eine Fahrkarte kaufen.*

Attention

Früher est aussi la forme comparative de ***früh***, c'est-à-dire « plus tôt ».
Ex. : *Er ist **früher** wegefahren als ich.*

- *Bevor* est une conjonction de subordination : avant que, avant de… Une action est antérieure à une autre. Il faut toujours un sujet dans la proposition introduite par *bevor*.
Ex. : *Bevor du nach Berlin fährst, musst du dich eine Fahrkarte kaufen. / Du musst dich eine Fahrkarte kaufen, bevor du nach Berlin fährst.*

Attention

Attention à la place du verbe !

Später ou nachher ou nachdem: après

- *Später* : plus tard, ultérieurement.
Ex. : *Später möchte er in Hamburg leben.*

Attention

Später est aussi la forme comparative de *spät*.
Ex. : Er ist **später** weggefahren als ich.

- *Nachher* : adverbe signifiant « par la suite ». Il évoque une action postérieure à une autre.
Ex. : *Wir sind ins Kino gegangen, und nachher haben wir noch ein Eis gegessen.*
- *Nachdem*: conjonction de subordination signifiant « après que, dès lors que ». Une action est antérieure à une autre. Il faut toujours un sujet dans la proposition introduite par *nachdem* et le verbe de la proposition introduite par *nachdem* doit être conjugué à un temps antérieur à celui de la proposition principale.
Ex. : *Nachdem seine Tochter ihn angerufen hatte, fühlte er sich besser.*

ENTRAÎNEMENT

1 Compléter les phrases avec le pronom qui convient.

a. Ich suche meine Katze. Siehst du ……?
b. ich suche meine Katze, …… verschwunden ist.
c. Ich finde dein T-Shirt toll. Und du, wie findest du ……?
d. ich habe ein T-Shirt gekauft, …… toll ist.

2 Compléter par le pronom interrogatif qui convient.

a. Ich heiße Peter. Und …… heißt du?
b. Ich wohne in Berlin. Und ……. wohnst du?
c. Ich komme aus Frankreich. Und ……. kommst du?
d. Ich bin im Jahre 1989 geboren. Und …….. bist du geboren?

3 Compléter les phrases en accordant correctement les mots.

a. Du hast ein…. schön…… T-Shirt.
b. Er kommt aus ein…. klein… Stadt.
c. Die Kinder d… Nachbarin sind 13.
d. Ich habe mein….. Bruder ein….. Buch geschenkt.

4 Compléter les phrases avec le déterminant qui convient. (Attention au verbe).

a. Er legt das Buch auf ……. Tisch.
b. Sie hat die Eier in ……. Kühlschrank gestellt.
c. Ich sitze zwischen …… Freunden.
d. Jeden Tag setzte er sich in ……. Sessel.

5 Comparer les éléments suivants.

a. Eine Giraffe ist …………… eine Maus. (groß/supériorité)
b. Salat ist …………… Pommes. (gesund/supériorité)
c. Meine Freundin spricht gut Chinesisch, aber sie spricht …………… Französisch. (gut/supériorité)
d. Mein Bruder arbeitet gern im Museum, aber er arbeitet …………… am Computer (gern/supériorité)

6 Compléter par le subordonnant qui convient.

a. ……… ich klein war, ging ich gerne in die Schule.
b. Die Klasse findet, ……… die Lehrerin nett ist.
c. ……… ich meine Hausarbeit nicht gemacht habe, muss ich zu Hause bleiben.
d. Niemand hat ihn gern, ……… er böse ist.

CORRIGÉS

1 a. sie; b. die; c. es; d. das.
2 a. wie; b. wo; c. woher; d. wann.
3 a. ein schön**es**; b. ein**er** klein**en**; c. **der**; d. mein**em**, ein-.
4 a. den; b. den; c. meinen; d. seinen.
5 a. größer als; b. gesünder als; c. besser; d. lieber.
6 a. Als; b. dass; c. Solange; d. weil.

Allemand

Chapitre 3

Vocabulaire

1 Exprimer son opinion, argumenter

L'opinion : *die Meinung*

ich denke, dass …: je pense que …
ich finde, dass …: je pense que …
ich glaube, dass …: je crois que …
ich meine, dass …: je pense que, j'estime que …
ich vermute, dass …: je suppose que …
meiner Meinung nach: à mon avis

La conséquence

also: donc
aus diesem Grund: pour cette raison
deshalb: c'est pourquoi

Accord et désaccord

- être d'accord mais avec des réserves :

das ist richtig, aber: c'est vrai, mais …
das stimmt zwar, aber: certes, c'est vrai, mais…
ich bin nicht (mit dir / mit Ihnen) einverstanden: je ne suis pas d'accord (avec toi / avec vous)
sie haben sicher Recht, aber…: Vous avez certainement raison, mais …

- ne pas être d'accord :

Ich bin nicht der gleichen Meinung: Je ne suis pas du même avis.
Ich glaube, dass Sie Unrecht haben: Je crois que vous avez tort.
Ich teile diese Meinung nicht: Je ne partage pas cette opinion.

L'hypothèse

Un élève n'est pas en cours…, plusieurs hypothèses :
möglicherweise ist der Schüler krank (il est possible que)
vielleicht ist der Schüler krank (peut-être)
vermutlich ist der Schüler krank (probablement)
wahrscheinlich ist der Schüler krank (vraisemblablement)
bestimmt ist der Schüler krank (certainement)
sicher ist der Schüler krank (sûrement)

L'opposition et la concession

dagegen: contre
dennoch: pourtant
Im Gegensatz zu: contrairement à
obwohl: bien que
trotzdem: quand même
während: tandis que
zwar …. , aber: certes, … , mais

2 Situer un événement dans le temps

Les prépositions à utiliser

Prépositions	Expression de	Exemples
um	– L'heure	*Der Zug fährt* *um* *6 Uhr ab.*
am	– Un moment de la journée – Un jour de la semaine – Une date précise – Le weekend	*Am Nachmittag besuche ich meine Großmutter.* *Am Dienstag gehe ich ins Schwimmbad.* *Am 3. Oktober 1990 fand die Vereinigung statt.* *Am Wochenende fahre ich nach Paris.*
im *in der*	– Le mois – La saison – La nuit	*Im November habe ich Geburtstag.* *Im Sommer bade ich gern.* *In der Nacht schlafe ich gut.*
Θ	– L'année	*1989 fiel die Berliner Mauer.*

Les compléments de temps qui indiquent l'ordre chronologique des événements

am Anfang: au début
zuerst: d'abord
dann: ensuite
danach: puis
später: plus tard
am Ende: enfin
schließlich: finalement

Le temps : *die Zeit*

Die Vergangenheit		Die Gegenwart	Die Zukunft	
Le passé		Le présent	Le futur	
vorgestern	*gestern*	*heute*	*morgen*	*übermorgen*
avant-hier	hier	aujourd'hui	demain	après-demain

Allemand

Chapitre 4

Civilisation

1 L'État fédéral – les Länder: *der Bundesstaat – die Länder*

Définition

- Le mot « *Land, pl. Länder* » ne se traduit pas parce que c'est une réalité. L'Allemagne est la République Fédérale d'Allemagne : la RFA, c'est-à-dire *die Bundesrepublik Deutschland* : *die BRD*. C'est un état fédéral : *der Bundesstaat* ou *das Bundesland* qui se composent de 16 Länder qui ont une importante autonomie. En effet, ils ont leur propre constitution, leur gouvernement, un premier ministre (*der Ministerpräsident*), un parlement (*der Landtag*), une capitale (*die Landeshauptstadt*), leur police et leur justice et certains ministères sont décentralisés comme celui de l'Éducation (*das Kultusministerium*). Depuis la réunification, *die Wiedervereinigung*, le 3 octobre 1990, la fédération comporte 16 Länder : les 11 anciens Länder « *die alten Bundesländer* » de la RFA :

Les 16 *länder*

- Bade Wurtemberg (*Baden-Württemberg*, *Landeshauptstadt : Stuttgart*)
- Basse-Saxe (*Niedersachsen*, *Landeshauptstadt : Hannover*)
- Bavière (*Bayern*, *Landeshauptstadt : München*)
- Berlin (*Berlin*)
- Brême (*Bremen*)
- Hambourg (*Hamburg*)
- Hesse (*Hessen*, *Landeshauptstadt : Wiesbaden*)
- Rhénanie du Nord – Westphalie (*Nordrhein-Westfalen*, *Landeshauptstadt : Düsseldorf*)
- Rhénanie-Palatinat (*Rheinland-Pfalz*, *Landeshauptstadt : Mainz*)
- Sarre (*Saarland*, *Landeshauptstadt : Saarbrücken*)
- Schleswig-Holstein (*Schleswig-Holstein*, *Landeshauptstadt : Kiel*)
- et les 5 nouveaux Länder, *die neuen Länder*, formés par l'ancienne RDA, *die ehemalige DDR* :

– Brandebourg (*Brandenburg*, *Landeshauptstadt : Potsdam*)
– Mecklenbourg-Vorpommern Poméranie occidentale (*Mecklenburg-Vorpommern*, *Landeshauptstadt : Schwerin*)
– Saxe (*Sachsen*, *Landeshauptstadt : Dresden*)
– Saxe-Anhalt (*Sachsen – Anhalt*, *Landeshauptstadt : Magdeburg*)
– Thuringe (*Thüringen*, *Landeshauptstadt : Erfurt*)

"Der Bund"

Ces 16 *Länder* forment l'État fédéral appelé « *der Bund* » en allemand. Tous les mots commençant par « *Bund* » relèvent du plan national comme « *der Bundespräsident* », Joachim Gaucke, « *die Bundeskanzlerin* », Angela Merkel, « *die Bundeshauptstadt* », Berlin, « *der Bundesbürger* », le citoyen de la RFA et « *die Bundesliga* », la première division.

2 Le système scolaire

Le cursus

Le système scolaire allemand *das deutsche Schulsystem* est différent du français.

- Après avoir fait 4 ans de primaire, *die Grundschule*, les élèves (*der Schüler*) vont dans différents établissements selon leur niveau.
- Les meilleurs élèves vont *auf das Gymnasium*, où ils apprennent deux langues étrangères et passent leur baccalauréat *das Abitur*. Après la *zwölfte Klasse*, à l'âge de 18 ans (*mit 18*). *Das Abitur* permet l'accès à l'université *die Universität*.

- Les élèves du cycle terminal, *Oberstufe* choisissent des matières *Leistungskurse* qui ont un horaire renforcé et un coefficient plus important au baccalauréat et des *Grundkurse*.
- *Die Realschule* se termine après la *zehnte Klasse* et les élèves passent un diplôme *die Mittlere Reife* qui ne permet pas l'accès à l'université.
- *Die Hauptschule* ne propose qu'une langue étrangère *die Fremdsprache* et se termine avec *die neunte Klasse*, à l'âge de 14 ou 15 ans (mit 14 oder 15). On y obtient un diplôme, *der Hauptschulabschluß*, qui permet de faire un apprentissage, *eine Lehre machen*.

■ Le système de notation, *das Notensystem*, va de 1 à 6. 1 est la meilleure note, 6 est la plus mauvaise.

3 La protection de l'environnement : *der Umweltschutz*

Il existe en Allemagne un ministère pour l'environnement, la protection de la nature, la construction et la sécurité nucléaire, *das Bundesministerium für Umwelt, Naturschutz, Bau und Reaktorsicherheit*.
Die Bundesministerin ist Dr. Barbara Hendricks.
Depuis les années 1970, les Allemands sont sensibles à la protection de l'environnement, ils ont créé des associations pour sa défense *die Bürgerinitiativen*. Il y a le mouvement anti-nucléaire *die Anti-Atomkraft-Bewegung*. Ces différents mouvements ont donné naissance à des partis écologiques *die Grünen* et *Bündnis 90*.

Cem Özdemir ist Bundesvorsitzender von Bündnis 90/die Grünen und Mitglied des Deutschen Bundestages. Simone Peter ist seit 2013 auch Bundesvorsitzende dieser Partei.
Ces deux personnes sont les présidents fédéraux du parti écologique.

Vokabeln:

das Ozonloch: le trou dans la couche d'Ozone
das Waldsterben: la mort des forêts (comme la Forêt – Noire)
Der Bioladen: le magasin biologique où on ne peut acheter que des produits issus de la culture biologique
der saure Regen: la pluie acide due à la pollution de l'air
der Umweltschutz: la protection de l'environnement
Die Abfallvermeidung: la réduction des déchets
die Luftverschmutzung: la pollution par les gaz d'échappement
die Mülltonne : le bac roulant de déchets
Die Nachhaltigkeit: la gestion durable
Die Umwelt: l'environnement
die Verpackung: l'emballage
Müll trennen: trier les ordures
umweltbewusst: conscient de l'environnement
umweltfeindlich: nocif à l'environnement
umweltfreundlich: écologique, favorable à l'environnement
verschmutzen = etwas mit etwas belasten: polluer

4 La population : *die Bevölkerung*

Deutschland hat 80,7 Millionen **Einwohner** und eine **durchschnittliche Bevölkerungsdichte** von etwa 226 Einwohnern pro Quadratkilometer. Rund 74 Prozent der Deutschen lebten 2012 in Städten. In den letzten Jahren stagnierte **das Bevölkerungswachstum** in Deutschland. **Die Fertilitätsrate** in Deutschland beträgt 1,36 geborene Kinder pro Frau. Es wird mit einem **Bevölkerungsrückgang** in Deutschland gerechnet. **Die Lebenserwartung** in Deutschland steigt kontinuierlich. Der Anteil der ältesten Gruppe hat sich erhöht. Einen wichtigen **Stellenwert** hat daher die Migration nach Deutschland. Mehr als 7,2 Millionen **Ausländer** leben in Deutschland. Wichtigste **Herkunftsländer** der Ausländer in Deutschland sind die Türkei sowie Polen und Italien.

Vokabeln:

1,36 geborene Kinder pro Frau: 1,36 naissance par femme
betragen: s'élever à
das Ausland: l'étranger (ex. : aller à l'étranger)
das Gastland: le pays d'accueil

das Herkunftsland: le pays d'origine
das Wachstum: la croissance
der Ausländer: l'étranger (la personne)
der Einwohner: l'habitant
der Rassismus: le racisme
der Rückgang: la baisse, le recul
der Stellenwert: l'importance
die Ausländerfeindlichkeit: la xénophobie
die Bevölkerungsdichte: la densité de population
die Fertilitätsrate: le taux de fécondité
die Lebenserwartung: l'espérance de vie
die Migration: la migration
die Staatsangehörigkeit: la nationalité
die Türkei: la Turquie
durchschnittlich: en moyenne
er hat Migrationshintergrund: il est issu de l'immigration
Italien: l'Italie
Polen: la Pologne
steigen / sich erhöhen: augmenter

Édition : Béatrix Lot et Audrey Sandou ; **Conception graphique** : Yannick Le Bourg ; **Cartographie** : Marie-Christine Liennard, Gwendal Fossois, Valérie Goncalves, Christel Parolini ; **Mise en pages** : Nord Compo.

Crédits iconographiques : page 103 : © Yohei Osada/ Aflo/ Nippon / Corbis ; page 130 : © John Cancasoli/ Biosphoto Natural History Museum of London / Biosphoto ; page 212 : © Photo Josse/ Leemage ; page 222 : © Alain le Quenec pour Amnesty International ; page 309 : © Gordon Parks, segregation story, at segregated drinking Fountain, mobile, Alabama, 1956, Gordon Parks Foundation ; page 310 : © Johnny Nguyen / AP/ Sipa ; page 314 : © AP/Sipa ; page 318 : El dorado © Prod DB warner/ DR, Star treck © Prod DB Paramount.

---

www.magnard.fr
www.joursoir.magnard.fr

Certifié PEFC
Ce produit est issu de forêts gérées durablement et de sources contrôlées
PEFC
PEFC/18-31-264
www.pefc-france.org

Achevé d'imprimer en février 2018
par «La Tipografica Varese Srl» en Italie
N° éditeur : 2017-1160
Dépôt légal : février 2018

IMPRIM'VERT
Votre imprimeur agit pour l'environnement